图解

你不理财，财不理你

杨婧◎编著

中国华侨出版社

图书在版编目(CIP)数据

图解你不理财，财不理你 / 杨婧编著. — 北京：中国华侨出版社，2017.3

ISBN 978-7-5113-6719-8

Ⅰ.①图… Ⅱ.①杨… Ⅲ.①私人投资—通俗读物 Ⅳ.①F830.59-49

中国版本图书馆CIP数据核字（2017）第058536号

图解你不理财，财不理你

编　　著：	杨　婧
出 版 人：	方　鸣
责任编辑：	待　宵
封面设计：	韩立强
文字编辑：	徐　云
美术编辑：	李丹丹
插图绘制：	圣德文化
经　　销：	新华书店

开　　本：720mm×1020mm　　1/16　　印张：28　　字数：550千字

印　　刷：北京市松源印刷有限公司

版　　次：2017年5月第1版　　2017年5月第1次印刷

书　　号：ISBN 978-7-5113-6719-8

定　　价：39.80元

中国华侨出版社　　北京市朝阳区静安里26号通成达大厦3层　　邮编：100028

法律顾问：陈鹰律师事务所

发 行 部：(010) 58815874　　　　传　　真：(010) 58815857

网　　址：www.oveaschin.com

E－m a i l：oveaschin@sina.com

如果发现印装质量问题，影响阅读，请与印刷厂联系调换。

前言

也许你是一位都市白领，正在橱窗外轻微地抬头眺望里面华丽的衣裳，你很想买，而当你小心翼翼地掀开价码标签时，你只能向售货员投以抱歉的微笑；也许你是一位上班族，公交的拥挤让你时常心生厌恶，看到马路上来回穿梭的汽车，你很想买，而当你每到月底看到自己几近空空的户头时，你只能暗自收起看来算是奢望的想法；也许你是一位丈夫，还在和妻子过着到处租房的生活，看到城市里立起的高楼大厦，你很想给你的她一座安定的叫家的房子，而当你看到自己总也攒不起来的银行存款时，你只能藏起这个看来不太现实的渴望；也许你是一位妈妈，还在为自己正在上高中的孩子的大学学费而发愁，看到孩子周围同学灿烂的笑容，你很想给他富裕无忧的生活，而当你去买菜看到鸡蛋又涨了5毛、白菜又涨了3毛时，你只能按住干瘪的口袋停止这个不现实的念想；也许你可能总会处在疑惑之中：为什么工作了多年，还是没有多少积蓄？自己已经很节俭了，为什么还是买不起很多东西？为什么一到月底，总有还不完的信用卡，这时候的你，就需要好好反省自己的理财观念和方法了。可能会有很多人认为理财是有钱人的专利，没钱和钱不多的人不需要理财。事实正好相反：有钱的人理财，可以让钱滚钱；没钱的人理财，可以让钱生钱。理财不是富人的专利，无论钱多钱少，都需要好好打理自己的钱财。国际上的一项调查表明，几乎100%的人在没有自己的投资规划的情况下，一生中损失的财产20%～100%。因此，作为一个现代人，如果不具备一定的理财知识，其财产损失是不可避免的。

俗话说，钱是挣出来的，不是省出来的。但是现在最专业的观念是：钱是挣出来的，更是理出来的。当代投资之神沃伦·巴菲特说过："一生能够积累多少财富，并不取决于你能够赚多少钱，而取决于你如何投资理财。钱找钱胜过人找钱，要懂得让钱为你工作，而不是你为钱工作。"人们现在都更加重视理财，面对买房、教育、医疗、保险、税务、遗产等未来众多的不确定性，人们的理财需求进一步增长。无论你是在求学的成长期、初入社会的青年期、成家立业期、子女成长的中年期，还是退休老年期，都需要建立健康的理财观念和掌握正确的投资理财方法。

实际生活中，几乎每个人都有一个发财梦。但为什么有时候明明际遇相同，结果却有了贫富之分？为什么大家都站在相同的起点，都拼搏了大半辈子，竟会产生如此截然不同的人生结果呢？其实，根本差异在于是否理财，尤其是理财的早晚。理财投资一定要先行。这就像两个比赛竞走的人，在起跑线前提早出发的，就可以在比赛中轻松保持领先的优势等待后面的人来追赶。所以，理财要趁早。正所谓：你不理财，财不理你；你若理财，财可生财。早一天理财，早一天受益。

《图解你不理财，财不理你》以简洁、轻松的语言介绍了基金、股票、保险、黄金、收藏、外汇、债券、期货、典当、储蓄等不同的理财内容，方法实用、指导性强，一看就懂、一学就会，上手就能用。

如果你正在为是否要开始理财而犹豫，那么这本书适合你：每个人都拥有潜在的能量，只是很容易被习惯所掩盖，被时间所迷离，被惰性所消磨。如果你已为人父母，那么这本书适合你：合理的教育金规划影响孩子的一生，你不应该只是父母，更应是帮助孩子成功的贵人。如果你不想在年老体衰的时候养不活自己，那么这本书适合你：即刻开始制订养老规划，相信若干年后的你，会感谢今天的自己。那时，越老越富有就不是一张口头支票，而是你舒适、富足、充满乐趣的退休生活的有力保障！

从今天开始，让我们每一个人树立起正确的投资理财观念，并且掌握科学的、正确的方法，积极地投入到丰富多彩的理财活动中去，通过努力告别拮据的生活，从此过上富裕的生活。

目录

第一篇 科学自助理财，保障一生幸福

第三篇 盘活资产，让钱生钱

第四篇 把钱用在该用的地方

第五篇 投资自己，最有价值的理财之道

第六篇 家庭理财万事通

第一篇
科学自助理财，保障一生幸福

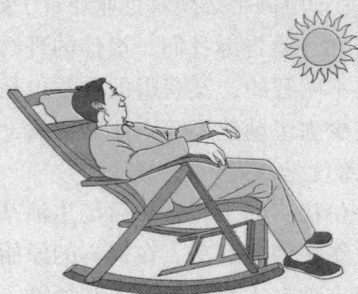

第一章

从700元到400万，距离并不遥远

为什么有些人善于创造财富

20/80定律告诉我们，20%的富人掌握了80%的财富，富人能在一生中积累如此巨大的财富的奥秘究竟是什么？答案是科学理财。

尽管如今有更多的人已认识到理财的重要意义，越来越多的人加入到理财者的大军，但是仍然有不少贫穷者。其原因在于，虽然有越来越多的人参与了理财，却很少有人思考怎样提高自己的财商，仅仅是单纯地为理财而理财，或者盲目地跟在别人后面瞎"理"。结果，投入了时间、精力和金钱，却没有得到多少回报，甚至越理钱越少。

当然，富有的理财者并不是在买理财工具，而是在创造属于他们自己的理财市场。排名世界前100位的富人都拥有自己的企业，每个企业都是一个完善的资金循环与再生系统。财富的最终源泉是企业，只有企业才是每个理财者的最终对象。投资股票，就是投资企业，投资共同基金，也是投资企业，即使是投资房地产，也仍然是在投资企业。所以，要成为理财高手必须对企业经营了如指掌。

富人们的投资理财经历和经验告诉我们，最佳的理财方式是让你的公司为你投资，以个人名义进行投资是不明智的，其获得的收益也是十分有限的，风险也是相当高的。但是普通投资人很少去主动地了解企业的经营，很多人都以个人名义进行投资，要实现财务自由，其难度是令人无法想象的。

一般理财者都是先找一份稳定的工作，然后把生活基本开支之外的闲钱用于理财，也就是说，他们是用工作去创造财富。在资本的原始积累阶段，这种方式尚且可行，但如果你不能为改变这种方式而作出努力和牺牲，那么你就永远成不了一个真正的富人。要记住，富人不仅在金钱方面富有，而且还在时间方面很富有。而穷人，不仅钱比较少，时间方面也十分"贫穷"。

富人能够拥有很多财富，是由于他们能够把自己的创造力变成财富。这个世界上很多人有一些很好的创意，然而只有极少一部分有创意的人变富了，这是因为很少有人会用一个运行良好的企业把创意变成财富。仅仅是有一个很好的创意，的确可以卖一点点钱，但它绝不能给你带来巨大的财富。

投资理财让你的人生富起来

人生能够积累多少财富，不取决于能够赚多少钱，而取决于如何科学地投资理财，概括来说，投资理财对人生的重大作用有以下三个方面：

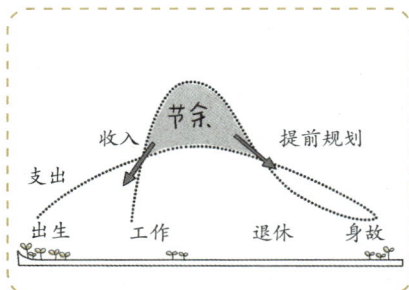

平衡一生中的收支差距

人的一生中大约只有一半的时间有赚取收入的能力。理财规划就是确保在不能工作时，仍有比较富裕的生活。

过更好的生活，提高生活品质

每个人都希望过好日子，通过理财规划，可以让自己的财富增值，从而让自己过上更好的生活。

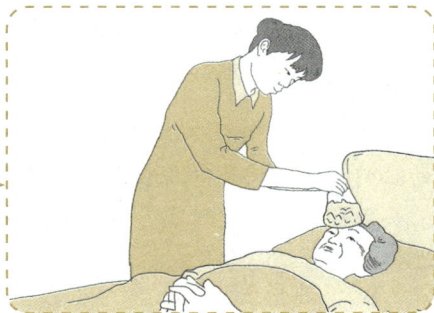

抵御不测风险和灾害

通过科学的投资规划，合理地安排收支，做到在遭遇不测与灾害时，有足够的财力支持。

总之，通过理财规划，你可以让自己的人生更从容，更优雅，远离老年窘迫，顺利度过人生不测，让一样的人生不一样地富有。

美国人查理斯·卡尔森调查了170位美国的百万富翁，总结出成为百万富翁的八个行动步骤：

第一步，现在就开始投资。现实生活中六成以上的人连成为百万富翁的第一步都没迈出。

第二步，制定目标。不论任何目标，要有计划、坚定不移地去完成。

第三步，把钱用于买股票或基金上。

第四步，不要眼高手低，选择绩优股而不是高风险股。

第五步，每月固定投资，使投资成为习惯。不论投资金额多少，只要做到每月固定投资，若干年以后，就足以使你的财富超越美国2/3以上的人。

第六步，坚持就是胜利。调查显示，3/4的百万富翁买一种股票至少持有5年以上，将近四成的百万富翁买一种股票至少持有8年以上。

第七步，把国税局当成投资伙伴，合理利用税收政策筹划自己的投资。

第八步，控制财务风险。富翁大多过着很平凡的生活，固定、稳定性是他们的特色。

所以说，你要想成为百万富翁，就要做好投资理财的必要准备。

【理财圣经】

"富翁"的身份，不是天生就拥有的，对于极大一部分富翁来说，他们是靠自己的聪明、智慧来获得高额钱财的，科学地理财即是他们获得财富的最主要手段之一。如果你也想创造财富，不仅要加入理财的大军，还要掌握好方法、运用好智慧，这样你也可以成为百万富翁。

同样挣钱，你的钱都到哪里去了

小刘大学毕业后，在北京找了一份每月薪水只有1500元微薄收入的工作，他发现这点可怜的工资竟然连付一间像样点的房子的租金都不够。他用500块钱租了三居室中的一间，这在当时看来已经是很奢侈的了，就这样，他开始了在北京的生活。可是5年后的今天，他通过财富积累，贷款买了一套一居室，并且准备工作几年再积攒点儿钱后，再买辆二手车。

而他的同学小李，大学毕业之后进入政府机关工作，基本月薪约3000元。每月支付电话费、学习费外还要买衣服、休闲等，工作了几年，不仅没有存款，反而负债累累。

为什么同是毕业几年，他们的差别会这么大？因为在这几年时间里，小刘通过自己的努力，学会了如何理财，如何从现有的工资里不断地累积财富。所以，他的资产没有流失，而且增值的速度一年比一年快。而小李，由于没有理财，他的资产在无意识中悄悄地溜走了。

财富的积累是一个过程，在这个过程中，如果你不细心经营，精心打理，几年以后，回报给你的也只能是巨额的负债。

看到"资产流失"这几个字眼，人们首先想到的是国有资产的流失。其实，在生活中，一不小心，你自己的资产也会不知不觉地流失。理财专家提醒你，在财富时代，及时堵上造成你资产流失的漏洞吧，不要让它们再拖后腿了！通常，资产流失的主要领域是以下几个方面：

一、豪华住宅背上沉重负担

很多人可能都有这样的经历：你在自己的小屋里向外眺望城市中丛林般的华厦，然后发出一声感叹：怎么没有一间房子是我的？其实，买房子的人大部分也是在贷款，豪华住宅的背后，有的家庭不但投入了全部积蓄，而且还背上了债务，大部分家底都变成了钢筋水泥的不动产，导致家庭缺少投资的本钱，错失投资时机。

二、储蓄流失增值机会

储蓄本来是中国人使自己的资产保值、增值最普遍的手段，怎么会成为中国家庭资产流失的主要领域呢？这主要体现在以下两个方面：

（1）"过度"储蓄。善于储蓄是美德，但是一旦"过度"也将误入歧途。做个简单的测算，中国人的8万亿储蓄存款，如果相对于同期的国债之间1%左右的息差（考虑到存款的利息税和国债的免税因素），那么中国人放弃了每年资本增值800亿左右的潜在获利机会。其实，对大多数人来说，防止这类流失的方法很简单，只需将银行储蓄转为同期的各类债券就行了。目前不仅有交易所市场，还有银行柜台市场，都可以很方便地完成这类交易，而且流动性也很强。

（2）"不当"储蓄。一样的存款要获得不一样的收益，存款的技巧很重要。有的家庭由于缺乏储蓄存款的知识，不懂得存款的技巧，使存款利息收入大为减少。比如：如果你想存活期或定活两便，那还不如存定期3个月，并约定自动转存。这种存法安全方便，利息又高。因为定活两便存款支取时，利率按定期一年内同档期限打六折计算。这样，定活两便存款即使存够一年，按一年利率打六折也低于定期3个月。

三、过度和不当消费

"过度"与"不当"的消费也会让你的资产流失。所以，花钱买的东西究竟是不是自己必需的，一定要想清楚。

四、理财观念薄弱

目前，有些人对于理财还未树立正确的观念，也不注意各种细微的节约，例如使用信用卡时造成透支，且又不能及时还清，结果必须支付高于存款利息十几倍的循环利息，日积月累下来，债务只会如雪球般越滚越大。资产的流失在很多时候都是隐性的，对钱财一定要善于监控管理，节约不必要的支出，不断地强化理财观，让资金稳定成长，才不会在不知不觉中失去积蓄钱财、脱贫致富的好机会！

【理财圣经】

　　资产流失很多时候都不显山露水，但只要稍一放松就可能造成严重的损失。所以，不断地强化理财意识才能成功积累财富。

早出晚归，为什么还是囊中羞涩

　　在我们身边，存在着这样一个群体，他们每周工作6天甚至更多，并且有时连续工作10小时以上，当"朝九晚五"的人们进入甜蜜梦乡的时候，他们可能才关掉开了一天的电脑，披星戴月地走在回家的路上。他们很多已步入了而立之年，可是，天天早出晚归的他们口袋并不富裕，依然囊中羞涩。这是为什么呢？

　　有句话说得好："30岁前拿命赚钱，30岁后拿钱赚钱。"对于天天早出晚归的上班一族来说，他们更愿意当花钱不太动脑筋的"月光族"，甚至是"透支族"。所以，到了30多岁后，他们依然会囊中羞涩。其实，这跟他们理财没理财有很大的关系。也许有的人只挣几百元钱，可是通过合理的安排与打理，不仅餐桌上能够有荤有素，而且家里水、电、煤气费用，孩子的上学费用等都安排得井井有条；而有些人虽然能挣上几千块，却经常被银行的账单"逼债"，弄得手忙脚乱，狼狈不堪。

　　小李，34岁，在杭州一家会计师事务所工作。她就是持"今朝有酒今朝醉"想法的人。在她看来，平时工作太辛苦，根本没时间去研究股票、期货来做投资，有时间也是自己忙里偷闲，不愿再费脑力。

　　谈到理财计划时，小李无可奈何地表示，自己过去在原公司做会计时，还有时间炒炒股，但自从跳槽到事务所后，根本没那么多精力去打理自己的收入。反正到现在为止，她赚的钱还是所剩无几。

　　如今，社会上出现了一个新颖的词汇，反映出了类似小李的生活现状，这个词汇就是：穷忙族。

　　"穷忙族"，即"working poor"，该词源于欧美国家，欧盟给出的定义是"工作忙却入不敷出，甚至沦落到贫穷线以下的受雇者"。《中国青年报》调查中心的一项调查显示：75%的人自认是"穷忙族"。有人这样描述"穷忙族"："比月光族更穷，比劳模更忙"、"越穷越忙，越忙越穷"。"我总是努力工作着，但是为什么总是得到的很少"，常常成为这些"穷忙族"的困惑。"最近比较忙"是很多"穷忙族"的口头禅，忙着工作，忙着赚钱，忙着学习，忙着消费……"忙"字成了很多人心中的关键词。当然，也是无数人工作和生活的写照。虽然"忙"字代表

两类"穷忙族"如何摆脱"穷忙"状态

月光型穷忙族

忙忙活活一个月，月月都是花光光！

赚钱不多，又不会理财，赚的钱基本上每个月都花光。

如何摆脱"穷忙"状态

1.学习理财，比如从记账开始

2.积极给自己"充电"，提升收入水平

高收入穷忙族

忙啊，忙啊！

收入不低，每天很忙，但是，工资卡上存款却不多的人群，也被称为拿着高薪的穷人。

如何摆脱"穷忙"状态

1.先节流再理财，适当减少不必要的高消费

2.做出强制性的存款规划，比如，每月必须存入收入的五分之一等

了人们的生活状态，但它代表不了人们的生活质量，因为只靠忙并不能直接为我们带来满意的结果。可能我们每天工作远远超过8小时，甚至两餐都在公司吃盒饭，一天下来，筋疲力尽，可是，到头来我们还是穷人。看到一些平时看起来很清闲的人却每天开着自己的奔驰、宝马，疾驰于城市之间，我们迷茫了，难道这个世界真的不公平了？勤奋没有用吗？

一个人很忙却穷的原因大致说来有两个：

（1）工作内容过于具体。作为富人的比尔·盖茨，靠着挖掘DOS操作系统这座金矿，坐上了全球财富榜的第一把交椅，但DOS的发明者并不是他，他只是一个经营者。一个富人要做的并不是很具体的事情，他就像个高级厨师，把油、盐、酱、醋恰到好处地调配起来，一炒一烹，味道就出来了。

（2）努力的方向出现了偏差。一只小小的苍蝇，用尽短暂生命中的全部力量，渴望从玻璃窗飞出去。它拼命挣扎也无济于事，努力没有给它带来逃生的希望，反而成了它的陷阱。但就在房间的另一侧，大门敞开着，它只要花1/10的力气，就可以轻松地飞出去。

如果我们仅仅凭借自己的勤奋去挣钱，而不去深入思考如何去打理这些钱，是非常得不偿失的事情，因为所有的努力很有可能功亏一篑。

所以，要让自己摆脱"穷忙族"，我们就该先停下忙碌，思考自己选择的路是否正确，看看自己是否把重心放在了如何理财，如何让钱生钱上，而非一味地花钱。只有找准努力方向，分出一点时间在钱财的管理上，一边工作，一边理财，才有可能让自己的工资最大化表现为"钱生钱"，这样才可能摆脱"穷忙族"越忙越穷的怪圈。

【理财圣经】

现在的社会仅有勤奋是不够的。许多人每天都辛苦工作着，只为赚更多的钱，过自己想要的优质生活，但常常不如愿。如果每天只是瞎忙，换来的只能是干瘪的钱包和日渐苍老的容颜，所以，我们若想忙得有钱，就不要做"穷忙族"，而应分出一些精力用来理财。

理财晚7年，相差一辈子

理财一定要先行。就像两个参加等距离竞走的人，提早出发的，就可以轻松散步，留待后出发的人辛苦追赶，这就是提早理财的好处。

我们假设下例中的李先生在26岁并没有停止投资，而是继续每月投资500元，那么到了60岁，他积累的财富将是约316万，几乎是张先生的两倍。

投资要趁早

李先生 —20岁 定额投资→ 每月 500元 → 基金 → 假设平均 年报酬率为10%

162万元 ←60岁— 利用本金与获 利滚动增长 ←26岁不再 新增投资— 继续投入 每月500元

张先生 —26岁→ 每月 500元 → 假设平均 年报酬率为10%

154万元 ←60岁— 继续每月投入 500元

投资

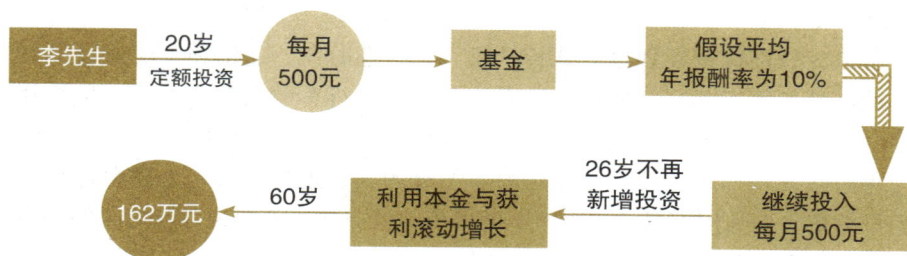

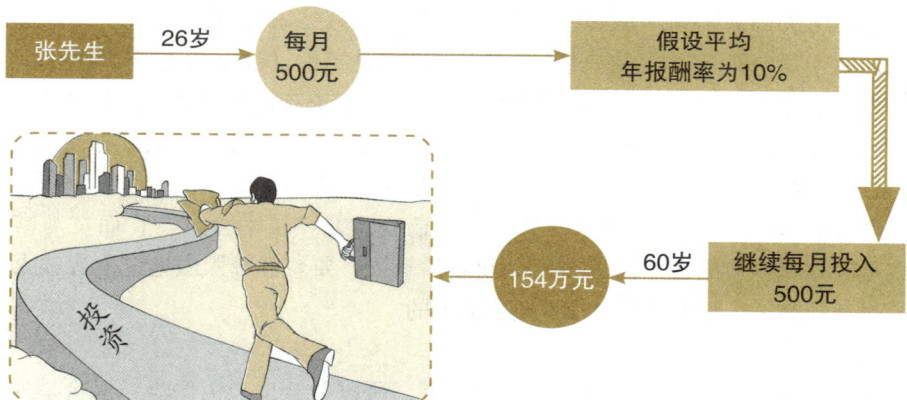

> 由此可见，投资要趁早，只有当投资遇上时间这个魔法师，财富才会变得超乎你的想象。

　　但在投资过程中，人们往往会发现，坚持一个长期的投资计划相当不容易——市场下跌的时候，叹声一片，害怕亏欠的心理往往会让人们改变长期投资的计划；而如果市场飙升，往往就会导致大家为了追求更多的收益而承担过高的风险。追涨杀跌成为人们不可克服的人性弱点，极少有人能够逾越。

　　波段操作并不容易，长期持有才是简易而有效的投资策略。我们假设在1991年至2005年间的任意一年年初投资A股，持有满1年，按上证指数收益率计算，投资收益为负的概率为47%；持有满3年，投资收益为负的概率为38%；持有满6年，投资收益为负的概率降到10%；而只要持有满9年，投资收益为负的概率才降为零，这样至少可以保证不赔。

所以，长期投资计划也要从长计议，忌"选时"、"追新"。市场不好的时候，就像开长途车遇到交通堵塞，看到路边骑自行车的人呼啸而过，虽然会有抱怨，但我们绝对不会因为羡慕自行车的灵便而把轿车卖掉，改买自行车继续旅程。

理财其实很简单，每一个想与财富结缘的人，迟早都要走上理财之路，既然是迟早的事，那为何不早一步呢？不要说现在没有钱，不要说你没有时间、没有经验。按照以下三个步骤走，你就可以成为理财高手。

一、攒钱

挣一个花两个，一辈子都是穷人。一个月强制拿出10%的钱存在银行或保险公司里，很多人说做不到。那么如果你的公司经营不好，老总要削减开支，给你两个选择，第一是把你开除，补偿两个月工资，第二是把你1000元的工资降到900元，你能接受哪个方案？99%的人都能接受第二个方案。那么你给自己做个强制储蓄，发下钱后直接将10%的钱存入银行或保险公司，不迈出这一步，你就永远没有钱花。

二、生钱

相比较而言，三个步骤当中就这一步还有点儿"技术含量"，而贫与富的差距也就在这里。世上原本就没有不劳而获的事情，要想舒舒服服地过上有钱人的日子，多动动脑子，学点儿理财知识还是值得的。

三、护钱

天有不测风云，谁也不知道会出什么事，所以要给自己买保险，保险是理财的重要手段，但不是全部。生钱就像打一口井，为你的水库注入源源不断的水源，但是光打井还不够，还要为水库修道堤坝，以防意外事故、大病等不测之灾把你的财富卷走。比如坐飞机，一个月如果有时需要坐10次飞机，每次飞机降落的时候有的人会双手合十，并不是信什么东西，只是他觉得自己的生命又重新被自己掌握了，因为在天上不知道会发生什么。所以建议每次坐飞机给自己买保50万～200万元的意外险，这是给家人的爱心和责任，这50万～200万元够家人和孩子生活很长一段时间。

换个思路想想致富这件事，不要再把理财当作一个计划，尽快把它化为行动吧！

【理财圣经】

财富的多少与理财的早晚有很大的关系。正所谓，早起的鸟儿有虫吃。理财开始得越早，越容易积累财富。

每月投资700元，退休拿到400万

一个家庭，增加财富有两种途径：一种途径是通过努力工作储蓄财富；另一种途径是通过理财积聚财富。实际上，理财给家庭增加财富的重要性，远远大于单纯的通过工作赚钱。

如果每个月你有节余700元，能用来做什么？下几次馆子，买几双皮鞋，700元就花得差不多了吧。你有没有想过，每月投资这700元，你就能在退休时拿到400万元呢！

为什么每月投资700元，退休时能拿到400万呢？那就是理财发挥的重要作用。现年30岁的你，预计在30年后退休，假若从现在开始，每个月用700元进行投资，并将这700元投资于一种（或数种）年回报率15%以上的投资工具，30年后就能达到你的退休目标——400万。

这就是利用了复利的价值。复利投资是迈向富人之路的"垫脚石"。有句俗语叫"人两脚，钱四脚"，意思是钱有4只脚，钱追钱，比人追钱快多了。

虽然对于"复利效应"，数据中永远的"15%"是很难实现的，但是"钱生钱"所产生的财富会远远高于我们的预计，这就是金钱的"时间效应"。忽略了这个效应，我们就浪费了财富增值的机会。不明白这个道理，我们就只会在羡慕别人的财富越来越多的同时，看着自己和对方的差距越来越大。

举个例子来说吧。假设你今年20岁，那么你可以有以下选择。

20岁时，每个月投入100元用作投资，60岁时（假设每年有10%的投资回报），你会拥有63万。

30岁时，每个月投入100元用作投资，60岁时（假设每年有10%的投资回报），你会拥有20万。

40岁时，每个月投入100元用作投资，60岁时（假设每年有10%的投资回报），你会拥有7.5万。

50岁时，每个月投入100元用作投资，60岁时（假设每年有10%的投资回报），你会拥有2万。

也许有人会提出疑问，这么大的差距是怎么产生的呢？很简单，就是上面的数据中所体现出来的——差距是时间带来的。经济学家称这种现象为"复利效应"。复利，就是复合利息，它是指每年的收益还可以产生收益，即俗称的"利滚利"，而投资的最大魅力就在于复利的增长。如果你每个月定期将100元固定地投资于某个基金（即定期定额计划），那么，在基金年平均收益率达到15%的情况下，坚持35年后，您所获得的投资收益绝对额就将达到147万。

过去，银行的"零存整取"曾经是普通百姓最青睐的一种储蓄方式。每个月定期去银行把自己工资的一部分存起来，过上几年会发现自己已经小有积蓄。如今，

复利投资，让钱生钱的理财方法

复利，就是复合利息，它是指每年的收益还可以产生收益，即俗称的"利滚利"。而投资的最大魅力就在于复利的增长。

神奇的复利

复利的力量

理财致富是"马拉松竞赛"而非"百米冲刺"，比的是耐力而不是爆发力。事实证明影响未来财富的关键因素，是投资报酬率的高低与时间的长短，而不是资金的多寡。

单利与复利的区别

差别出人意料

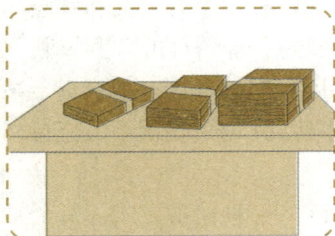

"想象一下，你手里有一张足够大的白纸，现在，你的任务是，一张纸厚度只有0.1毫米，也就是说一万张纸才有1米高。那么，把它折叠52次，它有多高?一个冰箱? 一层楼? 或者一栋摩天大楼那么高? 它的厚度是2.25万亿公里，超过了地球和太阳之间的距离。

折叠52次的高度如此出人意料，但如果仅仅是将52张白纸各折叠一次后放在一起呢? 只不过是10.4毫米。这就是复利与单利的区别。

复利就是一变二，二变四，四变八……这种复合的利息滚动，能让财富在时间的见证下，产生奇迹。

零存整取收益率太低，渐渐失去了吸引力，但是，如果我们把每个月去储蓄一笔钱的习惯换成投资一笔钱呢？结果会发生惊人的改变！这是什么缘故？

由于资金的时间价值以及复利的作用，投资金额的累积效应非常明显。每月的一笔小额投资，积少成多，小钱也能变大钱。很少有人能够意识到，习惯的影响力竟如此之大，一个好的习惯，会带给你意想不到的惊喜，甚至会改变你的一生。

更何况，定期投资回避了入场时点的选择，对于大多数无法精确掌握入场时点的投资者而言，是一项既简单而又有效的中长期投资方法。

【理财圣经】

如果你乐于理财，并能够长期坚持，每月投资700元，退休拿到400万元绝对不是梦想。通过理财积累财富，贵在坚持。

第二章
你不理财财不理你，理财先要理观念

有财不理，财就离你越来越远了

许多年轻人刚刚走上工作岗位，每月都拿着固定的薪水，看着自己工资卡里的数字一天天涨起来，他们开始尽情地消费。在消费的时候他们从来不觉得花掉的是钱，总感觉是在花一种货币符号。他们似乎并不是很担心没钱的问题，认为这个月花完了，下个月再挣，面包总会有的。直到有一天他们囊中羞涩，想拿信用卡刷卡时售货员告诉他们："这张卡透支额度满了。"这时，他们才惊慌起来，开始奇怪："每个月的薪水也不少，都跑到哪儿去了？"是啊，那些钱财都跑到哪里去了呢？怎么不理你了呢？实际上，你自己都不去理财，不对你的钱财负责任，有钱的时候就挥霍，没钱了还能怨谁呢？所以如果我们想让钱财主动找我们，主动留在我们的腰包里，首先要明确一个观点：赚钱虽重要，但是理财更是不可或缺的。只会赚钱不会理财，到头来还是一个"穷人"。你不去理财，也别想着让财来理你。

李小伟是在北京工作的一个白领，现在的月薪是5000元，除去租房的开支，每月还能剩下不到4000元，可他每到月底还是要向朋友借钱。究其原因，原来，李小伟只会努力工作，努力挣钱，以为这样自己就可以富起来，从来没有考虑过如何理财。晚上熬夜看电影、上网，第二天起不来又怕迟到扣奖金，只好打车上班。不喜欢吃公司的食堂，一到中午就出去吃快餐，平均比食堂贵出将近10元钱。而周末又是聚餐、健身、喝酒，玩得不亦乐乎。每个月都如此，他从来没有理财的概念，也正是因为这样，工作两年了，他还没有任何积蓄。钱财好像和他有仇似的，从来不曾找过他。

而同样生活在北京的叶子，每月只能挣1500元，不过与别人合租了一个郊区的平房，扣除房租400元外，还结余1100元。可是她不但不用向别人借钱过日子，每月还能剩余500元。原来，她的作息很有规律，每天也不会到外面吃饭，而是自己买菜做饭。平常为了省下坐地铁的钱，她每天都起很早赶公交，周末就待在家里看书、看电视。虽然她也爱买衣服，但都是去服装批发市场和商贩讨价还价。这样每月的消费就很少，结余就相对多了。时间长了，看见存折上的数字不断上涨，叶子的心里美滋滋的。

从上面的故事我们可以看出：很多像李小伟一样的人挣的钱虽然不少，可不会理财，花得更多，这样钱财还是离他远远的。不注重理财、不善于理财，钱财也不会去理你，所以你就要过拮据的生活。而像叶子虽然挣得很少，可是精打细算还是会有结余。不过我们还不能说叶子就是一个理财高手，因为我们还不知道她会把结余的钱用在哪儿。

看来，想让财去理你，你就必须学会理财。要知道，理财可以改善你的生活品质。

"月光族"必看的理财妙招

第一招：理财从攒钱开始

第二招：根据风险承受能力，构建适合自己的投资组合

第三招：理性消费，省钱就是赚钱

第四招：如果不是确有所需，还是尽量不用或者少用信用卡

如果我们想生活得更加富足和舒适，想让财富自己找上门来跟着我们，并对我们不离不弃，就一定要学会主动理财。如果有财不理，财会离我们越来越远。

相信自己，你也可以成为投资专家

有一种说法是：在目前非常危险的市场环境中，小投资人根本没有成功的机会，所以要么退出市场，要么求助于专业投资人。

然而事实是，在投资中，专业投资人并不像人们想象的那样聪明，业余投资人也不像人们想象的那样愚笨，只有当业余投资人一味盲目听信于专业投资人时，他们在投资上才会变得十分愚蠢。事实上，业余投资人本身有很多内在的优势，如果充分加以利用，那么他们的投资业绩会比投资专家更出色，也会超过市场的平均业绩水平。

在英格兰地区流传着一个消防员投资股票的著名故事：

在20世纪50年代，一位消防员注意到当地一家叫作Tambrands的生产女性卫生用品的工厂（后来这家公司更名为Tampax），其业务正在以极快的速度扩张。这种情况让他想到，除非是这家工厂业务非常兴旺，否则怎么也不可能如此快速地扩张。基于这样一种推理，他和家人一起投资了2000美元购买了一些Tambrands的股票，不仅如此，在随后的5年里他们每年又拿出2000美元继续购买该公司的股票，到了1972年，这个消防员已经变成了一位百万富翁。

不能确定这位幸运的消防员是否曾向经纪人或者其他投资专家寻求过投资建议，不过可以肯定的是有很多投资专家会对他说，他投资于Tambrands公司的这种逻辑推理存在缺陷，如果他明智的话就应该选择那些机构投资人正在购买的蓝筹股，或者是购买当时非常流行的电子类热门股票，令人庆幸的是这位消防员始终坚持自己的想法。

很多投资人认为自己没有专业素养，想要依靠自己在投资领域赚钱难上加难，实际上生活中有许多人不懂股票、房地产，依然能够投资致富。成功地利用理财致富者，大多不是专业投资人，专业投资人未必能够以投资致富。

投资根本就不复杂，它之所以会被认为多么深奥复杂，非得依赖专家才行，是因为投资人不知如何应付不确定的投资环境，误将简单问题复杂化，无法自己冷静地做决策，总是想听听他人的意见。

由于不懂如何面对不确定的投资环境，误以为必须具有未卜先知的能力，或是要有高深的分析判断能力才能做好投资，许多人便习惯性地把投资决策托付给专家。

然而，如同彼得·林奇所说："5万个专业投资人也许都是错的。"如果专业投资人真的知道何时股价会开始上涨，或是哪一只股票一定可以买的话，他早就已经

把握五字要诀变成投资专家

稳　所谓稳，要胸有成竹，对大的趋势作认真的分析，要有自己的思维方式，而非随波逐流。

> 现在市场不景气，投了可能收不回，再等等。

准　所谓准，就是要当机立断，坚决果断。如果大势一路看好，就不要逆着大势做空，同时，看准了行情，心目中的价位就到了。

忍　势未形成之前决不动心，免得杀进杀出造成冲动性的投资，要学会一个"忍"字。小不忍则乱大谋，忍一步，海阔天空。

狠　所谓狠，一方面，当方向错误时，要有壮士断腕的勇气认赔出场。另一方面，当方向对时，可考虑适量加码，乘胜追击。

追击！

滚　在股票市场投资中，赚八分饱就走，股价下跌初期，不可留恋，要赶紧撤出。

股市

> 开始跌了，要果断撤出了才行。

有钱到不必靠当分析师或专家来谋生了。因此，以专家的意见主宰你的投资决策是非常危险的，投资到头来还是要靠自己。

事实上，业余投资人自身有很多优势，如果充分地加以利用，那么他们的投资业绩丝毫不比投资专家逊色，诚如彼得·林奇所说："动用你3%的智力，你会比专家更出色。"依据他的观点，当你根据自己的分析判断来选股时，你本来就已经比专家做得更出色，不然的话，你把你的资金买入基金交给那些专业投资人就行了，何必费那么大劲儿？自己选股却只能得到很低的回报，这样不是自找麻烦吗？

一旦决定依靠自己进行投资时，你应该努力独立思考。这意味着你只根据自己的研究分析进行投资决策，而不要理会什么热门消息，不要听证券公司的股票推荐，也不要看你最喜爱的投资通讯上那些"千万不要错过的大黑马"之类的最新投资建议，这也意味着即使你听说彼得·林奇或者其他权威人士正在购买什么股票也根本不要理会。

为什么不要理会彼得·林奇正在购买什么股票？至少有以下两个很好的理由：

（1）他有可能是错的，即使他的选择是正确的，你也不可能知道什么时候他对一只股票的看法会突然改变而将其卖出。

（2）你本身已经拥有了更好的信息来源，并且这些信息就在你的身边。你之所以能够比投资权威人士获得更好的信息，是因为你能够时时追踪记录你身边的信息。如果你平时在自己工作的场所或者附近的购物中心时能够保持一半的警觉，就可以从中发现表现出众的优秀公司，而且你的发现要远远早于那些投资专家。任何一位随身携带信用卡的消费者，实际上在平时频繁的消费活动中已经对数十家公司进行了大量的基本面分析。你日常生活的环境正是你寻找"10倍股"的最佳地方。

【理财圣经】

投资理财到头来还是要靠自己，所以投资人应想办法充实投资智慧，让自己也成为专家。事实上投资并不需要太多专业知识，只要能够身体力行，不靠专家也可以致富。拥有正确的投资观，你可能比专家赚得更多。

把投资当成一种生活方式

世界级投资大师巴菲特的一名下属曾说："巴菲特一天24小时都在考虑伯克希尔公司的事情。"确实，对巴菲特来说，投资就是他的一种生活方式。

一天晚上，巴菲特和他的妻子苏珊受邀去朋友家中吃饭。晚餐过后，他们的朋友架起幻灯机向他们展示金字塔的照片，这时候巴菲特说："我有个更好的主意，你们给苏珊放照片，我去你们的卧室读一份年报怎么样？"

读年报不光是巴菲特的爱好，还是他最喜欢的休闲活动。"他有一种能让他赚

如何让投资真正融入你的生活？

经常学习有关投资的知识

如经济学的一些基础知识、进行财务分析及技术分析时所需要的基础知识等，这样利于自己选择投资方式。

找准自己的投资定位

要根据具体情况，明确适合自己的定位投资策略及投资方法，采取适合采取的投资策略及投资方法。

有一套系统的投资方法

系统的投资体系包括一系列明确而具体的一系列决策规则。比如，投资品种的选择搭配，投资时点的选择等。

具有良好的心理素质

优良心理品质是投资成功的关键。要在实践中不断地自我反省，控制自我的消极影响，勇敢而乐观地面对现状。

钱的爱好，"伯克希尔公司的纺织品推销员拉尔夫·里格比说，"读年报对他来说是一种放松。"放松本身就是巴菲特的投资风格。他唯一可能感受到压力的时候就是市价低得离谱而他的好的投资主意比钱多的时候。

交易商的生活方式与此截然相反。极端的交易商可能在家中摆满报价机，甚至卧室和浴室中都有，这样他就可以在任何时候查询价格，不管他正在干什么。迈克尔·马库斯这样描述他做大量货币交易的那段时光："那让人筋疲力尽，因为那是个24小时市场。在上床睡觉之后，我不得不每两小时醒来一次去查询价格。每一个主要交易中心开盘后，我都得去收听行情，这毁了我的婚姻。"

如果你想做货币交易，不眠之夜和被毁掉的周末就是不可避免的，你必须时刻保持警惕。就像在1985年9月的一个星期天听说《广场协议》将让美元贬值的巴菲特一样，听到风声后，他当晚在纽约打电话给已经是星期一早晨的东京，抛售了尽可能多的美元。

巴菲特如此成功的原因之一就是他把投资当作一种生活，24小时不离投资，投资就是他的一切，不仅仅是他的职业。所以，他每时每刻都在考虑投资——甚至做梦也会想到投资。

一般投资人也能获得可观的利润，即使投资并不是他的全职工作，但他必须像投资大师那样为他的投资目标而竭尽全力。用美国前总统伍德罗·威尔逊的话说："世界上没有什么东西能取代持之以恒的精神。才华不能，有才华但不成功的人随处可见；天赋不能，天赋无回报几乎是一句谚语；教育不能，这个世界挤满了受过教育的被遗弃者。只有毅力和决心是万能的。"

总的说来，要想投资成功，最好的办法就是把它融入自己的生活，让投资成为你的生活方式。

【理财圣经】

把投资当成自己的一种生活方式，你才不会因为投资而投资，而是因为喜欢投资而投资——成功的投资行为就需要这样一种理念。

棘轮效应：你的理财习惯价值百万

商朝时，纣王登位之初，天下人都认为在这位精明的国君的治理下，商朝的江山一定会坚如磐石。

一天，纣王命人用象牙做了一双筷子，十分高兴地使用这双象牙筷子就餐。他的叔父箕子见了，劝他收藏起来，而纣王却满不在乎，满朝文武大臣也不以为然，认为这本来是一件很平常的小事。

箕子为此忧心忡忡，有的大臣问他原因，箕子回答说："纣王用象牙做筷子，必定再不会用土制的瓦罐盛汤装饭，肯定要改用犀牛角做成的杯子和美玉制成的饭碗。有了象牙筷、犀牛角杯和美玉碗，难道还会用它来吃粗茶淡饭和豆子煮的汤吗？大王的餐桌从此顿顿都要摆上美酒佳肴、山珍海味了。吃的是奇珍异品，难道还会穿粗布麻衣吗？当然不会，大王以后自然要穿绫罗绸缎了。以此类推，大王同样也要住在富丽堂皇、歌舞升平的宫殿里，因此还要大兴土木，筑起楼台亭阁以便取乐。如此一来，黎民百姓可就要遭殃了，一想到这些，我就不寒而栗。"

当时很多人都觉得是箕子多虑了，并未将他的话放在心上，然而仅仅过了5年，箕子的预言就应验了，商纣王骄奢淫逸、贪图享乐，最终断送了商朝的江山。

以上的故事告诉我们这样一个道理：人一旦形成了某种生活习惯，就很难再改变，因此，我们要杜绝一切可能会发生在我们身上的坏习惯，不为以后留下丝毫隐患。

在经济学上，这种习惯难以改变的理念，被总结为"棘轮效应"。"棘轮效应"就是指人的消费习惯一旦形成之后便具有了不可逆转性，即易于向上调整，难于向下调整，尤其是在短期内的消费，更具有不可逆转性。古话"由俭入奢易，由奢入俭难"，讲的就是棘轮效应。

在家庭理财生活中，我们同样也能找到棘轮效应的影子。比如，一个人如果不注意节俭，花钱大手大脚、挥霍无度，攀比心态严重，喜欢过度消费，这种奢华的理财方式同样也会导致棘轮效应，让家庭理财陷入困境。相反，如果一个人善于理财，能够勤俭持家，适度消费，精打细算地过日子，就会产生良性的棘轮效应，进一步使家庭财富聚集，生活越来越丰富多彩。

比尔·盖茨认为，挣钱实在不容易，有钱的时候一定要想着没钱的时候，不要等到粮食吃完了才想起买米，一切都要未雨绸缪，防患于未然。在这种金钱观的引导下，比尔·盖茨一直精打细算。作为世界首富，比尔·盖茨从来都不坐头等舱。有一次，有人在经济舱看到了比尔·盖茨，于是不解地问他："你那么有钱，为什么不坐头等舱？"比尔·盖茨笑了笑，反问道："你认为头等舱比经济舱飞得快吗？"如此看来，比尔·盖茨并不看重头等舱所带来的虚荣，而是更注重结果和实用性。说到这里，也许有人会说："那都是很久以前的事情了，现在的比尔·盖茨不再坐经济舱，因为人家已经有了自己的私人专机。"可是比尔·盖茨买专机并不意味着就是摆谱，因为对于富豪来说，时间就是金钱，时间就是效率，因此，比尔·盖茨乘坐私人专机更代表了他高效和节约时间的价值观，同样也是一种节俭的表现。

由此可以看出，棘轮效应并不单指坏习惯会毁灭掉我们的生活，还包括良好的习惯同样也能改善我们的生活，让我们的财富越积越多。因此，在家庭理财规划中，一定要养成好的理财习惯，将良性棘轮效应发扬光大。要克制自己的坏毛病和不良的理财习惯，彻底杜绝不良棘轮效应。要在家庭理财规划中尽量做到未雨绸缪、防患于未然，及早为自己退休后的晚年生活做准备。因为一般来讲，家庭收入

成为理财高手，发挥良性棘轮效应

棘轮效应在理财中也发挥着重要作用。因此，在理财规划中，一定要养成好的理财习惯，发挥良性棘轮效应。

我得把今天的花销都记下来。

记下开支情况

记录自己的开支有助于你了解个人或家庭的重要花费，明确生活的底限与目标。

我还是不去购物了吧，在家做运动。

避免盲目购物

让你的购买行为变得复杂起来，再多培养其他消遣方式，如看书、聊天、运动等。

时间财富图

财富

复利

单利

时间

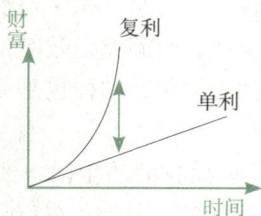

利息和股利再投资

银行储蓄是单利，而将投资分红自动滚入再投资的话，你便可以享受复利效应。

最高的阶段往往是退休前的五到十年，如果这个时候不注意节俭，仍然按照过去的消费习惯大手大脚花钱，不为自己退休后的日子早做准备的话，就会产生很糟糕的棘轮效应。

【理财圣经】

　　家庭理财的一个重要任务就是要勤俭持家，提前为自己的晚年生活做准备，让自己的晚年活得幸福而有尊严，防止不良棘轮效应的产生。

成功理财必备的三大心理素质

　　要想成功理财，我们必须具备一些基本的素质。希望下面列出的几种成功理财素质，能对广大理财者有所帮助。

一、拒绝贪婪

　　首先，贪婪会使人失去理性判断的能力，不顾投资市场的具体环境就勉强入市。不错，资金不入市不可能赚钱，但贪婪使人忘记了入市的资金也可能亏掉。不顾外在条件，不停地在投资市场跳进跳出是还未能控制自己情绪的理财新手的典型表现之一。

　　贪婪也会使理财者忘记分散风险，脑子里美滋滋地想象着如果这只股票涨两倍的话能赚多少钱，忽略了股票跌的情况。理财新手的另外一个典型表现是在加股的选择上：买了500股20元的股票，如果升到25元，就会懊悔，如果当时我买1000股该多好！同时开始想象股票会升到30元，即刻又加买2000股，把绝大部分本金都投在这只股票上；假设这时股票跌了2元，一下子从原先的2500元利润变成倒亏2500元。这时理财者失去了思考能力，希望开始取代贪婪，他希望这是暂时的反调，股票很快就会回到上升之途，直升至30元。

　　其实追加投资额并不是坏事，只是情绪性地追加是不对的，特别在贪婪控制人的情绪之时。是否被贪婪控制，自己最清楚，不要编故事来掩饰自己的贪婪。

　　总之，要学会彻底遏制贪婪，要学会放弃，有"舍"才有"得"。

二、保持谨慎，不过于自信

　　过分自信的理财者不仅会做出愚蠢的理财决策，同时也会对整个股市产生间接影响。

　　心理学家研究显示，理财者的误判通常发生在他们过分自信的时候。如果问一群驾驶员，他们是否认为自己的开车技术优于别人，相信绝大多数的人都会说自己是最优秀的，从而也留下了到底谁是技术最差的驾驶员的问题。同样，在医学领域，医生都相信自己有90%的把握能够治愈病人，但事实却表明成功率只有50%。其实，自信本身并不是一件坏事，但过分自信则要另当别论了。当理财者在处理个人

成功理财必备的正确心态

在投资理财"长跑"过程中，有好心态才能有好收获，那么，作为理财者，应该拥有怎样的心态呢？

坚守投资理财初心，避免沦为金钱的奴隶

弄清风险承受力，找到最适合的理财方式

投资理财，34%

生活支出，34%

银行存款，32%

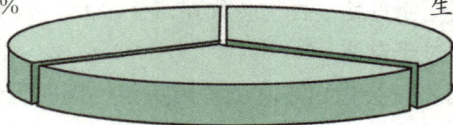

远离一夜暴富的心理，增强资产配置意识

财务事宜时过分自信，其不良影响尤其大。

理财者有一种趋势，总是过高地估计自己的技巧和知识，他们只思考身边随手可得的信息，而不去收集鲜有人获得，或难以获得的更深入、更细微的信息；他们热衷于市场小道消息，而这些小道消息常常诱使他们信心百倍地踏入股市。另外，他们倾向于评价那些大家都获得的信息，而不是去发掘那些没什么人知道的信息。

正是因为过于自信，很多资金经理人都作出过错误的决策，他们对自己收集的信息过于自信，而且总是认为自己的比别人的更准确。如果股市中所有的人都认为自己的信息永远是正确的，而且自己了解的是别人不了解的信息，结果就会导致出现大量的交易。

总之，过分自信的理财者总是认为他们的投资行为风险很低，而实际上并非如此。

三、有足够的耐心和自制力

有耐心和有自制力都是听起来很简单但做起来很困难的。理财是一件极枯燥无味的工作。有的人也许会把理财当成一件极其刺激好玩的事，那是因为他把理财当成消遣，没有将它当成严肃的工作。如同围棋一样，围棋爱好者觉得围棋很好玩，但问问那些以下棋为生的人，他们一定会告诉你，成日盯谱是多么枯燥单调。其中的道理是一样的。每天收集资料、判断行情，参照自己的经验定好炒股计划，偶尔做做或许是觉得有趣的事，但经年累月地重复同样的工作就是"苦工"。如果不把"苦工"当成习惯，无论是谁，成功的希望都不会大。

因为理财单调乏味，新手们就喜欢不顾外在条件，在投资市场跳进跳出寻求刺激。在算账的时候，理财者自然能明白寻找这一刺激的代价是多么高昂。理财者必须培养自己的耐心和自制力，否则想在这行成功是很难的。

【理财圣经】

知道狮子是怎样捕猎的吗？它耐心地等待猎物，只有在时机适合的时候，它才从草丛中跳出来。成功的理财者具有同样的特点，他绝不为理财而理财，他会耐心地等待合适的时机，然后采取行动。

获得财富的机遇往往隐藏在危险之中

当今时代是个变化快速、财富充足的时代，同时也是个创造财富的时代。市场经济体制下，每个人都渴望发财致富，借以提高自己的生活水准或达到人生的目标。在这攸关未来财富地位的时代里，你必须像成功的理财人士一样把握财富增长的轨迹，沿着财富增长的路走下去，才能在投资理财的过程中赢得胜利、获得财富。

霍希哈作为一名成功的证券投机商，从不鲁莽行事，他的每一个决策都是建立在充分掌握第一手资料的基础上。他有一句名言：除非你十分了解内情，否则千万不要买减价的东西。这个至理名言是以惨痛的代价换来的。

1916年，初涉股市的霍希哈用自己的全部家当买下了大量雷卡尔钢铁公司的股票，他原本希望这家公司走出经营的低谷，然而，事实证明他犯了一个不可饶恕的错误。霍希哈没有注意到这家公司的大量应收账款实际已成死账，而它背负的银行债务即使以最好的钢铁公司的业绩水平来衡量，也得30年时间才能偿清。结果雷卡尔公司不久就破产了，霍希哈也因此倾家荡产，只好从头开始。

经过这次失败，霍希哈一辈子都牢记着这个教训。1929年春季，也就是举世闻名的世界大股灾和经济危机来临的前夕，当霍希哈准备用50万美元在纽约证券交易所买一个席位的时候，他突然放弃了这个念头。霍希哈事后回忆道："当你发现全美国的人们都在谈论着股票，连医生都停业而去做股票投机生意的时候，你应当意识到这一切不会持续很久了。所以，我在8月份就把全部股票抛出，结果净赚了400万美元。"这一个明智的决策使霍希哈躲过了灭顶之灾。

霍希哈的决定性成功来自于开发加拿大亚特巴斯克铀矿的项目。霍希哈从战后世界局势的演变及原子武器的巨大威力中感觉到，铀将是地球上最重要的一项战略资源。于是，从1949年到1954年，他在加拿大的亚大巴斯卡湖买下了470平方英里的土地，他认定这片土地蕴藏着大量的铀。亚特巴斯克公司在霍希哈的支持下，成为第一家以私人资金开采铀矿的公司。然后，他又邀请地质学家法兰克·朱宾担任该矿的技术顾问。

在此之前，这块土地已经被许多地质学家勘探过，分析的结果表明，此处只有很少的铀。但是，朱宾对这个结果表示怀疑，他确认这块土地藏有大量的铀。他竭力劝说许多公司进行勘探，但是，都遭到了拒绝。而霍希哈在认真听取了朱宾的详细汇报之后，决定冒险投资。1952年4月22日，霍希哈投资3万美元勘探。在5月份的一个星期六早晨，他得到报告：在78块矿样中，有71块含有品位很高的铀。朱宾惊喜地大叫："霍希哈真是财运亨通。"的确，霍希哈从亚特巴斯克铀矿公司得到了丰厚的回报。1952年初，这家公司的股票尚不足45美分一股，但到了1955年5月，也就是朱宾找到铀矿整整3年之后，亚特巴斯克公司的股票已飞涨至252美元一股，成为当时加拿大蒙特利尔证券交易所的"神奇黑马"。而霍希哈也因为铀矿的发现登入世界富豪之列。

从这个故事中我们可以看到，财富的增长，很大程度上取决于敢于冒险，不断地进行投资，同时把握住不同的机遇。

【理财圣经】

事实上，许多获得财富的机遇往往隐藏在危险之中。优秀的投资理财者，往往乐于冒险，从危险中挖掘成功理财的好机遇。

第三章

致富要趁早，理财不宜迟

强化理财意识，迈出理财第一步

理财是我们大多数人都应该面对的一项工程，尤其是对掌管着家庭财权的家庭主妇们来说，理财在生活中已经不知不觉地占据了很重要的位置。从最初的一无所有，到现在的略有积蓄；从解决最基本的衣食住行，到有所投资，生活、理财都需要从长计议。只有做到科学理财，你的人生之路才会顺畅而美好。

日常生活中，很多人之所以过得窘迫，很大一个原因就是没有理财的意识，而秉持"今朝有酒今朝醉"的生活理念。

你是一个这样的人吗？你拥有理财意识吗？在揭晓答案之前，你不妨问自己这样一些问题：

你是不是工资不少但经常不够用？

你是不是经常困惑于"明明比××很有钱，却为何经常向他蹭饭"？

你手头的钱还能用多久？一个月？两个月？还是只能用一周？

……

请给自己几分钟来思考吧。

如果你的钱不够用，或者经常会向朋友蹭饭过日子，或者手头的钱都不够维持一个月……那么，可以确定，你尚缺乏理财的意识，是时候对自己的理财意识进行强化了。

缺乏理财意识，你会怎样？

（1）你无法管理好自己的财产，你的财务状况一团糟。

（2）你没有记账本，也不知道钱都是怎么花的，都干什么了。

（3）你没有足够的钱来支撑自己的生活，即便你挣得很多，可每到月底还要和人借钱度日。

（4）在面对突来的严重疾病时，你的医疗费基本上靠朋友或者家人的资助。

（5）在你被老板炒了或者你炒了老板之后，你才发现手头上的钱只能支撑一两周，所以不得不又去家里或者朋友那里蹭日子。

看看上面的单子吧，那样混乱的生活是你所想要的吗？

相反，如果你拥有并强化了你的理财意识，你的生活就是另一个样子了！当然，每个人都想要更好的生活，那该怎样强化自己的理财意识呢？

（1）你应当确信理财能为你带来财富，并决心努力学习理财。

（2）你应当拥有理财目标并设立理财计划。

（3）你应牢记——要拥有记录花销的家庭账本，并清晰地知道钱的来源和支出方向。

如何培养理财意识

经常阅读有关投资的报纸，是培养良好投资意识的开端。

> 跟我说说你在投资上的秘诀吧。

与成功的投资人交流，有利于学习他们的投资经验。

> 从这几份资料可以看出，王总他们投资失败的原因……

注意研究别人投资失败的原因，吸取他人的教训来作为自己将来从事个人投资事业的经验。

> 某餐厅的肉食提供商为其提供腐烂的猪肉
> 看来要赶快在丑闻产生影响前卖出股票。

留心周围的投资条件与环境，这样有利于获得成功的投资机会

（4）你应牢记——要通过各种途径收集理财信息和成功者的理财经验，并在必要时向专业理财师求助。

（5）你应决定——除了基本的医疗保险外，为自己买一份另外的商业保险，以便在重病时能减轻自己身上的负担。

（6）你应决定——要留有积蓄，至少够你2个月的生活费，以在你失去工作时，能够支撑到你找到下份工作。

在认真思考之后，你是否认为自己应该强化一下理财意识了呢？

给自己做个彻底的清算，你该和过去的自己划清界限了，加深自己对理财的了解，重视相关的理财知识，才能让你真正开始理财的历程。

【理财圣经】

工欲善其事，必先利其器，强烈的理财意识正是你要开始理财之前必须打造的利器。

制订一张完善的财富计划表

投资的具体操作很简单，通常只要在投资机构开一个户头，看到什么好的投资项目，便可通过投资机构入市，等到升值了，认为已经升到顶，便可以出货，赚取其中的差额。很多投资基金项目的投资人，甚至不必去证券所，只要相信基金公司的管理，把资金交到他们手上，付给其一定数额的管理费，他们就会把资金集合起来，做全面性的投资，你就可以赚取一定的回报。

从表面上看，投资根本不需要什么计划，但事实并非如此，没有计划的投资，一定是失败的投资。投资讲求以一个投资方针贯穿整个计划，各项投资相互联系，不能孤立起来看，必须了解每一个投资项目在这个计划当中所占的地位、所扮演的角色，这样才能明白其中的意义。

通常情况下，如果没有事先想好的计划，人们的行为会显得杂乱无章。没有一个全局的规划，根本无法做出最明智的选择和决定。此时，一张计划表的作用远远大于它作为纸张的作用，它代表了你的方向，你的目标，甚者是你一生的财富。为了对自己的人生负责，你应对金钱的运用有所思考并做出计划。

为了能让你更好地设定自己的财富计划表，下面就为你提供一个关于其内容的模板。

计划表包括哪些内容？

（1）有理财的总目标（如要成为拥有多少资产的富翁）。

（2）将理财分为多个阶段，在各个阶段设一个中级理财目标。

（3）落实到最基础的目标。将各个阶段再仔细划分，一直落实到每天要达到一个怎样的低级理财目标。

（4）规划好每个阶段如何实现。例如都通过什么方式、途径来实现这些目标。

（5）考虑意外事件。如果遇到各种意外情况，计划应当如何调整，或者如何应对。

除了上面这些，能否制订成功的计划表还有一个关键性的因素，就是要"量体裁衣"，让它适合自己。每个人的人生经历不同，个人精力不同，因此各自设立的理财目标、阶段，以及各种理财途径等都不同。你要仔细考虑，想好自己各个方面的情况。

你所处的人生阶段是哪一个？刚起步？新婚？中年？老年？

家庭情况如何？成员几个？收支情况如何？身体如何，有无重病或者伤残？

自己的时间、精力如何？是否有精力管理各项投资？

理财的最终目的和目标是什么？为了生活更充足？为了满足自己的致富梦想？

制订个人理财计划表需要注意哪些事项

要想顺利进行投资理财，最好给自己制订一个好的个人理财计划表。那么，在制订个人理财计划的时候，投资者需要注意以下问题。

像我这工薪阶层，就应该多存点备用金。

恰当评估自己的收支情况

在制订投资理财计划的时候，最好谨慎地估计自己的收入，再给自己的支出创造一个"缓冲区间"，就算有突发事件，也可以从容应对，不至于事到临头手忙脚乱。

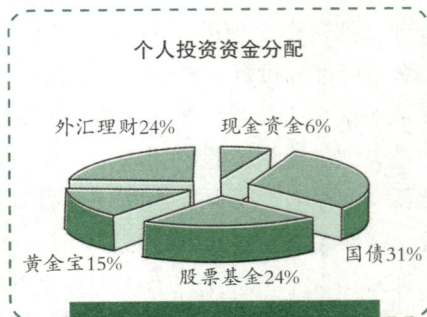

个人投资资金分配

外汇理财24%　　现金资金6%

黄金宝15%　　股票基金24%　　国债31%

合理分配自己的投资资金

制订个人理财计划，一定要对各项投资理财产品有所了解，并在投资过程中合理分配各种投资理财产品的比重，以做到最大限度地利用资金，实现资金的使用效率最大化。

想成为百万富翁、千万富翁或者亿万富翁？

理财的途径和方法是什么？投资股市、基金，还是交给代理人管理？

制订一份合适的理财计划表是你对财产负责的表现。总之，想要修筑自己的财富城堡，这样的一份计划表是不能少的。

【理财圣经】

没有计划，投资就像航行在海上而没有指南针的船一样。有了计划，投资就像有了掌舵人，有了前进的方向，知道自己下一步将会怎样发展下去，还差多少达到目标，离成功还有多远，以及还需多少资源、多少努力才会成功，之后就可以按照需要逐步实现自己的目标。

明确科学的投资目标，选择合适的投资方式

人们都认同这样一个道理：投资致富就是要做到"低进高出"。但是，每个投资人的投资目标却不尽相同。

不论投资人有哪种投资目标，他们都会以自身条件为依据，确定一个具体的投资目标，以便在风险既定的前提下使收益达到最大，或者在收益既定的前提下使风险降至最低。由于市场情况异常复杂，投资人的自身条件各异，为此，投资人通常会选择一种将投资分散以减少风险、增加收益的证券投资组合来实现自己的目标。

由于每个人的背景和情况有很大的不同，致富的目标和计划也是不同的。但是，无论如何，目标必须是长期的、具体的和远大的。要有总体目标，也要有分期目标，以便分步实施。制订目标的首要问题是标准有多高，如果指标太高，长远来看，它会打击投资人的信心，甚至导致最终失败。应该说这样的计划的设计和目标的确立，都是根据个人的情况而定，越符合个人的实际，其实施的可行性就会越高。

明确科学的投资目标后，还需做的是选择合适的投资方式。

投资方式的选择应视个人情况而定，投资最终是自己的事，赚了放入自己腰包，赔了当然得自己负责，因此，投资一定要有自己的主见，不能盲目从众，以免赔了之后怨天尤人。许多投资人从众心理极强，见到别人投资赚钱了，便也跟着买进、卖出，偶尔可能赚些小钱，但费时费力不说，动作稍微慢点，就可能被套或者割肉赔钱。

一个成功的投资人，应根据自己的实际情况选择合适的投资方式。比如说：那些喜欢刺激，把冒风险看成是生活的一个重要内容的人，可选择投资股票；拥有坚定的目标，讨厌变化无常的生活，不愿冒风险的人，可选择投资国债；对于干劲十足，相信未来必须靠自己的艰苦奋斗的人来说，选择投资房地产是一个不错的选择；对在生活中有明确的目标，信心坚定的人来说，最好选择储蓄；生活严谨，有

31

板有眼，不期望发财，满足于现状的人，则可选择投资保险；审美能力强，对时髦的事物不感兴趣，对那些稀有而珍贵的东西则爱不释手的人，宜投资收藏。当然，还有期货、外汇等投资品种，投资人在选择时，应结合自己的专长，不可强求。有的人喜欢买国债，认为买国债保险，收益也较高；有的人喜欢做房地产，认为房地产市场套数多、空间大、有意思；还有的人喜欢收藏钱币、古董……

必须说明一点，喜欢与擅长是两码事。喜欢什么投资，或者认为什么投资好，除了选准投资对象有无投资价值外，一定要注意自己的兴趣和专长。有的人投资房地产如鱼得水，投资股票却连连亏损。

【理财圣经】

投资人首先必须认识自己、了解自己，然后再决定投资什么、如何投资。投资人只有从实际出发，脚踏实地，发挥自己的专长，明确科学的投资目标，选择适合自己的投资方式，才能得到较好的回报。

掌握投资理财的十二大基本策略

在投资理财市场中，每一个人的投资理财策略虽有不同之处，但有一些是最基本的，是必须遵守的。比如：

（1）以闲余资金投资。如果投资人以家庭生活的必需费用来投资，万一亏损，就会直接影响到家庭生计。而且用一笔不该用来投资的钱来生财，心理上已处于下风，在决策时亦难以保持客观、冷静的态度，容易失误。

（2）知己知彼。投资人需要了解自己的性格，如容易冲动或情绪化倾向严重的人并不适合于股票投资，成功的投资人能够控制自己的情绪，能够有效地约束自己。

（3）切勿过量交易。要成为成功的投资人，其中一项原则是随时保持3倍以上的资金以应付价位的波动。假如你的资金不充足，应减少投资品种，否则，就可能因资金不足而被迫"斩仓"以腾出资金来，纵然后来证明眼光准确亦无济于事。

（4）正视市场、摒弃幻想。不要感情用事，过分憧憬将来和缅怀过去。一个充满希望的人是快乐的，但他并不适合做投资家，一位成功的投资人是可以分开他的感情和交易的，因为他明白市场永远是对的，错的总是自己。

（5）切勿盲目。成功的投资人不会盲目跟从别人。当人们都认为应买入时，他们会伺机卖出。当大家都处于同一投资位置，尤其是那些小投资人亦都纷纷跟进时，成功的投资人会感到危险而改变路线。

（6）拒绝他人意见。当你把握了市场的方向而有了基本的决定时，不要因别人的影响而轻易改变决定。也就是说，别人的意见只能作为参考，自己的意见才是最终的决定。

（7）当机立断。投资人失败的心理因素很多，但最常见的情形是：投资人面对损失，亦知道已不能心存侥幸时，却往往因为犹豫不决，未能当机立断，因而愈陷愈深，使损失增加。

（8）忘记过去的价位。一般说来，见过了高价之后，当市场回落时，对出现的新低价会感到相当不习惯，当时纵然各种分析显示后市将会再跌，市场投资气候十分恶劣，但有些投资人在这些新低价位水平前，非但不会把自己所持的货售出，还会觉得很"低"而有买入的冲动，结果买入后便被牢牢地套住了。因此，投资人应当"忘记过去的价位"。

（9）定好止损点。这是一项极其重要的投资技巧。由于投资市场风险很高，为了避免万一投资失误而带来的损失，每一次入市买卖时，我们都应该定下止损点，即当价格跌至某个预定的价位，还可能下跌时，就立即交易结清，控制损失的进一步扩大。

（10）重势不重价。我们买入某种投资工具的原因是因为预期它将升值，事先买入待其升值后再卖出以博取差价。这个道理很简单，但是，初入市的人往往忘了这个道理，他们不是把精力放在研究价格的未来走势上，而是把眼光盯在交易成本上，经常是寻找了一天的最低价，而错失买卖时机。正确的做法是，认准大势，迅速出击，不要被眼前的利益所迷惑，只要它还能涨，今天任何时候买，明天再看都是对的，今天的最高价也许就是明天的最低价。

（11）关键在于自律。人们对很多投资策略和投资技巧都耳熟能详，为什么还有那么多人亏损呢？因为很多人都是说得到，做不到。如果能够下决心，相信综合计算赚多亏少并非难事。

（12）发挥自己的优点。投资不是简单的机械运动，因为投资人是人，人是有思想、有感情的。人可以思考，有自己独特的个性。何况投资市场中什么样的人都有，有男有女，有老有少，有知识分子，也有纯实战派。因此，根本不存在一套统一的投资法则，最重要的是结合自身优点进行投资。

比如，有些人比较害羞，不善于交谈，不善于结交朋友，所以，他们投资便不能通过朋友或他人而获得投资的"参考消息"。但他们的优点在于心细如丝，分析精密，所以很适合静静地分析。

而有些人性格急进，做事干脆，有时显得太草率，但如果能在急进当中加入理性分析，却是一大优点。反过来，慢不一定是缺点，也可以是优点。在危急情况下当然要快，但在分析时，慢却能使头脑冷静，思维有条有理，经过深入分析之后，看中一种投资工具，下重本，等收成，有可能一次大发。

无论你的性格怎样，知识水平如何，你都具有优点。只要你能发掘这些优点，并把它用到投资上，你就有机会踏上成功之路。

【理财圣经】

做什么事情都应掌握一定的方法或策略，才更容易成功，投资理财也不例外。合理运用以上十二大策略，相信你的理财之路会非常顺畅。

成功投资：掌握安全的投资理财策略

如果我们学会利用一些安全的投资理财策略，把风险降到最低，来实现收益最大化，这就是成功投资。

策略一

每月定量存钱

每个月拿出多少钱来进行储蓄，要根据个人的实际情况来定。

策略二

高风险投资遵循80（高风险投资比例=（80-年龄）%）法则

同时，随着个人年龄的增长，高风险的投资比例也应随之降低。

策略三

我得提前进入才行。

理财

先投资再等待机会

投资理财应该趁早，有足够的时间，才能使复利发挥作用。

策略四

保障本金安全

可以适当进行分散投资，但不能太过贪婪，做到稳赚不赔就行。

谨慎防范投资理财中的各类陷阱

现在，中国投资市场异常火热，在投资过程中，投资人还要防范下面的几种陷阱，以防被诈骗。

一、不要盲目跟随"炒股博客"炒股

股市火爆带动各种"炒股博客"如雨后春笋般涌现，投资人若盲目跟随"炒股博客"炒股，将可能面临财产损失求告无门的风险。同时，"炒股博客"可能成为"庄家"操纵市场的工具，股民若盲目将"炒股博客"上获取的所谓"专家意见"当成投资依据，只会大大增加投资风险，很有可能血本无归。

二、谨防委托民间私募基金炒股

从2006年下半年股市逐渐升温以后，新入市的投资人有相当一部分对股票、基金等一窍不通，这就让民间私募基金有机可乘。他们常常以咨询公司、顾问公司、投资公司、理财工作室甚至个人名义，以委托理财方式为投资人提供服务。但事实上，民间私募基金本身并不是合法的金融机构，或不是完全合法的受托集合理财机构，其业务主体资格存在瑕疵。其次，民间私募基金与投资人之间签订的管理合同或其他类似投资协议，往往存在保证本金安全、保证收益率等不受法律保护的条款。更有部分不良私募基金或基金经理存在暗箱操作、过度交易、对倒操作、老鼠仓等侵权、违约或者违背管理人义务的行为，上述做法都将严重侵害投资人利益。

三、不要私自直接买卖港股

调查显示，内地居民私自直接买卖港股的方式有两种，即内地居民利用"自由行"等机会到香港开立港股证券交易账户，投资港股；或者由证券公司协助开立港股证券交易账户进行投资。根据我国有关法律规定，除商业银行和基金管理公司发行的QDII（合格的境内机构投资人）产品以及经过国家外汇管理局批准的特殊情况外，无论是个人投资人还是机构投资人都不允许私自直接买卖港股。内地居民通过境内券商和其他非法经营机构或境外证券机构的境内代表处开立境外证券账户和证券交易都属于非法行为，不受法律保护。如果私自买卖港股，投资人的风险无形之中将大大提升。

四、谨防非法证券投资咨询机构诈骗

有些非法证券投资咨询机构利用股市火爆，趁机对投资人实施诈骗活动。例如，深圳有关执法机构就曾联合查处了罗湖和福田两区8家非法证券投资咨询公司。这些公司通过电话、电视和网络等方式大肆向全国各地做广告，宣称推出了新的理财方式，会员无须缴纳会员费，只要将自己的资金账户、证券账户及交易密码告知公司的业务员，公司就可代会员进行股票买卖，联合坐庄，保证每年100%或者更高的收益，赢利后按约定的比例收取咨询费用。但实际情况是，这种公司取得投资人的资金账户、证券账户和密码后，会以对坐庄个股保密为由，立即修改密码，然后将账户中的股票全部卖出或将资金全部转走。

【理财圣经】

总而言之，投资是自己的事，用的也是自己的钱，投资人在投资过程中务必谨小慎微，否则一个不小心，就可能给自己带来巨大的资金风险。

如何防范投资理财中的陷阱?

投资理财充满着各种未知风险，只有做好防范措施，才能获得预期中的收益。对于如何防范风险，可以参看下面的建议。

"知己知彼"

选择理财产品，不仅要对自身所能承受风险力有所认识，还需对所投资的理财产品及其所在机构有所了解。

分散投资

分散投资指选择不同机构不同类型的理财产品。通过分散投资，可以有效分散风险。

随时调整资产结构

投资市场千变万化，投资者需要及时调整自身的资产结构以抵御风险。

耐心等待机会，然后迅速抓住它

生活中有很多人，当他们面临理财良机时，却退缩了，因为他们的内心充满恐惧，一开始就害怕灾难。出于这种消极情绪，他们决定不理财，或者是把不该卖的卖掉，把不该买的买回，理财行为的发生完全依赖于乐观的猜测或悲观的预感。如果他们有一点点犹太人的理财知识和理财经验，并且做好准备的话，这些问题都能迎刃而解。

在犹太人看来，成功理财的一个基本原则是无论市场行情上涨还是下跌，都应该随时准备获利。实际上，最好的理财者在市场萧条时反倒能赚更多的钱。这是因为，行情下跌的速度比上涨的速度快。正如理财高手所言，牛市缓缓来临，熊市却瞬间光顾，如果你无法对市场的每一种情况进行把握，作为理财者，而不是理财本身，你就是在冒险了。

"打前锋的赚不到钱。"约翰·洛克菲勒做中间商时一直把这句话当座右铭。不久，洛克菲勒又用它打开了美孚石油的大门。当时，输往欧洲的食品和北军的军需品猛增，联邦政府狂印钞票，导致了恶性通货膨胀。虽然洛克菲勒同联邦政府和北军当局并未打过特别的交道，然而他却赚了不少钱，并不断购进货物。和佛拉格勒一道买进的盐，如今成了投机市场上的抢手货，盐的生意给他带来了财富，这时公司已发展为附带经营牧草、首蓿种子的大公司了。善于把握投资的一个个良好时机，让洛克菲勒已独揽了公司的经营大权。

"我们赚了这么多钱，拿来投资原油吧，怎么样？"他跟克拉克商量道。

"想投资暴跌的泰塔斯维原油？你简直疯了，约翰。"克拉克不以为然。

"据说尹利镇到泰塔斯维计划修筑铁路，一旦完工，我们就能用铁路经过尹利运到克里夫兰……"

任凭洛克菲勒磨破了嘴皮，克拉克仍旧是无动于衷。洛克菲勒于是开始单独行动，他拿出4000美元，和安德鲁斯一起发展炼油事业，成立了一家新公司，他独家包揽了石油的精炼和销售过程。1865年，洛克菲勒—安德鲁斯公司共缴纳税金3.18万美元。克里夫兰的大小炼油厂共有50多家，洛克菲勒—安德鲁斯公司规模最大，它仅雇用了37人，1865年销售总额却达120万美元之巨。

洛克菲勒用他的耐心去等待机会，当机会来临时，他又毫不犹豫，迅速抓住它，从而取得巨大的成功。

【理财圣经】

其实，机会就在你面前。大多数理财者看不见这种机会，只是因为他们忙着寻找金钱和安定，所以，他们得到的也就有限。当你看到一个机会时，你就已经学会了并且会在一生中不断地发现机会。当你找到机会时，就能避开生活中最大的陷阱，就不会感到恐惧了。

第四章

走出理财误区，规避理财盲点

理财观念误区一：我没财可理

在现实生活中，一些收入不高的人一谈起理财，就觉得这是一种奢侈品，他们大都认为自己收入微薄，无"财"可理。殊不知，理财是与生活休戚相关的事，只要善于打理，即使是收入一般亦有可能"聚沙成塔"，达到"财务自由"的境界。

在某城，有这样一对夫妻，他们虽然收入不多，但足够维持日常生活。

突然有一天，丈夫跟妻子说："我下岗了，家里的钱可能维持不了多久，看来咱们得借钱度日了。"

妻子听到颇显惊讶，但过了一会儿笑了笑说："哦，没关系，别担心，我们还有钱应该可以应付你找到工作前的花销。"

丈夫很奇怪："咦，哪儿来的钱？"

妻子说："我就知道你不懂存钱，所以每次都在你给我的钱里面扣出一点儿作为储备。虽然我们的收入不多，但是扣出这些钱对我们的生活也没什么影响。日积月累，几年来，我已经积蓄了不少了，至少可以顶一年的收入了。"

丈夫羞赧地笑笑说："呵呵，还是你想得周到，我怎么就没想到？"

不需强调，你可能就是故事里的"丈夫"，因为收入不高而不去理财，并总在嘴边叨念着"我没财可理"这样的话。尤其是刚上班的工薪族，总是抱怨自己的钱每个月只能剩下一点点，没有必要理财。显然，这样的观点是一种误区。

只要理财，再少的钱都可能给你带来一份收益，而不理财则再多的钱也会有花光的时候。

再者，理财中还有一种奇特的效应，叫作马太效应。马太效应是指任何个体、群体或地区，一旦在某一个方面（如金钱、名誉、地位等）获得成功和进步，就会产生一种积累优势，就会有更多的机会取得更大的成功和进步。将马太效应运用到理财中，是说只要你肯理财，时间久了，也就积累了更多的财富，有更多的机会收获成功。

我们先看个案例：

光成和青楠是同一个公司的职工，他们每月的收入都是2000元，光成刚开始每个月从工资中扣除400元存在银行做储蓄，经过3年，积累了近15000元。然后，他将其中的5000元分别存在银行和买了意外保险，再将剩下的1万元投资了股市。起初，股票上的投资有赔有赚，但经过2年多的时间，1万元变成了4万多元，再加上后面两年再投入的资本所挣得的赢利以及留存在银行里的储蓄，他的个人资产差不多达到了七八万。

而青楠则把钱全都存在了银行，五年下来扣除利息税，再加上通货膨胀，他的钱居然呈现了负增长。也就是说如果他和光成一样，每月存400元，那5年后，他的存款也不过是25000元。

5年的时间，就让两个人相差将近5万元！一年就是1万，那么40年后呢？就是更大的数字了。而且，光成因为积蓄的增多，还会有更多的机会和财富进行投资，也就是能挣更多的钱。青楠则可能因为通货膨胀，积蓄变得更少。

案例正应了马太效应里的那句话，让贫者更贫，让富者更富。即便是再小的钱财，只要你认真累积，精心管理，也会有令人惊讶的效果，并让你有机会、有能力更加富有。

钱少时应如何理财

用很少的钱也可以理出大财富。

第一步
全面认识财产状况，知道有多少财可理。

第二步
设定理财目标。

第三步
弄清自己的风险偏好是何种类型。

第四步
对自己的资产进行战略性分配，恰当选择投资品种、投资时机。

【理财圣经】

"不积跬步，无以至千里；不积小流，无以成江海"，所以不要走入"我没财可理"的误区，永远不要以为自己无财可理。因为，理财与不理财，根本不在于财的多少，而在于合理安排。从某种程度上讲，财越少，才越应该理，因为对于个人也好，家庭也好，越是手头不富裕，才越应该仔细规划自己的财务。

理财观念误区二：会理财不如会挣钱

财富的积累需要努力挣钱，但如果一味挣钱，不想着拿所挣的钱去投资，那么钱就成了死钱。这样，你或许不会为没钱生活而忧虑，但你永远也不能成为富翁。

现实中，很多人都拿着固定的薪水，每个月发了工资，便心里美滋滋地买这买那。这时，偶尔有人劝他们好好理财，让钱生钱，通常都会得到他们的白眼："我挣那么多，还需要理财吗？会理财不如会挣钱。"直到有一天，因生病或因买房急需用钱时，他们才惊觉："我赚的钱都跑哪里去了！"这时，他们才惊慌起来，但为时已晚。

其实，"会理财不如会挣钱"是我们关于财富积累的一个大误区，我们一定要走出这个误区。因为对我们来说，赚钱固然重要，但是科学地理财更是不可或缺的。只会赚钱不会理财，到头来不会剩下什么钱。

当然，如果你有足够高的收入，而且你的花销不是很大的话，那么你确实不用担心没钱买房、结婚、买车，也不用担心意外风险的出现，因为你有足够的钱来解决这些问题。但是仅仅这样你就真的不需要理财了吗？要知道理财能力跟挣钱能力往往是相辅相成的，一个有着高收入的人应该有更好的理财方法来打理自己的财产，为进一步提高生活水平，或者说为了下一个"挑战目标"而积蓄力量。

比如说，你在工作到一定阶段的时候想开一家属于自己的公司，那么，你仍然需要理财，你也会感觉到理财对你的重要性，因为你想要进行创业、投资，这些经济行为意味着你面临的经济风险又加大了，你必须通过合理的理财手段增强自己的风险抵御能力。在达成目的的同时，又保证自己的经济安全。

【理财圣经】

你真的不需要理财吗？其实不是。拥有这种想法的人，已经陷入了财富增长的一大误区。唯有走出这一误区，正视理财之于财富增长的价值，我们才有可能成为真正的"有钱人"。

理财观念误区三：能花钱才能挣钱

现实中，许多人都抱着"能花钱才能挣钱"的观点，不计后果地进行各种消费，喝一杯上百元的饮料，吃一顿花去半个月工资的大餐，他们却说这是一种生活体验，人活着就应该多见识见识。见识各种类型的消费是没有错，但是一旦让这种消费养成习惯，你的生活也就没有保障了。

有一个年轻人用他的聪明才智挣了很多钱，他对未来充满信心，所以把挣来的钱大手大脚地花了个精光。突然有一天，他年轻的妻子得了重病，为了保住妻子的生命，他不得已请了一位著名的外科医生为妻子做一个性命攸关的手术，但是，动手术需要一笔巨款。年轻人手头毫无积蓄，只好去借钱。妻子的命终于保住了，但是妻子随之而来的疗养和孩子们接二连三的生病，加上饱受焦虑的折磨，终于使他积劳成疾，赚的钱一年比一年少。最后，这个人职业受挫，全家穷困潦倒，没有钱渡过难关。

其实在妻子生病之前，他本可以节俭一点儿，那样就能轻而易举地存上一大笔钱，但他却觉得没有那个必要，将钱随意挥霍掉了。

在社会生活中，由于各种不可预知的因素存在，人们很难预想到在生命的哪个阶段会碰上灾难、打击，人们不可能预见什么时候会生病或发生变故。为了应付这些倒霉的事情，适度的节俭和存储就显得尤为重要。"节俭不是吝啬，而是节约。"这句话道出了节俭的本质。当然，学会节俭也是保证持续不断消费的一门艺术。因此，我们应该对节俭拥有这种深刻的认识，并养成生活节俭的好习惯。

与那些深谋远虑，能够为了应付紧急情况和疾病或安享晚年而储蓄的人相比，那些今朝有酒今朝醉的人的生活世界是完全不同的。节俭的人总是在不断地储蓄，以便应付自己和亲人有可能遭遇的各种不测。他们为自己的家庭遮风挡雨，使自己的家人免受别人的欺侮和冷漠自私的对待。我们也应如此，当我们急需某一东西时，那些平时节俭下来的财富帮助了自己，那是多么令人愉快的事。

只要人活着，就要有开支来保证正常的生活，但是一些开支是可有可无的。打开你的衣柜，看一看是不是有很多衣服你买了就没有穿过几次；打开冰箱，是不是许多天前出于冲动在超市买的东西又忘了吃，变质了要扔掉……仔细想想，你会发现，你天天在花很多冤枉钱。花钱的时候觉得东西不错，或是享受不错，但过后真正用上的又有多少呢？所以下次你在购物之前，先问问自己：

这件东西我是真的需要吗？

买了它我会用多久？

它在我这里真的能实现它的价值吗？

这样多问几个问题，你就会省下许多不必要的开支。

谁说有钱人只用想办法挣钱，省钱是市井之人的事？会花钱，会省钱，都是一种理财的智慧。那些懂得投资理财的人一方面会不断地给自己的小金库注入活水，另一方面会在另一头防止进入小金库的水流走。只有这样才能真正让自己的小金库存得住"水"。

让小金库存得住"水"

会花钱，会省钱，都是一种理财的智慧。下面为大家介绍几个省钱的生活好习惯，让辛苦赚来的钱能存下来。

定期存款

1.建立一个强制储蓄计划每月先储蓄一定金额，剩下的再做日常消费，这样就能避免不必要的开支。

省

2.日常大金额的支出要提前规划，通过平时的节约存储来支付。

团购

进口

3.购物省了多少钱就存多少钱。购物时，在不减少购物数量的同时，可以选择团购，和别人一起拼团，能节省不少开支。

【理财圣经】

节省一分钱，你就为自己增加了一分资本。想通过投资理财获得财富的朋友们一定要记住，节省一分钱，你就赚了一分钱。如果你对手中的财富不珍惜，到头来，你只会一无所有。

理财实践盲点一：投资超出了自己的"能力圈"

若想从理财中得到理想的收益，一个必备的知识是：不要让投资超出自己的"能力圈"。

股神巴菲特在任何压力下都始终坚持固守在"能力圈"范围内的基本原则。他曾说："我们的工作就是专注于我们所了解的事情，这一点非常非常重要。"所有情况都不会驱使他做出在"能力圈"范围以外的投资决策。

巴菲特坚定地掌握了伯克希尔公司的命运，相信能够实现他为这家公司所制订的目标，这是因为他已经确定了一个能力范围，他能够在这个范围之内进行他的资本管理。同样，巴菲特宁愿在重要的和可知的范畴之内作出他的资本分配决定。如果你会打棒球的话，这是一个击球区。在这个击球区里，巴菲特愿意挥动球杆，打击向他投来的球。这种比喻浓缩了一个世界，在这个世界当中，巴菲特能够客观地评估提供给他的机会；在这个世界当中，巴菲特在做出决定时所考虑的变量是那样明显，以至于他几乎可以触摸到它们，而在这种情况下，巴菲特是如此相信它们，以至于他能够基本上消除不肯定性。

可见，要想成功理财，最好的办法就是向股神巴菲特学习，只在自己熟悉的领域活动。为了管理好这种认识状态，巴菲特用以下标准来衡量他的能力范围：

（1）他确定了他知道什么，其办法是鉴别真理、真理之后的动因和它们之间的相互关系。

（2）他保证他知道什么，其办法是进行一次逆向思维，为此他会寻求证据证明他以前的结论有误。

（3）他检查他所知道的事情，其办法是从他所做出决定的后果当中挑出反馈。

巴菲特最成功的投资是对可口可乐、吉列、华盛顿邮报等传统行业中百年老店的长期投资，这些"巨无霸"企业的不断增长使巴菲特成为世界著名富豪。与巴菲特不同的是，他的好朋友比尔·盖茨最成功的投资是对他创建的公司微软的长期投资。正是微软这个新兴软件产业的"超级霸主"使比尔·盖茨成为超级富豪。

那么巴菲特为什么不投资微软呢？同时比尔·盖茨为什么不投资可口可乐呢？答案是因为每个人都有自己的能力圈。如果巴菲特投资高科技产业，而比尔·盖茨投资传统产业，这两个在自己最擅长的能力圈外进行投资的人可能为全世界增加两个新的百万富翁，但绝不会是百亿富翁。

在交易的世界里，巴菲特坚持做那些他知道的和他能做的，他不会去试着做那些他不能做的，他知道他了解媒体、金融和消费品公司，所以，在过去的几年里，他将资金集中投资在这些领域。巴菲特同意奥森·斯科特·卡德的至理名言："大多数胜利者出自于迅速利用敌对方愚蠢的错误，而不是出自于你自己出色的计划。"

只在自己熟悉的领域投资，只要不超出这个范围，投资人就拥有了一种能让他的表现超出市场总体表现的竞争优势。巴菲特所拥有的正是这种优势，这种竞争优势就是衡量一笔投资是否有理想的平均利润期望值的能力。只要他关注的是其他任何类型的投资，他的"衡量工具"就会立刻失效，而只要无法衡量，他判断一笔投资是否可能赢利的能力就与普通投资人没什么两样了。

巴菲特并没有刻意去占领某个特定的市场领域，这只是由他的能力范围自然决定的，对自己懂什么又不懂什么，他心中如明镜般清楚。他已经证明，如果他留在

集中投资法则的两个要点

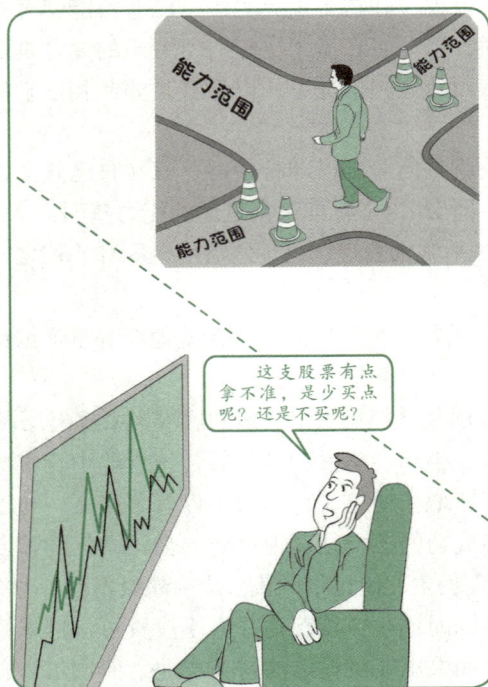

能力范围

能力范围

能力范围

这支股票有点拿不准，是少买点呢？还是不买呢？

不要超出能力范围，认准了就下重注

确定并严格限定自己的能力范围
投资的关键是确定自己的能力范围并注意保留一定的误差范围，只在确定性的能力范围内行事。

不想投入很大，那就不要去投
投资者应该只去做值得投入大量金钱的事情，如果你不想投入很大，那就说明这个项目不值得去做。

自己的能力范围之内，他会轻松赢利。在他的能力范围之外可能确实有一座更高的山，但他对这座山不感兴趣。他那种已经得到验证的投资风格符合他的个性。去做其他事情无异于穿上一件不合身的衣服，一件太大或太小的阿玛尼不如一件正合你身的廉价衣服。

让我们牢记股神的告诫吧："对你的能力圈来说，最重要的不是能力圈的范围大小，而是你如何能够确定能力圈的边界所在。如果你知道了能力圈的边界所在，你将比那些能力圈虽然比你大5倍却不知道边界所在的人要富有得多。"

【理财圣经】

做任何事情，如果超出自己的能力范围，成功的可能性就会非常低。这一点在投资理财上也很适用。如果投资人超出了自己的能力范围，投资失败的可能性会大大提升。

理财实践盲点二：相信二手传播，眼中只有跟风

心理学家认为，每个人都存在着一定程度的从众心理，在投资理财方面也不例外，交易市场上的交易气氛，往往会或多或少的对投资人的决策产生一定影响。这种投资人的从众心理决定投资气氛，投资气氛又影响投资人行为的现象，被称为投资界中的"从众效应"。

"从众效应"往往使投资人做出违背其本来意愿的决定，如果不能理智地对待这种从众心理，则往往会导致投资失败，利益受到损失。

晓雯是一个刚踏入职场的白领。由于勤奋肯干，每个月的工资都能略有盈余，她打算把钱好好地打理一下。于是她咨询了几个同事，发现大家都在学习理财，而且给她提供了很多建议，比如让她把工资的三分之一存银行，三分之一买股票，再留三分之一买基金。这样钱也就分配得差不多了。可是，问题是要买什么股票？买什么基金？她是一点儿不懂，一头雾水。后来，她做了一个小调查，统计出公司同事都买了哪些股票、哪些基金，然后挑人数比较多的那种投了下去。她想，反正大家都买了，我跟着走，肯定没错。

后来在闲谈中，她把自己的计划告诉了自己多年的好朋友——敏然。敏然思考了一下，认为这种投资方式并不适合晓雯，因为大家选择的股票和基金并不一定就是能挣钱的，晓雯没有经过仔细分析就盲目跟从，这样是很危险的。另外晓雯的身体从小就不是很好，虽然现在看起来很健康，可是仍然有些虚弱。公司并没有给她上三险，应该留些钱买人身意外险之类的。晓雯却认为，大家都这样理财投资，怕什么，再说现在身体不还好好的吗？

后来晓雯股票赔了，基金基本没什么收益，晓雯看大家都赔了，也没什么好难过的，就把事情放在脑后了。谁知道两年后，晓雯得了一场大病，医疗费用都得自己掏。银行里那点儿积蓄根本不够用，再回想当初，真是后悔不已。

晓雯不是没有理财的意识，也有理财的想法和实践，可是她错就错在想和大家保持一致，以大家的标准作为自己的标准。

现实中，有些投资人本来可以通过继续持股而获取利润，由于受到市场气氛

理财新手如何摆脱"跟风陷阱"

理财新人如何摆脱"盲目跟风投资"的窘境，选择适合自己的理财方式呢？可以从以下方面着手。

三步告别"从众效应"

场面火爆要冷静

要对投资产品进行充分的了解

根据自身理财需求选择适合的理财方式

的影响，最终坐失良机；有些投资人虽然明知股价已经被投机者炒到了不合理的高度，但由于从众心理，跟着人家买进，结果最后被套牢。

现在在股市上，投资人可以看到这样的现象，逢牛市时，大家都谈论股票如何好赚，入市的人最多，成交量猛增，达到了"天量天价"。很多人不知道，这其实是由于股民的从众心理造成的。结果，达到天价的股票持续没多久，突然下跌，受害人就非常多。所以，股市上有"10人炒股7人亏，另有2人可打平，只有1人能赚钱"的说法。这是对那些总想紧跟大势的投资人的最好忠告。

总的来说，正确的理财计划是能够从自身情况出发，"量身定做"的理财方案。你应当独立思考，按自己的情况设计方案。再说，投资股票基金，本就需要学习一些金融知识自己去实践才能成功，跟着别人走，十有八九都是错的。因为，投资证券市场，真正富了的是少数那些坚持自己的想法、有眼光的人。

【理财圣经】

在选择理财品种上，适不适合才是最重要的，只有结合经济的走势，也结合自己的收入特点、时间、经验等方面综合考虑，选择适合自己的理财方式，才容易理财成功。不能看到别人在某方面赚钱了，不加分析，盲目跟风。

理财实践盲点三：太在意理财产品价格的波动

现实中，很多投资人存在一种理财盲点：即太在意理财产品价格的波动。其实，投资品价格（如基金价格）的波动并不能影响公司的前景，你需要关注的是公司的业绩，而非一时的价格波动情况。作为一个杰出的投资人，要想追求高于市场平均值的回报，就必须做到这一点。就像在一场汽车拉力赛中，你必须忍受颠簸，克服各种可能出现的问题，才能到达终点。

以股票为例，那些对市场过于敏感的投资人是不明智的，他们每每看到投资品的价格下跌，便如临大敌地想卖出他们手上的投资品。这样的投资人正如巴菲特所说："这就好比你花了10万美元买下了一幢房子，而后你又告诉经纪人开价8万美元把它卖掉了，这真是愚蠢至极。"

不只巴菲特是不关注股价波动的人，他的合伙人查理·芒格也是。查理是通过另外一条稍有不同的途径了解和认同集中投资的基本概念的。他解释说："在20世纪60年代，我用的是复合利率表，我做出各种假设，判断自己在普通股票变动方面有什么优势。"他经历了几种情况，来决定自己在投资组合中应当持有多少股票，判断自己希望股价发生什么样的变化。

"我从自己在纸牌游戏中的经历认识到，当天大的运气真的落到你头上的时候，你必须下重手赌一把。"

"只要你能顶住价格的波动，拥有3只股票就足够了。我知道心理上我完全能顶住价格的波动。我从小就是由善于顶住潮流的人抚养长大的，所以我是实施这套方法的理想人选。"

股价时刻都会发生波动，有时波动很强烈，而且股价波动也给投资人带来了巨大的影响，这就需要投资人保持清醒的头脑，因为不只要看短期股价的波动如何，从长期来看，你所持公司的经济效益会补偿任何短期的价格波动。

作为一般投资人，很少有人能够做到忽略价格波动，这对普通投资人也着实不容易，但我们还是可以通过学习来培养这种能力。我们必须不断改变自己的言行及思维方式，一步步学习在面对市场的诡秘变幻时处变不惊的能力，虽然这种能力绝不是短期内就能获得的，但只要坚持不懈地努力下去，就一定会获得提升。

在日常生活中，我们经常会看到有些投资人因为破产而自杀的新闻。许多伟大的投资人一直在奉劝那些看到股票价格下跌便会心脏病发作的人，赶快远离股市，不要再玩这种游戏了，因为生命远远比金钱重要得多。"投资人必须要有安全意识，有来自于知识的自信，不草率从事，也不顽固不化。如果你缺乏自信，在股价的底部时你就会被恐惧赶出局。"集中投资人如果能忍受股价波动的曲折和颠簸，从长远来看，公司的基础经济状况将给予的补偿比短期价格波动带来的影响多。也许你认为你天生能战胜逆境。但是，即使你不是身处其中，你也可以获得他们的一些特点：你需要有意识地改变自己的思考和行为方式。新的习惯和思考方式并不是一夜间形成的，但是不断告诫自己对市场的反复无常不必惊慌或草率行动却是可行的。综观股市操作成功的人，都有一个共同特点，就是善于把大部分精力都用于分析企业的经济状况以及评估它的管理状况而不是用于跟踪股价。

【理财圣经】

其实，在整个理财过程中，理财产品价格的一时波动是很正常的情况，并不能对公司的前景造成实质性的影响。投资人需要做的是关注公司的整体业绩，因为公司的业绩才是影响理财产品是赚是亏的关键。

第二篇
设计理财蓝图，学习致富之道

第一章

为你的财务"诊诊脉"：你是否已深陷财务危机

理财体检，看看你的财务是否陷入"亚健康"

理财体检是相对于健康体检而言的，健康体检是检查身体，发现问题及时治疗，保证身体的健康。理财体检则是对自己财务进行诊断，以便及时发现并消除自己理财过程中存在的误区与隐患，让自己的财务处于"健康"的状态，避免自己陷入财务危机。

那么，怎样对理财进行体检呢？下面四个问题可以帮你测测财务的健康状况。

一、自己该留多少钱备用

流动性资产是指在急用情况下能迅速变现而不会带来损失的资产，比如现金、活期存款、货币基金等。

流动性比率＝流动性资产÷每月支出

专家指出，如果某人月支出为800元，那么这个人每月合理的流动性资产，也就是闲钱就应在2400~4800元。如果这个人的流动性比率大于6，则表明这个人的闲置资金过多，不利于资金的保值、增值，也表明这个人打理闲置资金的能力不足；反之，若流动性比率过低，则意味着这个人已出现财务危机的迹象，也就是常说的资金"断流"。此外，一旦这个人出现家人病重住院等突发事件，如果闲钱过少，受到的影响更是不可估计。

二、每月该花多少钱

消费比率＝消费支出÷收入总额×100%

这一指标主要反映个人财务的收支情况是否合理。

专家认为，如果个人消费比例过高，则意味着这个人的节余能力很差，不利于财务的长期安全，如比例达到1，则表明这个人已达到"月光族"的状况。

如果比例过低，表明这个人用于日常花费很少，会影响他的生活质量和品质，如果更低，就相当于我们常说的"铁公鸡"。

三、每月还贷多少钱

偿债比率＝每月债务偿还总额÷每月扣税后的收入总额×100%

这一指标主要反映一个人适合负担多少债务更合理。

专家认为，债务偿还比率主要针对目前准备贷款或已经贷款的个人而言，俗话说"无债一身轻"，若一个人的债务偿还比率为零，则表明这个人的财务自由度会非常高。

相反，若一个人的债务偿还比率接近或高于35%，再加上40%～60%的消费比率，那么这个人会随时面临财务危机，只能一方面减少消费比例，另一方面不断增加收入。

四、每月投资多少钱

净投资资产 ÷ 净资产 ≥ 50%

这是反映一个人投资比例高低的指标，其中，净资产是指包括房产和存款在内的总资产扣除个人总债务的余额。净投资资产是指除住宅外，个人所拥有的国债、基金、储蓄等能够直接产生利息的资产。

专家认为，个人投资理财应该是一种长期行为和习惯，目的在于提升个人的生活质量，而这首先要建立在有财可理、有钱可投的前提下。若一个人投资比例过低，表明这个人节余能力不足，这与这个人的债务偿还比率、消费比率、流动性比率都有关系。

若一个人投资比例过高，则意味着这个人的资金面临的风险更大，一旦出现问题，对日常生活影响更大。

现在，请你自我评估一下，看看自己的财务是否健康。如果答案并不乐观，那就要尽快想办法解决。除此之外，在不同的人生阶段你还要考虑下列的问题。

（1）结婚计划。

（2）购房计划。

（3）子女教育计划。

（4）老人的赡养计划。

（5）自己的退休计划。

综合以上各个阶段，你再检测一下，看看自己的财务是否还健康。若得到的回答是肯定的，那么恭喜你，你的财务通过了全面的测试，可以确定为健康了。若相反，你就要当心，危机可能随时会光临。总之，保持财务的健康是你的"理财之本"，这条千万要切记！

【理财圣经】

理财体检也可以利用网络上提供的理财体检系统，在线填写家庭财务数据如资产负债、收支明细等财务状况，自助完成对家庭财务隐患的诊断，让自己更清楚地了解自己的财务现状。

如何使财富保持健康？

风险管理

要做家庭状况风险评估，找出造成财务重大隐患的原因，再利用风险管理工具进行有效控制，达到家庭、个人和财务的最终安全。

退休管理

要做好退休金规划。选择稳健的投资工具，细水长流地积累养老基金，确保自己退休后的生活质量。

财富管理

要明确财富管理的目标。可以根据将来资金使用的目的、时间和自己的风险承受能力，选择不同的投资工具，进行合理的配置。

查看收支，看看你的财务是否独立

对我们每一个人来说，离开财务独立来谈独立都是不成立的，因为只有财务独立才能算是真正的独立。如果你在经济上总是依靠别人，你的财务是处于一种极其危险的境地的。俗话说"靠山山倒，靠人人跑"，当你依靠的"财源"离开了你，你就一无所有了。所以为了财务的安全起见，我们还是努力让自己的财务保持独立比较好。

财务独立说明你拥有足够的金钱给自己支配。有了金钱，你就拥有了大家羡慕的生活，你就有了发言权，不再是别人说一自己不敢说二的懦弱者。"富有的愚人的话人们会洗耳恭听，而贫穷的智者的箴言却没有人去听。"在今天，金钱已经成为成功的标志和人生价值的重要衡量标准之一，在一些人的眼里甚至已经成为唯一的衡量标准。在一个家庭中，这也是地位权威的象征。所以，只有你财务独立，不再靠家人来养活，家人才会尊重你，你的意见他们才会考虑，他们才会把你当成一个独立的人来对待。而且财务独立是保证你顺利理财的第一条件，只有满足了这个条件，我们才能够理财，才能够向富人看齐。

时代不断在变化，人的观念也在发生变化。现在的财务独立，已经不能套用过去的方式。下面先让我们来做一个小测试，查查你的收支，看看你的财务是否独立。

（1）你是否能够完全靠自己的收入养活自己？

（2）你现在还有没还清的负债吗？

（3）你的信用卡透支了吗？

（4）如果出现紧急情况，你自己能应付吗？或者是否有应对措施？

（5）你是否拥有一定量的稳定的投资收入？

以上提出的都是最基本的条件，如果通过思考，你的答案是：能靠自己来养活自己；身上也没有负债；信用卡并未透支；为了应付紧急突发事件，你为自己买了相应的保险或者留存了备用的存款；手头还有一定量稳定的投资收入。那么恭喜你，你的财务已经达到了基本独立。但如果有一条不符合，那你都不能算是财务独立，你的生活仍可能会因为一些意想不到的事件而被搞得一团糟，你的财务还是处于一种不安全的状态。

因此，就算是降低一下现在的生活水平，也要满足这些最基本的条件，这样你的理财致富计划才能顺利展开。

【理财圣经】

财务独立的第一步是攒钱，不管是以什么方式，都要把身上的零钱攒下来。可以到银行开立一个零存整取的业务，坚持每个月存进300元，无特殊情况不要动用里面的钱。

财务独立从购物消费做起

　　购物是每个人的生活所需。如何把购物从财政消耗变为财政收益呢？只要稍微改变一下模式和看法就能让你节省大笔开支，增加财务盈余，为实现财务独立提供了基本的前提。

生活用品今日起一律5折

了解打折趋势

　　在购物中，某些物品会在一年中的特定时候打折出售。做到对所需商品的了解，你才能等待打折时机，节省大笔金钱。

把购物当工作

　　要把购物当做工作对待，逐条列出用款，了解每个月每项预算是否超出或低于用款，把账单归档…并用工具去正确实施。

怎么都涨价了？

清楚商品的市场价格

　　要记住常买的商品价格，对其他商品来说，你需要做一个价格本。只有了解商品的价格，才能做到划算的交易。

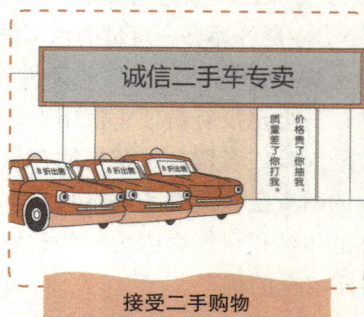

诚信二手车专卖

接受二手购物

　　如果能在生活中购买性价比较高的二手商品，哪怕是少量接受，也会对你的整体财政状况产生巨大作用。

回顾往事，找出造成资产不断流失的漏洞

开始理财的时候，没有人不犯错误，即便是最成功的富翁也会告诉你，他也曾经做过很愚蠢的事情。但是，既然是错误，就需要指出和改正，否则它极有可能使你的资产不断流失。

米娜是一个单身小资，有一份很稳定的工作，薪金每月大约4000元。由于工资相对来说较丰厚，她觉得生活也应该小资一些，所以包包、套装、靴子、饰品买了一大堆，把自己从里到外都包装了一番。没事儿就和朋友在品牌店五天一小聚，半月一大聚。时尚杂志不少买，潮流没少跟。但是，没到月底，她的钱基本上花光，没剩多少，成了真真正正的"月光"一族。

米娜的不理智消费造成了她资产的严重流失，最后基本上没有留下任何资产。那么，你有没有犯米娜这样的理财错误以至于造成资产流失呢？最好现在就回顾自己的理财往事，找出造成资产不断流失的漏洞。以下就是你必须要防范的几类错误：

一、支出上的错误

理财一般包括两个方面，"开源"和"节流"。"开源"指扩大收入来源，除了自己的工资之外，主要就是投资收入，"节流"则指节约支出。这里先说支出上的错误。

（1）没有理财规划，盲目支出。也许你从来不记账，从来不想钱花光了之后该怎么办。没有规划，胡乱地支出，会让你的生活变得很糟糕。与其那样，你还是整理一下，拿出笔纸，开始自己的理财之旅吧。

（2）不理性消费。不知道你是不是眼红同事那身漂亮衣服了？是不是还惦记着要买件名牌服装好在朋友同事前卖弄一下？是不是只去够档次的餐厅？是不是一看到大降价就买个不停？是不是积攒了一堆的便宜却不实用的衣服？赶快拿计算器好好算算吧，你多花了多少没必要花的钱啊！

二、投资上的错误

（1）没有投资战略。这里也包括那些根本没想过要有投资战略的人。股市如同没有硝烟的战场，你事前没个"战斗计划"，能赢么？输得最惨的人往往就是那些连准备都没准备好就冲入股市的人。

（2）投资过于集中。集中投资的确能让你快速致富的可能性增加，但是过于集中，恐怕就有负面的效应了。正所谓物极必反，如果投资单一，还是重新考虑下投资组合吧。

（3）借钱炒股。很多人看到股市有利可图，为了能挣大钱，不惜冒着巨大风险去借钱炒股。这是愚蠢无比的举动！请切记股神巴菲特说过的这句话——借钱炒

应如何防止资产流失?

在生活中，即便是有理财规划，但若没有学会防止资产流失的话，财富也会不知不觉地溜走。下面让我们来看下个人怎样防止财产流失吧。

> 妈，这些钱你帮我攒起来吧，年底我用这笔钱买支基金。

集中财富

财富会因为过度分散而起不到真正的财富聚集增值效应，只有集中才能为自己带来更多的收益。

合理使用信用卡

要合理刷卡，按时还款，避免自己成为卡奴，切忌使用信用卡过度消费，否则会让你的钱财越理越少。

> 又要还款了。

> 我不能只听他说，还要再仔细考察下这个项目的风险……

慎重投资

投资有一定的风险，投资者需学会把控风险，把控投资风险就能规避资产流失问题。

股，这是聪明人自取灭亡的最佳途径。

（4）频繁交易。请不要在证券市场上过于频繁地买进卖出，那将在无意识中损失你的一大笔财产，不信你可以核对一下，赢利在扣除了交付手续费后，还能剩下些什么？

（5）按照"内部消息"和"可靠人士的指点"行事。与其信从那些小道消息和某某专家，还不如自己多花点儿时间去研究所要投资的股票来得现实。

三、心态上的错误

理财不光是要投入一定的精力，还要有良好的心态，否则很可能失去到手的发财机会。

（1）没空理财。懒人的借口总是很多，如果没空理财，那你为什么又在没钱可用时有时间后悔？

（2）只求稳定。有的人认为利息稳定的银行才是最安全的地方。但是银行并不能为钱保值，你的财富很可能因为通货膨胀而无形贬值了。

（3）没有耐心，贪图速成。理财并不是一件可以一两年就能完成的事情，经营自己的财富要花一辈子的时间。如果没有耐心，想着财富能像"快餐"一样可以速成，那么你早晚会掉进风险的陷阱里。

以上就是理财过程中你可能会犯的各种错误，倘若你发现在你身上某些错误已经存在，就应立即改正。如果你仍放纵它们，任它们自由自在，那就不要怪你的钱不为你留下来了。

【理财圣经】

每天坚持把自己的每一笔支出记在本子上，晚上睡觉之前花两分钟的时间看看账本，看看自己所有的花费之中哪些是可有可无的，把它们标记出来，以后遇上同类的消费项目的时候多考虑一分钟。

按住胸口，看看你有没有理财的四大心魔

在很多人的眼中，理财就是投机，都渴望通过这条路一夜暴富，最终成为一名富翁。但是一个人理财成功与否，并不是由这个人的理财技术和手段来决定的，而是由这个人理财的心态决定的。

2010年3月，王丽看到同事买股票赚了一笔钱后，自己也开通了一个账户。由于刚开始没有经验，王丽就跟着同事买了一只小盘股，这只股票在4月份涨得非常好，一个月就涨了30%。到了五月下旬，同事见股票已经涨到很高了，就把股票给抛了，并且建议王丽也抛掉。但王丽看着账户里的钱还在不断增加，并且听一位分析师说

这只股票还有10%的上升空间，于是没有跟着抛掉。

正当王丽还沉浸在股票将上升10%的喜悦之中时，股市连续几天大跌，王丽的股票连续3天跌停。这下甭说赚钱了，她还得再赔一些钱进去，真是得不偿失，这让她后悔不已。

王丽太贪婪了，不关心政策，只是盲目地听从所谓的权威人士的意见，犯了理财的心理大忌。那么，你有没有理财的心魔呢？现在就按住胸口，看看自己在理财的过程中有没有下面的这些理财心魔。

一、没耐性

理财不可能在一朝一夕就看到结果，即便是出现复利效应也要经过很长时间。很多人没有那个耐性，却又羡慕别人的成功。自相矛盾的想法根本不可能让你获得财富。投资理财想要致富，前提条件就是时间，而且是很长的时间。缺乏耐性，你就不能得到更多的财富，在应对财务危机的时候也就显得更加无力。

二、太贪婪

越是贪婪的人，越容易遇上财务风险。因为他根本不考虑投资理财中的风险，一味地追求财富，往往克制不住自己的欲望，反而被自己的欲望绊住。

贪婪会让人丧失理性判断的能力。与贪婪为伍，你很可能在它的怂恿下，头一热，就不顾一切地闯入股市。的确，股市能为你带来财富，可是它也有巨大的风险。而贪婪使人们忘记了这些，蒙蔽了人们的理智。

贪婪也会使投资人忘记了分散风险。整天只想着如果这只股票翻几倍的话能赚多少钱，忽略了股票跌的话怎么办。一看到某个股票的价格上涨得非常快，就立即买上个几百股，如果它继续看涨，你可能就会把绝大部分本金都投入到这只股票上以期待着更高的回报。可如果这个股票跌了，你不想放弃，并相信总会反弹回来的，于是就一直持股，结果就被套住了。

投资理财是残酷的，也十分现实，只要你一个不注意，就能让你面临痛苦的失败。

三、恐慌

有的投资者希望在一个完全有把握的情况下进行决策，对很多的不确定性都十分厌恶，在股市上遇到风吹草动就莫名恐慌。这种自我施加的心理压力，加深了投资决策的艰巨性，也破坏了投资计划的完整性，一旦遇到财务危机，就手足无措。这样，你还能保住你的财产么？

四、盲从

盲目跟风，就是大家共同犯错，就算对，也是不只你一个人对。那么，这样跟着入市的投资者，永远只是跟在别人后面，匆忙买入或卖出，得不到什么收获。而且投资会涉及很多数据，于是，有的人不愿意自己去分析，经常跟从别人或者相信预测信息。其实，这些信息也大多是不科学的。理财者没有自己的主见，而是让别人来决定自己的行动，十分不可取。倘若出现财务危机，心理防线便一溃千里。

　　每天花十分钟看看财经新闻，中午抽出十分钟看看理财书籍，日久天长，你就会积累下一些投资理财的相关知识，这样在理财的时候就不会那么没有主见了。

翻翻荷包，看看你是否属于"月光族"

　　"月光族"的生活，表面上看丰富多彩，实际上却有着巨大的财务隐患，一次小小的紧急事件就可能令他们措手不及。所以，他们生活得很被动，当风险来临的时候甚至没有任何可以应对的措施。

　　乐乐从学校毕业已经两年多了，目前工作稳定，薪水也不错。她每天坐公车上班，梦想着买辆车。下班之后，她最大的乐趣是逛街、泡吧、喝咖啡，最熟悉的地方是各个百货商场。她总是抱怨说："哎呀！半个月薪水还不够买一条裙子，上个月刷卡买的皮包现在还没还清！逛商场就是好，可没钱干瞪眼也是难受。"

　　今天她逛完街，拖着疲惫的身躯回到家，看了看挂在墙壁上的写真照片，那是上个礼拜拍的，花了一千多，她觉得还真是"物超所值"。正沉醉着，房东先生一阵"猛敲"："喂喂，乐乐小姐，你到底交不交房租？再不交只好麻烦你搬走了。"

　　乐乐有着稳定的收入，可因为生活没有计划，消费超出能力，过着"今朝有酒今朝醉、月月收入月月光"的生活，而不得不做起"月光公主"、"月光女神"来。现在翻翻你的荷包，看看你是否也属于"月光"一族。如果你也是"月光"一族，以下几个方法你可以试一试，它们可以帮你走出财务危机。

　　一、储蓄法

　　在工资发下来的时候，第一时间去银行，将钱存在银行里，最好是定期，可适当选择存期。在克制自己花钱的欲望的同时，也为自己积攒了一笔钱。

　　二、现金法

　　在每次消费的时候，用现金付账。当你清楚地看到自己的钱被花掉时，会对自己的消费有个大体的了解，也会为多花的钱而感到难过。不会像刷卡的时候，即便把卡刷爆了，都没有什么概念。

　　三、心理暗示法

　　在消费的时候，不时地提醒自己："要省钱，要努力战胜自己花钱的欲望。"哪怕一天只攒下10元钱，都是一个小小的成功。日积月累，最终就会摆脱"月月光"的困境。

四、列出清单

到超级市场或是百货公司购物时，往往看到自己感兴趣的，都会不知不觉地放在

👆 **四大好习惯，远离月光族**

重视储蓄积少成多

要相信，大财富都是由一笔笔小钱堆积起来的，因此平时要养成"储蓄"的好习惯。

闲余资金稳定增值

有了闲余资金，应该做好保值、增值，否则简单地放到银行里，通胀速度会让资金间接贬值。

适度消费合理购物

生活理财提倡适度消费、合理购物，买到物美价廉的商品，满足生活所需，这才是花钱的真谛。

物美价廉，真是赚了！

投资自我立足长远

养成了储蓄、增值的好习惯，学会了合理消费，也要记得提升自我，这样才有机会创造更大的财富。

购物篮内，而实际上真正需要的，可能只是其中的一两件物品。解决这个问题的方法便是列出购物清单，这样不但可以避免漏买了东西，又可以避免买了不需要的东西。

五、减价才出手

这个也无须详述，因为很多人都有减价时才购物的习惯。精明的消费者在这期间购物确实能省下不少钱。

六、到熟悉的购物地点

日常用品可到一些平价店购买，通常这些地方都以批发价出售物品；经常光顾某几间商铺，与它们的老板混熟，日后购物可能有额外的折扣呢！

七、大胆讲价

很多人对讲价十分抗拒，将其视为"老土"的举动，其实如果有机会的话，讲价还是要大胆，因为这样往往可以省不少钱。

八、不要强行追赶潮流

刚上市的产品价格通常都很高，因此若过度地追随潮流，只会苦了自己的钱包。

暂且不论收入高低，只要是每个月都能花光收入的人，经济状况就值得担忧。无论你有多少地方需要用钱，你都应当每个月存留一部分，否则，你的生活就只能暴露在风险之中，靠侥幸来维持安宁了。

如果你能够严格执行以上的几个方法，你就可以脱离"月光"一族。"月光"一族表面上看起来光鲜亮丽，让人羡慕，可是他们的生活是没有资金保障的。没有备用的钱，生活就潜藏着巨大风险。而要改变已经形成的消费习惯并不容易，所以，时间长了，"月光族"就只好借贷度日，然后在发工资的时候，接着"光"下去。月复一月，年复一年，恶性循环。这种人别说理财，基本生活可能都存在问题，所以我们一定要远离"月光族"。

【理财圣经】

克制自己花钱的欲望，每个月攒下一小笔钱，改变购物刷卡的习惯，不买自己不需要的东西，日积月累，让自己摆脱"月月光"的困境。

第二章

为你的财务"开开方"：制订合身的理财方案

理财之前，先确立人生目标

有人说过："梦想有多大，舞台就有多大。"一个具有明确生活目标和思想目标的人，毫无疑问会比一个根本没有目标的人更有钱。对于每个人来说，知道自己想要干什么，并且明白自己能做什么，是向有钱人迈进的第一步。所以，理财之前，先确立人生目标。

一个炎热的日子，一群女性正在一个公司的车间工作，这时，几位高层领导的视察打断了她们的工作。几位领导中的一位女性（总裁）走到车间主任刘月的面前停了下来，对车间主任说："辛苦了，老刘！"然后，她们进行了简短而愉快的交谈。

领导们离开后，刘月的下属立刻包围了她，她们对于她是公司总裁的朋友感到非常惊讶。刘月解释说，20多年以前她和总裁是在同一天开始在这个公司工作的。

其中一个人半认真半开玩笑地问她："为什么你现在仍在车间工作，而她却成了总裁？"刘月说："20多年前我为一个月75块钱的工资而工作，而她却是为事业而工作。"

同样的起跑线，却因为目标的不同，两个人的人生有了翻天覆地的变化。事实告诉我们，如果你为赚钱而努力，那么你可能会赚很多钱，但如果你想干一番事业，那么你就有可能不仅赚很多钱，而且会干一番大事业，得到自我满足和自我价值的体现。总之，你必须有自己明确的目标，甚至有点野心也无妨，找到了目标，你就成功了一半。你要知道自己要干什么，然后将这些目标付诸行动，这样你才能获得你想要的财富。但是很多人并不清楚这一点。他们迷迷糊糊地上了大学，迷迷糊糊地参加了工作，又迷迷糊糊地结婚生子，这一辈子就在迷迷糊糊当中度过。这样迷糊的人是永远不会赚取多少财富的。还有一些人，他们有理想、有抱负，当下海热遍布全国时，他们就奋不顾身地下海；当出国风光时，他们就算挤破头也要走出国门镀点金；当公务员热兴起时，他们又忙着考公务员……这种人的生活忙忙碌碌，看似充实，实则毫无头绪。所以，我们需要确立一个明确的人生目标。那么，我们怎样才能快速找到自己的目标呢？这里给大家介绍一个小方法：

（1）拿出几张空白的纸或者打开一个文字处理软件。

（2）在纸的顶部或者文档的顶部写上："我真正的人生目标是什么？"

（3）写下你脑海中最先想到的一个答案（任何一个答案都行）。这个答案不必是一个完整的句子，一个简单的短语就好。

重复第三个步骤，直到当你写出一个答案时，你会为之而惊叫，那它就是你的目标了。

另外，找到目标后，还要根据自己的特长作一些适当的小修整，然后制订一份可行的计划。

一、发掘计划——凸显个人特长，自我定位

你可以根据专门的测试或者咨询专业人员，来把握自己的主要特点，然后根据相关的建议，将自己定位在一定的职业范围之内。

二、寻找计划——"多"中取精，挑一个好企业

在剔除一部分职业后，你的心里对于自己将要从事的职业可能已经有了一个大体的想法，然后你就应当去寻找一个好的企业，从而开始自己的事业。

三、成才计划——努力工作，经营自己的事业

在进入了最适合自己的行业后，你所要做的就是努力工作。切入点一旦找好了，接下来的事情就是如何把它变深、变大，从而让自己真正地投身到这个事业里，真正能从这个事业里得到成功。

很多人抱怨他们与理想的差距就只有那么一点点，而这一点点就改变了他们一生的命运。归根到底，还是因为当初没有很好地进行分析，没有确立自己的目标。只有确立了人生目标，才能做到有的放矢，从而获得理想的发展前景。

【理财圣经】

把自己的最终目标写在纸上，然后从后往前推，把目标分解成一个一个小目标写下来，贴在自己的床头，完成一个划掉一个。就这样一步一步往前走，总有一天会有到达那个最终目标的时候。

确定合理的理财目标

每个人理财都需要设定一个合理的目标，只有这样才能够更好地衡量自己的理财是不是有成效。因为不管我们做什么事情，总是由目标为我们指引正确的努力方向，理财也不例外。如果我们确立了一个合理的理财目标，我们就可以很好地积累自己的财产，管理好自己的经济生活。如果有意外事情发生，我们也能够从容地去处理。

那么怎样的理财目标是合理的呢？一个合理的目标必须要现实、具体、可操作。

（1）目标现实。也就是说确定的目标不是像我们做的白日梦那样，只是毫无根据地想象自己要过什么样的生活。确立的目标要符合实际，就像一个月薪2000元的人要在一年内买一栋别墅是不太符合现实的事情。

（2）目标具体。也就是说必须将目标具体化，就是定一个可以量化，可以达到的现实的状态。像有些人想要自己过得更好，这个就很抽象，因为"更好"只是相对应的说法，没有具体的可以测量的东西。

（3）目标可操作。也就是目标具有可行性，可行性就意味着目标可以达到但不能太容易，而且目标应该是分阶段的，是可以一步一步地去实现的。

一般来说，一个人在生活中的理财目标会有哪些呢？

（1）购置房产，指的是购买自己居住用房的计划，这是我们每个人的人生大事，总觉得有了房子才有家。

理财目标设定需要遵守三原则

目标要明确，必须定好达成的日期。

目标要量化，用实际的数字来表示。

目标实体化，假想自己目标已达成的情景，可以加强实现目标的动力。

电视上的三亚风光太美了，今年攒钱，春节去三亚玩。

（2）购置居家用品，就是一般家庭大件的生活用品，例如电视、冰箱等。

（3）应急基金，指的是为了应付突发事件而准备的备用金。这是对生活有准备的人都会考虑的问题。

（4）子女教育，指的是为了支付子女教育费用所用的准备金。

这些是每一个人都会考虑到的理财目标，有些人还会有一些特殊的目标规划，这里就不一一列举了。

那么自己该如何设定自己的理财目标呢？设定理财目标最好是能够用数字来衡量的，并且是需要经过努力才能达到的。

为了规划未来的生活，你必须先了解现在的生活。在确定理财目标之前，最好先建立一张家庭资产表，这样就能够更好地了解自己的财务情况，这样才能够制订出一个合理的理财目标。

在不考虑别的社会因素的情况下，理财目标的实现一般与下列的几个因素有关。

（1）个人所投入的金额。所投入的金额并不是单单指你第一次地投入金额，而是指你所有的投入金额。

（2）投资标的的报酬率。投资标的指的是储蓄、基金、股票、黄金、债券等。

（3）投入的时间。投入时间的长短与收获有直接的挂钩，时间越长，所得就越大。

那么现在就请你拿出一张纸，把自己的家庭资产彻底地盘算一下，制作一个家庭资产表，然后根据自己的收入和追求，制定一个有实效的、合理的理财目标。每个人的追求不同，理财目标自然也就不同。

对于每一个人来说，理财都是自己一辈子的事情，都想让自己和家人过更加美好的生活。那么从现在开始，就确定自己的理财目标，相信有了目标的引导，我们就能够更好地规划自己未来的生活了。

【理财圣经】

把自己的目标和实现这个目标所需要的时间写下来，拿给自己的长辈和朋友们看看，让他们看看你的想法是否实际，不要自己在那里闷头瞎想。

理财必须要制订理财计划

在理财的时候，许多人对理财计划没有一点概念。他们认为，理财不就是管理自己的财产，需要什么计划啊，再说计划是死的，情况是活的，弄好了计划也可能会因为各种变动而执行不了，根本没必要花费心力。其实财富就像一棵树，是从一粒小小的种子长大的，你如果在生活中制订一个适合自己的理财计划，你的财富就会依照计划表慢慢地增长，起初是一个种子，而在种子长成参天大树时，你就会渐渐发现，制订一个理财计划对自己的财富增长是多么地重要。因为：

（1）我们中的大多数都是普通人，做事情很少有前瞻性，如果只看眼前的变化，很可能会随波逐流，容易被其他人所影响，从而没有办法积累自己的财富。

（2）拥有了理财计划，你才能有理财目标，有更加努力争取的方向。

（3）拥有一个理财计划，你才能知道自己花了多少钱，拥有多少钱，还能支配多少钱，才能根据不同的情况对自己的财产进行检查和重组。

（4）一个良好的理财计划，将为你以后的理财做好最好的铺垫，也可以让你的财产管理更理性，更具有长远性。

其实做个理财计划一点都不难。理财计划就是在你理财之前，将明确的个人理财目标和自己的生活、财务现状分析总结出来，写在纸上，然后再根据这些制订出可行的理财方案。它不过需要你花费一些时间和几张纸，可是它能给你带来你想要的财富，怎样算都是划算的。

具体来说，在制订理财计划的过程中，必须要考虑到以下四个要素：

一、了解本人的性格特点

在现在这样的经济社会中，你必须要根据自己的性格和心理素质，确认自己属于哪一类人。对于风险而言，每一个人面对风险时的态度是不一样的，概括起来可以分为三种：一种为风险回避型，他们注重安全，避免冒险；另一种是风险爱好者，他们热衷于追逐意外的收益，更喜欢冒险；第三种是风险中立者，他们对预计收益比较确定时，可以不计风险，但追求收益的同时又要保证安全。生活中，第一种人占了绝大多数，因为我们都是害怕失败的人。在众人的心中只追求稳定，但往往是那些勇于冒险的人走在了富裕的前列。

二、了解自己的知识结构和职业类型

创造财富时首先必须认识自己、了解自己，然后再决定投资。了解自己的同时，一定要了解自己的知识结构和综合素质。

三、了解资本选择的机会成本

在制订理财计划的过程中，考虑了投资风险、知识结构和职业类型等各方面的因素和自身的特点之后，还要注意一些通用的原则，以下便是绝大多数优秀投资者的行动通用原则：

（1）保持一定数量的股票。股票类资产必不可少，投资股票既有利于避免因低通胀导致的储蓄收益下降，又可抵御高通胀所导致的货币贬值、物价上涨的威胁，同时也能够在市场行情不好时及时撤出股市，可谓是进可攻、退可守。

（2）反潮流的投资。别人卖出的时候你买进，等到别人都在买的时候你卖出。大多成功的股民正是在股市低迷、无人入市时建仓，在股市热热闹闹时卖出获利。像收集书画作品，热门的名家书画，如毕加索、凡高的画，投资大，有时花钱也很难买到，而且赝品多，不识真假的人往往花了冤枉钱，而得不到回报。同时，现在也有一些年轻的艺术家的作品，也有可能将来使你得到一笔不菲的回报。又比

如何合理制订理财计划?

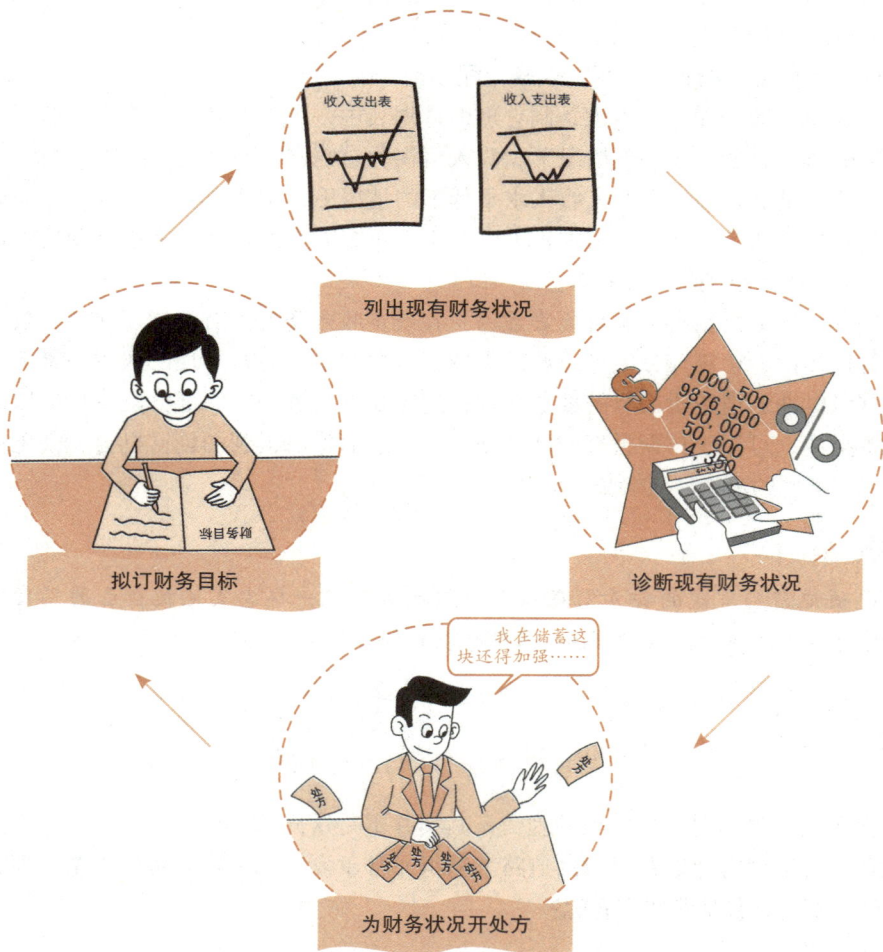

收入支出表　收入支出表

列出现有财务状况

1000, 500
9876, 500
100, 00
50, 600
4, 390

%

诊断现有财务状况

拟订财务目标

我在储蓄这块还得加强……

处方　处方　处方　处方　处方

为财务状况开处方

　　一个良好合理的理财计划，将为你以后的理财做好铺垫，也可以让你的财产管理更理性，更具有长远性。

如说收集邮票，邮票本无价，但它作为特定的历史时期的产物，在票证上独树一帜，虽然目前关注的人不少，但它潜在的增值性是不可低估的。

（3）努力降低成本。我们常常会在手头紧的时候透支信用卡，其实这是一种最不明智的做法，往往这些债务又不能及时还清，结果是月复一月地付利，导致最后债台高筑。

（4）建立家庭财富档案。也许你对自己的财产状况一清二楚，但你的配偶及孩子们未必都清楚。你应当尽可能地使你的财富档案完备、清楚。这样，即使你去世或丧失行为能力的时候，家人也知道该如何处理你的资产。

四、了解自己的收入水平，调整分配结构

选择财富的分配方式，也是制订理财计划表中一个不可缺少的部分。这首先取决于你的财富总量，在一般情况下，收入可视为总财富的当期支出，因为财富相对于收入而言是稳定的。在个人收入水平低下的情况下，主要依赖于工资薪金的消费者，其对货币的消费性交易需求极大，几乎无更多剩余的资金用来投资创造财富，其财富的分配重点则应该放在节俭上。

因此，个人财富再分配可以表述为：在既定收入条件下对消费、储蓄、投资创富进行选择性、切割性分配，以便使得现在消费和未来消费实现的效用为最大。如果为这段时期的消费所提取的准备金多，用于长期投资创富的部分就少；提取的消费准备金少，可用于长期投资的部分则就多，进而你所得到的创富机会就会更多，实现财富梦想的可能性就会更大。

【理财圣经】

逐项把需要考虑的要素写在纸上，然后像考试一样忠实地把自己的答案写下来；你也可以请教专业理财顾问，按照他提供给你的表格设计你的理财计划。

理财计划要设计的内容

很多人认为理财就是单纯的理钱，其实并不是这样的，理财是对自己一生的财富规划，所以理财计划在理财的道路上显得非常重要，你一定要考虑周全。那么，理财计划都应该包括哪些内容呢？

一、居住计划

"衣食住行"是人们的四大基本内容，其中"住"是让人们最头痛的事情。如果居住计划不合理，会让我们深陷债务危机和财务危机当中。它主要包括租房、买房、换房和房贷等几个大方面。居住计划首先要决定以哪一种方式解决自己的住宿问题。如果是买房，还要根据自己的经济能力来选择贷款的种类，最后确定一个合适自己的房产项目。

二、债务计划

现代人对负债几乎都持坚决否定的态度，这种认识是错误的。因为几乎没有人能避免债务，债务不仅能帮助我们在一生中均衡消费，还能带来应急的便利。合理的债务能让理财组合优化，但对债务必须严格管理，使其控制在一个适当的水平上，并且债务成本要尽可能降低，然后还要以此制订合理的债务计划及还款计划。

三、保险计划

人生有许多不确定性，所以，我们需要用一种保障手段来为自己和家庭撑起保护伞，于是就需要一个完备的保险计划。合理而全面地制订保险计划，需要遵从3个原则：

（1）只购买确定金额内的保险，每月购买保险的金额比重控制在月收入的8%为佳。

（2）不同阶段购买不同的保险，家庭处在不同的时期，所需要的保险也是不同的。

（3）根据家庭的职业特点，购买合适的保险。

四、投资计划

一个有经济头脑的人，不应仅仅满足于一般意义上的"食饱衣暖"，当手头现有的本金还算充裕的时候，应该寻找一种投资组合，把收益性、安全性二者结合起来，做到"钱生钱"。目前市场上的投资工具种类繁多，从最简单的银行储蓄到投机性最强的期货，一个成功的投资者，要根据家庭的财务状况等妥善加以选择。

五、退休计划

退休计划主要包括：退休后的消费、其他需求，以及如何在不工作的情况下满足这些需求。单纯靠政府的社会养老保险，只能满足一般意义上的养老生活。要想退休后生活得舒适、独立，一方面，可以在有工作能力时积累一笔退休基金作为补充；另一方面，也可在退休后选择适当的业余性工作，为自己谋得第二桶金。

六、个人所得税计划

个人所得税与人们生活的关联越来越紧密。在合法的基础上，我们完全可以通过调整理财措施、优化理财组合等手段，达到合法"避税"的目的，这会为自己节省一笔小小的开支。

七、遗产计划

遗产计划是把自己的财产转移给继承人，是把自己的财产物尽其力的一种合理的财产安排。它主要是帮助我们顺利地把遗产转交到受益人手中。

以上是制订理财计划要设计的七大内容，各方面都要考虑周全了，没有主次之分，没有轻重缓急，都要一样地来对待。一个合理的理财计划是有很强的操作性的，所以设计这些内容的时候一定要具体化，落实到细节问题上，不能有模棱两可的选择，这样不仅会为自己带来一些不必要的麻烦，还会阻碍实现理财目标的步伐。所以我们一定要认真对待，全面考虑，想周全了才制订自己的理财计划。

【理财圣经】

平时多看一些理财故事，网络上、报纸上、电视的财经节目里也会有。看看别人是怎么安排自己的各项理财计划的，可以参考他们的安排先制订出一个雏形，然后细细地推敲。

制订理财计划的步骤

财富是很多人都追求的目标，有些追得很有成就，而有些人却是越追越没钱。这是为什么呢？因为他们总想一夜暴富，不想一步一步、踏踏实实地致富。虽然定了目标，做了计划，但是并不合理。合理的理财计划是要有准备的，那么应该如何制订这个有准备的理财计划呢？

一、盘查自己当前的财务状况

把自己的收入、储蓄、生活消费和负债情况都一一盘查清楚，掌握自己当前的财务状况，把所有的收入、支出情况都一一列出来，制作成一张自己个人的资产表，以此来当作自己理财的开始。这也是制订理财计划必须要做的事情，是制订理财计划的第一步工作。

二、确定自己的理财目标

根据自己的财务状况确定一个大的理财目标。然后把这个大的理财目标分解成一个个可执行的、具体的目标。一定要分阶段来分析自己想要达到什么样的财富地位，因为具体的理财目标是理财计划中的重中之重。

三、选择适合的理财方式

每个人的性格不同，处事风格也不同，要根据自己的自身性格特点和当前的财务状况来选择一个适合的理财方式。因为不同的理财方式会带来不一样的理财风险，所以一定要慎重考虑。

四、制订并实施理财计划

在了解了自己当前的财务状况的基础上，确定了自己的理财目标，也选择了适合的理财方式，接下来的工作就是制订自己的理财计划并且实施理财计划。制订理财计划，是一个人所有的理财活动的先导，所以必须要花一定的心思制订好理财计划，还要严格执行制订好的理财计划。

五、重估并修改理财计划

制订好的理财计划不是一成不变的，它要跟随着人的理财需求的变化不断地进行修改。所以，最好每年检查一次理财计划。如果可以，邀请别人跟你一起来讨论你的理财计划。因为旁观者清，他们能够更客观地为你提供一些修改的建议。

以上就是制订一个理财计划的步骤，为了能让你更好地设定自己的理财计划，下面就为你提供一个关于其内容的模板。

（1）有理财的总目标（如要成为拥有多少资产的富翁）。

（2）将理财分为多个阶段，在各个阶段设一个中级理财目标。

（3）落实到最基础的目标。将各个阶段再仔细划分，一直落实到每天要达到一个怎样的低级理财目标。

（4）规划好每个阶段如何实现。例如都通过什么方式、途径来实现这些目标。

（5）考虑意外事件。如果遇到各种意外情况，计划应当如何调整，或者如何应对。

除了上面这些，能否制订成功的计划还有一个关键性的因素，就是要"量体裁衣"，让它适合自己。每个人的人生经历不同、个人精力不同，因此各自设立的理财目标、阶段以及各种理财途径等都不同。

制订一份合适的理财计划是你对财产负责的表现。总之，想要修筑自己的财富城堡，这样的一份计划是不能少的。

【理财圣经】

做每一件事都是有前有后的，只要自己真正亲自去执行，自然会知道它的步骤，因为没有上一步就做不了下一步，所以，不需要去死记硬背这些步骤，只需要去做就行了。

时期不同，理财计划也不同

根据人生各个阶段的不同生活状况，我们如何在有效规避理财活动风险的同时，做好人生各个时期的理财计划呢？一般情况下，人生理财的过程要经历以下六个时期，这六个时期的理财重心都不一样，所以我们要区别对待。简单讲解如下：

一、单身期：参加工作到结婚前（2～5年）

这个时期没有太大的家庭负担，精力旺盛，但要为未来家庭积累资金，所以，理财的重点是要努力寻找一份高薪工作，打好基础。可拿出部分储蓄进行高风险投资，目的是学习投资理财的经验。另外，由于此时负担较轻，年轻人的保费又相对较低，可为自己买点人寿保险，减少因意外导致收入减少或负担加重。

二、家庭形成期：结婚到孩子出生前（1～5年）

这一时期是家庭消费的高峰期。虽然经济收入有所增加，生活趋于稳定，但为了提高生活质量，往往需要支付较大的家庭建设费用，如购买一些较高档的生活用品、每月还购房贷款等。此阶段的理财重点应放在合理安排家庭建设的费用支出上，稍有积累后，可以选择一些风险比较大的理财工具，如偏股型基金及股票等，

制订个人理财计划的技巧

该走哪一边呢？

股票
基金
黄金

没有正确的理财方向
　　要有一个科学系统的理财规划，并严格执行。其次，理财一定要尽早开始，长期坚持。最重要的是要愿意承担风险。

过度投资
　　有的人一味追求高利益，什么都想投资尝试，效果往往适得其反。过度投资会导致个人债务增大，生活压力增加，从而得不偿失。

成
本

真不该什么都投资啊，现在欠了一屁股债。

下跌20%？

股市

单一投资

CPI

单一投资
　　一些人听到预计高收益率的产品，便一哄而上争相购买，却没有关注它的风险。他们往往会将资金投向单一的投资领域，一旦发生投资风险，财务危机随之产生。

以期获得更高的回报。

三、家庭成长期：孩子出生到上大学（9～12年）

这个时期家庭的最大开支是子女教育费用和保健医疗费等。但随着子女的自理能力增强，父母可以根据经验在投资方面适当进行创业，如进行风险投资等。购买保险应偏重于教育基金、父母自身保障等。

四、子女大学教育期：孩子上大学以后（4～7年）

这一阶段子女的教育费用和生活费用猛增，对于理财已经取得成功、积累了一定财富的家庭来说，完全有能力支付，不会感到困难，因此可继续发挥理财经验，发展投资事业，创造更多财富。而那些理财不顺利、仍未富裕起来的家庭，通常负担比较繁重，应把子女教育费用和生活费用作为理财重点，确保子女顺利完成学业。一般情况下，到了这个阶段，理财仍未取得成功的家庭，就说明其缺乏致富的能力，应把希望寄托在子女身上，千万不要因急需用钱而盲目投资。

五、家庭成熟期：子女参加工作到父母退休前（约15年）

这期间，由于自己的工作能力、工作经验、经济状况都已达到了最佳状态，加上子女开始独立，家庭负担逐渐减轻，因此，最适合积累财富，理财重点应侧重于扩大投资。但在选择投资工具时，不宜过多选择风险投资的方式。此外，还要存储一笔养老金，并且这笔钱是雷打不动的。保险是比较稳健和安全的投资工具之一，虽然回报偏低，但作为强制性储蓄，有利于累积养老金和资产保全，是比较好的选择。

六、退休以后

退休以后应以安度晚年为目的，投资和花费通常都比较保守，身体和精神健康最重要。在这时期最好不要进行新的投资，尤其不能再进行风险投资。

任何时期的理财都是会有风险的，所以，我们在进行投资理财前，有必要先盘算一下自己承担风险的能力，再去制订自己的理财计划。因为任何人在承受风险时都有一定的限度，超过了这个限度，风险就会变成负担或压力，可能就会对我们的心理、健康、工作甚至家庭生活造成很大的伤害。为了自己和家人的健康，我们都有必要做好每个阶段的理财计划，这是非常重要的事情。

【 理财圣经 】

每隔一个月就调整一下理财计划，这样就能够保证自己的理财计划与时俱进，不脱离自己的实际生活而成为一张废纸。

第三章

充实自己，为理财付出行动：如何确保理财方案获得成功

健康心态是理财成功的必要前提

一个人要想把生活过得有声有色，就必须要理财，而能够成功理财的必要前提是要拥有一个健康的心态。理财必须要让心踏实下来，否则就会像无头苍蝇到处乱闯，成为一个为了挣钱而工作的人。

犹太人很重视金钱，并认为金钱是神圣的物品。但是在赚取金钱的时候，他们却只把金钱当作是一种很好玩的物品。

有一位富有的犹太金融家就坚持这样赚钱观念，他绝不会让赚钱变成一种心理上的负担。虽然在投资股票的时候，股价刺激着每一个人的神经，可他只想象着这是将钱投入了一次次危险但有趣的游戏中。他相信只有以这样游戏的心态去炒股，才是最佳的赚钱心态。

他说，在年轻的时候，他曾赚钱赚到痴迷的程度。在当时，他一直有一个习惯，每当黄昏的时候，他就到小报摊上买一份载有股市收盘的当地晚报回家阅读。当他的朋友都在娱乐的时候，他说："有些人热衷于研究棒球或者足球，我却喜欢研究怎么赚钱。其实这也是种娱乐，有趣又刺激。"

这位投资家非常洒脱，把挣钱当成一种游戏，这样，挣钱永远不会成为他的负担，这是非常健康的理财心态。曾经有人说过："心态决定命运。"同样，在理财的过程中，心态也起着主导的作用，它的健康与否也决定着你能取得财富的多少。

想要成功地理财，首先要了解自己的缺点和优点，然后找到一套最适合自己的理财方式，这样才会有成功的希望。如果整天就是羡慕别人的富有而没有学习，不去努力，那么你永远都不会取得成功。一个人在理财路上的成功与否并不在于他拥有多大的能耐，而是取决于他的心态。所以，要理财，我们就要树立一个健康的心态，不要因为自己的嫉妒、抱怨和后悔赶走了财富。

每一个人都想快点变为有钱人，甚至有人异想天开地想一夜暴富，把发财梦寄托在彩票上。其实这样是很不健康的。因为不劳而获的东西不可能长久，财富也一样。

做好个人理财应具备的健康心态

　　理财并非是件易事，需要智力和耐力的考验。因此个人要想做好理财，健康良好的理财心态起决定性作用。那么，做好个人理财应该具备哪些健康心态呢？

　　明确理财是体力和脑力活，做好长期斗争的准备。

　　理财不会暴富，理财是细水长流的系统工程，因此，不要急功近利。

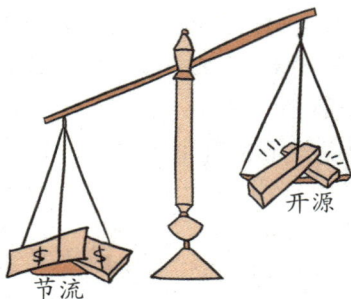

　　理财要求量入为出，要求开源节流。

　　多学习多看多思考，保持平和的心态切忌贪心，不要以追求高收益为目标。

比尔·盖茨曾经说过："当你拥有了1亿美元的时候，你就会明白，钱不过就是一种符号。"所以我们不要急功近利地去追求它。理财是要循序渐进的，欲速则不达。你要以平和的心态，健康的心态一步一步地做好理财的工作。不管做任何阶段的理财工作的时候，都要做到胜不骄，败不馁。因为所有的理财方式都会带有风险，回报率越高的理财方式风险就越大，没有一个高明的理财人没有吃过一点亏的，所以，任何时候都要平和、不急不躁，以一个健康的心态对待理财这件事。

如果真的遇上了意外的事情，你也要临危不惧。先把心踏实下来，让自己能够冷静地思考，以便能够更快地找到应急的方案。这也是理财必需的健康心态之一。

狮子是兽中之王，然而，你知道狮子是如何捕猎的吗？在向猎物发起进攻之前，它们都会耐心地等待，等到猎物彻底放松警惕的时候，才从草丛中猛然跃出，牢牢地抓住猎物。所以想要成功地理财，就要像狮子那样，在理财路上泰然自若，绝不会因为一次小小的波动而受到影响，因为一个和平的、健康的心态是理财成功的必要前提。

【理财圣经】

在理财的过程中，要保持一份健康的心态，经常告诉自己，钱是生不带来死不带去的东西，只要自己现在心情舒畅，身体健康就行，钱不是最重要的东西。

投资自己，让自己当自己的理财师

想要确保自己的理财方案获得成功，就要投资自己，要让自己不断学习理财知识和挣钱的技能，给自己不断添加提高收入和保护资产的砝码，让自己当自己的理财师。有知识、有能力的人，不但能聚财，还能保财。

那么，你能不能成为一个成功的理财师呢？下面有个小测试，你可以参考一下：

（1）你是否有理财的愿望，并正在努力学习理财？

（2）你是否已经开始用笔和纸本记录家庭的收支情况？

（3）你是否在头脑中仔细思考过自己的理财目标？

（4）你是否已经为自己设立了理财计划？

（5）你是否既在银行中有一定的存款，又有一定的投资收入？

（6）你是否想过或者已经为自己买了合适的保险？

（7）你是否经常向理财成功者请教理财经验，讨论理财方面的热点话题？

（8）你是否在遇到理财困难时会向专业理财师求助？

（9）你是否关注并收集网上各种和理财相关的信息？

投资理财快速入门的 4 个技巧

拓宽学习途径

想要理财快速入门，不仅可以从书本上获得相关知识，也可以通过网络学习或多向有经验的投资理财人士学习，拓宽学习途径。

在实践中学习

我要买几只股票。

股票交易大厅

在学习投资理财时，除了要理解理论概念，广泛了解案例，还需不断地去实践。唯有实践才能检验理论效果。

制定财富目标

财富目标

首先，制定一个阶段化的财富目标，并根据财富目标制定切实可行的理财计划，然后落实于行动。

关注国家经济政策

经济新闻

国家的经济政策与投资市场是息息相关的，理财学习者要时刻关注国家的经济政策与投资市场的变动，具体的信息获得方式则可以是看经济新闻、阅读经济类报纸等。

（10）你是否切实地实现了自己的理财规划？

如果你的回答都是肯定的，恭喜你，你将成为一个聪明的理财专家；若相反，你就要努力了。事实上，学习理财可以通过很多途径，你可以全方位地增加自己的理财知识，然后再动手理财。当然这是一个积累的过程，不要一上来就自己理财，像无头苍蝇一样没有任何方向，这样不仅容易受到伤害，还可能走错了路。下面是学习理财知识的各种途径，你可以学习学习。

一、阅读书籍

市面上有很多关于理财方面的书籍，可以优先考虑。这些书的内容一般都比较成体系，且语言大都通俗易懂，并不艰涩。越来越多的书都在向着更简单易懂的方向发展，所以你完全能够在其中找到自己能理解的书。不过书的质量参差不齐，这点需要你注意挑选。

二、做一个自己的财务规划

在学习了一段时间相关的知识后，你可以尝试着给自己列一个财务计划，规划一下自己的方案，以便更清楚自己的资产情况，发现自己的经济目标。做计划时要充分考虑外界因素的影响。

三、多请教理财的成功人士

会理财，本身就是一种财富。如果你身边有这样的人，不妨多向他请教，最好能在沟通的过程中激发出更好的理财思路。

舍得在理财学习上为自己投资，得到的回报将会是很大。因为掌握了理财的知识和技能的人，往往能够在未来财务危机出现之前就能预感到，并能够做好应对措施。所以一定要投资自己，让自己多学点理财的知识和技能，让自己当自己的理财师，早日实现自己的理财计划。

【理财圣经】

专业的理财书也许会显得枯燥，你可以选择一些带有故事的，或者是畅销之类的普及理财知识的读物，从入门开始做起。

培养记账的习惯

你也许经常会有一种感觉，钱还没花就没了，更要命的是，你还不知道它们都花在了哪儿。这是很多人的消费通病。要想清楚地掌握自己的财富去向，更快地实现自己的理财计划，就要培养自己记账的习惯。因为从账本记录中，你可以很清楚地掌握你的收支情况，能够更好地进行检讨和改进。

雯雯刚刚毕业两年，虽然自己目前的收入不是很高，但是她每个月生活得有滋有味，还能有一些节余。不过两年前她可不是这个样子的。刚毕业的那年，雯雯在一家图书公司上班，工资也不比现在少，但是每个月下来，她的钱总是不够用，借了这个朋友借那个，直到有一天朋友不再愿意借钱给她了，她才开始注意节省起来。有人给她介绍了一个网站，专门记录每天的流水账，小到一分一毛，大到几万几十万。通过每天将自己的花销都列出来，她发现其实很多花销是没有必要的，况且上面有很多人一起"晒"自己的账目，看看别人是如何消费的，怎么样才能省钱，总结自己的不足，在生活中多加注意。雯雯从那时候起开始每天在网络上记账，一个月下来发现自己的开销下降了50%，于是，美滋滋的生活开始了。

不管雯雯是在网络上记账还是在账本上记账，她都是通过记账为自己纠正了乱花钱的坏习惯，让自己的生活过得有滋有味起来。由此可见，养成记账的习惯多么重要。

所以，从现在开始就赶快准备一个账本，记下你生活中的每一笔开支。这个方法看似简单，实则非常有效。平时居家过日子，进进出出的开支非常零星，一日三餐、交通、娱乐等，看上去好像很固定，但总是会有一些不经意的额外支出，月底的时候吓你一跳，因为不仅仅大大超出预算，还思前想后也不知道钱花到哪儿了。

养成了记账的习惯，每天坚持下来，时间长了，你不仅可以对钱的去向一目了然，还能清楚地判断哪些支出是必要的，哪些属于偶然性的"意外支出"，哪些不必要的支出是完全可以避免的。

只有把你的每一份开支都记清楚，才有助于你对自己的财产做一个预算，不管你现在是单身还是已经成家了，预算肯定是管理财务时不可缺少的内容。

在拥有了自己的经济预算之后，你就可以做到如下几点：

（1）对家庭的收支情况了如指掌。

（2）在量入为出的原则下合理安排用度。

（3）为以后的家庭规划或者预算积累资金，利于理财。

（4）注意在消费中省钱，并逐步达到理财目标。

建立经济预算的最大好处就是能让你"量入为出"，从整个家庭的角度来考虑省钱。能不能省下钱，能省多少，在经济预算中都会得到体现。有一个经济预算为你做指引，通盘考虑，就更容易让你想到要节省，而且的确有很多地方可以节省。所以，很多人将它视为理财的首选。但是，要想做好预算，我们就不得不对自己的经济开支有个清楚的了解，记账无疑是最简单有效的方法，所以，为了自己能够早日踏入富人的队伍，赶紧培养记账的习惯吧。从现在开始，拥有属于自己的小账本吧。

【理财圣经】

选择一个让自己爱不释手的漂亮小本和一支总是吸引你目光的水笔，用这两样东西记账可以让你觉得记账是一种非常享受的一件事。

寻找适合自己的理财方式

理财计划设计得再合理，如果自己选择的理财方式偏离了自己，也很难实现自己的理财目标。下面是新时代形成的新的理财方式，你看看哪一个适合你自己。

一、生产开发型

对于一般的人，生产开发型理财较为困难。但对具有远见卓识，而且有一定能力的人来说，生产开发型则是其理财首选，堪称理财效益最有力的资源及最具潜力的基础。

二、经营创利型

如果说生产开发型是基础，那么经营创利型就是介于生产和消费的中间环节，即传统所称的商人。目前，经商理财者众多，大致可分为三个层次：一是跨国经商型，他们一般具有较丰富的经验，有一定资本实力；二是跨地区经商，利用不同地区的供求矛盾，创造良好的经营效益；三是本地经商，发挥自身特长，多以经营传统生意为主。尽管不同层次经营理财的范围和产品有一定的限制，但总体来说理财效果还不错。

三、安全稳健型

受国内个人投资理财环境和条件的限制，对更多的人来说，安全稳健最为重要。为求安居乐业，人们多依据自身现状，选择相适应的投资理财方式。

四、追逐高利型

追逐高利是理财者的共性，但怎样追逐，不同的理财者有不同的理念。往往低风险意味着低收益，高收益意味着高风险，很多人可能会在投资风险前望而却步。

在现实理财中，追逐高利型大有人在。一位金融白领，通过工作掌握了大量民间资金需求信息，于是选择了一些较熟悉的客户作为民间放贷对象，利率为12％，相当于银行正常利率的一倍。在其看来，通过这种方式理财可获得一般投资理财3倍的收益。从多元化经济发展的需要看，这种形式具有一定的积极意义，也为追逐高利的理财者提供了发展平台。

五、风险投资型

我国的风险投资虽起步较晚，但发展迅速，尤其是一些白领阶层、知识型收入者，更是从美国发展风险投资中得到启发，从中收益颇丰，许多人由此成为富豪。

六、投机取巧型

在我国经济的转型期，各种政策为适应经济发展形势的需要，必须经常调整，这往往会冲击一些人的经济利益，但同时也给投机取巧者带来了机会。

投机取巧型虽在理财中占比例不大，但对具有一定理财能力的人来说，具有较大利益诱惑，有些人因此不惜高价融资投机理财。当然，这也有较大风险，由此深陷泥潭者也屡见不鲜。

如何选择适合自己的理财方式？

你的职业决定你的理财经

你的职业决定了你能够用于理财的时间和精力，而且在一定程度上也决定了你理财的信息来源是否充分，由此也就决定了你的理财方式的取舍。

你的收入决定你的理财力度

在理财中，人们提倡将收入的1/3用于消费，1/3用于储蓄，还有1/3用于其它投资。如此，你的收入就决定了这最后1/3的数量，并进而决定了你的理财选择。

你的年龄告诉你的理财路

人在不同的年龄阶段所承担的责任不同，需求不同，抱负不同，承受能力也不同。每个阶段各有不同的理财要求和理财方式。

七、收藏增值型

随着收藏品拍卖行情不断上涨，收藏理财进入了更多的百姓家庭。一些人本来对收藏并不感兴趣，但看到收藏理财的价值，便也加入到了这一阵营。

不仅如此，因为收藏与理财紧密挂钩，不少收藏者爱好广泛，不仅关注传统的邮票、字画、古董，还向以前少有人收藏的生活用品等方面发展。

八、超前消费型

如今，花明天的钱办今天的事，已成为众多具有现代观念的理财者的选择。我国个人消费贷款从零开始，短短几年已发展到2万多亿元，而且仍在以两位数的比率快速增长。

在一些较高收入的群体中，多数人都有良好的收入预期，这使他们在消费理财方面也走在了社会的前头。

总之，不同的理财有不同的回报效果。理财要实现高收益，就需因地制宜，因人而异，从实际出发，扬长避短，在充分调查论证的基础上，看准方向，找到最适合自己的那一款，这样才能走好自己的理财路。

【理财圣经】

你可以到专门的测试网站上找一些测试题来做做，这样可以更客观地帮你定位自己的理财类型。

把握理财通用守则

现在的社会的经济状况瞬息万变，理财方法也层出不穷，那么，该如何在这个万变的环境中实践自己已定的理财计划呢？有句俗话说得好：没有规矩，不成方圆。理财也有一些通用守则，你只要把握住了这些理财通用守则，你就能够以"不变"应"万变"，顺利实现自己的理财目标。

那么，理财通用守则都有哪些呢？

一、量入为出原则

量入为出是所有的理财守则中最重要的一条，就是要根据自己收入的多少来决定自己能够花多少钱。如果一个人一个月只挣2000元，而他却花了2500元，那么这500元是从哪里来的？肯定不是他的钱，他只能借用别人的钱，而下一个月他必须先还别人500元，这样他就只剩下1500元，那他就更不够花了。如果他还是不量入为出，还是会跟别人借钱，这样一个月一个月地滚，直到某天，他工作挣的钱就都是为别人而挣了，自己就变成了一穷二白的穷光蛋了。

所以，一定要量入为出，不要随心所欲地花钱，要清醒地认识自己的收入状况，根据自己的实际情况施行和修订自己的理财计划。

二、节省原则

节省不是让你当铁公鸡，它只是让你削减生活中的那些不必要的开支，能省则省，把钱都用在刀刃上。

三、让钱生钱原则

让钱生钱是让你主动去找钱，而不要整天被动地护着自己的那点钱。也就是说要拿自己的钱去投资，让钱生钱。这就要求自己要有一定的理财知识作为基础，全面了解各方面的行情，然后慎重斟酌，寻找一条正确的财路往前走。

四、放眼未来原则

放眼未来原则要求理财不要只局限于眼前，应该关注一下未来，关注一下全局。许多人总是只为眼前生活挣钱，从不为自己的将来打算。这是一种目光短浅的做法。理财必须要着眼于未来，它要为未来准备好足够的资金，让自己能够应对将会发生的各种各样的意外情况。所以，在理财的过程中，一定要遵守放眼未来的原则。

五、自我控制原则

自我控制原则可以说是最基础的理财原则，如果没有做到这一条，前面的量入为出、节省等四条原则就等于是废话。只有能够自我控制，才能够克制自己的消费欲望，精打细算，量入为出；在开拓财路时，只有能够自我控制，才不会为了眼前利益所迷惑，才能够审时度势，慎重出击，更顺利地实现自己的理财目标。

所以不管在什么时候，都不要忘记自我控制这个原则，因为它是理财的最基础的原则，是其他原则的前提。

【理财圣经】

每一次自己要花钱的时候就问自己：如果我今天不买这个东西，我还能吃饱睡好吗？如果答案是可以，那这次就不用花钱。

第四章

理财并不像你想象的那么难：你必须掌握 六大理财技能

端正自己的金钱观

金钱不是万能的，但是没有金钱又是万万不能的。金钱在我们的生活中扮演着非常重要的角色，我们每时每刻都不可避免地要与它打交道，所以端正自己的金钱观就显得非常重要。

在现在的商品经济社会，人须臾离不开钱。因此，人们必须设法赚钱，再用赚来的钱购买自己生活所需要的物质和服务。由于金钱的重要性，庸俗肤浅的人误把钱当成了人生的目标，从而变成了钱的奴隶。甚至出现了这样一种现象：用违背良心的办法赚钱，用损害健康的方法花钱。钱本来可以帮助一个人拥有幸福，可是人一旦成了钱的奴隶，钱就把一个人从精神到肉体彻底摧毁了。所以，我们一定要端正自己的金钱观，不能让金钱牵着自己的鼻子走。

那些能够成为亿万富翁的人都拥有正确的金钱观。他们明白，在人们的生活当中，最有意义的资源就是金钱，金钱是所有资源转换的媒介。在人生理财中，金钱具有重要的意义。不过回过头来说，钱的本质是为人所用，如果把钱举得高高的，见了钱便磕头作揖，自降为臣奴，也实不可取。钱物之类，有的用便足矣。但"有的用便足矣"是对普通人而言，对那些想成就大事业和亿万富翁的人来说，可就不是简单意义上的"有的用便足矣"了。如果你要想成为有钱人，你还是要去追求金钱。那么，怎样的金钱观才是正确的呢？

亿万富翁们都秉持这样一种观念：金钱只是一种工具，但不是人生的目的，绝不要做金钱的奴隶，一定要端正自己的金钱观。

被誉为日本经营之神的松下幸之助的经营业绩举世瞩目，他的经营哲学尽善尽美。他创立并领导的松下电器公司，总资产逾千兆日元，总销售额近5兆日元，员工总数达25万多人。

松下说："为了到达目的而工作，为了使达到目的的工作更有效率，就必须要用金钱去激励员工。所以说，金钱是一种工具，最主要的目的还是在于提高人们的生活水平。"松下对金钱的态度是创造财富而不守财。他认为：一个人不能当财产的奴隶。他说："财产，这东西是不可靠的！但是，办一项事又必须有钱。在这种意义上说，又必须珍视钱财。但'珍视'与'做奴隶'是两回事，应该正确对待，否则，财产就会成为包袱——看起来你好像是有了钱，实际上它却使你受到牵累。

树立正确金钱观，理出好生活

钱是挣不完的，累坏了身子不值得。

金钱有用，但非万能

我们虽然不是有钱人，但是却很幸福，我很知足。

生存发展需要钱，但需要的量是有限的

只需500元就能拿到价值1 000元的化妆品。

他是骗子，咱们快走！

挣钱的目标手段应合理合法合德合情

这是人类的一种悲剧。"

松下幸之助的金钱观是值得我们去学习的，他让人们不要做金钱的奴隶，要时时想到更远大的目标。不要只盯着眼前的一点利益而斤斤计较。有些人无法端正自己的金钱观，整天都在为了钱而工作，他们害怕没有钱，不愿面对没钱的恐惧，天天为了那一点钱而疲于奔命。甚至有些人还为了区区那么一点钱而做一些伤天害理的事，最终导致生命的终结。这个时候，别说理财了，连生活都成了问题。由此可见，金钱观在理财生活中起着至关重要的作用。

你要过好日子，就要端正金钱观，冷静地面对金钱，最终控制金钱，在你人生的各个阶段制订好用钱计划的基础之上进行投资，用钱来赚钱，等你的财富资产积累到一定程度后，金钱自然就会为你带来源源不断的财富，你便会最终实现你的理财目标。所以，在理财的开始，必须要端正自己的金钱观。

【理财圣经】

光有钱行吗？如果一个人有了钱，他的行为和心理都是一个典型的暴发户形象，那我们只能说，他仍然是一个穷人，虽然他有钱了，但他的思维并没有任何改变，依然是穷人的思维。只有端正自己的金钱观，改变自己的思维，摆脱暴发户的思想，才能成为真正的富人。

准确把握财务状况

要想理好财，首先要准确地把握自己的财务状况。因为只有准确掌握了自己的财务状况，才能够更好地规划自己的理财目标，更好地做到量入为出。

沈小姐刚刚大学毕业，在一家银行工作，目前还处于见习期。"我现在每个月收入只有700元。很惊讶吧！"沈小姐说，"我第一次拿到工资时还很开心呢，但一想到回去房租就要交720块，心情就跌到谷底。"虽然这样，她每个月还是会到大型商场买衣服，换各种包包，渴了就买饮料喝……林林总总，每个月下来也就差不多2000元了。

沈小姐的心情差不能怪工资太少，而只能怪她没有准确把握自己的财务状况，没有量入为出，没有做好理财规划。一个月只挣700元的工资，却要租720元的房子，还到大商场买衣服，这对一个月收入只有700元的人来说是非常奢侈的生活，是很不实际的理财方式。那么，对于你的财产，你了解多少？你能在一分钟之内说出你有多少存款、有多少投资、有多少负债么？相信大多数人都不能。连自己的钱，你都不能做到心中有数，又怎么能奢求它会给你带来无尽的财富呢？这就凸显出准确把握财务状况的必要性了。

财务状况大体上分为两方面，一个是资产情况，一个是负债情况。

资产情况是指一个家庭或者个人所拥有的能以货币计量的财产、债权和其他权利，但名誉等无形资产因其不可计算性，一般不列入理财中的资产范围。资产都包括什么？它可以根据不同的分类方法划分出不同种类。如可根据财产流动性的大小分为固定资产和流动资产，也可以根据资产的属性分为金融资产、实物资产、无形资产等。不过在理财中，可将其做如下划分：

一、固定资产

指在较长时间内会一直拥有、价值较大的资产，如住房、汽车、较长期限的大额定期存款等。一般指实物资产。

二、投资资产

主要指进行旨在能够带来利息、赢利的投资活动，承担一定风险的资产，如股票、基金、债券等。

三、债权资产

指对外享有债权，能够凭此要求债务人提供的金钱和服务的资产。

四、保险资产

指用来购买社会保障中各基本保险以及个人另投保的其他商业保险的资产。

五、个人使用的资产

指个人日常生活中经常使用的家具、家电、运动器械、通讯工具等价值较小的资产。

负债情况又包括哪些内容呢？根据时间的长短，可分为长期和短期负债。

一、短期负债

指一年之内应偿还的债务。

二、长期负债

一般指一年以上要偿还的债务。具体说，这些债务包括贷款、所欠税款、个人债务等。

在了解了资产和负债的基本情况后，请对自己的资产状况做一下对比评估。如果目前你的资产和负债基本能保持平衡或者略有盈余，表明你的资产情况良好。若负债大于家庭资产，则表示你的资产情况有问题，应及时予以调整，必须要量入为出。做到量入为出，你也就掌控了自己的消费，掌控了自己的欲望，掌控了自己的财富。尽量将负债控制在自己可掌控的范围内。

通常来说，一个人的资产情况要讲求平衡，完全是资产而没有负债是不现实的，而完全都是负债，却没什么资产又是非常危险的。只有在平衡或者略有盈余后，资产情况才能呈现出最佳状态，才能够更顺利地实现自己的理财目标。

【理财圣经】

坚持每天记账，每天分析自己的账本，尽量做到自己对自己的资产数量做到"心中有数"。

掌握好记账方法

记账是一种最好的理财方式，它能够让我们清楚地了解自己的收入和支出，更好地掌控好自己的资产。而要用好这个理财助手，就要掌握好记账的方法。

那么该如何做好记账工作呢？

首先，一般人最常采用的记账方式是用流水账的方式记录，按照时间、花费、项目逐一登记。若要采用较科学的方式，除了须忠实记录每一笔消费外，更要记录采取何种付款方式，如刷卡、付现或是借贷。

其次，要特别注意记好钱的支出。

再次，要搜集整理好各种记账凭证。如果说记账是理财的第一步，那么集中凭证单据则是记账的首要工作，平常消费应养成索取发票的习惯。平日在收集的发票上，清楚记下消费时间、金额、品名等项目，如没有标识品名的单据最好马上加注。

最后，银行扣缴单据、捐款、借贷收据、刷卡签单及存、提款单据等，都要一一保存，最好放置在固定地点。凭证收集全后，按消费性质分成食、衣、住、行、育、乐六大类，每一项目按日期顺序排列，以方便日后的统计。

除了记下平时生活花费以外，还要有家庭财产记录。

有人将钱放在棉被或衣服的夹层中，有人开一个秘密账户，与朋友合伙或借钱给朋友等。由于种种原因不愿告诉家人，借据、凭证或业务上的安排家人都不清楚，如果突然有一天他还来不及通知家人就出事了，银行的存款可能就成了公共财产，借出的钱可能永远收不回来，合伙的财产被别人吞了，而夹层里的重要东西也很可能被当成破烂丢掉。拥有自己的秘密不是罪过，但如何才不会使我们的钱财凭空飞掉，又能保住秘密呢？将自己所有的财产登记入账是非常必要的。

以上是记账的内容，至于形式还是根据自己的情况选择一个适合自己的。现在记账的形式很多，主要有以下几种：

一、人工记账

人工记账是最容易的方式，只要准备一支笔和一个小本子就够了。随时把自己的收支情况记录下来。但是，它有一个让女性朋友很头疼的问题，它要进行很多的数字计算。这是它的不足之处。

个人理财记账四步曲

我要算算最近的花了多少钱。

整理支出票据

消费支出一定要保留各种票据，其意义在于保证账本数据的可靠性。

收入　支出

收支分门别类

对收支分门别类，进一步细化，这样分析账本才会更容易。

支出　收入
赤字　平衡

分析支出合理性

在账本中，要对各项消费的合理性进行分析，这样才有利于控制支出。

支出预算

制定支出预算

记账的关键在于制定支出预算，并严格执行。需要注意的是，预算一定要有可执行性。

二、电脑软件记账

电脑软件记账也就是在电脑中安装了专门记账的软件。这种方法相对来说更方便快捷，但是它不能随时记录。

三、网站记账

这也需要电脑，但跟电脑软件记账不一样，它必须要上网才能进行。这是一种新兴的记账方式，得到很多年轻人的追捧。大家通过网络把自己的账目跟网上的朋友们交流，这样可以更有效地修订自己的理财计划，可以说是一举两得的事情。

不管采用哪种方式，它都是记账，记录的内容都是一样的。记账只是一种使自己了解财务状况的方法，一种控制金钱的手段，这里所说的记账并不是狭义的记下每天的现金账，而是你各项开支和财产记录。这些家庭财产的实际记录，不但能够帮助你合理使用每一分钱，而且能够在意外发生时令家人避免不必要的损失，是理财必不可少的，一定要掌握好记账的方法。

【理财圣经】

不管用什么方法，选择自己最喜欢的方式，可以是别人看不懂的，但一定要自己看得懂。

学会准确评估理财信息

在投资理财的过程中，很多想法和决策都是由一条条珍贵的信息触动的，很多投资的机遇也是依靠珍贵的信息才捕捉到的。可以说，如果没有信息，就不会有那些投资成功者的财富！但是，这些信息中，有的是可以促进你获得成功的，而有的是负面的，它们不但不会对你的工作产生促进作用，还会产生阻碍作用。更有些信息本身就是假信息，它会带你走上弯路甚至歧途。所以，为了不让自己的理财走上弯路，最好学会准确评估理财信息。

布朗先生是美国某肉食品加工公司的经理，一天，他在看报纸的时候，看到一个版面上有以下几条信息：美国总统将要访问东欧诸国；部分市民开始进行反战游行；英国一科学研究室称未来10年有望克隆人体；墨西哥发现类似瘟疫病例，等等。看到这些信息，他的职业敏感性马上让他嗅到了商业机会的气息。他意识到"墨西哥发现类似瘟疫病例"这条信息对自己很重要。他马上联想到：如果墨西哥真的发生瘟疫，则一定会传染到与之相邻的加利福尼亚州和得克萨斯州，而从这两州又会传染到整个美国。事实是，这两州是美国肉食品供应的主要基地。果真如此的话，肉食品一定会大幅度涨价。于是他当即派医生去墨西哥考察证实，查证结果是：这条信息是真实可信的，墨西哥政府已经在想办法联合美国部分州政府共同抵御这场灾难了。于是，他立即集中全部资金购买了加利福尼亚州和得克萨斯州的牛肉和生猪，并及时运到东部。果然，瘟疫不久就传到了美国西部的几个州，美国政府立刻下令禁止这几个州的食品和牲畜外运，一时美国市场肉类奇缺，价格暴涨。布朗在短短几个月内，净赚了900万美元。

布朗先生就是从报纸上的一条"墨西哥发现类似瘟疫病例"这条信息发现商机的，但是他并没有一看到信息就信以为真，立马着手布局自己的商业计划，他是派医生去证实之后才开始策划的。从中我们可以看到，理财的信息到处都有，只要你用心，你就能够在这些信息中发现巨大的商机，但前提是必须准确地评估信息的正确性。

况且在这个信息时代，小道消息几乎充斥每个角落，不只是旁人或路人谈及，还有那些电视财经档、报纸专刊……小道消息四处乱窜，随时飞入耳朵，稍不注意，它就会在你脑中钻洞，左右你的情绪和抉择。无数的股评、专家每天发表高见，让你心潮澎湃，难免做出冲动的举措。所以，要想成功地理财就要学会准确评估理财信息。

如果你到现在还在听信亲戚朋友所谓决不外传的"密报"，或是迷信某财经强档节目主持透露的"内幕"，又或是某火暴基金博客的"独家眼光"，从而去申购或者赎回，那么，就请你趁早收手吧。因为以这种投资方式理财，连百万富翁也会迅速崩溃，对于一般的投资理财者，更无异于"谋杀"自己辛苦积累的财产，何必让自己白忙活一场呢？要知道，真相不可能出自知情人之口，这是投资理财游戏的规则。聪明的人会用理性，会用知识去判断自己所得到的消息的真正含义，而并不是不经过考虑，听说股票会涨就追价买进，听说股票会跌就割肉认栽。在这之中，很可能有些流言还别有用心，这就更需要我们明辨真伪了。所以，在理财的过程中一定要学会准确评估理财信息。

【理财圣经】

面对自己将要采取的理财措施，即要考虑收益，也要考虑风险，只要做到合理安排，遇事少冲动、多考虑，就会减少风险，达到预期目的。

合理分散理财风险

在理财的生活中，大家经常听到这句话："别把鸡蛋放在同一个篮子里。"这句话是告诫各位理财者要注意合理分散理财风险。因为分散理财风险会让你走得更远更长。

那么在理财世界里，都存在哪些风险呢？

一、市场风险

市场风险指因股市价格、利率、汇率等的变动而导致价值未预料到的潜在损失

选准适合自己的投资组合

投资组合就是由投资人或金融机构所持有的股票、债券、衍生金融产品等组成的集合，它的目的在于分散投资风险。

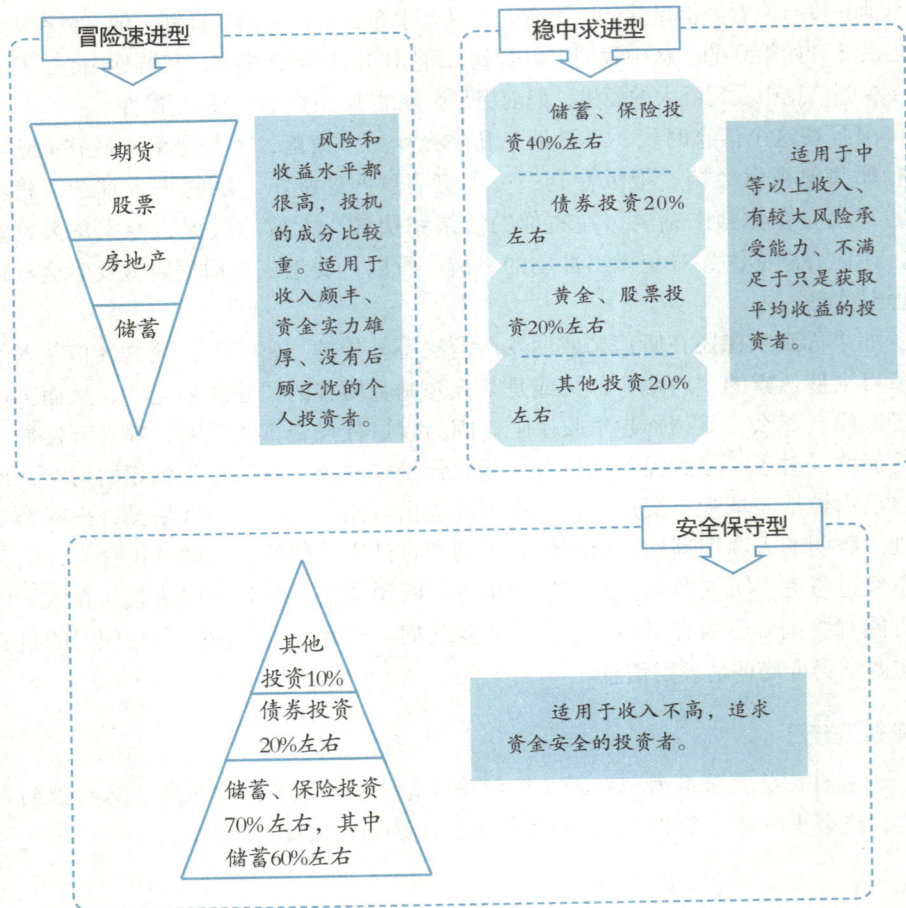

冒险速进型

期货

股票

房地产

储蓄

风险和收益水平都很高，投机的成分比较重。适用于收入颇丰、资金实力雄厚、没有后顾之忧的个人投资者。

稳中求进型

储蓄、保险投资40%左右

债券投资20%左右

黄金、股票投资20%左右

其他投资20%左右

适用于中等以上收入、有较大风险承受能力、不满足于只是获取平均收益的投资者。

安全保守型

其他投资10%
债券投资20%左右

储蓄、保险投资70%左右，其中储蓄60%左右

适用于收入不高，追求资金安全的投资者。

值得注意的是，个人投资无论采取什么样的投资组合模式，无论比例大小，储蓄和保险都应该是个人投资中不可或缺的组成部分。

的风险。

二、财务风险

财务风险是指你投资了某个公司的股票或者债券，由于这个公司经营不善，导致股价下跌或者无法收回本金和利息。也就是说，投资得不到最初预想的收获。

三、利率风险

利率风险是指由于储蓄利率的上升，导致债券投资人的回报损失。

四、通胀风险

通胀风险是指因通货膨胀引起货币贬值造成资产价值和劳动收益缩水的风险。

五、行业风险

行业风险是指由于行业的前景不明带给投资者的风险。

六、流动性风险

流动性风险是指资产无法在需要的时候变换成现金。像房地产和一些收藏品就不太容易变现，它们的流动风险相对就比较高。

以上的风险是在理财中都普遍存在的，不要因为看到这么多种类的风险就害怕去投资理财。其实理财并不像你想象的那么难，只要合理分散理财风险，还是可以确保自己能够得到丰厚的回报的。要想做到合理分散理财风险，就不要把所有的钱都放在一种投资上面，尽量做到全面兼顾。

一、投资债券

投资债券的时候，既要买国债也要买企业债券。国债利率一般都高于同期的储蓄，也能够提前支取、可以按照你实际持有的天数计算利息。企业债券的风险要比国债大，但是利润会比国债高。

二、储蓄

储蓄是一种最便利、最安全、最稳定的投资项目，一般的人都会选择储蓄作为自己的理财投资，但是从中获利很低。如果还没想好其他的投资项目之前，储蓄是最好的选择。

三、股票

股票是一种高风险的投资。但是有高风险必然会有高回报，只要你有一定的股票知识，不盲目跟风，有一定的分析能力，拿出一点资金试试也没关系。

四、消费

当银行利率很低，储蓄没什么回报的情况下，选择消费是比较明智的。因为在这个时候，国家政策总是支持扩大内需，所以该消费的时候就要消费。

以上所举的投资理财类型要组合起来进行投资，只有这样才能够做到合理分散理财风险。不同的人会选择不同的投资组合，而不管你选择什么样的组合，最重要的是要适合自己。你必须寻找到适合自己的，才能在理财的路上走得更远。构建完自己的投资组合后，你便可以放手等待获利时机的到来。不过每过一段时间，你应当检查一下自己的投资组合，看是否需要调整，以免因为经济市场出现重大变化时，自己来不及改变投资组合而受到影响。

不管你采用哪种投资组合方式，都要做到合理分散理财风险，时刻要谨记以下几点：

（1）防范风险。虽然你是分散了风险，但是还是有风险的存在。理财讲究的第一个条件就是安全，能规避的风险就要努力去避开它。

（2）警惕被骗。现在社会上的诈骗案件很多，你要提高谨慎的意识，警惕非法集资之类的诈骗行为。

（3）多思考。尽可能地让自己的资产在最安全的条件下获得最大的理财效益。

【理财圣经】

分散理财产品的风险，应关注产品的长短期限搭配、投资目标市场在发达经济体市场和新兴市场之间的平衡等。

做好收支记录

对于大部分人来说，生活过日子，收支安排得是否合理，离不开收支记录。每天记一记，把自己的财务状况数字化、表格化，不仅可轻松得知财务状况，更可替未来做好规划。

考虑一个人的财务应该从两个方面来想：一是钱从哪里来，二是钱向哪里去，也就是一"收"一"支"。资金的去处分成两部分，一部分是经常性支出，即日常生活的花费，记为费用项目；另一部分是资本性支出，记为资产项目，资产提供未来长期性服务。比如花钱买一台冰箱，现金与冰箱同属资产项目，一减一增，如果冰箱寿命是5年，它将提供中长期服务。而经常性支出的资金来源，应以短期可运用的资金支付，如外出就餐、购买衣物的花费应以手边现金支付。

收支财务状况是实现理财目标的基础，只有对自己的财务状况做到心中有数之后才能够为实现自己的理财目标做好规划。要想了解自己的财务状况，就要做好收支记录。只要逐笔记录自己的每一笔收入和支出，并在每个月底做一次汇总，久而久之，就能够对自己的财务状况了如指掌了。

同时，做好收支记录还能对自己的支出作出分析，了解哪些支出是必需的，哪些支出是可有可无的，从而更合理地安排支出。

逐笔记录收支情况，做起来还是有一点难度的。现在已经进入刷卡时代，信用卡的普及解决了很多问题。一来可免除携带大量现金的烦扰，二来可以通过每月的银行月结单帮助记录。

记录时要做到每笔收入和支出不论多少都登记在册，随时发生随时记录，防止遗漏。到了月底进行统计分析，看哪方面支出较大（大宗支出可逐月摊销），在下个月适当控制，做到收大于支，盈余逐月增加。结余到一定程度后，可考虑将钱存定期或购买大宗商品。

坚持记录一段时间之后，你便会做到对自己的收支状况一目了然：每月收入多少，额外收入有无增加，投资收入效益如何，各项支出所占比例多少，是否合理，每月是否有节余，节余是否逐月增加。做到安排开支时心中有数，该花的钱就花，能节约的尽量节约。

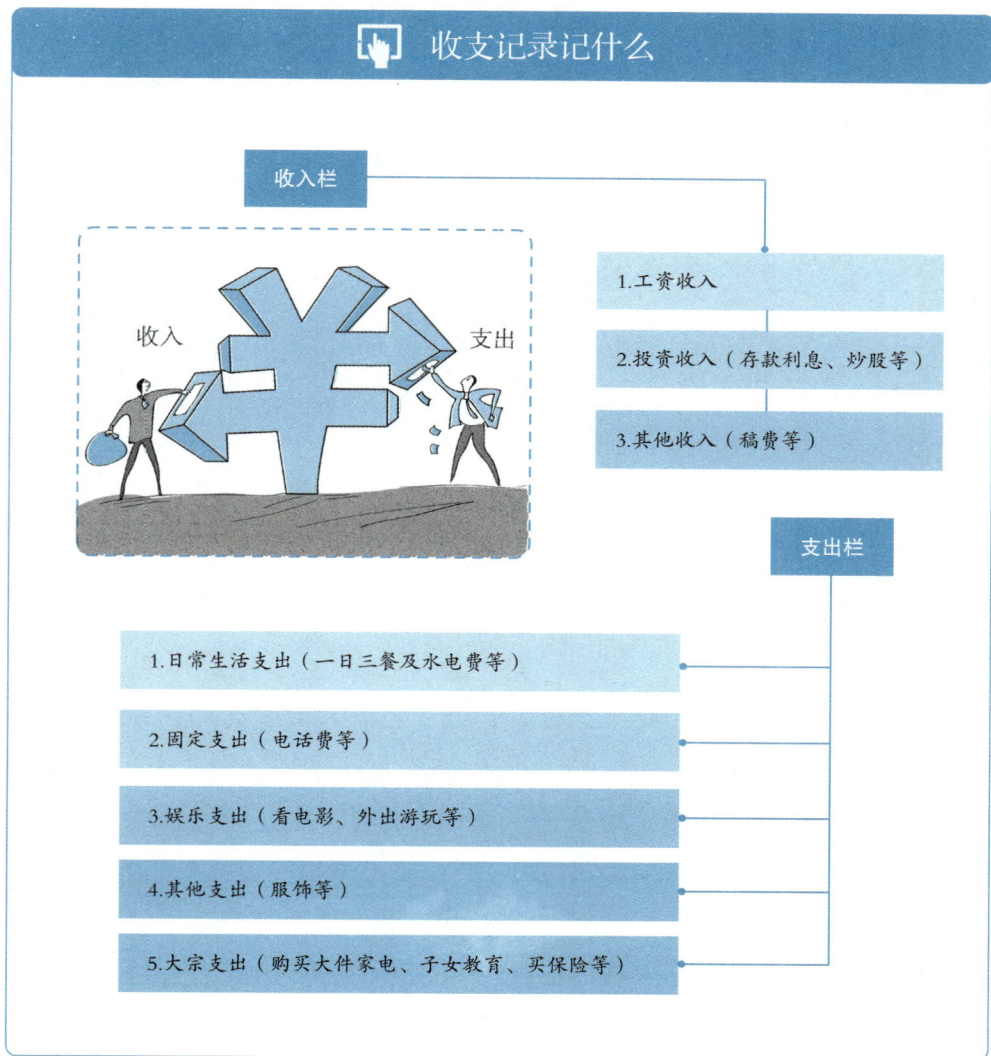

👆 收支记录记什么

收入栏

收入　　支出

1.工资收入

2.投资收入（存款利息、炒股等）

3.其他收入（稿费等）

支出栏

1.日常生活支出（一日三餐及水电费等）

2.固定支出（电话费等）

3.娱乐支出（看电影、外出游玩等）

4.其他支出（服饰等）

5.大宗支出（购买大件家电、子女教育、买保险等）

做好收支记录只是起步，是为了更好地做好预算。由于每个人的收入基本上是固定的，因此预算主要就是做好支出预算。支出预算又分为可控预算和不可控预算，诸如房租、公用事业费用、房贷利息等都是不可控预算，每月的家用、交际、交通等费用则是可控的，要对这些支出好好筹划，使每月可用于投资的结余稳定在一定水平，这样才能更快捷、高效地实现理财目标。

做好收支记录，能够让你自觉做到有计划消费，科学理财。同时还能从中获得有益信息，如日用品的价格等，做到货比三家，能省便省，并能起到备忘录的作用，记下购买商品和收入支出的时间、金额，做到有账可查。所以，做好收支记录是非常重要的，是理财路上的好助手。

【理财圣经】

多利用网上银行，它能够让你方便快捷地查阅、管理自己的收支情况，至少每个月都要查询，这样才能清楚自己的钱都流去了哪里。

第三篇

盘活资产，让钱生钱

第一章

有空没空养只"基"：让专家为你打理钱财

投资基金，争做新时代的"基民"

相信终日为钱奔波的上班族都曾有过这样的体验，眼看着周围的朋友因为投资股票或者基金挣了钱，换上了名牌，开上了轿车，自己却还是平民一个，吃穿都要时刻算计，心里十分不平衡。但是银行存折上的数字又不会跳动，怎么可能让自己变得有钱呢？投资股票和基金风险大，万一赔了亏不起。此时，你该怎么办？

在这个年代，你若还是个"储民"，那就有点老古董了，现代人赚钱的理念就是——进行风险投资。可能在你眼中，投资股票的风险自己无法负担，那你可以选择基金，变成新时代的"基民"。不要再羡慕别人了，与其浪费时间，还不如加速自己的财富蜕变吧！

陈先生是个有名的车迷，很早以前就有买车的想法。从动了念头的那天开始，他便学开车、拿驾照，逛车市、看车展，总之，只要是和车有关系的，他都会关注。

原本这是件家人都大力支持的事情，可是家里经费紧张，就一而再、再而三地往后推，总也买不成。这买车的事就成了陈先生心上的一块病。

直到去年，事情才有了转机。当时股市开始进入牛市，他有很多朋友都靠基金赚了钱。他想：为什么不试试投资基金？于是他立刻行动起来。

他发现当时南方高增的行情非常看好，立刻就投入了两万，果然不长时间，他的钱就到了五万元，见到收获颇丰，他立即又买了几只当时比较好的基金。在过了不到三年的时间里，就基本凑足了买车的钱。随后，陈先生就拿着钱兴高采烈地跑到车展会上选购了一辆心仪已久的车，他逢人便说："这回咱也是有车族啦！"

投资基金使陈先生成为有车族，实现了他的财富梦想。

说起基金市场，它在我国存在的年头虽然不长，但是已经有了巨大的发展。如今，走在路上，大家的话题都开始围着基金打转，甚至在公交车上你会听到有人在打电话的时候提到基金。可能你也已经开始接触基金了，但你是否真正地了解它？是否知道基金的定义？

基金是指通过发售基金份额，将众多投资人的资金集中起来，形成独立财产，由基金托管人托管，基金管理人管理，是一种实行组合投资、专业管理、利益共享、风险共担的集合投资方式。通俗地说，就是将投资大众的闲散资金交由专家管

如何挑选好基金

定义

基金是指为了某种目的而设立的具有一定数量的资金。例如，信托投资基金、单位信托基金等。

在选择基金时，业绩是衡量基金好坏的重要指标。

专家提醒，基金怎么买才能获利，挑选基金公司很关键。基民们在购买基金时，首先要挑选信誉好、以往业绩好而且规模较大的基金公司，基民们可以通过每年的基金公司排名榜，了解各基金公司的实力。

理，由他们凭专业知识进行专业理财。如果赚钱则扣除相关的费用后，按份额将赢利以不低于90%的比例对投资人进行分配，而且依目前的法律必须用现金分配；如果亏损，投资人按份额承担损失。

投资基金作为基金品种中的一种，它是通过向社会公开发行基金单位筹集资金，并将资金用于证券投资。基金单位的持有者对基金享有资产所有权、收益分配权、剩余财产处置权和其他相关权利，并承担相应的义务。

基金的出现标志了金融业的成熟。它由于自身的优势，越来越引起广大投资人的关注。现在，许多投资人因为高风险而不欣赏股票，又因低收益而不喜欢储蓄。基金刚好能够综合前两者的优势，于是国内很快就掀起了一阵购买基金的热潮。

投资基金并不难。基金市场上主要有以下几类人组成：基金投资人、基金管理公司、基金托管人。

这几类人存在着以下关系：

（1）委托关系。在基金投资的过程中，基金投资人并不亲自管理基金，而是委托基金管理公司和基金托管人对其财产进行管理。基金管理者和托管人通过聚集零散的社会资金来进行新的投资。既然是委托关系，则基金收益的受益人也是基金投资人。而投资人的资金与基金管理公司和基金托管人的自有财产相互独立。

（2）风险关系。基金投资人将资金委托给基金的管理人和托管人，就要承担相应的风险。而基金管理者并不承担经营风险，基金托管人是有托管资格的商业银行，也不承担风险。所以，挑选优秀的基金管理人十分重要。投资回报的高低主要取决于管理人的实战经验和理论知识。

（3）管理和保管关系。在基金管理人和投资人之间，再细点来说就是委托管理的关系，而基金托管人和投资人之间是委托托管关系。资产的管理和保管不在一个机构进行，相互分工明确，也就防止了基金被恶意挪用，从而保证了基金投资人的财产安全。

【理财圣经】

当我们的资产略有剩余时，为求安全保障，将自己积攒多年的银行存款拿出来交给基金专家打理，不失为一种良好的投资理财方式。

基金种类知多少

刚开始投资基金的新基民，往往一看到各种基金宣传单，以及报纸上各种基金介绍和分类，就脑子发昏，没了方向。即使有某些评级机构做的评级作参考，也不太明白自己应该买哪一个品种里的哪一只基金为好。

其实，选择基金的第一步，就是了解基金的种类，然后才谈得上选择适合自己的一只或多只基金，构建自己的基金投资组合。基金有很多种，根据不同标准可将投资基金划分为不同的种类。投资人可以依照自己的风险属性自由选择。在此，我们详细为大家介绍一下基金的种类。

（1）根据基金单位是否可增加或赎回，投资基金可分为开放式基金和封闭式基金。开放式基金是指基金设立后，投资人可以随时申购或赎回基金单位，基金规模不固定的投资基金；封闭式基金是指基金规模在发行前已确定，在发行完毕后的规定期限内，基金规模固定不变的投资基金。

（2）根据组织形态的不同，投资基金可分为公司型投资基金和契约型投资基金。公司型投资基金是具有共同投资目标的投资人组成以赢利为目的的股份制投资公司，并将资产投资于特定对象的投资基金；契约型投资基金也称信托型投资基金，是指基金发起人依据其与基金管理人、基金托管人订立的基金契约、发行基金单位而组建的投资基金。

（3）根据投资风险与收益的不同，投资基金可分为成长型投资基金、收入型投资基金和平衡型投资基金。成长型投资基金是指把追求资本的长期成长作为其投资目的的投资基金；收入型基金是指以能为投资人带来高水平的当期收入为目的的投资基金；平衡型投资基金是指以支付当期收入和追求资本的长期成长为目的的投资基金。

（4）根据投资对象的不同，投资基金可分为股票基金、债券基金、货币市场基金、期货基金、期权基金、指数基金和认股权证基金等。股票基金是指以股票为投资对象的投资基金；债券基金是指以债券为投资对象的投资基金；货币市场基金是指以国库券、大额银行可转让存单、商业票据、公司债券等货币市场短期有价证券为投资对象的投资基金；期货基金是指以各类期货品种为主要投资对象的投资基金；期权基金是指以能分配股利的股票期权为投资对象的投资基金；指数基金是指以某种证券市场的价格指数为投资对象的投资基金；认股权证基金是指以认股权证为投资对象的投资基金。

（5）根据投资货币种类，投资基金可分为美元基金、日元基金和欧元基金等。美元基金是指投资于美元市场的投资基金；日元基金是指投资于日元市场的投资基金；欧元基金是指投资于欧元市场的投资基金。

此外，根据资本来源和运用地域的不同，投资基金可分为国际基金、海外基金、国内基金、国家基金和区域基金等。国际基金是指资本来源于国内，并投资于国外市场的投资基金；海外基金也称离岸基金，是指资本来源于国外，并投资于国外市场的投资基金；国内基金是指资本来源于国内，并投资于国内市场的投资基金；国家基金是指资本来源于国外，并投资于某一特定国家的投资基金；区域基金是指投资于某个特定地区的投资基金。

不同类型的基金，风险和收益水平各有不同，其交易方式也有差别。买基金前，投资人首先就要弄明白自己要买什么类型的基金。

基金理财四大好处

与股票、债券、定期存款、外汇等理财工具一样，投资基金也为投资者提供了一种投资渠道。那么，与其他的投资工具相比，投资基金具有哪些好处呢？

具体来说，投资基金的好处体现在几大方面：

一、稳定的投资回报

举个例子，在1965年到2005年的41年的时间里，巴菲特管理的基金资产年平均增长率为21.5%。当然，对于很多熟悉股市的投资人而言，一年21.5%的收益率可能并不是高不可攀。但问题的关键是，在长达41年的周期里能够持续取得21.5%的投资回报。按照复利计算，如果最初有1万元的投资，在持续41年获取21.5%的回报之后，拥有的财富总额将达到约2935万元。

二、基金具有专业理财的强大优势

有统计数据显示，在过去的十几年时间里，个人投资人赚钱的比例占有不到10%，而90%以上的散户投资都是亏损的。正是在这种背景下，基金的专业理财优势逐步得到市场的认可。将募集的资金以信托方式交给专业机构进行投资运作，既是证券投资基金的一个重要特点，也是它的一个重要功能。

基金是由专业机构运作的。在证券投资基金中，基金管理人是专门从事基金资金管理运作的组织。在基金管理人中，专业理财包括这样一些内容：证券市场中的各类证券信息由专业人员进行收集、分析和追踪，各种证券组合方案由专业人员进行研究、模拟和调整，投资风险及分散风险的措施由专业人员进行计算、测试、模拟和追踪，投资运作中需要的各种技术（包括操作软件）由专业人员管理、配置、开发和协调，基金资金调度和运用由专业人员管理和监控，市场操作由专业人员盯盘、下达指令和操盘。在这种专业管理运作中，证券投资的费用明显小于由各个投资人分别投资所形成的总费用。因此，在同等条件下，证券投资的投资成本较低而投资收益较高。

三、基金具有组合投资与风险分散的优势

根据投资专家的经验，要在投资中做到起码的分散风险，通常要持有10只左右的股票。然而，中小投资人通常没有时间和财力去投资10只以上的股票。如果投资人把所有资金都投资于一家公司的股票，一旦这家公司破产，投资人便可能尽失其所有。而证券投资基金通过汇集众多中小投资人的小额资金，形成雄厚的资金实力，可以同时把投资人的资金分散投资于各种股票，使某些股票跌价造成的损失可

以用其他股票涨价的赢利来弥补，分散了投资风险。

四、在生活质量的提升和财富的增长之间形成良性循环

在海外，往往越富裕的群体投资基金的比例越高，而且持有期限越长，甚至是一些商场高手或颇具投资手段的大企业领导人也持有大量的基金资产。在他们看来，自己并不是没有管理财富的能力，但相比之下，他们更愿意享受专业分工的好

基金投资需要注意的风险

基金价格波动图

价格波动风险

基金购买人会面临基金价格变动的风险。如果基金价格下降到买入成本之下，在不考虑分红因素影响的情况下，持有该基金份额的人就会亏损。

这就是基金的流动性风险

为什么我想卖出基金却卖不出呢？

流动性风险

1.对于封闭式基金的购买者来说，当要卖出基金的时候，可能会面临在一定的价格下卖不出去而要降价卖出的风险。

2.对于开放式基金的持有人来说，如果遇到巨额赎回，基金管理人可能会延迟支付赎回款项，影响持有人的资金安排。

但是，总的来说，购买基金的风险比直接购买股票的风险要小，主要是由于基金是分散投资，不会出现受单只股票价格巨幅波动而遭受很大损失的情况。

处，把财富交给基金公司这样的专业机构管理虽然要支付一定的费用，但却可以取得一定程度超越市场平均水平的回报。更重要的是，他们获得了更多的时间去享受生活，这种生活质量的提高又会提升他们本职工作的效率，增加自己的收入，最终在生活质量的提升和财富的增长之间形成了一种良性的循环。

相比之下，中国的富裕群体要辛苦得多。一些人首先是对类似基金的理财工具不信任，凡是涉及钱的事情都要亲自打理。不只是富裕群体如此，普通收入群体也是如此。

也许，真正到位的理财服务，不应该仅仅着眼于客户财富数量的增长，客户生活质量的全面提高可能才是真正的终极目标，而金融机构的价值也将在这一过程中得到更好的体现。

【理财圣经】

基金是一种以投资时间的长度换取低风险高收益的品种，是一种少劳而多得的投资品种。它能在获得财富、承受风险、投入时间之间取得很好的平衡，让投资人在享受物质财富增长的同时，拥有一份安心而悠闲的生活。

买基金前先问自己三个问题

基金是专业性较强的投资理财工具，"知己知彼，百战不殆"，作为投资人，对有些问题在投资基金之前就应心中有数。

建议投资者在购买基金前不妨先问自己三个问题：

我有房产吗？

我有余钱投资吗？

我有赚钱能力吗？

一般来说，个人资产在确保应急和养老安身之后，剩下来暂时无需动用的"闲钱"不妨用来投资基金。

能承受多大的风险损失，投资期限和预期收益是多少，这些都需要了然于心。只有根据自身实际情况作出选择，才能减少投资的盲目性。

一、我有房产吗

可能会有人说："买一套房子，那可是一笔大买卖啊！"但是在你确实打算要进行任何投资之前，你应该首先考虑购置房产，因为买房子是一项所有人都能够做得相当不错的投资。

实践证明，有些人在买卖自己的房屋时表现得像个天才，在投资基金时却表现得像个蠢才。这种情况并不让人感到意外，因为房主可以完全按照自己的意愿买卖房屋，你只要先支付20%或更少的首期房款就可以拥有自己的房屋，这样利用财务杠杆给你增添了很大的经济实力。每一次当你购买的基金价格下跌时，你就必须在账户上存入更多的现金，但是在买房子时就不会发生这种事情。尽管房屋的市价下跌了，你也从来不用向银行提供更多的现金，即使是房子坐落在由于石油开采造成下陷的地块内。房产代理人从来不会半夜打电话通知你："你必须在明天上午11点之前送来两万美元，否则你的两间卧室就必须低价拍卖掉。"而购买基金的投资人却经常会碰到被迫赎回基金以补充保证金的情况，这是购买房屋的另外一个非常大的好处。

房地产跟基金一样，长期持有一段时间的赚钱可能性最大。人们买卖基金要比买卖房屋便捷得多，卖掉一套房子时要用一辆大货车来搬家，而赎回一只基金只需打一个电话就可以搞定。

二、我有余钱投资吗

这是投资人在投资之前应该问自己的第二个问题。如果手中有不急用的闲钱，为实现资金的增值或是准备应付将来的支出，都可以委托基金管理公司的专家来理财，既分享证券市场带来的收益机会，又避免过高的风险和直接投资带来的烦恼，达到轻松投资、事半功倍的效果。

但是以下情况，你最好不要涉足基金市场：

如果你在两三年之内不得不为孩子支付大学学费，那么就不应该把这笔钱用来投资基金。如果你的儿子现在正在上高三，有机会进入清华大学，但是你几乎无力承担这笔学费，所以你很想投资一些稳健的基金来多赚一些钱。在这种情况下，你即使是购买稳健型基金也太过于冒险而不应考虑。稳健型基金也可能会在三年甚至五年的时间里一直下跌或者一动也不动，因此如果碰上市场像踩了一块香蕉皮一样突然大跌时，你的儿子就没钱上大学了。

三、我有赚钱能力吗

如果你是一位需要靠固定收入来维持生活的老人，或者是一个不想工作只想依靠家庭遗产产生的固定收益来维持生活的年轻人，自己没有足够的赚钱能力，你最好还是远离投资市场。有很多种复杂的公式可以计算出应该将个人财产的多大比例投入投资市场，不过这里有一个非常简单的公式：在投资市场的投资资金只能限于你能承受得起的损失数量，即使这笔损失真的发生了，在可以预见的将来也不会对你的日常生活产生任何影响。

【理财圣经】

不切实际地谈论自己有多么勇敢的人，最终很可能落得饥寒交迫的下场。投资人在购买基金之前最好不要忘记会有亏老本的风险，所以问问自己能够承担多大额度的亏损，能够承受亏损的时间有多久是十分必要的。

购买基金的三大渠道

现实中，出于对银行的信任，很大一部分的基金投资者都是通过银行购买基金的。其实，除了银行，还有证券公司、基金公司直销中心等渠道。不同的渠道，便利性、费用、提供的服务都有较大的区别，投资者可以根据自己的需要通过不同的渠道进行购买。

一、通过银行柜台和网上银行购买

银行是最传统的代销渠道，通常基金公司会将该只基金的托管行作为主代销行，你只需到该银行开户即可购买。

很多投资人比较喜欢到银行去购买基金，因为银行有着良好的信誉以及众多的网点，让人觉得安全放心而且便利。随着银行逐渐改善其服务质量，投资人也能得到比以前更好的服务。

但不要忽视银行代销也有一些不足之处。其代销的基金品种往往有限，各家银行代销的品种也不同，有时一家银行都不会代销一家基金公司旗下的所有基金，如果投资人要买多种基金不得不往返于几家银行，而且如果一家银行不能代销某家基金公司的所有基金，投资人将来要做这家基金公司的基金转换业务也会有麻烦。所以投资人在银行申购基金，需要事前了解好这方面的情况，以免将来被动。通过银行申购一般不能得到申购费打折优惠，这或许就是银行方便所带来的代价吧。

特别突出的是网上购买方式。网上购买基金除了费率优惠之外，还省去了你跑银行的时间，更不用排队等候。只要在电脑前轻轻点击，交易轻松完成，这是目前最流行的交易方式。有些投资人，尤其是年纪较大的投资人对网上银行的安全性表示怀疑，其实这大可不必。现在网上银行设置了完备的安全认证系统，比如，中国工商银行预先设立了预留验证信息及口令卡，浦发银行采用的是手机即时密码，这些都有效地保护了我们的资金安全。当然，如果投资人还不放心，便可以使用U盾等数字证书系统。

二、通过证券公司买基金

证券公司也是一个传统的基金代销渠道。

证券公司，尤其是大型证券公司一般代销的基金比较齐全，而且一般支持网上交易，这是它的巨大优势。对于投资人来说，跑一趟就能解决所有问题，而且将来做基金转换等业务也比较顺畅，而且在证券公司申购基金能够得到打折的优惠。

证券公司渠道对于既是股民又是基民的投资人来说更方便些。他们不需要再开立资金账户，可以用原有的资金账户统一管理自己的股票资产和基金资产，方便、灵活地进行理财，更加灵活、合理地配置资产，防范风险。

三、通过基金公司直销中心购买

基金公司直销分为两种：柜台直销和网上直销。柜台直销一般服务高端客户，

辨别基金优劣的三种方法

听说这家基金客户关系维护得不好。

XX基金

要看基金客户关系的管理

对于那些客户关系名声不好的基金，我们要选择回避。

要评估基金本身的风险

避免购买高风险的基金。在买入基金之前评估一下基金本身的风险。

风险评估表

$75-32=$

低价基金也可以买。

通过基金费用比率辨别

我们投资于低收费的基金可以提高投资的成功率。那些最便宜的基金的表现也有可能超越相同类别的处于费用最高位置的基金。

所以有专业人员提供咨询服务和跟踪服务，而且可以享受打折优惠。网上直销对于广大中小投资人是个便利的渠道，投资人只要办理了银行卡就可以采用这个渠道买卖基金。

由于基金公司在网上进行直销，大大节省了中间环节和费用，所以它们会将节约下来的费用给投资人，很多基金公司的网上直销费率可以打4折，这显然是个优势。而且它不受地点的限制，就是在外地都可以进行操作。它没有时间限制，24小时都可以提供服务。由于它节省了代销的环节，所以相比通过银行和证券公司代销机构操作，赎回基金后资金能够更快到账。

基金公司直销也有其不足之处，例如，一家基金公司认可一种银行卡，如果投资于多家基金公司的基金就需要办理多张银行卡，这比银行和证券公司渠道要麻烦。不过现在兴业银行的银行卡受到比较多的基金公司的认可，在一定程度上解决了这个问题。但是，由于在一家基金公司开户只能购买该公司的基金，不能购买其他公司的基金，所以要多买几家的基金，就要在多家基金公司开户。对于银行与基金公司之间的转账，银行会收取费用。对于收取标准，基金公司会有明示。

【理财圣经】

现在基金的销售渠道越来越多，而每个渠道都有自身的优点和不足，大家完全可以根据个人的情况进行选择。

六招帮你找到最好的"基"

基金投资最重要的一项就是挑选到一只最会"下蛋"的"基"。可是，市场上有几十家基金公司，上百只基金产品，投资人如何从中选择呢？下面就给投资人提供一套行之有效的选"基"法。

一、通过基金投资目标选择基金

投资人在决定选择哪家基金公司进行投资时，首先要了解的就是该基金公司的投资目标。基金的投资目标各种各样，有的追求低风险长期收益；有的追求高风险高收益；有的追求兼顾资本增值和稳定收益。基金的投资目标不同决定了基金的类型，不同类型的基金在资产配置决策到资产品种选择和资产权重上面都有很大区别。因此，基金投资目标非常重要，它决定了一个基金公司的全部投资战略和策略。

二、从资产配置看基金的获利能力

资产配置就是将所要投资的资金在各大类资产中进行分配，是投资过程中最重要的环节之一，也是决定基金能否获利的关键因素。随着基金投资领域的不断扩大，从单一资产扩展到多资产类型，从国内市场扩展到国际市场，资产配置的重要作用和意义日益凸显出来。目前国际金融市场上，可投资的种类越来越多，传统的投资种类大概为股票、债券两类。现在随着衍生金融商品的产生，投资变得越来越丰富多彩，加上全球经济一体化的加强，投资领域从国内扩大到国际市场，全球经济市场为改善投资收益与管理风格提供了客观机会，但也带来了挑战。

资产配置是基金管理公司在进行投资时首先碰到的问题。投资人可以通过基金公司大体的资产配置，了解一下该基金管理公司投资于哪些种类的资产（如股票、债券、外汇等），基金投资于各大类的资金比例如何。基金管理公司在进行资产配置时一般分为以下几个步骤：将资产分成几大类；预测各大类资产的未来收益；根据投资人的偏好选择各大资产的组合；在每一大类中选择最优的单价资产组合。前三步属于资产配置。资产配置对于基金收益影响很大，有些基金90%以上的收益决定于其资产配置。

三、通过基金的投资组合来把握风险指数

一个基金公司的投资组合的成败关系到基金公司收益的大局问题，如果该公司的投资组合没有最大限度地分散风险，就会给投资人的收益带来重大影响。

投资组合理论认为，选择相关性小，甚至是负相关的证券进行组合投资，这样会降低整个组合的风险（波动性）。从实务角度而言，通过投资于不同的基金品种，可以实现整体的理财规划。例如，货币市场基金／债券基金流动性较高，收益低但较为稳定，可以作为现金替代品进行管理；股票型基金风险／收益程度较高，可以根据资产管理的周期和风险承受能力进行选择性投资，以保证组合的较高收益；而配置型基金则兼具灵活配置、股债兼得的特点，风险稍低，收益相对稳定。可以利用不同的基金品种进行组合，一方面分散风险，另一方面可以合理地进行资金管理。

四、通过基金经理来看基金的发展潜力

一个好的基金经理能给投资人带来滚滚红利，而一个能力不强的基金经理则会让投资人血本无归。如何考察基金经理的管理能力？我们可以作一些技术性、专业性的分析，这样有利于增强分析的准确性和专业度。可以通过证券选择和市场时机选择两个方面来评估。

证券选择能力是衡量一个基金经理的重要指标。我们从另一个方面，即将基金收益的来源与基金经理人能力联系起来考察，这种能力具体包括：基金证券选择能力评价和市场时机选择能力。

五、通过"业绩比较基准"看基金的投资回报水平

在证券投资基金领域要善于利用各种技术手段评估基金价值及成长性。

（1）业绩比较基准。基金的业绩比较基准，是近两三年才为部分投资人所了解的名词。对于很多人来说，接受业绩比较基准，从而接受基金业绩的相对表现，是一件挺困难的事。当你买的基金跌破面值，甚至滑落到0.90元以下的时候，基金报告里却偏说该基金"跑赢了比较基准，战胜了市场"，是不是让人感到酸溜溜的？

比较基准是用来评价投资组合回报的指标。如果你买的基金是以上证A股指数作为比较基准的话，投资运作一段时间后，将基金实际回报和上证A指的回报作比较，可以评估基金管理人的表现。如果基金发生了亏损，但是上证A指下跌得更厉害，基金经理就可以宣布自己做得比市场好；而如果基金赚了钱，但没有上证A指涨得多，基金经理反而要检讨自己的投资水平。

（2）相对的投资表现。总之，引入"比较基准"以后，基金的业绩就成为相对概念了。在上涨的市场中，基金经理的压力很大，因为他必须更为积极地选股，才能保证自己战胜基准；而在下跌的市场中，也许只要保守一点，就可以战胜市场了。在近两年的中国股票市场中，由于大盘下跌的趋势比较明显，基金控制好仓位，战胜市场并不十分困难，所以绝大部分基金都是战胜基准的。

不过，就长期投资而言，战胜基准其实并非易事，因此，海外市场很多投资人已经放弃主动投资，而转向被动投资了。被动投资的典范是指数基金。比较基准对于指数基金的意义是完全不同的。在指数基金那里，作为比较基准的指数就是基金跟踪的标的，实际投资组合要求完全复制指数的成分股，而投资管理的过程就是使跟踪误差最小化。

现在我国大多数主动投资的基金，往往以获得超越基准的收益率为其投资目标。比较基准的选择充分考虑到基金的投资方向和投资风格。

六、通过基金评价来评估挑选基金

面对数百只开放型基金，许多投资人都感到很困惑，不知道如何挑选适合自己的基金。其实有一个很简单的途径，就是充分利用好独立的专业机构的基金评价体系，来帮助投资筛选。比如晨星的基金评级、证券时报基金评价系统，这些机构一般多采用科学的定量分析方法，以第三方的身份进行客观的评价，而且定期在各专业财经报纸、网站等媒体上予以发布。

这些专业的评价系统一般都包括基金分类、基金业绩评价、基金风险评定与评级三部分，投资人可据此予以筛选。

第一，利用分类判定基金的风险、收益水平。通过基金评价系统中的基金分类可以容易地找到符合自己投资目标与风险承受能力的基金。

第二，利用各期限的基金业绩排名与份额净值增长率来判断基金在同类型基金中的历史表现。评价系统一般都提供了不同时间段内基金的业绩增长情况，用以反映各基金短、中、长期的收益状况。投资人可以参照当时的市场状况，来分析基金的投资风格与应对市场变动的能力。

第三，基金的星级是一个反映基金投资管理水平的综合性指标。稳健的投资人可以把这个指标作为一个筛选器，尽量选取四星以上的基金，再结合其他的指标确定投资标的。当然，星级也仅是代表历史的表现状况，从动态的角度讲，投资人可以选取持续获得高星级的基金，或者星级连续上升的基金进行投资。

判断基金好坏要立足 3 个标准

我们基金公司在整个行业能排到前五。

××银行欢迎您

基金公司的排名要高

基金公司的排名其实就是实力和业绩的象征。排名靠前的基金更值得信赖。

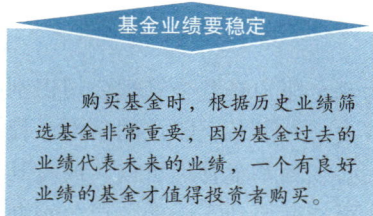

哈哈，这家基金涨势一直很稳定，买对了。

xx基金

基金业绩要稳定

购买基金时，根据历史业绩筛选基金非常重要，因为基金过去的业绩代表未来的业绩，一个有良好业绩的基金才值得投资者购买。

您是李经理吧，对您的业绩能力早有耳闻。

基金经理要稳定

基金收益的好坏不仅与基金公司的投研能力有关，也与基金经理的个人能力有关。

第四，风险控制水平也是衡量基金投资能力的一个重要指标。证券市场总是涨涨跌跌，不断波动，基金的风险等级反映了基金投资组合应对市场震荡的能力与资产的变现能力。从长期来看，风险的控制能力甚至是投资成败的关键因素。

【理财圣经】

投资者具备什么样的投资兴趣，有哪些投资上的偏好，对风险投资的认知程度如何，都会对选择基金品种产生影响。因此，投资者在选择基金产品前，不仅要进行短期和长期投资的收益评价，还要对购买基金成本的关注程度进行分析，从而利用合适的渠道，选择合适的基金产品，以合适的成本进行投资。

按部就班买基金

在基金群中千挑万选，终于找到了合适的基金品种，接着就是按照步骤买进它：

一、阅读相关的政策和法律文件

参与任何活动都有规则，购买基金也一样，你在购买前最好先仔细阅读一下有关基金契约、开户程序、交易规则等文件，以及相关的禁止行为。这些都是你购买基金的前期准备。

二、开设基金账户

购买基金，首先开设基金交易账户，因为基金账户是基金管理公司识别投资人的标识。根据规定，有关基金销售站点应当有关于开设基金账户的条件、程序的相关文件，以提供给购买者参考。一般，投资人必须到基金管理机构，或者其相应代销机构去开设基金账户。不同的开放式基金，可能需要到不同的公司分别办开户手续，且每个投资人在同一个基金管理公司只能申请开设一个基金账户。

根据基金公司的相关规定，投资人在开立账户时要提供下列文件：

（1）个人投资人。

本人有效身份证件（身份证、军官证、士兵证、护照等）的原件及复印件。

指定银行账户的证明文件及复印件。

（2）机构投资人。

加盖单位公章的企业法人营业执照复印件及有效的副本原件，事业法人、社会团体或其他组织提供民政部门或主管部门颁发的注册登记证书原件及加盖单位公章的复印件。

法定代表人授权委托书。

法定代表人身份证复印件。

业务经办人身份证件原件及复印件。

新手买基金需要认清的情况

弄明白需要承担哪些费用

1.认购费

是指投资者在基金发行募集期内购买基金单位时所缴纳的手续费。认购费费率通常在1%左右，并随认购金额的大小有相应的减让。

2.申购费

是指向投资者收取的用于负担基金销售、市场推广等用途的费用。申购费率不得超过申购金额的5%，并且随申购金额的增加而降低，或随持有时间的增长而降低。

3.赎回费

是指投资人卖出基金单位时支付的费用。是针对赎回行为收取的费用，开放式基金可以收取赎回费。

费用

基金

确定自己的目标与需求

1.买基金的目标必须明确，最好能诉诸文字或数字且具可行性。

2.买基金用来满足自己现在或将来的需求，可以是为子女储备教育金或是过上衣食无忧的生活等等。

基金投资使你过上好生活

基金投资

指定银行账户的证明文件及复印件。

三、购买基金

认购基金是指，投资人在开放式基金募集期间、基金尚未成立时购买基金单位的行为。通常认购价为基金单位面值加上一定的销售费用。投资人应在基金销售点填写认购申请书，交付认购款项，来认购基金，然后再在注册登记机构办理有关手续确认认购。

申购基金是指在基金成立之后，投资人购买基金的行为。这时通常应填写申购申请书，交付申购款项。款额一经交付，申购申请即为有效。

【理财圣经】

基金投资是一项习惯性的、规律性的投资活动，投资者在购买基金时，一定要根据相关规定按部就班地进行。

第二章

富贵险中求：股市只让懂它的人赚钱

股票投资：收益与风险并存

随着我国经济的稳步发展，投资股票的人越来越多。股票投资已成为普通百姓的最佳投资渠道之一，特别是对于希望实现财富梦想的投资人来说更是如此。

股票作为一种高风险、高收益的投资项目，它具有以下特点：

（1）变现性强，可以随时转让，进行市场交易，换成现金，所以持有股票与持有现金几乎是一样的。

（2）投机性大。股票作为交易的对象，对股份公司意义重大。资金实力雄厚的企业或金融投资公司大量买进一个公司的流通股和非流通股，往往可以成为该公司的最大股东，将该公司置于自己的控制之中，使股票价格骤升。相反的情况则是，已持有某一公司大量股票的企业或金融投资公司大量抛售该公司的股票，使该股票价格暴跌。就这样，股票价格的涨跌为投资人提供了赢利机会。

（3）风险大。投资人一旦购买股票便不能退还本金，因而具有风险性。股票投资人能否获得预期报酬，直接取决于企业的赢利情况。一旦企业破产，投资人可能连本金都保不住。

股票有着让人变成富豪的魔力。可以说，现在的世界富翁，财富大部分都来自股票投资。而股神巴菲特，其财产几乎全部来自于投资股票获利。可见，投资股票真的是致富的绝佳途径。

股票投资同其他投资项目比起来有很多优势：

（1）股票作为金融性资产，是金融投资领域中获利性最高的投资品种之一。追求高额利润是投资的基本法则，没有高利润就谈不上资本扩张，获利性是投资最根本的性质。人们进行投资，最主要的目的是为了获利。获利越高，人们投资的积极性就越大；获利越少，人们投资的积极性就越小。如果某一种投资项目根本无利可图，人们即使让资金闲置，也不会将资金投入其中。当然这里所说的获利性是一种潜在的获利性，是一种对未来形势的估计。投资人是否真能获利，取决于投资人对投资市场和投资品种未来价格走势的预测水平和操作能力。

（2）同其他潜在获利能力很高的金融投资品种相比，股票是安全性较好而风险

买卖股票的基本原则

在股票投资中，如果遵循正确的原则和买卖纪律，高收益和低风险是可以并存的。以下是投资者在股票买卖过程中应遵循的买卖法则。

大盘原则

大盘下跌时尽量空仓或轻仓，大盘盘整时不贪，有10%或以下的利润就考虑平仓，大盘上攻时选择最强势的个股持有。

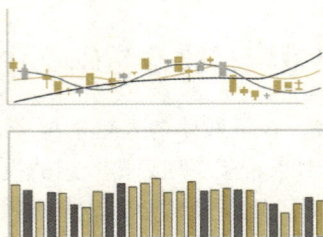

价值原则

选择未来两年价值增长的股票，至少未来一年价值增长。记住价格围绕价值波动的价值规律。

趋势原则

股价呈现向上波动的趋势。

共振原理

价值趋势向上，价格趋势向上，股票价格短线、中线、长线趋势向上。基本面和技术面都无可挑剔的股票是最好的股票。

板块原则

大盘上攻时，个股呈现板块轮涨的特征，判断某一时期的主流板块，选择板块中的龙头追入。

资金流原则

资金流入该股票，慎防股票的获利回吐。

资金管理

现金永远是最安全的，定期清仓，保障资金的主动性，等待机会，选择合适的时机重新建仓。

努力避免浮亏

正确地选择买点和卖点是避免被套的良方，写下买进和卖出的原因，严格地遵守买卖纪律，就能保障资金的主动性，虽然有时候要付出微亏的代价。

性相对较低的一种。人们通常认为，风险大，利润也大；风险小，利润也小。既然要追求高额利润，就不可能没有风险。其实，不仅仅是股票有风险，其他任何投资都有风险，只是风险大小不同而已。

从近十年来的经验教训看，股民亏损的很多，但赚钱的也不少，一部分中小股民的亏损将另一部分中小股民推上了百万、千万甚至亿万富翁的宝座，亏损者的损失可谓小矣，而获利者的收获就堪称巨大了。

（3）股票投资的可操作性极强。一般说来，金融性投资的可操作性要高于实物性投资的可操作性。可操作性强与不强，其一体现在投资手续是否简便易行，其二体现为时间要求高不高，其三是对投资本钱大小的限制。金融性投资的操作方法和手续十分简便，对投资人的时间和资金要求也不高，适合大多数的投资人。在金融性投资中，股市（包括在证交所上市交易的股票、投资基金、国债和企业债券）的可操作性最强，不仅手续简便，而且时间要求不高，专职投资人可以一直守在证券交易营业部，非专职股民则比较灵活，一个电话即可了解股市行情，进行买进卖出，有条件的投资人还可以直接在家里或在办公室的网上获知行情。而且投资于股票几乎没有本钱的限制，有几千元就可以进入股市。在时间上完全由投资人自己说了算，投资人可以一直持有自己看好的股票，不管持有多长时间都可以，炒股经验一旦学到手便可以终生受益。此外，国家通过行政手段不断规范股市各种规章制度，注意保护广大中小投资人的利益，从政策上也保障了投资人的财产安全。

【理财圣经】

当你进入股票市场时，就等于走进了一个充满各种机会与陷阱的冒险家乐园，其中大风险与大机遇同在。

开设账户的具体流程

开户，一般包括开立两个账户，一个是证券账户，另一个是资金账户。这好比投资人手中有两个篮子：一个篮子装股票，即证券账户，也称为股东卡，记录投资人持有的证券（包括股票、债券、基金）种类及数量；一个篮子装钱，即资金账户，也称为保证金账户，用于存放投资人卖出股票所得的款项以及买入股票所需的资金。在投资人进行股票买卖时，买进股票记入证券账户，并从资金账户中扣除资金；卖出股票时则相反。

一、证券账户的开立

开立证券账户，就目前国内A股市场而言，可分为沪市证券账户和深市证券账户。

（1）办理沪市证券账户。个人投资人须本人持身份证到上海中央登记结算公司或其代理点或可以办理开户手续的证券营业部，按要求填写开户申请表，提供完备的开户基本资料，并缴纳开户费40元。机构投资人办理沪市证券账户须提供完备的开户基本资料（一般包括法人证明文件《营业执照》及其复印件，法人代表证明书，办理人授权委托书及法人代表、代理人的身份证原件，开户费为400元），到上海证券中央登记结算公司各地的中心代理点办理。除了我国有关法律法规规定的禁止买卖证券的个人和法人（如证券从业人员、上市公司的高级管理人员，等等）外，凡年满18周岁的公民均可办理证券账户。

（2）办理深市证券账户。个人投资人须持本人身份证到当地的深圳证券登记机构办理，有些可以代开深市账户的证券营业部也可以办理。机构投资人须到深圳证券登记机构当地的代理处办理开户手续。个人投资人及机构投资人所提供的资料、办理手续与开立沪市证券账户时类似。

二、资金账户的开立

（1）资金账户的办理。个人投资人须提供本人身份证、沪市和深市证券账户，到证券营业部亲自办理，并同证券营业部签订委托代理协议，对于协议内容，客户一定要仔细看清楚，谨防其中有"陷阱"。若需他人代为交易，须双方一同到证券营业部，三方共同签订有关代理协议，并明确代理权限（如全权代理，只限于股票买卖，不包括资金存取），以免将来产生纠纷。

这里要提醒投资人的是，开立资金账户也是一个选择证券营业部的过程，就近、设施（如委托电话门数）、服务种类等都应成为选择证券营业部的参考指标。

（2）办理指定交易。对于想投资沪市股票的投资人来说，由于沪市现已全面实行指定交易，因此，投资人须持本人相关证件及沪市证券账户，到证券营业部签订指定代理协议书，才可进行沪市股票交易。

（3）电话委托和自助委托的办理。在与证券营业部签订委托代理协议书时，投资人可以同时选择开通电话委托、自助委托方式，这样，投资人就可以不通过柜台报单工作人员而自行买卖股票了。

（4）银证转账业务的办理。目前，证券营业部资金柜台前排长队存取款的现象依然存在。许多证券营业部与银行间联手开通了银证转账业务，使得客户的保证金账户与客户在银行的活期储蓄账户相联通，客户通过电话下指令，就能实现自己保证金账户与银行储蓄账户间资金的划拨。此业务也充分利用了银行营业网点多的优势，缓解了证券营业部排长队的现象。在开通银证转账业务的证券营业部里，客户可以自愿选择该项业务。

资金账户在投资人准备委托的证券商（公司）处开立，因为投资人只有通过他们才可以从事股票买卖。办理时，投资人须携带资金、身份证（或户口簿）及上述股票账户卡。开户资金及保证金多少，因证券公司的要求不同而各异。填写包括

"证券买卖代理协议"和"开立委托买卖资金账户开户书"表格。如果要开立上海证券资金户必须填写"指定交易协议书"，如果要求有代理人则必须代理人与本人带身份证、股东卡一同前往证券营业部办理。资金账户里的资金按人民银行规定的活期存款利率计息。

要想练好基本功，使投资风险最小化，还需要了解怎样开设账户，这是进入证券市场的第一道门槛。

准备必要的炒股资金

俗话说：闲钱投资，余钱投机。这是股票投资的基本原则。

股票市场是高风险、高回报的场所，风险时时刻刻都伴随着投资人。股票投资看似简单，谁都可以玩，实则不然，只有具备经济宽裕、时间充足、投资知识丰富等多种条件的人才适合进行股票投资。准备必要的资金是进行股票投资的先决条件，它包括两方面的要求：一是不要借贷炒股，二是准备一定的后备资金。

一、不要借贷炒股

有的人不具备炒股所必备的资金，其收入仅够养家糊口，却希望借别人的鸡给自己下蛋，靠借债投资股票，这是极不明智的做法，隐藏着巨大的风险。借钱炒股的人大都从民间借贷，利息大大高于银行利率，有的高达30%～50%，在股市赚钱并不像某些人想象的那样，一买一卖就可以赚成千上万。在股市上每年下来能得到高于银行存款的收益已属不易，年收益30%～50%，除非股市高手，一般人是很难达到的。有的人看到自己在股市赚了几笔，就认为股市赚钱容易，妄自尊大，须知往往在牛市中三次赚的钱还不够熊市中一次赔的钱。何况借钱炒股一般只能进行短线投机，而短线投机的风险又是很大的。有时借期已至，但股票却套在其中，十分为难。所以，在任何情况下都不可倾其所有投入股市，更不可借贷炒股。

股票投资一定要在自己的资金限度内。股票投资的秘诀，就是要利用自己的存款和资金，在有限的范围内（譬如在自己存款的10%内）低价买进、高价卖出。投资人还必须充满自信，但绝不做勉强的投资，无论行情多么被看好，股价还可能涨多高，也不能因一时感情冲动而使投资金额超过自己的财力，什么时候都要量力而行。俗话说：小心驶得万年船。因此，借钱炒股票是一大陷阱，千万不要陷了进去，一定要量力而行。

当你投入全部资金入市时，你会渴望每一分钱都能为你带来赢利，尤其是当你借钱炒股时，你满怀的希望就会转化为对成功的焦虑和对失败的恐惧，这些巨大的心理压力迫使你的心理陷入困境，心被绷得紧紧的，丧失了独立思考的能力。因为你输不起，输的后果不堪设想，这时"贪婪"就被"恐惧"所替代，主宰了你整个身心。如果股市形势对你不利，每一分钟都在遭受损失，资金不断减少，你满脑子都只是股价继续下跌，大难临头的景象。此时此刻你怎么能看清大势，看清行情的本质呢？即便是再精明的人也会心烦意乱，根本无法正确估计形势，只有悔恨为何买入这种股票，一种灭顶的感觉淹没了所有的精明，于是急急忙忙认亏卖出。如果是牛市的话，股价回落调整时，很容易使你害怕赚来的钱要飞掉了而匆匆忙忙卖出，结果即使骑上了大牛股也会被"震"出来，钱只赚了一点点。更有甚者不甘心认赔，继续等待，最后市场趋势变了，你还以为是调整，以致越陷越深，最后陷入恐惧之中，不能自拔。下面是一个股民的自述：

1997年上半年，股市一天比一天火，我终于决定借钱开户了，满世界凑够开户的钱数时，已是4月中旬了。我当时也是新股民啊，根本没想到满目繁荣的背后，许多股票正在悄悄地退潮。我勇敢地冲进股市去替挣了钱要跑的机构们扛大个去了。两三周连绵的暴跌和阴跌，把我打击得痛不欲生，日常的开支一减再减，但无论如何也弥补不了股票市值的日益缩水。数万元在悄悄地流走，债主又纷纷上门。那时候，我可谓万念俱灰，清空了所有的股票还账，最后自己只剩下一万来块钱了。我后悔自己一窍不通，盲目入市；后悔自己借钱炒股，自掘坟墓，每天暖洋洋的太阳照在身上，心里却冷得发抖。再看到新入市的朋友被满天飞的评论文章牵着鼻子走、因为深套而寝食不安，就不禁想对他们说：你了解股市吗？你有没有一套成熟的操作手法和操作纪律呢？如果没有的话，还是先远离股市吧，先去把该学的学会再来。

在股市中拼杀的人，只有输得起才能赢得起，输得起是赢得起的前提。股民在股市里炒股只能投入自己输得起的钱，从而保持心理和智力的充分自由。只有这样，才能为股市成功打下良好的基础。

二、准备一定的后备资金

为了完全化解炒股风险，除了不能借贷炒股外，还需要准备一定的后备资金。成语"狡兔三窟"说的就是这个意思。为什么兔子要有三个窝？因为这样可以防止狐狸的侵袭。虽然它有三个窝，若不提高警惕，也会成为狐狸的美餐，但有三个窝至少安全性要相对高一些。

投资的道理也是一样，如投资人仅有一笔资金，这笔资金一旦发生了问题，就会周转不灵，不能坚持下去，要是求全，便只能平仓止亏，把损失固定下来，当然，这也失去了反败为胜的机会。

这种情况在投资市场上经常出现。投资人若能坚持下去，有时只是多坚持一会儿，就可以赢利，但偏偏周转出现了问题，不得不暂停投资，这是一件很痛苦的事。若事后证明，能多坚持一会儿就可以突破难关，反败为胜，那么可想而知投资人会多么后悔。

经验表明，成功的投资人都会给自己准备几笔后备资金，这就好像踢足球一样。一支足球队有守门员、后卫、中锋、前锋，守门员接了球，传给后卫，后卫传

炒股要做好充足准备

股市有风险，投资需谨慎，因此，进入股市之前，不仅要有充足的资金准备，还要充分做好各方面的准备，才有可能取胜。

我要开一个证券账户。

业务窗口

股票账户

投资证券市场首先要进行开户，建立自己的账户。

知识和资料的准备

可以阅读一些书，掌握一些基本用语，逐渐做到能看懂相关报纸、杂志，听懂广播。还有不少证券公司营业部经常会做的讲座、资料分享等，也是非常有用的。

我该选择哪种投资方式呢？

确定投资方式

股票投资可分为长期、中期、短期。要根据自己的时间、精力、意愿等来决定采取哪种方式。

给中锋，中锋再传给前锋。反过来，球在敌方脚上，己方的前锋拦截，截不到便由中锋拦截，若还没有截到的话，便联同后卫一起防守，最后是守门员把守最重要的一关，他们在不同的位置各司其职。

成功的投资人也要将资金进行分配，有前有后，分配成多笔资金。实际操作中，我们可以将用于投资的资金中的30%用来保本，做一些稳健低风险的投资，其中的50%可冒稍高的风险，20%用作高风险项目。有进取的，有保本的，有攻有守，有前有后，形成一套完整的投资计划。

保本的投资安全性相对较高，回报较稳定，可作为高风险投资的后盾，一旦高风险项目出了问题，还有保本的资金支持。例如，炒股失手，损失了一笔，但还有后备金，可以在保本的资金里拨出一些，继续再战。反过来也一样。若高风险的投资顺利，赚了大钱，则可以把一部分拨到保本投资当中，巩固投资的成果。

上面说到的是从纵向的角度看多笔资金的重要性，当然，从横向的角度看有多笔资金同样很重要。多笔资金可以放在不同的市场上，一部分用在股票市场，一部分用在外汇市场，一部分投资债券、基金等。这些市场各有各的风险，任何时候都不可能全部赚钱或全部亏损，有些赚，有些亏。这样，多笔资金便可以互补不足。

【理财圣经】

人们常说，不打无准备之仗。进入股市也是一样，要充分做各方面的准备，才有可能取胜。除了炒股基本知识的准备之外，还要做好充分的资金准备，资金是炒股的前提。没有钱自然谈不上进入股市，但要多少钱才能到股市上"潇洒走一回"呢？这要看个人的经济能力而定。

选股应遵循的四项基本原则

面对风云变幻的市场、不确定的世界，我们要思考：什么能够给我们带来相对稳定的预期？什么东西通过研究能够基本把握住它的真实情况？不是每天的涨跌，也不是技术图形的好坏，能够给我们相对确定的预期的只有上市公司本身。因为一个真正的好公司，经过多年的健康发展，不会一夜之间垮掉，而一个差公司也不可能在一夜之间真正地好起来。股票上涨的基础，归根结底离不开上市公司经营业绩的成长。虽然股市有时存在很大的整体性和其他各种风险，但是如果你选对了股票，就可能把这些风险大大降低，获得可观的收益。

那么在实践中，投资人应该如何挑选股票呢？

投资人在选股时要遵循一定的原则，具体如下：

一、利益原则

利益原则是选择股票的首要原则，投资股票就是为了获得某只股票给自己投入的资金带来的长期回报或者短期价差收益。投资人必须从这一目标出发，克服个人的地域观念和性格偏好，进行投资品种的选择。无论这只股票属于什么板块，属于什么行业，凡是能够带来丰厚收益的股票就是最佳的投资品种。

二、现实原则

股票市场变幻莫测。上市公司的情况每年都在发生各种变化，热门股和冷门股的概念也可以因为各种情况出现转换。因此，选择股票主要看投资品种的现实表现，上市公司过去的经营业绩和市场表现只能作为投资参考，而不能作为选择的标准。投资人没有必要抱定一种观念，完全选择自己过去喜爱的投资品种。

三、短期收益和长期收益兼顾的原则

从取得收益的方式来看，股票上的投资收益有两种：第一种主要是从价格变动中为投资人带来的短期价差收益；另一种是从上市公司和股票市场发展带来的长期投资收益。完全进行短期投机牟取价差收益，有可能放过一些具有长期投资价值的品种；相反，如果全部从长期收益角度进行投资，则有可能放过市场上非常有利的投机机会。因此，投资人选股的时候，应该兼顾这两种投资方式，以便最大限度地增加自己的投资利润。

四、相对安全原则

股票市场所有的股票都具有一定的风险，要想寻求绝对安全的股票是不现实的。但是，投资人还是可以通过精心选择，来回避那些风险太大的投资品种。对广大中小投资人来说，在没有确切消息的情况下，一般不要参与问题股的炒作，应该选择相对安全的股票作为投资对象，避开有严重问题的上市公司。比如：

（1）有严重诉讼事件纠纷、公司财产被法院查封的上市公司。

（2）连续几年出现严重亏损、债务缠身、资不抵债、即将破产的上市公司。

（3）弄虚作假、编造虚假业绩骗取上市资格、配股、增发的上市公司。

（4）编造虚假中报和年报误导投资人的上市公司。

（5）有严重违规行为、被管理层通报批评的上市公司。

（6）被中国证监会列入摘牌行列的特别转让（PT）公司。

上述公司和一般被特别处理（ST）的上市公司不同，它们不完全是经济效益差，往往有严重的经营和管理方面的问题，投资这些股票有可能受牵连而蒙受经济上的重大损失。

参与炒作PT股票的投资人，在这些上市公司通过资产重组获得生机之后有可能获得较好的收益。但是，如果这些上市公司在这方面的尝试失败，最终就会被中国证监会摘牌，停止交易，投资人所投入的资金也面临着血本无归的局面。总体上看，这些股票的风险太大，广大中小投资人对此要有清醒的认识。

不同类型股民的选股技巧

每个人都有自己的个性，不同类型的股民在投资上会表现出不同的特点。按照自己的个性选股，是比较稳妥可靠的方法。

稳健型投资者

稳健型的投资者都很强调本期收入的稳定性和规则性，因此，通常都选择信用等级较高的债券和红利高而且安全的股票。所以，选股时应把安全性当做首要的参考指标。

激进型投资者

激进型投资者的目标是尽量在最短的时间内使其投资组合的价值达到最大。因此，其投资对象主要是震荡幅度较大的股票。

进取型投资者

进取型投资者讲究的是，在风险尽可能小的前提下，使利润达到最大化。当然，其风险系数要高于稳健型投资，而低于激进型投资者。

【理财圣经】

　　股票投资是一种集远见卓识、渊博的专业知识、智慧和实战经验于一体的风险投资。选择股票尤为重要，投资人必须仔细分析，独立研判，并着重遵循一些基本原则，如此，才会少走弯路。

选股应遵循"八大科学依据"

　　市场上有很多种股票，面对各种股票，任何一个投资人即使有雄厚的资金，也不可能同时购买市场上的所有股票。如何选择风险小、收益大的股票进行投资，实在是一件难事。对于资金数量不多的小额投资人而言，在眼花缭乱的大量股票中选择好投资对象，就更为不易。正因为如此，便有"选股如选美"的感叹。但是，选股并非毫无策略可言，应遵循如下八大科学依据：

　　一、根据公司业绩选股

　　公司业绩是股票价格变动的根本力量。公司业绩优良，其股票价格必将稳步持续上升，反之则会下降。因此，长线投资人应主要考虑公司业绩进行选股。衡量公司业绩的最主要指标是每股赢利及其增长率。根据我国公司的现状，一般认为每股税后赢利0.8元以上且年增长率在25%以上者，具有长期投资价值。

　　二、根据经济周期选股

　　不同行业的公司股票在经济周期的不同阶段，其市场表现大不一样。有的公司对经济周期变动的影响极为敏感，经济繁荣时，公司业务发展很快，赢利也极为丰厚，反之，经济衰退时，其业绩也明显下降；另一类公司受经济繁荣或衰退的影响则不大，繁荣时期，其赢利不会大幅上升，衰退时期亦无明显减少，甚至还可能更好。因此，在经济繁荣时期，投资人最好选择前一类股票；而在经济不景气或衰退时，最好选择后一类股票。

　　三、根据每股净资产值选股

　　每股净资产值即股票的"含金量"，它是股票的内在价值，是公司即期资产中真正属于股东的且有实物或现金形式存在的权益，它是股票价格变动的内在支配力量。通常情况下，每股净资产值必须高于每股票面值，但通常低于股票市价，因为市价总是包含了投资人的预期。在市价一定的情况下，每股净资产值越高的股票越具有投资价值。因此，投资人应选择每股净资产值高的股票进行投资。如果市价低于每股净资产值，其投资价值极高。当然，净资产值低而市价也低的股票，也可适当选择，但无论如何最好不要选择净资产值低于股票面值的股票。

　　四、根据股票市盈率选股

　　市盈率是一个综合性指标，长线投资人可以从中看出股票投资的翻本期，短线投资人则可从中观察到股票价格的高低。一般地说，应选择市盈率较低的股票。但市盈率长期偏低的股票未必值得选择，因为它可能是不活跃、不被大多数投资人看好的股票，而市场永远是由大众行为决定的，因此，其价格也很难攀升。至于市盈率究竟在何种水平的股票值得选择，并无绝对标准。从我国目前经济发展和企业成长状况来看，市盈率在20左右不算高。

五、根据股票的市场表现选股

股票的净资产是股票市场表现的基础，但两者并非完全对应，即净资产值高的股票，其市价不一定都有良好的表现，相同或相近净资产值的股票，其市价可能有较大差异。因此，对短线投资人而言，市场价格如何变动，即其波动幅度大不大，上升空间广不广，亦是选股的重要依据。一般地说，短线操作者最好选择那些短期内有较大上升空间或市价波动幅度大的股票，这些股票提供的短期获利机会较大。

六、根据个人情况选股

大多数投资人常对某些股票有所偏好，这可能是因为对这类股票的公司业务较熟悉，或是对这类股票的个性较易驾驭，或是操作起来得心应手，等等。根据个人情况选股时，要全面考虑自己的资金、风险、心理、时间、知识等方面的承受能力。比如有的股票经常大起大落，变动无常，在上述方面承受能力不强的投资人就不宜选择。

七、根据股价涨幅超前与否选股

通常同一行业中最好的两三只股票会有强劲的走势，而其他的股票则步履维艰。前者被称为"领导股"，后者便是所谓的"同情股"。"领导股"也是涨幅超前股，是投资人应选择的对象。如何发现这些"领导股"呢？一个简易的方法是股票相对价格强度测定法。所谓"相对价格强度"，是指某种股票在一定时期内涨价幅度与同期的股价指数或其他股票的涨幅度的比值。通常认为，相对价格强度在80以上的股票极具选择价值。

八、根据多头市场的四段行情选股

多头市场的行情走势通常可分为四段行情。

第一段行情为股价急升行情，整个市场的升幅极大，通常占整个多头行情的50%。在这段行情内，大多数股票从空头市场过度压抑的水准下反弹时，几乎所有的股票都会上涨。在这期间可以试进高风险股票。当空头市场转向，公司破产的威胁减少，这类股票会恢复到较正常的水准，其升幅将有优良的表现。

第二段行情也是相当有利的，股价指数的升幅超出整个多头行情的25%。通常，在这段行情中，成长股开始有好的表现。投资人普遍看出经济发展的未来美景，并且寻找参与成长的方式。在这种投资气候里，成长股会更快地升高价位，此时的绩优成长股走势也相当好，其可能涨幅比股价指数还要高。因此，在这一段行情内，最好选择成长股的绩优股。

不同类型的股民在选股时应注意哪些？

稳健性投资者

公司经营状况和盈利状况都较稳定

股票的市盈率较低

红利水平较高

股本较大，一般不会有市场主力光顾

激进型投资者

股票以往表现较为活跃

最好有主力资金的介入

有炒作题材配合

量价关系配合良好

技术指标发出明显讯号

进取型投资者

赢利和红利的增长潜力大

红利水平较低

预期收益率较高

赢利增长率较高

由于股票市场是一个高风险的市场，投资者往往追求高收益而忽略其风险因素，所以我国的大部分投资者都是激进型和进取型的投资者。

第三段行情的涨幅显著较小，一般少于整个多头行情的25％，而且只有极有限的股票继续上升。对这段行情的可能策略是，慢慢卖出次等成长股，转移部分资金用于具有在多头市场里维持价位能力的绩优成长股，以及购进那些能在未来经济困境中特别获益的顺应大势的股票。总之，此段行情内必须开始对空头市场做准备。

第四段行情是多头市场即将完结的行情，此时该涨的股票都已涨得差不多，只有绩优成长股以及可在经济困境中获利的少数股票，才可能继续上升。因此，这段行情的选股是最困难的，通常这时应是准备撤离市场的时候。但空头市场究竟何时来临很难确定，故此时全部清盘未必明智，最佳的保障办法是维持某些绩优成长股，而不要空仓。

【理财圣经】

股票市场投资，选择恰当的股票，其重要程度并不亚于时机的选择，在某种意义上，选股比选时甚至更为重要。为了提高选股的科学性、成功率，在选股时务必遵循"八大科学依据"。

股票的几种投资策略

无数实践证明，炒股票光凭运气可能短期获利，但难以长期获利。面对险象环生的股市，投资者不仅要有勇气、耐心和基本知识，而且要有投资的技巧和策略。以下就介绍几种股票投资的策略，希望对你的股票交易有所帮助。

一、顺势投资

顺势投资是灵活的跟"风"、反"零股交易"的投资股票技巧，即当股市走势良好时，宜做多头交易，反之做空头交易。但顺势投资需要注意的一点是：时刻注意股价上升或下降是否已达顶峰或低谷，如果确信真的已达此点，那么做法就应与"顺势"的做法相反，这样投资人便可以出其不意而获先见之"利"。投资人在采用顺势投资法时应注意两点：1. 是否真涨或真跌；2. 是否已到转折点。

二、"拔档子"

采用"拔档子"投资方式是多头降低成本、保存实力的操作方法之一。也就是投资人在股价上涨时先卖出自己持有的股票，等价位有所下降后再补回来的一种投机技巧。"拔档子"的好处在于可以在短时间内挣得差价，使投资人的资金实现一个小小的积累。

"拔档子"的目的有两个：一是行情看涨卖出、回落后补进；二是行情看跌卖出、再跌后买进。前者是多头推进股价上升时转为空头，希望股价下降再做多头；后者是被套的多头或败阵的多头趁股价尚未太低抛出，待再降后买回。

三、保本投资

保本投资主要用于经济下滑、通货膨胀、行情不明时。保本即投资人不想亏掉最后可获得的利益。这个"本"比投资人的预期报酬要低得多，但最重要的是没有"伤"到最根本的资金。

四、摊平投资与上档加码

摊平投资就是投资人买进某只股票后发现该股票在持续下跌，那么，在降到一定程度后再买进一批，这样总平均买价就比第一次购买时的买价低。上档加码指在买进股票后，股价上升了，可再加码买进一些，以使股数增加，从而增加利润。

上档加码与摊平投资的一个共同特点是：不把资金一次投入，而是将资金分批投入，稳扎稳打。

摊平投资一般有以下两种方法：

（1）逐次平均买进摊平。即投资人将资金平均分为几份，一般至少是三份，第一次买进股票只用总资金的1/3。若行情上涨，投资人可以获利；若行情下跌了，第二次再买，仍是只用资金的1/3，如果行情升到第一次的水平，便可获利。若第二次买后仍下跌，第三次再买，用去最后的1/3资金。一般说来，第三次买进后股价很可能要升起来，因而投资人应耐心等待股价回升。

（2）加倍买进摊平。即投资人第一次买进后行情下降，则第二次加倍买进，若第二次买进后行情仍旧下跌，则第三次再加倍买进。因为股价不可能总是下跌，所以加倍再买一次到两次后，通常情况下股票价格会上升的，这样投资人即可获得收益。

五、"反气势"投资

在股市中，首先应确认大势环境无特别事件影响时，可采用"反气势"的操作法，即当人气正旺、舆论一致看好时果断出售；反之果断买进，且越涨越卖，越跌越买。

"反气势"方法在运用时必须结合基本条件。例如，当股市长期低迷、刚开始放量高涨时，你只能追涨；而长期高涨，则开始放量下跌时，你只能杀跌。否则，运用"反气势"不仅不赢利，反而会增加亏损。

【理财圣经】

炒股需要智慧，但更需要技巧和策略。好的炒股策略会让你的资产取得更可观的利润。

第三章

保险是人生的防护墙：小成本PK大损失

保险：幸福人生的保障

如果我们把理财的过程看成是建造财富金字塔的过程，那么买保险就是为金字塔筑底的关键一步。很多人在提起理财的时候往往想到的是投资、炒股，其实这些都是金字塔顶端的部分。如果你没有合理的保险做后盾，那么一旦自身出了问题，比如失业，比如大病，我们的财富金字塔就会轰然倒塌。没有保险，一人得病，全家致贫。如果能够未雨绸缪，一年花上千八百块钱，真到有意外的时候可能就有一份十几万、几十万的保单来解困，何乐而不为呢？

虽然许多人能接受保险的观念，但又担心保费的问题，因此延误投保的时机。人生中许多不可错失的机会，就在这迟疑中蹉跎了。聪明的人会开源节流，为家庭经济打算，投保就是保障生计的最佳方法。

遭到意外的家庭其收入来源有四：亲戚、朋友、他人救济或保险理赔，其中，没有人情压力的保险当然是最受欢迎的。保险费是未来生活的缩影，比例是固定的，真正贵的不是保险费，而是生活费。倘若我们今天选择了便宜的保险费，相对的，代表来日我们只能享受贫穷的生活水准。你一定不愿意让家庭未来的生活水准打折扣，那么今日的保险投资就是值得的，何况它只是我们收入的一小部分而已。以小小的付出，换得永久的利益和保障，实在划算。

许多人认为，买保险是有钱人的事，但保险专家认为，风险抵抗力越弱的家庭越应该买保险，经济状况较差的家庭其实更需要买保险。成千上万元的医药费，对一个富裕家庭来说可以承受，但对于许多中低收入的家庭则是一笔巨大支出，往往一场疾病就能使一个家庭陷入经济困境中。"对于家庭经济状况一般的市民来说，应首先投保保障型医疗保险。"

保险专家举例说，如果一个29岁以下的市民，投保某保险公司的保障型医疗保险，每年只需缴300多元（平均每天1元）的保费，就可同时获得3 000元/次以下的住院费、3 000元/次以下的手术费，以及住院期间每天30元的补贴；如果是因为意外事故住院，则还可以拥有4 000元的意外医疗（包括门诊和住院），而且不限次数，也就是说被保险人一年即使有几次因病住院，也均可获得相应保障；万一被保险人不幸意外身故或残疾，还可一次性获得6万元的保险金。保险专家提醒，保险和年龄的关系很密切，越早买越便宜，如果被保险人在30～39岁，相应的保障型医疗保险保费则会提高到400元。

人在一生中最难攒的钱，就是风烛残年的苦命钱。人们在年轻时所攒的钱里，本来10%是为年老时准备的。因为现代人在年轻时不得不拼命工作，这样其实是在用明天的健康换取今天的金钱；而到年老时，逐渐逝去的健康也许要用金钱买回来。"涓滴不弃，乃成江河"，真正会理财的人，就是会善用小钱的人，将日常可能浪费的小钱积存起来投保，通过保险囤积保障，让自己和家人能拥有一个有保障的未来。

要想让保险更加切合我们的需求，充分担当起遮风挡雨的作用，就应该与寿险规划师进行深入交流，让寿险规划师采取需求导向分析的方式，从生活费用、住房费用、教育费用、医疗费用、养老费用和其他费用等方面来量化家庭的具体应该准备的费用状况，绘制出个别年度应备费用图和应备费用累计图，同时了解家庭的现有资产和其他家庭成员的收入状况，制作出已备费用累计图。将应备费用累计图和已备费用累计图放在一块比较，得出费用差额图，确切找出我们的保障需求缺口。有的时候，缺口为零或是负数，那就说明这个客户没有寿险保障的缺口。

找到缺口后，再根据这个缺口设计出具体的解决方案。根据不足费用的类别和的年度分布状况，以及客户年收入的高低和稳定性，在尽量使得保险金额符合需求缺口的前提下，选择各种不同的元素型产品，根据客户的支付能力进行相应调整，设计出一个组合的保险方案，以这种方式来做保险规划，是基于家庭真实需求和收入水平的做法，当然是最适合家庭的方案。而且，通过寿险规划师每年定期和不定期的服务，进行动态调整，以此做到贴身和贴心。

所以说，保险是幸福人生的保障，有了人身的保障才能进行其他投资。

【理财圣经】

俗话说"攘外必先安内"，如果你和家人的健康能够得到很好的保障，你们的财产能够得到充分的保护，生活也就轻松很多了。保险，就是这样一个理财工具，它为你的生活提供更多安全，带来更大改变。

选择优秀保险公司的标准

徐先生是一家外资公司的业务人员。由于工作需要，公司为他投保了一个3万元的团体意外险，但徐先生觉得保障力度太小，想再为自己投保一份商业保险，以获得更充足的保障。但是，他不知道该买哪个公司的保险，为此咨询了很多人，但他还是拿不定主意。

这事被他的亲戚和朋友们知道了。他的表妹在中国平安保险公司工作，立刻为他推荐平安的意外险，而他有个朋友在信诚保险公司工作，又为他推荐信诚的险种。目前，市面上还有中国与国外合资的保险公司，徐先生觉得国外的保险公司可能服务更周到、更全面些。这就让徐先生为难了，他到底该买什么公司的保险？买多少？什么样的公司信誉度和服务更好？能为他提供更周全的保障？

徐先生毫无头绪，每个公司都有着各自的优点和缺点，比较不出来哪个更好些，而网上对这几个公司的保险的评价都是褒贬不一。保险肯定是要买的，可是要买哪一个？

最后徐先生觉得还是大一点的保险公司更靠谱，就买了中国平安的保险。可是，徐先生仍然觉得当初做决定真是个很麻烦的问题。

徐先生遇到的问题，同样也是每个想买保险的人都会遇到的。

随着我国金融业的发展，各种保险公司如雨后春笋般现身市场，其中既有国有保险公司，又有股份制保险公司和外资保险公司，使得投资人有了很大的选择余地，但同时也面临着更多的困惑，应该怎样选择保险公司呢？投资人不妨从以下几方面来衡量：

一、公司实力放第一

建立的时间相对较久的保险公司，相对来说规模大、资金雄厚，从而信誉度高、员工的素质高、能力强，他们对于投保人来说更值得选择。我国国内的保险业由于发展时间比较短，因此主要参考标准则为公司的资产总值，公司的总保费收入、营业网络、保单数量、员工人数和过去的业绩，等等。消费者在选择保险公司的时候不应该只考虑保费高低的问题，购买保险除了看价格，业务能力也很重要。较大的保险公司在理赔方面的业务较成熟，能为及时为你提供服务，尽管保费较高，但是能够保证第一时间理赔，仅这一点，就值得你选择。

二、公司的大与小

作为一种金融服务产品，很多投保人在投保时，在选择大公司还是小公司上犹豫不决。其实，在这一点上要着重看保险公司的服务水平和质量。一般说来，规模大的保险公司理赔标准一般都比较高，理赔速度也快，但缺点是大公司的保费要比小公司的保费高一些；相比之下，小的保险公司在这方面就有所不足，但保费会比较低，具有价格上的竞争优势。

三、产品种类要考验

选择合适的产品种类，就是为自己选择了合适的保障。每家保险公司都有众多产品，想要靠自己的能力淘出好的来，并不容易。找到好的保险公司就不同了。因为，一家好的保险公司能为你提供的保险产品都比较完善，可以从中选择应用广泛的成品，亦可省了不少烦恼。而一家好的保险公司一般应具备这样几个条件：种类齐全；产品灵活性高，可为投保人提供更大的便利条件；产品竞争力强。

四、核对自己的需要

保险公司合不合适最终都要落实到自己身上，你的需要是什么？该公司提供的服务是否符合你的要求？你觉得哪家公司提供的服务更完善？精心地和自己的情况进行核对、比较，这才是你做决策时最重要的问题。

【理财圣经】

选择什么样的保险公司就决定了投资人将享受什么样的服务和险种。众多保险公司面前，任谁都难以抉择，但参考四大标准是必不可少的程序。

谁投保，谁就受益吗

常常有人以为"谁投保，谁受益"，实际上这是个误区，为了解开这个误解，我们先要了解什么是投保人和受益人。

投保人是指签订保险合同，对保险标的具有可保利益，负担和交纳保险费的一方当事人，又称"要保人"。投保人可以是法人，也可以是自然人。一般情况下，签订保险合同的投保人即为被保险人，但投保人可以是被保险人本人，也可以是法律所许可的其他人。投保人应具有相应的权利能力和行为能力，无权利能力的法人或者无行为能力或限制行为能力的人，与保险人订立的保险合同是无效的。同时，投保人要具有保险利益，即对保险标的具有经济上的利害关系，否则不能与保险人订立保险合同。

受益人是指人身保险合同中由被保险人或者投保人指定的享有保险金请求权的人，投保人、被保险人可以为受益人。

在保险合同中由被保险人或投保人指定，在被保险人死亡后有权领取保险金的人，一般见于人身保险合同。如果投保人或被保险人未指定受益人，则他的法定继承人即为受益人。受益人在被保险人死亡后领取的保险金，不得作为死者遗产用来清偿死者生前的债务，受益人以外的他人无权分享保险金。在保险合同中，受益人只享受权利，不承担缴付保险费的义务。受益人的受益权以被保险人死亡时受益人尚生存为条件，若受益人先于被保险人死亡，则受益权应回归给被保险人，或由投保人或被保险人另行指定新的受益人，而不能由受益人的继承人继承受益权。

投保人、被保险人可以为受益人。

河北某省一家工厂，2000年5月由单位向保险公司投保了团体人身保险。该厂工人王某于2001年3月因交通事故死亡。事故发生后，保险公司迅速作了给付保险金的决定。但该把钱给谁呢？保险公司犯了难，原来保险公司发现，保单上载明的"受益人"是该投保单位，但受益人王某未对此未做书面认可。

厂方认为，王某虽未认可，但也没反对，应该算默认。按"谁投保，谁受益"的惯例看，赔偿金当然应该由厂方领取。那么真是这样的吗？

这个故事涉及的"谁投保，谁受益"有没有法律依据呢？实际上，投保人承担缴纳保险的义务，但并不一定就享有领取保险金的权利，受益权的获得是有一定条件的。《保险法》规定："人身保险的受益人由被保险人或投保人指定。投保人指定受益人时须经被保险人同意。"

由此可见，投保人可能是受益人，也可能不是。这要看被保险人是否同意。比如在上面的案子中，如果王某同意了单位的指定，那么投保人就是受益人，否则可能造成没有指定受益人的情况。如果没有在指定受益人的情况下，按照《中华人民共和国保险法》的规定，应该将保险金作为被保险人的遗产，由保险人向被保险人的继承人履行给付保险金义务。在这个案子里，保险金就应该由死者王某的家属作为被保险人的遗产领取。

👆 学会分清投保人、被保险人和受益人

想买一份保险，却连投保人、被保险人、受益人三大主体关系都分不清楚，面对客户经理专业的讲解，最终还是一头雾水，不知道哪栏该填哪个人，怎么办？下面让我们了解一下这三者的关系吧。

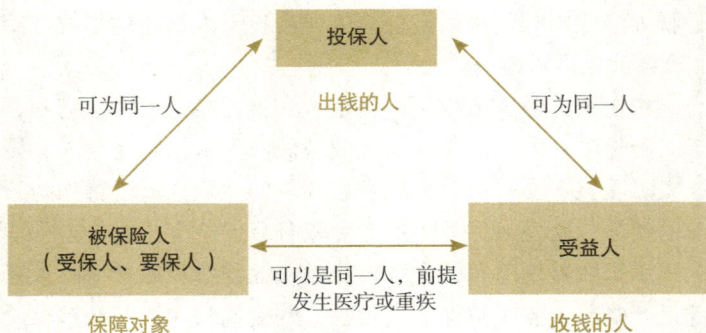

```
                    投保人
    可为同一人       出钱的人       可为同一人

被保险人
（受益人、要保人）   可以是同一人，前提      受益人
                  发生医疗或重疾
 保障对象                            收钱的人
```

投保时，被保险人填写时要慎重，因为一旦确定，就不可以再更改，但投保人和受益人可以更改，更改时必须经过被保险人同意。

【理财圣经】

谁投保就是谁受益，这是现实中很多保险投资人的误解。其实投保人并不等同于受益人，所以，投资人在买保险前一定要明确指明受益人，以免在理赔时让自己受损失。

如何购买少儿险

父母们也许会问：市面上有哪一些保险品种可以给自己的孩子购买呢？多大的孩子可以购买保险呢？怎样买更加划算呢？

父母对孩子最关心的事，不外乎就是如何确保孩子平安健康地成长以及接受到良好的教育，而教育开支和疾病、意外等产生的费用都不菲。如果觉得有必要将这些费用细水长流地逐年分摊，而且在出现万一时对孩子的爱得以延续，父母们不妨考虑一下少儿保险。

目前市面上少儿险基本上可以分为三类：少儿意外伤害险、少儿健康医疗险及少儿教育储蓄险，这也是根据孩子面临的三大风险来定的。这些产品的共同特征就是在孩子成长阶段，就开始给他们提供健康及教育储蓄保障。

家长们可以根据不同的情况选择不同的险种：

一、不同险种解决不同问题

据保险专家介绍，对于少儿险来说，不同的险种是为了解决不同的问题，家长为孩子购买保险，关键要看家长最关心的是什么。

第一类：防止意外伤害。孩子在婴幼儿阶段自我保护意识比较差，基本完全依赖于爸爸妈妈的照顾和保护；孩子在上小学、中学阶段，要负担照顾自己的责任，但作为弱小群体，为了避免车祸等意外，父母可以酌情为孩子购买这类险种，一旦孩子发生意外后，可以得到一定的经济赔偿。

第二类：孩子的健康。调查显示父母对孩子的健康格外关注。目前，重大疾病有年轻化、低龄化的趋向，重大疾病的高额医疗费用已经成为一些家庭的沉重负担。如果条件允许，父母最好为孩子买一份终身型的重大疾病险，而且重大疾病险岁数越小保费越便宜。

第三类：孩子的教育储蓄。据介绍，它解决的问题主要是孩子未来上大学或者出国留学的学费问题。越来越高的教育支出，不可预测的未来，都给父母一份责任，提前为孩子作一个财务规划和安排显得非常必要。一旦父母发生意外，如果购买了"可豁免保费"的保险产品，孩子不仅免缴保费，还可获得一份生活费。

二、不同险种搭配更加实惠

对于一些家长来说，有的家长既关心孩子未来的教育，同时又关注孩子的健康，希望孩子发生重大疾病和意外时有所保障，保险公司也了解到各家长的需求，从而开发出一些保险产品，适合不同需求的人士购买。

需要注意的是，一般家庭的总体保险开销占家庭收入的10%比较合理，特别是在家庭的上升期，儿童保险不宜占过多的比例，否则常年支付家庭压力相对较大，当然高收入的家庭可以重点加强教育金的部分。

少儿保险容易陷入的误区

只重视小孩，不重视大人

我也有给孩子买一份教育保险。

注重教育，忽略保障

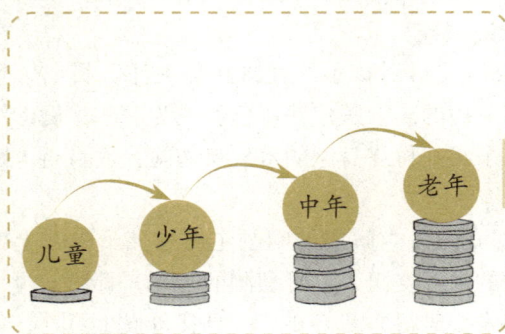

保障过剩，保障期限过长

儿童　少年　中年　老年

【理财圣经】

孩子的安全、健康和教育是家长们最为关注的问题。为了更好地促进孩子的成长，家长们为孩子购买保险已成为一种非常有必要的事情。

如何购买健康险

健康是人类最大的财富。疾病带给人们的除了心理、生理的压力外，还会带来越来越沉重的经济负担。有调查显示，77%的投资者对健康险有需求，但是健康险包括哪些险种，又应该如何购买，不少投资者对此懵懵懂懂。

以下是保险专家为你如何购买健康险提出一些建议：

一、有社保宜买补贴型保险

刘先生买了某保险公司2万元的商业医疗保险。他住院花费了12000余元，按照保险条款，他应得到保险公司近9000元赔付。但由于他从社会基本医疗保险中报销7000余元药费，保险公司最后赔付他实际费用与报销费用的差额部分5100元。这让刘先生很不理解。

专家解答：商业健康险主要包括重疾险和医疗险两大类，重疾险是疾病确诊符合重疾险理赔条件后就给予理赔的保险，不管投保人是否医治都会给予理赔；而医疗险是对医治过程中发生费用问题给予的补偿。如果没有医治并发生费用，医疗险也无法理赔。

医疗险又分为分成费用型住院医疗险与补贴型住院医疗险。刘先生购买的是费用型保险。

所谓费用型保险，是指保险公司根据合同中规定的比例，按照投保人在医疗中的所有费用单据上的总额来进行赔付，如果在社会基本医疗保险报销，保险公司就只能按照保险补偿原则，补足所耗费用的差额；反过来也是一样，如果在保险公司报销后，社保也只能补足费用差额。

补贴型保险，又称定额给付型保险，与实际医疗费用无关，理赔时无须提供发票，保险公司按照合同规定的补贴标准，对投保人进行赔付。无论他在治疗时花多少钱，得了什么病，赔付标准不变。

专家表示，对于没有社保的市民而言，投保费用型住院医疗险更划算，这是因为费用型住院医疗险所补偿的是社保报销后的其他费用，保险公司再按照80%进行补偿。而没有社保的人则按照全部医疗花费的80%进行理赔，商业保险补偿的范围覆盖社保那一部分，理赔就会较多。反之，对于拥有社保的市民而言，不妨投保津贴型住院医疗险。

二、保证续保莫忽视

江女士已步入不惑之年，生活稳定，工作也渐入佳境，两年前为自己投保了缴费20年期的人寿保险，并附加了个人住院医疗保险。今年年初，江女士身体不适，去医院检查发现患有再生障碍性贫血。经过几个月的治疗，病情得到了控制，医疗费用也及时得到了保险公司的理赔。

不料，几天前，江女士忽然接到保险公司通知，称根据其目前的健康状况，将不能再续保附加医疗险。她非常不解，认为买保险就是图个长远保障，为什么赔了一次就不能再续保了呢？

专家解答：虽然江女士投保的主险是长期产品，但附加的医疗险属于1年期短期险种，在合同中有这样的条款："本附加保险合同的保险期间为1年，自本公司收取保险费后的次日零时起至约定的终止日24时止。对附加短险，公司有权不接受续保。保险期届满，本公司不接受续约时，本附加合同效力终止。"

目前，不少保险公司根据市场需求陆续推出了保证续保的医疗保险。有些险种规定，在几年内缴纳有限的保费之后，即可获得终身住院医疗补贴保障，从而较好地解决了传统型附加医疗险必须每年投保一次的问题。对于被保险人来说，有无"保证续保权"至关重要。所以，您在投保时一定要详细了解保单条款，选择能够保证续保的险种。

三、根据不同年龄选择不同健康保险

购买健康险也应根据年龄阶段有针对性地购买。专家建议：学生时期，学生好动性大，患病概率较大。所以，选择参加学生平安保险和学生疾病住院医疗保险是一种很好的保障办法。学生平安保险每人每年只需花几十元钱，可得到几万元的疾病住院医疗保障和几千元的意外伤害医疗保障。

单身一族也该购买健康保险。刚走向社会的年轻人，身体面临的风险主要来自于意外伤害，加上工作时间不长，受经济能力的限制，在医疗保险的组合上可以意外伤害医疗保险为主，配上一份重大疾病保险。

结婚成家后的时期，人过30岁就要开始防衰老，可以重点买一份住院医疗保险，应付一般性住院医疗费用的支出。进入这个时期的人具备了一定的经济基础，同时对家庭又多了一份责任感，不妨多选择一份保障额度与经济能力相适合的重大疾病保险，避免因患大病使家庭在经济上陷入困境。

四、期缴更合适

健康保险也是一种理财方式，即可以一次全部付清（即趸缴），也可以分期付（即期缴）。但是跟买房子不一样，保险是对承诺的兑现，付出越少越好。所以一次性缴费就不太理性，理性的做法是要争取最长年限的缴费方式。这样每年缴费的金额比较少，不会影响正常生活支出，而且在保险合同开始生效的最初年份里保险保障的价值最大。

如何合理选择健康险？

健康是人类最大的财富。疾病带给人们的除了心理、生理的压力外，还会面临越来越沉重的经济负担。有调查显示，77%的市民对健康险有需求，但是健康险包括哪些险种，又应该如何购买，不少市民对此懵懵懂懂。以下是保险专家提出的一些建议：

> 我要拿出10%的积蓄买健康险。

最需要原则

每个人因情况不同，所需要的健康险也不同。首先应考虑有没有参加社会基本医疗保险，其次要考虑的，应该拿出多少钱来投保。

最适合原则

险种没有好坏之分，只有最适合谁的问题。健康险包括重大疾病保险、住院费用报销型保险及住院补贴型保险。重大疾病保险应该是每个家庭的首选。

> 我选分期缴纳保费的方式……

××保险公司

最有利原则

健康险一般有多种缴费方式，可以一次性缴清，也可以逐年分期缴费。投保重大疾病保险等健康险时，尽量选择缴费期长的缴费方式。

一旦健康出现危机，我们有可能会面临经济危机。为了防范这种经济危机，有必要购买合适的健康险。

你不得不规避的五大保险误区

虽然说不同的人生阶段，需要用不同的保险产品来安排保障，但在人们的观念中往往会出现一些误区，其中既有在整个过程中的观念错误，也有不同阶段消费中特别容易犯的错误。

一、寿险规划只能增加不能减少

有人以为，既然是阶梯式消费，就应该是爬坡式向上，保险产品只能越选越多，保额也应该逐渐累加，其实不然。随着人生阶段的不断向前，总体而言保险是越买越多了，但具体到每一个险种上并非完全如此。

寿险规划的改变，并不只是意味着保单数量的增加。由于家庭责任、经济收入变化，每一时期需要的保障重点已经在前文中有所阐述。

从中不难发现，年轻时意外险是必需的，而且额度很高，但到了年老后意外险变得不再很重要。寿险额度则是单身期较少，到家庭成长期和成熟期因家庭负担较重而变得很高，但到了老年再次降低。医疗类产品的变化也不是直线上升的，因为不同时期对具体的健康医疗类产品需求很不一样。年轻时需要的意外医疗保险，到了40岁以后可能更多考虑终身健康保险和终身医疗补贴。

到底是增是减，关键还是看需要。

二、年轻人买不买保险无所谓

在单身期，也就是保险的"初级消费阶段"，年轻人总是对保险抱着无谓的态度。

（1）意外太偶然，轮不到我。

不少年轻人存有一种侥幸心理："世界这么大，哪有那么多的意外发生，即使有意外发生也不一定轮到自己。"但意外是突如其来的客观事故，它不是以个人的意志为转移的，它什么时候光顾、光顾到谁头上，谁也说不准。也正是因为意外事故发生的概率及其所具有的不确定性，年轻的时候才更应购买意外伤害保险。保险是分摊意外事故损失的一种财务安排，它具有"一人为众、众为一人"的互助特性，尽管意外事故发生给人们带来的是各种各样的灾难，但如果投保了一定保额的意外险，这份保障至少可以使受难者及家属在经济上得到相当的援助，在精神上给予一定程度的安慰。

（2）年轻人没必要买健康医疗保险。

有的年轻人倒是愿意买意外险，但对买健康保险非常排斥，总觉得："我这么年轻能得什么大病？小病自己应付应付就过去了。"

但实际上，在单身期不提倡年轻人买健康保险，并不是因为年轻人不适合买这个产品而是考虑到经济因素。如果有预算，年轻人趁着年轻、费率低买一份消费型的健康保险其实是对自己很好的保障。如果预算充分，先买好一部分的终身医疗也不为过，最多以后再加保。

而且，年轻人在买意外险时一定要附加意外医疗，因为年轻人精力旺盛，户外活动多，很容易弄点小意外伤害，而且年轻人社保中对门急诊的保障程度又低，商业保险能对此作补充。

（3）买保险不如做投资挣钱。

年轻人基本没有家庭负担，承受风险的能力较强，因此可以采用一些比较大胆的投资方式。但是这并不意味着年轻人要因此排斥一切保险。

年轻人可以不用购买储蓄性质的保险，但高保障型的产品必须稍作计划，只要每年缴纳的保费是在合理的收入比例范围内，它对你的整体投资计划是不会有什么影响的，相反它还能为风险投资保驾护航。

三、家庭成长期间不爱惜自己

家庭成长期，财富的积累还起步不久，却又有了家庭和孩子的负累。新买住房要还月供，大宗家居用品尚需添置，到处都是需要用钱去"堵枪眼"的地方。此时此刻，夫妻双方可能在保险上有些"气短"，不愿意给自己买保险增加支出。

（1）我经济负担比较重，没有闲钱买保险。

但对于有家庭负担的人而言，保险不是奢侈品，而更像是必需品。没有对自己意外伤害、重大疾病和收入能力的保障，就根本不可能保护好自己的家庭。宁可在别的地方省出一点来，也要安排好保障。

但是，经济成本毕竟是需要考虑的，所以处在家庭成长期，预算比较拮据的家庭可以选择一些没有现金价值的产品，并根据您的实际投保需要，保费就会比较便宜。

（2）孩子重要，买保险先给孩子买。

"买保险，先要给孩子买"的说法并不科学，其实买保险应该让家庭支柱优先。关于这样的认识误区，本书已多次阐述，前文中也有所涉及，在此不再赘述。

四、家庭成熟期后走向两个极端

到了家庭成熟期，以下两个保险消费的误区比较明显。

（1）有钱可以替代保险。

到了家庭成熟期，家庭财富已经积累到最高点，认为自己有能力应付生活中可能发生的一些财务困难，尤其对于从未有理赔经历的"有钱人"而言，可能会产生"保险无用论"的想法。

但是，积累财富不容易，为什么要把所有的重任都往自己肩上扛呢？比如一次重病需要100000元，虽然你的财力负担没有问题。但是，如果买了保险，很可能只用10000元就能解决问题，为什么不留住你的90000元呢？

相比于针对大多数人的"保障作用"，对于有钱的人，保险的主要作用是保全其已拥有的财产。

（2）保险买得越多越好。

特别看重家庭的人，在家庭成熟期可能还会走向另一个极端，就是特别喜欢买保险，认为"保险买得越多越好"。

购买越多的保险，同时也就意味着将要缴纳越来越多的保费。一旦自己的收入减少，难以缴纳高额保费的时候，将面临进退两难的尴尬境地。理性的行为应当是，根据自己的年龄、职业、收入等实际情况，力所能及地适当购买保险。投保的费用最好是自己收入的10%左右为宜。

而且，类似医疗费用保险等产品由于采用了保险的补偿原则，需要有报销的凭证，因此即使你买了多份，也不能超出自己支出的范围来报销，等于是浪费了保费。

五、跟风买保险

跟风买保险，是各个阶段的人们都易犯的毛病。

市场上流行万能险，几乎所有的公司都推出了形态各异的万能险，广告宣传得很厉害。但保险不是时装，不是一个"买流行"的消费领域，千万不要跟风买保险。

第一步先要了解自己有没有这方面保险的需求，进而才去考虑要不要买这类保险。并不是适合别人的产品，就肯定适合自己。万能险对家庭闲置资金的要求较高，而且最好是未来有持续稳定资金可以继续投向万能账户，对于资金有限的个人和家庭而言，万能产品并不适合，不如花小钱去买保障性更高的产品。

以前分红产品、投连产品"出道"时，都出现过"追捧"的热潮，仿佛一夜之间全民都在购买分红险和投连险。但后来的事实证明，大多数人都做了不正确的选择，"跟风"使得很多人遭受了经济上的损失。所以，保险消费一定要按需稳扎稳打，要把它当作家庭的"大宗耐用消费品"精心选择，切忌盲目跟风。

【理财圣经】

当买保险成为人们常规的资产保值增值手段后，不少投资人却无意间陷入了保险误区，使自己的理财效果大打折扣。因此，以上五大保险误区应注意规避。

第四章

"金"家多媚颜：黄金理财，"钱"程无忧

黄金投资的品种

黄金藏品虽然样式繁多，但是归根结底只有五大类即金块、金条、金币、金饰品和纸黄金。其中，纸黄金实际上是由银行办理的一种账面上的虚拟黄金。接下来，就让我们按照顺序介绍一下黄金投资中的各个成员。

一、实物金

实物黄金买卖包括金条、金币和金饰品等交易，以持有黄金作为投资。一般的金饰品买入及卖出价的差额较大，视作投资并不适宜，金条及金币由于不涉及其他成本，是实金投资的最佳选择。

实物黄金投资额较高，实质回报率虽与其他方法相同，但涉及的金额一定会较低——因为投资的资金不会发挥杠杆效应，而且只可以在金价上升之时才可以获利。需要注意的是持有黄金并不会产生利息收益。如不提取实金，银行可代为托管，但是购买和回购成本较高，还有一些银行则不能回购。专业的黄金投资公司回购比较方便，但一般只受理该公司出售的黄金回购业务。因此投资实物黄金还有个缺点是需要支付储藏和回购费用。

二、纸黄金

"纸黄金"交易没有实金介入，是一种由银行提供的服务，以贵金属为单位的户口，投资人无须透过实物的买卖及交收而采用记账方式来投资黄金，由于不涉及实金的交收，交易成本可以更低；值得留意的是，虽然它可以等同持有黄金，但是户口内的"黄金"一般不可以换回实物，如想提取实物，只有补足足额资金后，才能换取。"中华纸金"是采用3%保证金、双向式的交易品种，是直接投资于黄金的工具中较为稳健的一种。

三、黄金保证金

黄金保证金交易是指在黄金买卖业务中，市场参与者不需对所交易的黄金进行全额资金划拨，只需按照黄金交易总额支付一定比例的价款，作为黄金实物交收时的履约保证。目前的世界黄金交易中，既有黄金期货保证金交易，也有黄金现货保证金交易。

四、黄金期货

一般而言，黄金期货的购买、销售者，都在合同到期日前出售和购回与先前合同相同数量的合约，也就是平仓，无须真正交割实金。每笔交易所得利润或亏损，等于两笔相反方向合约买卖差额。这种买卖方式，才是人们通常所称的"炒金"。黄金期货合约交易只需10%左右交易额的定金作为投资成本，具有较大的杠杆性，少量资金推动大额交易。所以，黄金期货买卖又称"定金交易"。

五、黄金期权

期权是买卖双方在未来约定的价位，具有购买一定数量标的的权利而非义务。如果价格走势对期权买卖者有利，会行使其权利而获利。如果价格走势对其不利，则放弃购买的权利，损失只有当时购买期权时的费用。由于黄金期权买卖投资战术比较多并且复杂，不易掌握，目前世界上黄金期权市场不太多。

六、黄金股票

所谓黄金股票，就是金矿公司向社会公开发行的上市或不上市的股票，所以又可以称为金矿公司股票。由于买卖黄金股票不仅是投资金矿公司，而且还间接投资黄金，因此这种投资行为比单纯的黄金买卖或股票买卖更为复杂。投资人不仅要关注金矿公司的经营状况，还要对黄金市场价格走势进行分析。

七、黄金基金

黄金基金是黄金投资共同基金的简称，所谓黄金投资共同基金，就是由基金发起人组织成立，由投资人出资认购，基金管理公司负责具体的投资操作，专门以黄金或黄金类衍生交易品种作为投资媒体的一种共同基金。由专家组成的投资委员会管理。黄金基金的投资风险较小，收益比较稳定，与我们熟知的证券投资基金有相同特点。

【理财圣经】

"金"家姐妹，各有所长，理财者定要在挑选投资目标时仔细辨别。

黄金投资应遵循的四大原则

当黄金成为家庭理财中的重要工具时，作为一名理性的投资人，你还要注意投资黄金的一些原则，具体如下：

一、合理的投资组合和比例

通常情况下，黄金价格比较稳定，投资组合中若能加入适当比例的黄金，可以较大程度地分散风险，抵御资产大幅缩水。而且投资黄金与投资其他资产并不冲突，相反能够相互配合。若只是投资黄金，也有不可避免的风险。所以采取组合操作便是利用黄金价值的相对稳定性及其在特定情况下与其他资产价格的负相关性，

初级黄金投资者的三大法则

选择适合自己的黄金投资方式

　　黄金理财方式丰富，相对于股票、国债、基金等传统投资品种，黄金理财对大多数投资者仍然陌生，一定要选择合适的投资方式。

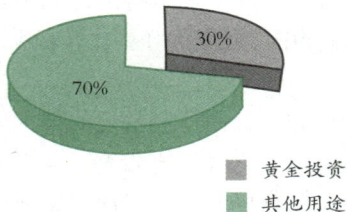

应该选择什么投资方式呢？

70%　30%

■ 黄金投资
■ 其他用途

控制黄金投资的比例

　　黄金对于普通投资者，最好的定位应该是一种财产分配方式，一般控制在家庭资产的30%以内为宜。

黄金投资，同样戒"贪"

　　黄金市场波动大，暴涨暴跌时有发生，价格泡沫时隐时现，所以期望"炒金"一夜暴富，将带来极大风险，所以黄金投资同样戒"贪"。

早知道不买这么多了。

减小或者对冲风险。

理财专家认为，最好的投资组合为：现金+国债+房产+黄金。一般在投资组合里，黄金占到10%～20%即可。在这里要提醒各位的是，资产组合及比例完全可以根据自身的资产状况做适当的增减，没必要拘泥于一个数字。为此，投资人在平时应对影响黄金价格的多方面因素都予以关注，以更好地规避风险。

二、掌握黄金价格变化规律

黄金既然是一种实物商品，它就有商品的性质——有价值，而价值是决定黄金价格的基础。可能由于市场上供需的变化，价格就会有所变动，但是终归是围绕其价值上下波动。而且，即便有所偏离也是有一个幅度范围的。所以黄金的价格多呈现反复波动。对此，投资人只要合理安排自己的持仓数量和持仓结构，注意操作策略，这其中的风险很容易规避。

三、顺势投资

要在黄金期货的风险市场中获利，最要紧的是看清方向，利用概率及时止损，同时要正确分配资金。

同其他投资项目一样，在黄金市场上最好也是顺势投资。在市场趋势上涨时做多，在市场趋势下跌时做空。在价格上升的过程中，除了在金价上升到最顶端要转势之时，你都可以进行投资；而在价格下跌的过程中，还是保守些比较稳妥。

四、随时分析

做过其他项目的投资人多少懂一些技术分析方法，而这些常规的技术分析在黄金投资中也很适用。每当你遇到相关金融产品价格变化时，比如美元、石油的价格变化，可能会影响到黄金价格的变化，所以要注意分析，以最后评定黄金价格的变化。一般美元与黄金的价格变化呈现负相关关系，即美元上涨，黄金下跌；美元下跌，黄金上涨。而石油通常与黄金呈现正相关关系，即石油上涨，黄金上涨；石油下跌，黄金下跌。

【理财圣经】

理性的投资人不会仅仅沉迷于黄金的魅力，还会遵循投资黄金的原则。

预测黄金价格的三大方法

对于黄金投资人而言，最关心的问题莫过于黄金价格了。对价格的准确判断是赢利的基础，然而黄金是兼具商品和货币双重属性的特殊产品，它的价格走势有什么特点，其价格又如何准确预测？

在介绍预测黄金价格的方法之前，可以先总结一下多年来黄金价格走势的基本特点，这样才能对预测黄金价格的方法会有一些较好的理解和把握。目前我们公认的黄金价格走势特点为：

首先，从超长时段来看，黄金价格基本上是持续上涨的。这个特点主要源于黄金与信用货币的各自特性决定了以信用货币标记的黄金价格长期来看必然上涨。另外1944年布雷顿森林体系建立后，以美国为首的西方国家纷纷采用了以信用泡沫刺激经济增长和作为配置资源的手段，从而导致了在第二次世界大战后国际经济体系内累积的信用泡沫越来越多，进一步加大了黄金价格上涨的内在动力。

其次，趋势一旦形成，则多年不会逆转。黄金可以说是世界货币，其美元价格的长周期变化趋势反映了世界地缘政治格局和国际经济、世界货币体系的重大变化，而这种内在决定因素的变化往往是长周期的，一旦发生变化，则将延续多年。黄金价格机制的上述特点直接决定了黄金价格走势的特点，即黄金价格的趋势一旦形成，则在相当长的时间内都不会变化。突发事件影响较大，一般情况下单位时间内的波幅较小。

再次，黄金价格对重大事件会提前反映。黄金价格的转折或重大变化往往能够对重大地缘政治事件、国际经济金融事件的发生作出提前反映。

根据这些年来黄金的历史趋势，可以总结出黄金的预测方法：

一、根据供需变化预测

众所周知，把握供需平衡点是预测金价的利器，了解黄金的供需情况就能把握黄金的特点，进而掌握金价的走向。

从黄金的商品属性来看，近年来国际黄金的供给（矿产金和再生金）保持在3300吨左右，制造用金（包括首饰需求）的需求为3700吨，由于矿产金有7~8年的投资周期，所以金价上涨的刺激很难在短期内促使国际矿产黄金的供给增加，对黄金的需求也比较稳定。

供需间的缺口则由官方售金和投资需求来填补，投资需求受金价的影响很大，受到黄金非货币化进程的影响，近年来，官方售金成为一股不受金价影响的决定性力量。

例如，1999年，当金价在270美元/盎司的低谷时，英国等国大量抛出黄金储备；而在2002年、2003年金价开始上升时，很多国家又反过来增加了黄金储备；又如"华盛顿办议"后欧洲各国每年400吨稳定的抛售量等。

由此可以看出，决定黄金基本面变化的因素主要是官方对黄金储备的态度，这取决于黄金货币职能的强弱，它在不同历史时期的表现不同。就像当前国际货币体系不稳定，黄金的货币职能就强些，官方减少售金量，需大于求，金价不断上涨。

对供需的预测能使我们很好地把握金价的长期走势，更能运用在对黄金企业股票的预测上。例如，在上海证券交易所上市的山东黄金（600547）股票，行业特点决定了其每年的产金成本和产量变化不会很大，那么，山东黄金提高每股收益的途径只有两个：一是等待金价上涨，通过计算可以得知，目前的产能金价每上涨10

元，山东黄金的每股收益就能提高0.18元，所以，根据每季度的平均金价，基本上就能预测山东黄金的季报结果；二是通过收购金矿迅速提高产量，如已经收购了焦家金矿，准备收购玲珑等矿。如果这两个因素有很大变化，山东黄金的投资价值无疑将更上一层楼。

二、根据美元走势预测

美元走势和金价息息相关，从1986～2006年黄金与美元的走势，可以直观地看到美元跌的时候黄金在涨，而黄金跌的时候美元则往往处于高位。

美元为什么能影响金价？为何美元能如此影响金价呢？主要有三个原因：

第一，美元是当前国际货币体系的柱石，美元和黄金同为最重要的储备资产，如果美元坚挺和稳定，就会降低黄金作为储备资产和保值功能的地位。

第二，当时美国GDP占世界GDP总量的20%以上，对外贸易总额名列世界第一，国际经济深受其影响。

第三，国际黄金市场一般都以美元标价，美元贬值势必会导致金价上涨。比如，20世纪末金价走入低谷时，人们纷纷抛出黄金，这与美国经济连续100个月保持增长、美元坚挺关系密切。

三、根据黄金生产成本预测

"商品的价值取决于凝结其上的一般劳动价值。"也就是说，价格不会大幅度偏离商品的成本，成本可以挤掉价格的泡沫，以便更好地看清商品的本质。

黄金的平均生产成本是290美元/盎司，南非的优质高技术矿产企业的成本更低些，生产商通过对冲交易，可以把短期黄金的最低净生产成本降到250美元/盎司左右。该生产成本与目前的金价比较，金价是否过高呢？其实并没有过高，黄金和石油一样是资源性商品，矿储量是有限的。当政治局势动荡不安时，人们更能体会到石油和黄金的价值，黄金的成本溢价会更高。

2001年，金价跌入最低谷，全年平均金价只有271美元/盎司，也就是说，其低于大多数生产商的生产净成本，生产黄金越多越亏损。这是一种极其不合理的现象，但这却是个绝好的投资机会。当所有的不好消息都出现之后，特别是那年还出现了"9·11"事件，但这恰好成为了黄金市场走向牛市的开始。运用成本预测法，往往可以提前预知这样的行情。

由于观察黄金价格的角度不同，基于不同的逻辑，黄金价格预测有以下几类方法：其一，以黄金属性和黄金价格形成机制为起点的预测方法。其二，基于黄金普通商品属性的供求分析方法。其三，基于经济因素的基本分析方法。其四，基于价格走势的技术分析、时间序列分析神经网络分析方法。其五，基于历史价格走势和相应影响因素相互关系的统计模型分析方法。上述五种方法，以黄金属性和黄金价格形成机制为起点的预测方法考虑到了不同条件和背景下黄金价格形成机制的差异，能够对未来黄金价格有准确的把握，其他方法均没有充分考虑黄金价格在不同

影响黄金价格的三大因素

作为投资者，应尽可能的了解影响黄金供给的因素，以达到合理进行投资的目的。其主要因素包括以下三个方面：

原油市场价格波动

原油、美元和黄金一起并称为"三金"，从历史经验看，黄金和原油的价格具有正相关性，即两者价格变动具有同向性。

国际金融市场稳定程度

黄金在金融危机中发挥了资金避难所的功能。而在金融体系稳定的情况下，黄金价格则容易下跌。

金融危机下，还是投资黄金比较靠谱呀！

金价走势图

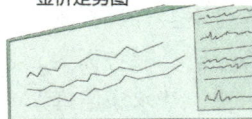

商品市场价格趋势

商品市场的x价格趋势对金价有很重要的影响，鉴于黄金的商品属性，分析和跟踪商品价格趋势就成为了投资者必须面对和解决的问题。

背景条件下起主导作用的属性和影响因素变化，没有区分不同背景条件下黄金价格机制的变化，因此在预测的逻辑基础上具有明显缺陷。

【理财圣经】

对于投资人理财来说，金价的涨跌深受汇率、经济形势、证券市场、通货膨胀、国际局势以及石油等主要原料价格的影响，通过对这些相关因素的判断，能较好地预测短期金价。

把握"钱途"无限的投资理念

投资理念在投资黄金中至关重要。投资人首先需要了解几种比较重要的投资理念：

一、"钟摆原理"

所谓钟摆原理，简单地讲就是任何一种资产的价格都不可能无限地上涨，也不可能无限地下跌，就如同钟摆一样终究会回归到平衡状态。偏离程度越大，反向调整的幅度也越大，反之亦然。但需要指出的是投资人往往死板运用这个原理，而在明显单边市势中希望抓住转势的转折点而不断进行逆市操作，因而造成巨额亏损。价格本身不会告诉投资人何时转势，只有依靠基本面的把握，同时结合技术分析中的趋势分析，顺势而为，这样才能正确运用这一理论来把握金价中长线的运行走势。

二、"水床原理"

水床的特点就是从一边按下去，另一边就是因为水的挤压而突出来。如果把水床比喻成整个金融市场，那么水床里的水就是资金流，各个金融市场之间的资金流动就表现为此消彼长的关系。资产价格是由资金来推动的，短期内金融市场的增加或减少的资金量相对于总存量来说可以忽略不计，通过分析把握不同子市场之间资金的流向来判断基金经理们的操作思路，从而把握市场中长期的走势。分析的参考指标通常包括股指、收益率曲线、CRB指数等。当然不同市场有不同的特征属性，也决定了资金一般难以在不同属性的市场之间流动，这样我们可以将金融市场根据不同属性划分为不同的层次和范围，分别运用水床原理来进行分析。

三、"市场焦点的把握"

即市场中线的走势方向一般都是某一个市场焦点所决定的，同时市场也在不断寻找变化关注的焦点来作为炒作的材料。以2005年的走势为例，2月份的朝鲜和伊朗的核问题使国际局势紧张，使金价在一个月内从410美元迅速上扬至447美元的高点。之后随着美国的退让，紧张的气氛逐渐缓和，适逢美联储议息会议强调通胀压力有恶化风险，使市场焦点立即转变为美国的息口走向，金价随之从447美元滑落。3月底4月初经过一段时间的盘整之后，一系列的美元经济指标显示高油价及利率上升已打击制造业，并使消费信心恶化，市场对美国经济降温的忧虑逐渐占据市场主导，金价从牛皮中突围上扬至437美元。但5月初，美国贸赤、零售销售和非农就业数据表现强劲，经济降温的担心一扫而空，基金多头陆续止损离市，金价再度从437美元滑落。5月中旬之后，市场目光转向欧盟宪法公投，在公投失利引发欧洲政治危机的情况下，欧元拾级下跌，同时金价亦创出413美元的年内第二低点。

从上述可以看出，市场在不断变换关注的焦点，使金价在相应时段确认方向性的走势。当然市场焦点的转换也是在不知不觉当中完成的，不可能有一个明显的分界线，只有通过市场舆论和某些相关信息才能作出推断，而且不能排除推断错误的可能。

四、纪律至上

在决定入市之前，必须先认清自己的风险和期望回报是否对等，以此来决定目标入市价格和止损价格。特别是对于新手而言，往往在入市之后即把原先的计划忘得干干净净，或者即便记得不能严格遵守，尤其是价格即将到达其止损价时便向自己妥协，临时变动既定的止损价甚至干脆取消，结果落得巨额亏损。在瞬息万变的金融市场上如果不遵守纪律，不严格止损，是根本没有办法生存的，因为你还远没有达到在价格面前心若止水的境界。

五、市场永远是对的

投资人犯的错误往往就是在市场面前不肯认输，不肯低头，固执己见。很多人总是装作百思不得其解的模样，认为从任何角度都没有理由是这样的走势，它很快就会反弹的，因此不肯止损。越聪明的人，越容易自以为是，但是请记住，市场价格已经包含了市场的一切信息，市场永远不会错，错在于你自己。不要自以为是，不要有虚荣心，按市场给你的信息来决定行动计划，一有不对即刻认错，这才是市场的长存之道。

六、不要相信规律

任何金融工具的走势绝对不存在所谓的规律，也没有可以绝对保证获利的公式可循，否则岂不是人人成为百万富翁？相信市场走势有规律存在的心理是假定了历史会重演。许多专家经常研究以往造成涨跌的原因，而后期待只要这些原因重复出现，大势也会因此涨跌。不过在你接受任何这类说法时不妨自问，为什么成千上万的聪明人，穷数十年之精力研究，却未因此而致富？或许这样就能让自己的脑筋清醒一点，不轻易相信所谓的规律。

七、顺势而为

黄金市场作为一个全球性的市场，即使是拥有巨额资金的投机基金也无法决定市场价格，何况个人投资人？所以最明智的方法就是跟随市场趋势顺势而为，和市场对博无异于是螳臂当车，自不量力。人性使然，一般的投资人不愿意相信价格会涨或跌到某个价位，因此不敢追涨或追跌，而在稍微出现一点回调迹象的时候即迫不及待地入市以博取蝇头小利。如果一旦出现亏损便不肯止损，更有甚者为了摊开均价而不断泥足深陷不可自拔。

【理财圣经】

在黄金投资中，投资理念对投资是否成功有着很大的影响，掌握科学的投资理念，是每个黄金投资人的必备常识。

新手"炒金"注意事项

伴随着黄金市场的再次走俏，"金市"里又多了一批满怀致富热情的新手。而新手投资黄金，该注意哪些事项呢？

一、制订详细计划

"凡事预则立，不预则废"，这是千百年来被验证的真理，而在黄金投资中，你理应在开始投资前，做出一份切实可行的投资计划。在这份计划书中，应当包括你个人的财产情况、家庭情况、投资目标（期望能获得多大回报），选择什么投资产品，按照什么步骤来执行，如何来不断检查、完善你的计划，等等。你要充分结合自己的理财特点和风格来拟订这份计划，以使它更加贴切你的情况。

二、选择好的金商

在制订出好的投资计划之后，就该是好的金商上场了。在市面上，有琳琅满目的黄金投资产品，它们都是由不同的珠宝机构或者银行提供的服务项目。种类繁多，令人目不暇接。那么，你该如何选择？

你可注意以下"三比"。

（1）比实力。实力大小是评估金商的一个重要标准。实力雄厚、知名度高的商业银行和黄金珠宝公司的产品和服务都很受大众青睐，而由于其有足够的资金做后盾，也比较值得信赖。

（2）比信誉。信誉好不好，在商场上几乎决定了一个生意人的成败。诚信是每个经营者都应当提倡的，而这也是一条普通的商业规则。如果金商的信誉度不高，还是淘汰掉比较好，以免有后患。

（3）比服务。很多情况下，投资人不会太在意金商的服务。往往只要质量好，金商的态度或者售后服务不好也可以迁就一下。可是，在购买后真出现了问题，你能得到应有的对待么？所以，你最好心里有个底，留意一下金商的服务机构、所做的售后承诺以及服务的执行情况。

三、学习相关知识

"磨刀不误砍柴工"，投资人不妨在正式开始黄金投资之前，努力学习一下黄金投资方面的知识。仔细阅读一些专业文章，会让你在投资的时候更加得心应手。

新手"炒金"需要遵循四大原则

早就说了让你止损！

我知道，可当时觉得不甘心啊！

止损原则

止损可以说是短线操作的法宝。与其被动套牢，不如主动止损，暂时认赔出局观望。

趋势原则

在买入之前，首先应对行情的运行趋势有个明确的判断。

风险原则

作为投资者，应随时具有风险意识，并尽可能地将风险降至最低程度，而进场时机的把握是控制风险的第一步，也是重要的一步。

分批原则

在没有十足把握的情况下，投资者可采取分批买入和分散买入的方法，这样可以大大降低买入的风险。

学习这些知识的途径不外乎四种：从书本和有关文章中学习；从网站搜索各种资源学习；向先入行的投资人学习；在实践中学习。

四、做好心理准备

一个投资人如果没有做好心理准备，不可能投资成功，因此炒金人也要在事先有所准备。黄金市场上也有一定风险，投资人一定要正确面对。为了能让你的心里更有底气，你可以常常浏览国内和国外的时政，也可以多了解一些影响金价的政治因素、经济因素、市场因素等，进而相对准确地分析金价走势，从而做到在面对风险时能镇定自若。

五、选购黄金藏品

黄金藏品大都珍贵而精致，所以在具有其本身价值，还兼具文化、纪念和收藏价值。倘若你能在众多黄金制品中挑到成色好、样式新颖，并且极具纪念和收藏价值的金品，你就能投资成功。所以选购好的黄金藏品，也是投资的重中之重。

【理财圣经】

黄金投资，投入的不仅仅是热情，还有你的财富，因此投资人尤其是投资新手应多加注意。

纸黄金投资宜“放长线钓大鱼”

随着国内黄金市场逐步开放，个人黄金投资品种先后出台，给普通投资人提供了更多的投资选择，人们开始关注起黄金这个新兴的投资品种。纸黄金作为投资理财的一个重要组成部分，从其资产的安全性、流动性考虑，纳入整个家庭理财的投资组合中，不失为一种理智的选择。

纸黄金是一种个人凭证式黄金，投资人按银行报价在账面上买卖“虚拟”黄金。投资人的买卖交易记录只在个人预先开立的“黄金存折账户”上体现，不发生实物金的提取和交割。

透过纸黄金的概念我们可以了解到：

（1）其为记账式黄金，不仅为投资人省去了存储成本，也为投资人的变现提供了便利。投资真金购买之后需要操心保存、存储；需要变现之时，又有鉴别是否为真金的成本。而纸黄金采用记账方式，用国际金价以及由此换算来的人民币标价，省去了投资真金的不便。

（2）纸黄金与国际金价挂钩，采取24小时不间断交易模式。国内夜晚，正好对应着欧美的白日，即黄金价格波动最大之时，为上班族的理财提供了充沛的时间。从价格上看，纸黄金更为敏感，当国际金价上涨或下跌时，纸黄金能随时反映这种变化。

（3）纸黄金提供了美元金和人民币金两种交易模式，为外币和人民币的理财都提供了相应的机会。同时，纸黄金采用T+0的交割方式，当时购买，当时到账，便于做日内交易，比国内股票市场多了更多的短线操作机会。

美元的弱势会越来越明显，很多经济体都会增加外储中的黄金比例；同时，机构和个人为对抗通货膨胀，必然形成对黄金等贵金属的大量需求。因此，全球黄金牛市到来的可能性是比较大的，而且正由于相同的原因，也很可能持续下去。因此，对美元与美国经济的消息面应当进行重点关注。长期持有纸黄金，依现在的形势是不错的选择。

另外，目前国内银行的纸黄金投资点差较高，投资人选择做中长线比较有利，正常情况下中长线行情1～3个月一次，波动幅度每克都在10～20元以上，有时候会超过40元。如果能够在低位或相对低位买进都会有比较好的收获，一年做好一到两波较大的行情就有丰厚回报。也就是说，纸黄金适合长线操作。

纸黄金就是个人记账式黄金，您可以通过把握市场走势低买高抛，赚取差价。但是，黄金市场风云变幻，金价走势受供求、政治、经济、技术和心理等诸多因素影响。有时大起大落，风高浪急。有时多空胶着，波澜不兴。那么如何在金市中树立正确的投资理念？如何把握准确的买卖时机呢？如何才能长期稳定地获利呢？建议从以下五个方面入手。

第一，风险控制是第一位的。股神巴菲特曾经说过一句广为流传的话"规避风险，保住本金"，这是巴菲特几十年来最为精辟的总结之一。对投资人来说，最重要的事情永远是保住资本，风险控制强调到什么程度也不过分。因为本金没有了，在市场翻身的机会也就没有了。就像打仗首先需要子弹一样，战场上官兵希望用自己仅有的子弹打死更多的敌人，然后再从敌人那里缴获更多的子弹，如此反复才能获取最后的胜利；在没有把握取胜时首先保存实力，节省弹药，寻找有利于自己的战机，一旦机会来临便主动出击，取得胜利。所以你在纸黄金投资中，应在追涨的行情中一定要注意止损，这是有效的风险控制手段。

第二，积小胜为大胜。黄金投资理财好比是一座金山，里面蕴藏着数不尽的财富。我们不可能把它的财富在一朝一夕都收入囊中。古人云："不以善小而不为，不以恶小而为之。"我们把它搬到理财中，可以理解为不要太贪，分批入场。在市场波动中有70%左右的时间都是震荡的，只有30%左右的时间是单边上冲或者下跌，那么积小胜为大胜就是长久立足的制胜法宝。进场和补仓的时候仓位要小，虽然利润少点，但积小胜为大胜，才是常胜。在炒金生涯中，我们都应坚持这样的投资理念：炒金最重要的不是一次能够赚取多少，而是能不能稳定地获利，长久地立足生存。

第三，减少无谓的交易。巴菲特曾讲过："钱在这里从活跃的投资人流向有耐心的投资人。许多精力旺盛的有进取心投资人的财富渐渐消失。"其实不管你的理财理念怎样，这句话都适用。减少无谓的交易不等于我们平时就不交易，也不是说减少了无谓交易我们就必然能抓住有价值的操作机会。关键是我们每次交易一定要慎重考虑，设定止赢、止损线。了解市场目前是否具有好的进场点位等。适当的交易是与市场保持联系的重要手段，这有助于投资人的操作尽量与市场趋势靠近，减少失误。

第四，资金管理很关键。纸黄金投资由于点差较大，一般考虑作中长线投资较好，不适合短线的频繁操作，那么资金管理就非常重要了。可以考虑把一部分资金，比如40%～60%的资金用作中长线投资，在实金买盘淡季的时候逐步建仓。而剩下的资金就可以考虑做一些短线操作，进场的时候也不宜一次满仓进入，可以考虑分批进场，有效降低市场风险。

第五，交易心理的控制。疾风知劲草，烈火炼真金。人的性格中的贪婪、恐惧、犹豫、果断、勇敢、谨慎、从众等在市场的交易中暴露无遗。一定程度上来说，赢利是对你交易过程中性格优点的奖赏，亏损是对你交易过程中性格缺点的惩罚。技术上好学，心理关难过。人的本性在市场的涨涨跌跌中一个个显现出来，控制好自己的心理，认清人的本性，站在大多数人的对面，市场中你就已经赢了一半。

从上面的分析，可以看出，纸黄金适合放长线钓大鱼。

【理财圣经】

当前形势下，比起短线炒作来说，纸黄金投资的长线价值更应受到关注。

第五章

盛世做收藏：小收藏PK大财富

收藏：一种最高雅的理财方式

俗话说："盛世做收藏，乱世收黄金。"记得改革开放之初，经常可以听到一些因收藏而产生的逸事：如某某家传一件古玩被外商以巨资收购，其家也一夜之间成为"巨富"云云。当时类似的传闻很多，听者表示羡慕，妒忌者大有人在。其实自古以来，古玩、名人字画就是官宦、富商和文人所看重的财富载体。至于富有天下的皇室、贵族，更是把其收藏作为炫耀、积累财富的手段。

有人说收藏品是成年人的玩具，也有人说收藏是傻瓜接力棒的游戏，总有一个比你更"傻"的人买下你的藏品。在一般人看来，收藏确实是一件难以言喻的事。那么收藏是为了什么呢？有人说为挣钱，有人说为发现，还有人说为捡便宜……这些都不错，而且不矛盾。

从理财学上说，收藏是一种投资行为，是指把富有保留价值的物品收集起来加以保存。收藏品必须具有升值价值，否则便失去了投资意义。较常见的收藏项目有瓷器、字画、古书等，现在还有些人热衷于邮票、钱币、电话卡、国库券、火柴盒等物品的收藏。总之，凡是过去有而以后不会再有的物品都可以被列入收藏范围。收藏是一种增长见识、陶冶情操的业余爱好，还能给收藏者带来经济效益，可谓有百利而无一弊。

收藏多少年来一直受人们关注，如今，越来越多的人涉足收藏，然而留心观察，同时起步的人几年后会有不同的结局。有的人可谓名利双收，收藏品上至不俗的档次，经济上也或多或少有些收益；而有的人破破烂烂一屋子，外行看起来热热闹闹，内行则不免嗤之以鼻。这便涉及如何选择收藏品的问题。真、精、新恐怕是初涉收藏领域的人们面对眼花缭乱的物品所要牢牢把握的诀窍。

首先是真，即真正的古董。现代人处于激烈的社会竞争、繁杂的生活环境中，于是古代物品就成为人们思古悠情的媒体。因此，从收藏这个角度来说，所选物品一定要有历史感，即人们常说的"够代"。当然，"够代"是相对的，明清时收藏家钟情于夏、商、周所谓老三代的古玉。而当今一块清代、民国时期的玉件价值亦不菲。

其次是精，即看收藏品是精美还是粗俗，是否有较高的艺术价值。收藏物品的年代固然重要，但其精美与否也是重要标准之一。我国历史上各朝代由于审美习惯

如何做好收藏品投资

收藏品投资是一种不错的理财选择，如何操作得当，可以为自己带来可观的收益。而如何做好收藏品投资，关键要做到以下几点：

储备收藏知识

收藏者可以选择自己最为擅长的一类藏品作为主攻方向，认真学习，努力研究，力争成为某类藏品的行家里手。这样才不至于，看走了眼，导致投资血本无归。

克服侥幸心理

收藏藏品，还应克服侥幸心理。对于有些藏品，可能存在着模棱两可的猜测。如果拿捏不准，最好还是放弃。

> 这幅画应该是真迹吧。

> 我现在就把这幅画买下。

当机立断

在藏品投资中，一定要坚持自己的选择和判断，如果自己运气好，恰巧碰上了好的藏品，就不要在乎一点点价格的差异。同样，在出售藏品时也是如此，货卖有缘人。

不同，所遗物品其风格迥异，如汉代的粗犷豪放，唐代的富丽堂皇，宋代的清新隽雅，明代的精雕细琢，清代的繁花似锦。各朝代有代表性的物品艺术价值高的可以不惜重金买下，否则宁缺毋滥。

再次是新，即完整性。任何一件藏品其完整性不容忽视。字画等都有不可再生性。随着时代的推移哪怕收藏条件再好，也难免受到损伤，因此其完整性就尤为珍贵。以人们津津乐道的明、清官窑瓷器为例，哪怕是口沿稍有脱釉即"毛口"，价格则成倍地下跌。所以收藏品要品相上乘，才会有较大的升值空间。

所以说，要想搞好收藏，必须具有相关的知识，了解相关诀窍，否则很容易花冤枉钱。

【理财圣经】

近几年来，我国的收藏热持续升温，收藏的种类也越来越多样化。收藏作为一种高尚而理想的娱乐活动，对收藏者来说可谓乐在其中，其乐无穷。

邮票投资：方寸之间天地宽

邮票俗称"小市民的股票"。早在20世纪40年代，邮票便成为欧美等国家普遍欢迎的投资对象。自20世纪80年代以来，邮票在股票之前就已成为我国个人投资的热门货。

邮票的种类主要有以下几种：

一、新票、盖销票、信销票

在我国的邮票市场上，新票价格最高，盖销票次之，信销票最低。在国外的邮票市场中，人们比较重视信销票，最看不上盖销票。人们传统的邮票投资观念认为只有收集信销票为真正集邮，认为购买新邮票不算集邮。信销票的特点是难以收集，但是它作为邮资凭证使用过，有一定的邮政史料价值。对于较早期的邮票，中档以上的邮票新票和信销票价格的高低往往决定于收集难度的大小，并非只要是新票就价格高，信销票价格高于新票的现象也十分普遍。许多集邮者不重视信销票，而给盖销票较高的地位，今后这种邮票投资观念将会改变。那些收集难度较大的高面值的成套信销邮票，价值很有可能高于新票。如果能够收集一个时期纪念或特种邮票的大全套信销票，其价值将是很高的。

二、成套票和散票

成套邮票价格都高于散票，但是散票同样具有一定的市场价值。人们可以利用散票价格比成套票低的特点，收集和购买散票，以便凑成成套票，使其价值升值。

三、单票、方连票、整版票（即全张票）

一些人在邮票投资中持有一种错误的观点即收集方连票，甚至整版票，认为它们相对市场价格会高一些。从邮票投资上来讲，收集方连票、整版票实无必要，因为投资要比收集单枚票贵几倍至几十倍。如果是中、低档邮票，方连票、整版票很多，比起单票来说，也就没有更高的价值了。

四、单枚套票、多枚套票、大套票

单枚套票是指1枚1套的邮票。多枚套票是指2~6枚1套的邮票。大套票是指7枚以上1套的邮票。

在早期J、T邮票中，单枚套票的增值明显高于多枚套票和大套票。

多枚套票和大套票的成套信销票收集难度较大，这是许多集邮者都选择购买新票的重要因素；多枚套票和大套票面值较高，这是集邮者购买新票的消极因素。两两相抵，使多枚套票和大套票收集难度高，因此多枚套票、大套票具有近期增值慢，而远期增值较快的特点。

五、低档邮票、中档邮票、高档邮票

在通常情况下，低档邮票的市场价格比较稳定；高档邮票的邮市价格上下差异很大，不稳定，其价格受时间、地点、邮商和购买者的认识和售票者特点的影响很大；中档邮票的价格介于两者之间。

在我国市场上，高档邮票特别是珍稀邮票的价格仍然偏低。随着人们生活水平的提高，集邮人数的增加，集邮层次的普遍提高，高档邮票将出现迅速增值的趋势。它们与低档邮票之间的价格差距将更为悬殊。

六、早发行的邮票和晚发行的邮票

邮票发行年代的早晚，在较短的时间内对邮票价格影响较大，往往发行得早的邮票价格高，发行晚的邮票价格低。但是经过5年、10年，特别是过了20年以后，邮票发行年代的早晚对价格的影响已经微乎其微，甚至完全不起作用。有不少发行较晚的邮票会后来居上，价格上涨得很高，也有不少早发行的邮票价格总是上不去。所以，以长远的眼光看，邮票发行的早晚对价格的影响是很小的。

七、纪念邮票与特种邮票

"J"字头纪念小型张邮票具有以下3个特点：

（1）作为纪念邮票，以人物或以事件为标志，每一张邮票都包含一定意义。

（2）"J"字头纪念邮票设计制作时使用的颜色比较鲜艳，其中使用金粉较多。

（3）这类邮票一般具有较浓的政治色彩，有一定的教育启发作用，受国家、地区限制，世界意义较小。受这三种因素的制约，纪念邮票的收藏价值和市场交易价格不如特种邮票。纪念邮票在市场上较畅销的是近期发行的邮票。

"T"字头特种邮票小型张，是一种市场畅销品种，它具有世界意义，市场价格也较高。其特点包括：

（1）特种票题材广阔、内容丰富。有山水、花草、鸟兽、鱼虫和濒临绝种的珍贵动植物，有名胜风景、古迹文物、文学故事等。由于此种邮票的艺术价值、欣赏

价值高，包含的意义深刻，因此广受集邮者青睐。

（2）特种票选择事物都具有典型意义，或者声望高，或者独一无二，对宣传中国文化具有重要作用。

（3）特种邮票的金粉少，易于保存，收藏风险较小，政治成分少而艺术价值大，适应性广，国内外集邮爱好者都喜爱。

八、错票与变体票

在众多的邮票当中，有些邮票因设计上的错误或发行量很少等原因，被人们视为极珍贵的邮票。这些邮票在历次拍卖和市场中价格一再上涨，成为集邮家争相搜集的对象。如1990年5月26日，香港旭力集邮公司在第26次通信拍卖中，1枚蓝色的"军人贴用"新票上有约一厘米的撕裂，底价15万港元。

【理财圣经】

刚开始进行邮票投资，绝大部分投资人对邮票投资都不太熟悉，面对各式各样、令人眼花缭乱的邮票和熙熙攘攘、瞬息万变的邮市，该如何下手呢？这时候首先掌握一定的邮票投资知识和投资技巧，这对投资人来说是至关重要的。

钱币投资：让你成为"有钱人家"

钱币有很多种类。以形态来分，可分为纸币和金属币两大类，金属币又可分为贵金属币和普通金属币；以国别来分，可分为中国钱币和外国钱币；从时间上来分，可分为古代钱币、近代钱币和现代钱币。

收藏专家认为，钱币收藏要注意看以下7个方面：

（1）钱币是否有面值。没有面值的只能称为"章"，而不能称为"币"。币，必须是可以或者曾经可以作为货币流通。

（2）钱币涉及的题材。钱币所涉及的题材多为历史人物、历史事件、文化艺术、体育、动物、植物、自然景物等。由于每个人的学识情趣、文化品位不同，对题材的偏好各异，所以，收藏者可以选择自己所喜爱的题材进行系列收藏。最好是选择大众喜闻乐见的而且发行量不能太大，这样的品种比较有生命力。比如，野生珍稀动物系列纪念币，每套发行量都为上百万枚，而且有1/3向国外发行。

（3）钱币的纪年版别。钱币上的纪年是指铸造在钱币上的年份。相同图案、面值的钱币，纪年不同，其价值差异颇大。

（4）钱币的出处。比如说，银元就分为云南龙版、北洋龙版、江南龙版、贵州竹版等。

（5）钱币齿边形状。钱币的齿边形状大致可以分为平光边、丝齿边、装饰边、铭文边和安全边五大类，是区分铸币不同版别的一个重要依据。

（6）钱币的制作工艺、钱币上的字迹是否自然流畅，与整个钱币是否和谐。做工精美的品种，容易引起市场好感，具有较大的增值潜力。

（7）钱币的成色。钱币的品相是按"成"来划分的，其实，只要有七八成新就可以收藏，如果是珍稀品种，成色差一点也行。当然，十成新的最好，这就表明钱币没有任何脏污斑点，没有任何破损、裂缝，而且重要的是没有经过人工处理。

总之，对钱币鉴别时需要在"看"上下功夫，钱币收藏者往往需要随身携带放大镜。

中国的古钱币有着长达3 000多年的悠久历史，各种各样的古钱币中包含着极高的考古学价值和收藏价值。

但是，古钱币投资与其他形式的投资一样，也存在着极大的风险。投资人在古钱币的实际投资过程中，应掌握以下几个要诀：

一、选准某一时期，把握好一点

我国历史上曾经出现过的货币形制成百上千，钱币版本更是成千上万，因此，对于各种各样的形制和版本，任何人都不可能做到一览无余，完全掌握。所以，涉足这一收藏领域的投资人，除了要下大工夫学习相关方面的专业知识之外，最好先从某一时期的钱币着手，这样涉及的钱币种类少，能够把握好一点。等熟悉了基本情况以后，再循序渐进地逐渐扩大收藏范围。

二、详细了解有关币种的价格情况

古钱币市场的价格体系复杂，文物价值与市场价格往往严重背离，很难准确把握。因此，古钱币投资人在确定了投资的具体方向后，特别是必须详细了解有关币种的价格情况，要了解相同或相似种类的价格差别，以免遭受投资损失。

三、密切关注古钱币出土情况

古钱币的出土情况对市场行情的影响很大，难以预测。由于古钱币没有很高的艺术欣赏价值和使用价值，所以购买者大都是专门的钱币收藏者。因此市场上对某一类古钱币的需求量在一定时期内是比较稳定的。古钱币在社会上的存有量差别很大，不同的古钱币之间的差价也是巨大的。古钱币的社会存有量有时会增多，因为它有一个巨大的不可预测的地下埋藏库。古钱币的出土情况报纸上常有报道。一般说来，墓葬出土或考古遗址的零星出土，古钱币的数量普遍较小；古人的藏宝之处出土的数量往往较大，币种也比较集中。如果一次挖出同一币种钱币的数量极多，又由于管理不当而流入了市场，那么市场上的供需平衡很快就会被打破，价格随之就会下降。总之，把稀缺币种作为收藏投资的对象时，一定要密切注意最新的出土情况，如果发现有可能影响市场价格的考古出土方面的报道，就应马上采取适当的应对措施。

四、具有一定的识别真假能力

古钱币因形制简单，铸造容易，从近代开始就有人专门从事古钱币造假，所

钱币投资应注意的事项

收藏

关注市场热点

对于初学者，只有对市场投资热点有所了解，才不至于盲目投资，浪费钱财。

注重品相

品相是钱币价格的决定因素，一枚全品相的钱币和一枚下品的钱币，价格可能相差100倍。

你看我这枚，品相多好。

古钱币市场

我看现在古钱币的趋势不太好啊，总是下跌。

我觉得这反而是加大投资的好机会。

关注购买时机

钱币市场有高潮和低谷。低谷孕育着生机，适合介入。而一旦这个市场暴涨过火，则要果断出手，以待跌下去了再买。

以，古钱币的收藏投资人必须具备一定的识别能力。保存最完好的古钱币应该是带锈色而无锈蚀，表面光滑而发亮，各部分均完整无缺，字迹和花纹清晰可辨。

还有一点是投资人应该注意的，由于古钱币的铸造模具由手工雕刻，因此难免会有疏漏，版别漏验及试铸币便成为珍品。

五、初涉古钱币收藏者可以先从银元做起

银元的发行流通时间短，磨损少，保存完好，目前在民间尚有不少持有量。由于银元本身是贵金属，自身的价值有保证，多少年来一直随国际市场的金银价格而缓慢爬升。因此，投资银元既稳妥可靠，又有一定的获利机会，是初涉古钱币投资人较为理想的选择。

【理财圣经】

投资钱币是件乐事，时下钱币大热，投资人一定要擦亮眼睛，否则因知识缺乏，在钱币投资上栽了大跟头，就不是一件乐事了。

古玩投资：在玩赏中获取财富

有的人曾经很形象地把投资古玩形容为"玩并赚着的投资方式"，确实如此，古玩投资不仅满足了投资人的个人爱好，又能给其带来丰厚的利润回报，岂不是一举两得的事情，何乐而不为呢？

一、玉石翡翠的收藏

在我国历史上遗留下来的玉石翡翠珍品数量非常有限，但普通的古玉石翡翠种类繁多，差价很大，加上作伪者多，识别和辨伪的难度相当大，所以玉石翡翠自古以来，非普通人所能及，都是作为皇亲国戚、富商大贾的掌中玩物被收藏的。现代社会随着人们生活水平的不断提高，老百姓手里有了闲余资金，玉石翡翠这些收藏品也逐渐为普通百姓所拥有，并作为投资对象。因此，对于想涉足玉石翡翠收藏的投资人来说，掌握一点玉石翡翠的辨别真伪的基本知识是非常必要的。

由于玉石翡翠具有十分繁多的种类和形式，且有大量的伪作，所以投资人一定要多读有关资料，掌握相关的知识，同时还要注意以下几个事项：

（1）对照实物，多看多比较。

玉石翡翠收藏非常注重实践性，所以，要求投资人必须经常接触实物，从而积累大量的实践经验。如果条件允许，投资人可以经常到文物博物馆、古玩专卖店或大商场及旅游商场的工艺品柜台，了解玉石翡翠收藏品的具体市场行情，并牢记各种制作工艺、品色方面的感性特征。另外，还要有意地去逛一些旧货市场或街头地摊，平时对一些小件玉器翡翠饰物多加留意。

（2）具备长期投资的心理意识。

玉石翡翠属工艺品，其价格主要受材质和制作工艺的影响，而这些标准又是比较客观而固定的，所以玉石翡翠品的价格在国际国内一直处于稳中上升的趋势，少有大起大落，不像书画作品那样因作者名声的涨落而涨落。所以，除非投资人有非常方便又便宜的进货渠道，否则不适合进行短期投资。

（3）仔细鉴定藏品的真伪。

通常投资人仅用肉眼和凭个人经验来鉴别玉石翡翠的真伪，这种方法的可靠性非常有限，单凭经验有可能看走眼，造成投资损失。因此，在决定买较大件的玉石翡翠作为收藏投资的对象之前，一定要尽可能地通过专业鉴别机构或专家，使用专门仪器对玉质进行科学鉴别，从而得出颜色、透明度、光泽强度、比重、硬度等玉石品质方面的分析指标，为玉石翡翠的收藏投资提供科学可靠的依据。

（4）密切关注国内外市场行情。

由于我国是玉石的故乡，所以玉石制品基本上来源于国内。投资人既可以直接从商家购买，也可以在民间寻觅收集。然而玉石制品的消费者主要集中在国外，特别是海外华人圈和西方的博物馆。尽管现阶段国内消费也逐渐扩大，但玉石制品的主流价格仍以海外市场为准。所以有条件的投资人可以直接参与国际市场的拍卖活动，倘若没有这种条件，则要紧密注视国际市场的行情。

（5）以制作工艺作为选择的首要标准。

在众多收藏品中，玉石制品的价格受其年代的影响较小，而主要受其制作工艺水平的影响。一般说来，一个年代久远但工艺简单的玉器，虽然有极高的考古学价值，但因为没有极高的艺术欣赏价值，所以在国际市场上的价格往往不会很高。而一个现代玉石翡翠工艺品，只要工艺精湛，在国际市场上就可以卖出很高的价格。所以，投资人将玉器翡翠制品作为收藏投资对象时一定要把制作工艺当作首要标准。

二、青铜器的收藏

青铜器主要是指先秦时期用青铜铸造的器物。

从我国已发现的各类青铜的造型和装饰来看，自夏始，中经商、西周、春秋、战国直到秦汉，每一时期既表现出各自的风格和特色，相互间又有沿袭、演变和发展，进而形成了独具特色的中国青铜文化艺术。在制作工艺上，最突出的是错金银、嵌红铜、包金银、鎏金和细刻镂等新技术的发明和应用。

鉴于中国青铜器历史悠久，品种纷繁，人们对其进行了详细地分类，其目的在于更清楚地区别青铜器的性质和用途，以利于研究、鉴赏和收藏。

我国青铜器不仅种类丰富，而且别具艺术特色，历来是中外收藏家注意收藏的珍品，尤其是带铭文的礼器，更是追逐搜寻的重点。本来青铜礼器的传世量就不多，而需求者有增无减，僧多粥少，所以青铜器历来价格昂贵，尤其是珍稀精品。青铜礼器虽说值钱，但并非所有的礼器都有较高的经济价值，特别是那些工艺粗

如何识别真伪青铜器？

投资者要想涉足青铜器收藏领域，首先就要掌握以下鉴别真伪的技巧：

看器物造型、纹饰和铭文有无破绽，锈色是否晶莹自然。

眼看

手摸

凡是浮锈用手一摸便知，赝品器体较重，用手一掂就知真假。

鼻闻

出土的新坑青铜器，有一种略有潮气的土香味，赝品则经常有刺鼻的腥味。

耳听

用手弹击，有细微清脆声，凡是声音浑浊者，多是赝品或残器。

糙、破损严重的礼器。

如果投资人想通过青铜器投资来实现致富的目标，就应该先学会识别真伪青铜器的窍门。

三、古瓷器的收藏

"瓷器"的英文名称叫"China"，和"中国"用的是同一个英文单词。自明代郑和七下西洋，将中国的瓷器带到世界各地之后，中国瓷器就一直成为全世界的收藏家们喜爱和追求的珍品。在西方人眼里，中国瓷器是不可多得的珍宝，所以，中国的古瓷器在国际市场上一直以来都具有很高的价格。

多少年来，中国瓷器在国际市场上价格一直居高不下，致使许多趋利之徒从清代起就大肆制作古瓷器赝品。因此，古瓷器收藏者，如果想在拍卖场以外寻求投资机会，不但要了解各时期中国瓷器的风格特点，还要尽量掌握一些甄别瓷器新旧真伪的知识。

判断一个瓷器的优劣既要看其年代，更主要的还是看它的制作工艺。如果是一个普通工艺制作的瓷器，即使具有悠久的历史，其收藏投资价值也不是很大。然而，如果是精工细作，能代表某时期工艺典型风格的瓷器，即使年代较近，也可能价值连城。比如，1997年上海春季国际古瓷拍卖会上，有人将一对清代雍正年间制造的斗彩竹纹碗以100多万元人民币的成交价买走，而一只产于宋代的黑釉碗却以不足5000元人民币成交。两者价钱为何如此悬殊？其主要原因是工艺水平存在着极大的差异。那对清代的斗彩竹纹碗是官窑名瓷，工艺精美绝伦，那只宋代的黑釉碗则是一般民窑制作的普通瓷器用品。所以，对于古瓷器收藏者来说，在关注瓷器年代上的同时，还必须留心判断瓷器的精美程度。

【理财圣经】

随着人们生活的日益提高，收藏不可再生的古玩已经逐渐进化成为一种高雅的投资理财方式。然而，由于市场上赝品较多，古玩投资者应尽可能多掌握一些相关知识，以免因受骗而受损失。

字画投资：高品质的艺术享受

我国自改革开放以来，经济发展取得举世瞩目的成就，人民生活水平日益提高，艺术品市场作为一个十分重要的投资渠道也得到了恢复、规范和长足的发展，人们对字画等艺术品的直接消费需求和收藏投资的需求也稳步增长，特别是随着艺术品市场的开放程度日益提高，与海外市场的联系日益广泛和密切，中国字画作品的投资价值与投资功能日益显现出来并得到人们的普遍认同和长期看好，艺术品市场日趋活跃与繁荣。应该说，现在是我国字画投资的历史最好时期。

如何识别瓷器赝品

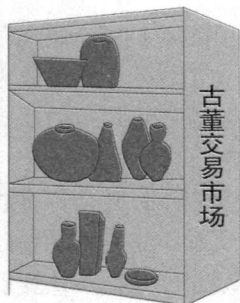

古董交易市场

看造型

　　首先要熟知各朝典型品种的各种器形，器形与朝代不符的则明显是赝品。

看胎釉

　　瓷器的胎釉成份及烧制条件不同，最终也导致了瓷器的质地与釉色也不尽相同。

看纹饰

　　看瓷器纹饰的内容和表现手法，各朝代不尽相同。

　　最后，还可以通过看款式来识别。因为款识主要用于表明时代、窑口、制作者、使用者等信息，每个朝代的字体、风格及每一笔画的特征，是有显著区别的。

其实，不仅是现在，就是前几十年，字画的收藏也为很多人所热衷。可以说，投资古字画历来是收藏投资界所热衷的宠儿。

对于有心在古字画收藏中一展身手的投资人来说，应该注意以下几个方面：

一、必须具备一定的书画收藏和欣赏知识

中国历代的书法和绘画在其发展过程中都具有较大的统一性，因此，画家也常常就是书法家。由此可见，欣赏字画的道理也是相同的，主要包括欣赏字画作品的笔法、墨法（色彩）、结构（构图）和字画所反映的历史知识以及作者的身世等方面的知识。

二、详细了解字画作者的身份

中国历朝历代的名画家非常多，有史料记载的达数万人之多。对投资人来说，详细了解每个人的身份显然是不太容易的，但可以对每个时期最有代表性的人物的身份作详细地了解，真正做到"观其画，知其人"。

三、掌握一定的字画鉴别方法

对于一般的古字画收藏投资人来说，古字画鉴别的难度是极大的。由于中国古代的书画家极多，留下了许多优秀的书画作品，再加上各种临摹，各种假画伪画，以及后落款，假御题、跋、序等，是任何专业类图书都无法一一详细记载的。所以，即使国家级的鉴别大师在鉴别古字画时也不敢保证每次都千真万确。古字画的鉴别虽说难度很大，但其中还是有一些基本规律供投资人参考的。古字画的鉴别除了要注意字画的笔法、墨法、结构和画面内容等基本方面外，还须注意字画中作者本人的名款、题记、印章和他人的观款、题跋、收藏印鉴，以及字画的纸绢等相关细节方面，这样才能减少鉴别失误。

四、了解字画伪造的种种方法

古代字画作伪之风源于唐代的摹拓和临摹。所谓的"摹"是将较透明的纸绢盖在原件上，然后按照透过来的轮廓勾线，再在线内填墨完成。"临"是指将原件放在一旁，边比照边写画。尽管摹写出的作品表面上更接近原件，但往往无神，也容易将原件弄脏，而临写则比勾摹自由，可在一定程度上脱离原件，因此是更高级的作伪方法。

由于古字画市场上鱼龙混杂，良莠不齐，所以对古字画收藏者来说是有一定风险的。古代没有专门的鉴定机构和专家，因此，收藏者自己就必须是鉴定行家，不然就会吃大亏。现在的情况已经发生了很大的改变，国家有专门的鉴定机构，拍卖行也必须在取得一定的鉴定证书后方能拍卖，所有这些，都给古字画收藏者提供了一定的投资保证。

字画投资要掌握如下技巧：

一、选择准确是关键

字画投资不像其他投资，可以从繁乱的报表中得到参考数据，要想掌握字画投资市场状况，只有靠多看、多问、多听，逐渐积累经验。投资人平时要常逛画廊，多与画廊的工作人员交谈，从中就会发现哪些画廊的制度较健全，哪些画家的创作力较旺盛，从而积累一定的信息，但切莫"听话买画"。字画的优劣往往是比较出来的，只要多听、多看、多问，自然就有判断的标准。

二、注意国际行情

字画在国际上大体可分为两大系统：代表西方系统的以油画为主；代表东方系统的则是中国字画。

投资人选择字画投资，必须要有国际公认的行情，并非在某个画展上，随便买几幅字画就认为是字画投资了。字画作品需要经过国际四大艺术公司拍卖认定才会有更高的价值，才会具有国际行情。这四大公司分别为苏富比、克里斯蒂、建德和巴黎APT。这四大国际艺术公司每年在全球各地拍卖高档字画，设定国际行情。

三、优质字画选购常识

字画投资需要一定的金钱，但更需要的是独到的眼光。特别是收藏古字画，更要通晓这方面的知识和行情。古字画按类而分，价值不等。

（1）从绘画与书法的价值来说，绘画高于书法。道理很简单，绘画的难度大于书法。

（2）从质地来说，比较完整没有破损，清洁如新，透光看没有粘贴、托衬者为上品；表面上看完好无损，仔细看有托衬，但作品的神韵犹存者为中品；作品系零头片纸拼成，背后衬贴处，色彩也经过补描，即使是名家之作，也只是下品。

（3）从内容来说，书法以正书为贵。比如王羲之的草书百字的价值只值行书一行的价值，行书三行值正书一行，其余则以篇论，不计字数。绘画以山水为上品，人物次之，花鸟竹石又次之，走兽虫鱼为下品。

（4）从式样来说，立幅高于横幅，纸本优于绢本，绫本为最小。立幅以高四尺、宽二尺为宜，太大或太小一般价值都不是很高；横幅要在五尺以内，横披要在五尺以外；手卷以长一丈为合格，越长价值越高；册页、屏条应为双数，出现单数则称失群；册页以八开算足数，越多越好；屏条以四面为起码数，十六面为最终数，太多则难以悬挂。

时代、作者名气、作品繁简、保存状况一般来说对古字画没有影响。按行情，宋代或宋代以前的作品，出自最著名几位大家的手笔，每件最低价在10万元以上。若作品完整、干净，内容又好，则可随交易双方自行议价，没有具体定价。元代以下作品价格稍低，但大名家的手笔最普通的也值几万元。

此外，带有名人题字、题跋，或曾有被著录、收藏的印鉴、证录的古字画，都有很高的价值。题字越多越好，一行字称一炷香。名人题跋则称为帮手。

至于近代字画，可以综合以下几点考虑：

（1）已成名的国内画家。推动近代美术发展的画家是目前身价最高的画家，如果以他们为重点，虽然需要的投资金额比较高，但是立即可以变现，风险较小。

（2）五六十岁的中坚画家，可就作品品质、价格、产量来评估。若其作品过去只有很少人收藏，则表示社会不易接受。

（3）风险最大的莫过于画价较低的年轻画家。虽然不必花费太多钱即可购得其作品，但其将来是否持续创作或成名，都会影响作品价值。

四、评价字画的方法

（1）有时代感。不论任何作品，一定要与社会和时代相符。若让现代人画一幅清朝的画，根本不可能反映那个时代的状况潮流。

（2）有生命力。作品的生命力是从生动的线条中表现出来的，有灵性的作品就是有生命力的作品。

（3）自创一格。作品一定要有自己独特的风格，自成一家，模仿的字画是流传不了多久的。

中国字画的作者历来都以临摹为学习手段，技法崇尚古人，明清以来画风因循

字画投资的优势

对比现在的各类投资，字画风险性不大，还是值得一投的。

字画投资风险较小

与购买股票或期货相比，字画投资风险较小。

字画收藏改变了我的一生。

上海 买楼

字画投资收益率极高

一般投资收益率与投资风险成正比，但由于字画具有不可再生性的特质，因而具有极强的升值空间。字画本身的特征决定了字画投资风险小、回报率高的优势。

守旧，书法则因科举影响而盛行馆阁体。书画家都以模仿前辈名家为荣，形成一种潮流，坊间画店多有模仿名家之作。书画家如果没能入仕途，没有功名，一般地位都比较低微，生活贫困，即使自身技法高超也不得不有意模仿名家之作，以维持生计，当然也有为牟取私利专造赝品者。因此字画的鉴定辨别，非常困难，只有经验丰富的专家才可以胜任。

古代字画历来流传有一定规律，名家精品多为帝王、达官贵族所收藏，历朝均有著录记载。但后因历代朝政的更迭，连年战乱，字画损失很大。许多有记载的名品实际上已经失传，余下的多为国内外博物馆或私人美术馆收藏。民间流传的字画，经历了战争的劫难，几乎损失殆尽。因此古代名家精品在市场上流通量非常少。朝代越古、名气越大的名家，模仿其作品的人也越多。因此，对投资人来说，在投资古字画之前，若没有明确的专家鉴定，切不可以轻易投资。

现在在市场上流通的字画，大多数是近现代名家的作品。由于这部分作品中的精品市场价较高，且作者多已去世，因此收藏这些精品的机会比较少，所需资金与精力也比较大。虽然市场上有赝品充斥其中，但赝品与真品始终有距离，只要多请教专家、多看、多比较、多学习，就不难分辨其真伪。这些精品的投资虽大，但风险相对较小，是资金丰富的投资人的首选。

另外，目前在世的中青年画家作品许多已进入成熟期，其升值空间较大，此类作品是投资的重要选择。对投资人来说，投资这些作品需要的资金相对较少，但风险相对较大，回收期也较长。投资人要研究这些画家的经历、艺术轨迹和风格走向，评估其潜力和前景。投资人可以参照两个标准：一是学术标准，即其作品在国家权威艺术机构所举办的艺术活动中的学术地位和水准；另一标准是看其作品市场接受度、数量和质量，即收藏人数的多少。

【理财圣经】

字画投资有很多优点，但是笔者也要建议投资人在投资字画时，要理智一些，首先要看字画作品的艺术价值。对于那些知识储备较少的普通投资人，还是要谨慎入市，即使买到了合适的作品，如何找到合适的出手途径也是很重要的。

珠宝投资：收益新宠

"宝石"也叫"宝玉石"，有狭义和广义之分。

狭义的宝石是指自然界中色泽艳丽、质地坚韧、无裂纹及其他缺陷、硬度较大的矿物单晶体，如金刚石、红蓝宝石、祖母绿等。

广义的宝石除了上述单晶体宝石外，还包括各种玉石、雕刻石等。如今在工艺美术界，人们已将珍珠划入"生物质宝石"的范围。因此，所谓的"珠宝"也就是

珠宝投资必须遵守的原则

网上这种打折珠宝不要买，会贬值的。

这种没有市场价值的珠宝不要买，会贬值的。

1.必须选购具有市场价值的珠宝，即数量稀少，但需求量日益增加、价格不断上涨的珠宝。

2.不要选购打折珠宝。投资珠宝必须选择佳品，才能确保其市场性与增值性。

3.珠宝的价格受色泽、做工、重量等诸多因素的影响。因此，在购买时一定要索取国际公认的鉴定书，以确保珠宝的品质与价值。

广义上的"宝石"或"宝玉石"。

我国传统上将宝石与珍珠、琥珀、珊瑚等小件翡翠合称为珠宝。由于珠宝的存量稀少、体积小、价格高，并能长期保值，甚至增值较快，同时又便于携带和永久保存，因此古今中外都视珠宝投资为一种极有利润的投资工具。

一、珠宝的投资经营特点

（1）珠宝具有"硬通货"性质。许多国家都将宝石资源划归国有，并将其作为国民经济发展的重点投资项目和国库储备的对象之一。

（2）全球珠宝贸易市场比较集中，其形式多种多样，贸易的对象也有原石、半成品和成品等。

（3）珠宝交易和其他商品贸易一样，但珠宝交易的一个显著特点是趋于保守和稳妥。

（4）由于珠宝贸易市场中的高额利润，珠宝市场的竞争十分激烈，欺诈、走私和黑市这些现象也就很难得到根本性控制。

二、珠宝投资的范围

（1）钻石。在珠宝交易中，钻石占有相当大的市场份额。近年来，在戴比尔斯集团"中央销售组织"的严格控制下，钻石的价格每年都在稳步上升。

（2）有色宝石。有色宝石包括红宝石、蓝宝石和祖母绿等。有色宝石的回报率不如钻石那样稳定且容易掌握，但是从长远看，有色宝石的供应量比钻石少，所以升幅也可能会较大。

（3）名牌珠宝。品牌是决定珠宝价值的重要因素，世界上著名的珠宝公司如蒂梵尼、卡地亚等的产品价格始终居高不下。

（4）古董首饰。目前古董首饰在市场上十分流行，也是值得投资的品种。

【理财圣经】

我国珠宝来源丰富，品种繁多，人们佩戴和收藏珠宝的历史也很悠久，市场中人们对珠宝的需求量很大。珠宝具有特殊的品性，既是优美的饰品，又是一种特殊的财产。因而，珠宝投资越来越受到大家的欢迎。

第六章

外汇是桩大买卖：真正的以钱赚钱

外汇投资：获取财富的新工具

外汇，英文名称 Foreign Exchange，它指的是外币或以外币表示的用于国际间债权债务结算的各种支付手段。

根据IMF的定义，我国对外汇作了更为明确的规定。《中华人民共和国外汇管理暂行条例》第二条对外汇规定如下：

外汇是指外国货币，包括钞票、铸币等；外币有价证券，包括政府公债、国库券、公司债券、股票、息票等；外币支付凭证，包括票据、银行存款凭证、邮电储蓄凭证；其他外汇资金。

近年来，随着经济的进一步发展，投资外汇成了我们投资理财的一个有效途径。

在外汇交易中，一般存在这样几种交易方式：即期外汇交易、远期外汇交易、外汇期货交易、外汇期权交易。

一、即期外汇交易

即期外汇交易又称为现货交易或现期交易，是指外汇买卖成交后，交易双方于当天或两个交易日内办理交割手续的一种交易行为。即期外汇交易是外汇市场上最常用的一种交易方式，即期外汇交易占外汇交易总额的大部分。主要是因为即期外汇买卖不但可以满足买方临时性的付款需要，也可以帮助买卖双方调整外汇头寸的货币比例，以避免外汇汇率风险。

二、远期外汇交易

远期外汇交易是指市场交易主体在成交后，按照远期合同规定，在未来（一般在成交日后的3个营业日之后）按规定的日期交易的外汇交易。远期外汇交易是有效的外汇市场中必不可少的组成部分。20世纪70年代初期，国际范围内的汇率体制从固定汇率为主导转向以浮动汇率为主，汇率波动加剧，金融市场蓬勃发展，从而推动了远期外汇市场的发展。

三、外汇期货交易

随着期货交易市场的发展，原来作为商品交易媒体的货币（外汇）也成为期货交易的对象。外汇期货交易就是指外汇买卖双方于将来时间（未来某日），以在有

适时退出是外汇交易的制胜法宝

在进行外汇投资时，尽管需要考虑许多关键因素，但核心问题始终是在什么情况下退出已经进入的交易，这是外汇投资能否获益的制胜法宝。那么，怎么才能做到适时退出呢？

你应该有一个接受损失的计划。

xx外汇交易所

首先，必须有一个接受损失的计划，一旦交易失利，就应坦然退出。

然后，必须有一个接受赢利的计划，一旦赢利目标达到，即可满意而归。

我的投资原则是见好就收不贪大。

市价果然没有什么大波动，现在正合适退出交易。

最后，必须有一个计划，它使交易人在发现市价在相当一段时间内不会发生重要变化时退出交易。

组织的交易所内公开叫价（类似于拍卖）确定的价格，买入或卖出某一标准数量的特定货币的交易活动

四、外汇期权交易

外汇期权常被视为一种有效的避险工具，因为它可以消除贬值风险以保留潜在的获利可能。在上面我们介绍远期外汇交易，其外汇的交割可以是特定的日期（如5月1日），也可以是特定期间（如5月1日至5月31日）。但是，这两种方式双方都有义务进行全额的交割。外汇期权是指交易的一方（期权的持有者）拥有合约的权利，并可以决定是否执行（交割）合约。如果愿意的话，合约的买方（持有者）可以听任期权到期而不进行交割。卖方毫无权利决定合同是否交割。

目前，我国使用最多的还是个人外汇买卖业务，就是委托有外汇经营权的银行，参照国际金融市场现时汇率，把一种外币买卖成另一种外币的业务，利用汇率的波动，低买高卖，从中获利。

凡持有本人身份证，并在有外汇经营权的银行开立个人外币存款账户或持有外钞的个人，都可以在有外汇经营权的银行委托其办理买卖业务。个人外汇买卖业务对想要手中外汇增值的投资人来说有很多妙处，不仅可以将手中持有的利息较低的外币，买卖成另一种利息较高的外币，从而增加存款利息收入，而且可以利用外汇汇率的频繁变化，赢得丰厚的汇差。

但是，投资人应该清醒地看到外汇投资往往伴随着一定的汇率及利率风险，所以必须讲究投资策略，在投资前最好制订一个简单的投资计划，做到有的放矢，避免因盲目投资造成不必要的损失。

【理财圣经】

任何东西通过比较后就会产生差别。对商品来说，有了差别就会产生差价，而有差价就有获利的空间。货币同样如此，外汇投资就是获取不同货币之间的差价。近年来，随着经济的进一步发展，投资外汇成了造就百万富翁的有效途径。

炒外汇需要做哪些准备

随着国际化进程的加快，外汇投资成为我国新的投资热点。近年来，个人外汇投资产品也是层出不穷。当然，市场上各种外汇投资产品的收益和风险高低不同，产品期限、结构和门槛也各自相异。但是，作为投资人应该清醒地看到外汇投资往往伴随着一定的汇率及利率风险，所以必须讲究投资策略，在投资前最好制订一个简单的投资计划，做到有的放矢，避免因盲目投资造成不必要的损失。

一、了解个人的投资需求及风险承受能力

不同的外汇投资人有不同的投资需求及风险承受能力。比如，一些人资本雄

厚，他的外汇主要用于投资升值，风险承受能力较强；另一些人资本较少，因此他虽然也进行外汇投资，但厌恶风险，将保本作为投资底线；也有部分人持有外汇，可能在未来有诸如留学、境外旅游、境外考试等其他用途，不但风险承受能力有限，连投资期限也有一定限制。因此，作为投资人只有充分了解自己的投资需求和风险承受能力，才能够选择适合自己的外汇投资产品。

二、投资人应根据个人实际制定符合自己的投资策略

投资人在明确了个人的投资需求后，就可依据自己的投资预期目标来制定投资策略。投资升值需求强烈、风险承受能力强的投资人，可将部分资金用于外汇买卖

制定外汇投资计划的注意事项

进行外汇投资时，制定投资计划是确保外汇交易成功的关键，因此，要特别注意以下事项：

> 我们要为孩子将来留学多准备点外汇。

投资计划表

一是制订计划的首要前提必须要明确目的，目的有"长线与短线之分、投机与投资之分"。

> 你的外汇投资计划很明确，只要坚持下去，肯定能大赚一笔的。

二是制订计划所依赖的依据一定要准确，不可猜测。在此依据有效时，应坚持计划并完善它，不要因为心态原因改变计划的最后实现。

或投资于风险较大、投资回报率较高的外汇投资产品，并配合一些保本型投资以控制风险；而那些风险承受能力较差或是以保值为主要目的的投资人，则可将大部分资金投资于一些保本型的投资产品。

通常，投资人可进行适当的分散投资，分别投资不同类型的投资产品，或是不同的币种，从而有效地分散投资风险。各种投资产品或外汇币种的比重则可根据自己的偏好来决定。但是，资金薄弱的投资人是很难进行分散投资的，在这种情况下，选择一种最佳的投资产品就显得尤为重要。

三、投资人要充分了解投资产品的结构

投资人要做到赢利，就需要在最合适的时机，选择最合适的投资产品。因此，投资人不仅应该对国际金融市场有一个基本的认识，还应对各种投资产品的结构特性有一个全面的了解。比如，当投资人预测到某一货币将持续走强，那么就可以通过外汇宝买入该货币，也可以投资与该货币汇率挂钩的投资产品以提高存款收益；在利率缓步上扬的市场中，投资人可以考虑投资收益递增型或是利率区间型投资产品；而在利率稳定或逐步下降的市场环境下，与投资利率反向挂钩型产品则可以为投资人带来较高的投资收益。

【理财圣经】

有经验的投资人对于外汇投资有着这样一种深刻的体会：只要投资前认真做好准备，就一定能找到最适合自己的投资渠道，真正提高外汇投资的收益。

外汇交易的基本流程

外汇交易的基本流程包括开户、报价、交易、确认四个环节。

一、开户

外汇交易与股票交易一样，第一步必须开户。外汇实盘交易的开户程序如下：

（1）选择开户银行。

投资人可以根据个人偏好选择开户银行，也可以依据专业人士的推荐来选择。

（2）开户并存入外汇。

本人携带有效身份证明到银行开立外汇买卖账户，签署《个人实盘外汇买卖交易协议书》，存入外汇；办理网上交易和电话委托交易开户手续。

（3）确定交易策略和制订交易计划。

（4）建立日常的汇市信息来源渠道。

二、报价

开户后，要重点学会报价。

投资人可到银行大厅中直观研究，也可以在家里直接上网，这与炒股一样。外

汇买卖的报价其实是两种货币的汇率，或者说是一种比率。比如说美元/日元，就是指拿美元兑换成日元，或拿日元兑换成美元的汇率。由于银行的报价是参照国际金融市场的即时汇率加上一定幅度的买卖点差报价，所以汇率变化是随着国际市场的变化而变化的。

汇率有两种标价方式：直接标价法和间接标价法。汇率又分买入价和卖出价。"买入"和"卖出"都是站在银行的角度而言的，是针对报价中的前一个币种来说，即银行买入前一个币种的价格和卖出前一个币种的价格，而站在汇民的角度就恰好相反。

汇民在报价时要记住一条基本的策略：贵买贱卖。即当你要买某种货币时，用的是这两个报价中不利于你的那个汇率，也就是比较贵的报价；当你要卖某种货币时，也要用这两个报价中利于你的那个汇率，也就是比较便宜的报价。

三、交易

客户开户后，可以自己拟订一个交易计划，对什么商品、什么价格买入或卖出应心中有数，然后便可以开始交易了。

外汇交易有很多种方式，投资人可以依据自己的情况选择一种：

（1）柜台交易、使用银行营业厅内的个人理财终端进行交易。

选择此种交易方式时，客户先通知经纪人下单。在对经纪人下达指令时，应包括买或卖商品的种类、合约数量和价格等内容。经纪人接到客户指令之后，立即通知交易所交易代表，交易代表接到通知之后，打上时间，然后通知场内经纪人。场内经纪人则通过叫价，辅以手势来彼此进行交易。

如果客户选择柜台交易或使用个人理财终端进行交易，交易时间仅限于银行正常工作日的工作时间，多为周一至周五的9：00至17：00，公休日、法定节假日及国际市场休市均无法进行交易。

（2）电话交易或互联网交易。

此种交易方式也需要通知经纪人下单，只不过是通过电话或网络来下达指令。如果客户选择电话交易或者互联网交易，一般来说交易时间将从周一8：00一直延续到周六17：00，公休日、法定节假日及国际市场休市同样不能交易。

可见，除了非要去现场感受气氛，通过电话或者互联网交易才是更佳的选择。

四、确认

客户在交易完成之后，须将个人外汇买卖申请书或委托书，连同本人身份证、存折或现金交给柜台经办员审核清点。

经办员审核无误后，将外汇买卖证实书或确认单交客户确认。成交汇率即以该确认单上的汇率为准。

客户确认了交易的汇率、买卖货币的名称、买卖金额之后签字，即为成交。成交后该笔交易不得撤销。外汇交易的流程至此也就全部完成了。

外汇交易的准备工作

炒汇者做好交易前的准备比急匆匆地交易更加重要，外汇交易前的准备工作至少应包括以下几个方面：

一. 基本准备

外汇投资

基本准备是个初步认识和了解市场的过程，也是进行交易所必不可少的过程，它包括：学习基本交易理论；了解常用的技术工具；熟悉交易品种；掌握各交易所的交易交割规则；熟悉开户、交易流程等。

二. 模拟交易

进行模拟交易是对你所学习的知识的一个验证。在你不具备交易能力之前，进场实地交易一定会付出巨大的代价，所以，多做几次模拟交易可以减少和缓冲这个痛苦过程。

三. 小单量交易

我先学习看看，刚刚做。

先生，怎么就投这么一点？

四. 再次认识自我和市场

通过小单量交易你一定会再次重新认识自我和市场，这种重新认识是一个重要的过程，它会决定你是否应该继续交易。

小单量交易是对严格意义上的模拟交易的进一步考验，在这个阶段获利仍不能是你追求的目标，你仍处于学习阶段。

【理财圣经】

对外汇交易的具体流程有了详细的认识，然后按部就班地进行外汇交易，有助于避免交易时间的浪费。

外汇交易要遵循的五大原则

在外汇交易中，投资人若想顺利获得利润，应该树立正确的投资理念，遵循以下原则。

一、效益与风险共存原则

只要是投资，就会有风险，外汇投资也是如此。因此，投资人必须有驾驭风险的能力，在外汇交易中，力求保住本金，增加收益，减少损失。对风险与收益的关系有两种处理方式：一是在既定风险条件下，尽可能使投资收益最大化；二是在既定收益条件下，尽可能规避风险，把风险减小到最低程度。

汇市没有常胜将军，只有不断总结经验，规避风险，才能获得好的收益。

二、责任自负原则

外汇投资是有风险的，因此赚或赔是很正常的事。投资人个人与市场相比，犹如大海里的一滴水，有你与否，市场照常运作，市场不会因为你的加入而改变交易规则。那些投资公司的业务员和经纪人负有承揽业务、寻找客户的责任，但决定是否入市投资、何时入市、以何种方式入市都是你自己说了算，经纪人只提出自己对汇市的看法，作出最终决策的是你自己，赚了钱归自己所有，当然赔了钱你要自己负责。

三、准备充分原则

选择外汇投资，投资人应掌握外汇市场基本知识，尽可能多地占有外汇投资资料。外汇市场知识包括外汇市场运作、市场结构、买卖过程、主要外币的特点、汇市行情波动的特点等。要了解、掌握这些知识，投资人应潜心学习，从有关书籍中寻找答案，并且在投资实践中不断积累和探索。

四、精力充沛原则

外汇市场是24小时运作的市场，每时每刻都有外汇交易进行，一天24小时都有汇市行情可以观察。

有的投资人，尤其是初涉汇市者，往往怕自己离开时汇市突变，于己不利，因此昼夜守候在市场，目不转睛地盯着屏幕汇价的跳动。这种做法是很不明智的。不仅伤害自己的身体，而且会因疲劳而使自己反应迟钝，甚至还会失去理智。拥有健康的身体、充沛的精力，才能做出正确的决策，获取高回报率。

五、理智投资原则

理智投资是建立在对外汇市场客观认识的基础之上，投资人应该冷静而慎重，善于控制自己的情绪，对所要投资或已经投资的外汇要详细分析研究，既不可主观臆断，自以为是；也不可人云亦云，盲目随从，要时刻保持清醒、理智的头脑。入市之后，不妨暂离市场稍作休息，清醒一下头脑，理一理纷杂的思路。

外汇市场时刻变化，当你经过分析研究，选准时机入市后，汇市很可能暂时与你的预测背道而驰。此时，你不免开始怀疑自己的判断是否正确，再加上别人的分析与自己有异，而且言之凿凿，听起来"非常有道理"，于是你害怕起来，便于情绪冲动之下改变交易地位，变空头为多头，或变多头为空头。结果走错了方向，不盈反亏，最终后悔不已。

【理财圣经】

外汇交易虽然强调顺势而为，但并不是说投资人可以不加分析地盲目跟风。那些不遵循交易原则的人，很容易成为市场的牺牲者。

"攻"于技巧：外汇买卖的制胜之道

外汇买卖和其他事物一样，都有一定的取胜技巧。因此，投资人不妨参考一下，毕竟"磨刀不误砍柴工"，也许他们能帮你获得更多的收益。

一、利上加利

利上加利即在汇市对自己有利时追加投资以获取更大利益，但投资人必须对行情判断准确，并且信心坚定。例如，当汇市朝着预测的方向发展，且已升到你预测的某个点时，本来出手即可获利，但如果你不满足这点小小的利润，并坚信汇价还会上涨，而且也无任何表明汇价将下跌的迹象，则应加买，增加投资额。如果行情接着高涨，那么，即使不能全胜，但大胜已是确定无疑了。同样道理，当汇市明显下落的时候，也可以采用加利技巧，只不过需要改变交易位置罢了。

二、自动追加

当汇市比较平稳，没有大的波动，而只在某一轴心两边小幅度摆动，即汇市处于盘局时，便可以采用自动追加技巧。具体操作是：当你已确认汇市处于盘局时，便在最高价位卖出而在最低价位买入，如此反复操作。表面上看，这种操作似乎违背了顺势而作的原则，而且每次获利不多，但因为多次反复操作，收益积少成多，总的利润是相当可观的。

三、积极求和

当你入市后，发现市势向相反方向运动，则必须冷静，认真分析所出现的情况，不可盲目交易。如果你经过认真分析后，确认市势已经见底，不久即可反弹，便可一直追买下去。这样，等到汇价反弹时，便可以逐步获利。即使汇价反弹乏力，也可以抓住机会打个平手。

四、双管齐下

如果确认行情是上下起伏波动的，呈反复状态；则可以在汇价升到高位时追买，当汇价跌至低位时卖出，以平掉开始入市时的淡仓而套取利润，同时用再一次的高价位入市以平掉前次的追仓获得。这样不仅没有亏损，反而有利可图，这种双管齐下的技巧（即低价位时卖出而高价位时买进），实际上是以攻为守和以守为攻的技法。但运用这一技巧时必须小心，绝不可多用，因为一旦汇市趋势呈单边状况而不是反复波动，就会无法套利平仓。

五、善用停损单降低风险

在你做交易的同时应确立可容忍的亏损范围，善用停损交易，才不至于出现巨额亏损，亏损范围依账户资金情形，最好设定在账户总额的3%～10%，当亏损金额已达你的容忍限度，不要找寻借口试图孤注一掷去等待行情回转，应立即平仓，即使5分钟后行情真的回转，也不要感到惋惜，因为你已除去行情继续转坏、损失无限扩大的风险。你必须拟定交易策略，切记是你去控制交易，而不是让交易控制你，自己伤害自己。

【理财圣经】

以技巧取胜，让你的外汇收益丰于他人！

第七章

欠债还钱付息：债券其实是块香饽饽

债券投资：取之于我，用之于我

有人戏称债券是理财的天堂，认为在众多的金融产品中，债券独受宠爱，是投资人眼中较为理想的投资对象，尤其是对那些厌恶风险的投资人来说，债券简直是最好的选择。

债券是国家政府、金融机构、企业等机构直接向社会借债筹措资金时，向投资人发行，并且承诺按规定利率支付利息，按约定条件偿还本金的债权债务凭证。

在众多投资工具中，债券具有极大的吸引力，投资债券主要有以下几个方面的优势：

一、安全性高

国债是国家为经济建设筹集资金而发行的，以国家税收为保证，安全可靠，到期按面额还本。债券利率波动的幅度、速度比较和缓，与其他理财工具如股票、外汇、黄金等比较风险最低，适合保守型的投资人。

二、操作弹性大

对投资人来说，手中拥有债券，当利率看跌时可坐享债券价格上涨的差价；当利率上扬时，可将手上票面利率较低的债券出售，再买进最新发行、票面利率较高的债券。若利率没有变动，仍有利息收入。

三、扩张信用的能力强

由于国债安全性高，投资人用其到银行质押贷款，其信用度远高于股票等高风险性金融资产。投资人可通过此方式，不断扩张信用，从事更大的投资。

四、变现性高

投资人若有不时之需，可以直接进入市场进行交易，买卖自由，变现性颇高。

五、可充作资金调度的工具

当投资人短期需要周转金时，可用附买回的方式，将债券暂时卖给交易商，取得资金。一般交易商要求的利率水准较银行低，且立即可拿到资金，不像银行的手续那么多。

六、可做商务保证之用

投资人持有债券，必要时可充作保证金、押标金。投资人以债券当保证金，在保证期间，仍可按票面利率计算。

基于上述种种优势，许多投资人都把目光聚集到债券身上，并且公认其为家庭

债券投资三模式

哪一个投资利息会高一些呢？

完全消极投资，即投资者购买债券的目的是储蓄，获取较稳定的投资利息。适合这类投资者投资的债券有凭证式国债、记账式国债和资信较好的企业债。

完全主动投资，即投资者投资债券的目的是获取市场波动所引起价格波动带来的收益。这类投资者采取"低买高卖"的手法进行债券买卖。

BUY SELL

现在正是将债券卖出的好机会。

部分主动投资，即投资者购买债券的目的主要是获取利息，但同时把握价格波动的机会获取收益。这类投资者投资方法就是买入债券，并在债券价格上涨时将债券卖出获取差价收入。

投资理财的首选。

人们投资债券时，最关心的就是债券收益有多少。对于附有票面利率的债券，如果投资人从发行时就买入并持有到期，那么票面利率就是该投资人的收益。

但更多的债券投资人希望持有的债券拥有变现功能，这样持有人不仅可以获取债券的利息，还可以通过买卖赚取价差。在这种情况下，票面利率就不能精确衡量债券的收益状况。人们一般使用债券收益率这个指标来衡量债券的投资收益。

债券收益率是债券收益与其投入本金的比率，通常用年率表示。决定债券收益率的主要因素，有债券的票面利率、期限和购买价格。最基本的债券收益率计算公式为：

债券收益率＝（到期本息和−发行价格）/（发行价格×偿还期限）×100%

由于债券持有人可能在债券偿还期内转让债券，因此，债券的收益率还可以分为债券出售者的收益率、债券购买者的收益率和债券持有期间的收益率。各自的计算公式如下：

债券出售者的收益率＝（卖出价格−发行价格+持有期间的利息）/（发行价格×持有年限）×100%

债券购买者的收益率＝（到期本息和−买入价格）/（买入价格×剩余期限）×100%

债券持有期间的收益率＝（卖出价格−买入价格+持有期间的利息）/（买入价格×持有年限）×100%

通过这些公式，我们便很容易计算出债券的收益率，从而指导我们的债券投资决策。

【理财圣经】

在众多令人眼花缭乱的金融投资品中，债券以其风险低、收益稳定和流动性强而成为投资者心目中较为理想的投资对象，尤其对于那些年龄较大、缺乏投资经验、追求稳健的投资者来说，债券更具有吸引力。

债券投资的种类

债券的种类繁多，且随着人们对融资和证券投资的需要又不断创造出新的债券形式，在现今的金融市场上，债券的种类可按发行主体、发行区域、期限长短、利息支付方式、发行方式、有无抵押担保、是否记名、发行时间和是否可转换等分为九大类。

一、按发行主体分类

根据发行主体的不同，债券可分为政府债券、金融债券和公司债券三大类。

第一类是由政府发行的债券，称为政府债券，它的利息享受免税待遇，其中由中央政府发行的债券也称公债或国库券，其发行债券的目的都是为了弥补财政赤字或投资于大型建设项目；而由各级地方政府机构如市、县、镇等发行的债券就称为地方政府债券，其发行目的主要是为地方建设筹集资金，因此都是一些期限较长的债券。在政府债券中还有一类称为政府保证债券的，它主要是为一些市政项目及公共设施的建设筹集资金而由一些与政府有直接关系的企业、公司或金融机构发行的债券，这些债券的发行均由政府担保，但不享受中央和地方政府债券的利息免税待遇。

第二类是由银行或其他金融机构发行的债券，称之为金融债券。金融债券发行的目的一般是为了筹集长期资金，其利率也一般要高于同期银行存款利率，而且持券者需要资金时可以随时转让。

第三类是公司债券，它是由非金融性质的企业发行的债券，其发行目的是为了筹集长期建设资金。一般都有特定用途。按有关规定，企业要发行债券必须先参加信用评级，级别达到一定标准才可发行。因为企业的资信水平比不上金融机构和政府，所以公司债券的风险相对较大，因而其利率一般也较高。

二、按发行的区域分类

按发行的区域划分，债券可分为国内债券和国际债券。国内债券，就是由本国的发行主体以本国货币为单位在国内金融市场上发行的债券；国际债券则是本国的发行主体到别国或国际金融组织等以外国货币为单位在国际金融市场上发行的债券。如最近几年我国的一些公司在日本或新加坡发行的债券都可称为国际债券。由于国际债券属于国家的对外负债，所以本国的企业如到国外发债事先需征得政府主管部门的同意。

三、按期限长短分类

根据偿还期限的长短，债券可分为短期、中期和长期债券。一般的划分标准是指期限1年以下的为短期债券，在10年以上的为长期债券，而期限在1年到10年之间的为中期债券。

四、按利息的支付方式分类

根据利息的不同支付方式，债券一般分为附息债券、贴现债券和普通债券。附息债券是在它的券面上附有各期息票的中长期债券，息票的持有者可按其标明的时间期限到指定的地点按标明的利息额领取利息。息票通常以6个月为一期，由于它在到期时可获取利息收入，息票也是一种有价证券，因此它也可以流通、转让。贴现债券是在发行时按规定的折扣率将债券以低于面值的价格出售，在到期时持有者仍按面额领回本息，其票面价格与发行价之差即为利息；除此之外就是普通债券，它按不低于面值的价格发行，持券者可按规定分期分批领取利息或到期后一次领回本息。

五、按发行方式分类

按照是否公开发行，债券可分为公募债券和私募债券。公募债券是指按法定手续，经证券主管机构批准在市场上公开发行的债券，其发行对象是不限定的。这种债券由于发行对象是广大的投资人，因而要求发行主体必须遵守信息公开制度，向投资人提供多种财务报表和资料，以保护投资人利益，防止欺诈行为的发生。私募债券是发行者向与其有特定关系的少数投资人为募集对象而发行的债券。该债券的发行范围很小，其投资人大多数为银行或保险公司等金融机构，它不采用公开呈报制度，债券的转让也受到一定程度的限制，流动性较差，但其利率水平一般比公募债券要高。

六、按有无抵押担保分类

债券根据其有无抵押担保，可以分为信用债券和担保债券。信用债券亦称无担保债券，是仅凭债券发行者的信用而发行的、没有抵押品作为担保的债券。一般政府债券及金融债券都为信用债券。少数信用良好的公司也可发行信用债券，但在发行时须签订信托契约，对发行者的有关行为进行约束限制，由受托的信托投资公司监督执行，以保障投资人的利益。

担保债券指以抵押财产为担保而发行的债券。具体包括：以土地、房屋、机器、设备等不动产为抵押担保品而发行的抵押公司债券、以公司的有价证券（股票和其他证券）为担保品而发行的抵押信托债券和由第三者担保偿付本息的承保债券。当债券的发行人在债券到期而不能履行还本付息义务时，债券持有者有权变卖抵押品来清偿抵付或要求担保人承担还本付息的义务。

七、按是否记名分类

根据在券面上是否记名的不同情况，可以将债券分为记名债券和无记名债券。记名债券是指在券面上注明债权人姓名，同时在发行公司的账簿上作同样登记的债券。转让记名债券时，除要交付票券外，还要在债券上背书和在公司账簿上更换债权人姓名。而无记名债券是指券面未注明债权人姓名，也不在公司账簿上登记其姓名的债券。现在市面上流通的一般都是无记名债券。

八、按发行时间分类

根据债券发行时间的先后，可以分为新发债券和既发债券。新发债券指的是新发行的债券，这种债券都规定有招募日期。既发债券指的是已经发行并交付给投资人的债券。新发债券一经交付便成为既发债券。在证券交易部门既发债券随时都可以购买，其购买价格就是当时的行市价格，且购买者还需支付手续费。

九、按是否可转换分类

按是否可转换来区分，债券又分为可转换债券与不可转换债券。可转换债券是能按一定条件转换为其他金融工具的债券，而不可转换债券就是不能转化为其他金融工具的债券。可转换债券一般都是指的可转换公司债券，这种债券的持有者可按一定的条件根据自己的意愿将持有的债券转换成股票。

【理财圣经】

掌握债券投资的种类，有助于你合理地分析、比较各种债券的优劣，从中找到符合自己需求的债券。

东挑西选买债券

挑挑选选，到底要买什么样的债券，你的心里可能还没有定论。

该如何挑选，利用什么样的规则挑选？

从总体上看，人们进行债券投资，看中的就是债券三大特点：相对的安全性、良好的流动性以及较高的收益性。但是，债券发行的单位不同，其他因素也不同，所以这三种特点在各种债券上的体现也不同。这就需要投资人对其进行分析，然后再根据自己的偏好和实际条件作出选择。

其实，选择债券有"三挑"，按照这三个来，肯定能挑到好债券。

一挑：安全性。

安全性总是被摆在首位，因为这也是债券的最大特点。国库券以其特有的优势——有国家财政和政府信用作为担保，而在各种债券中脱颖而出。它的安全程度非常高，几乎可以说是没有风险的。金融债券相对就略输一筹，好在金融机构财力雄厚，信用度好，所以仍有较好的保障。企业债券以企业的财产和信誉作为担保，与国家和银行相比，其风险显然要大得多。一旦企业经营管理不善而破产，投资人就有可能收不回本金。所以，想要稳定投资，国库券和金融债券都是不错的选择。

现在，国际上也流行一种对债券质量进行考察的方法，就是评定债券的资信等级。即根据发行人的历史、业务范围、财务状况、经营管理水平等，采用定量指标评分制结合专家评判得出结论，然后给债券划分出不同等级，以作为投资人的参考。可以说，债券的资信等级越高，表明其越安全。但这种等级评价也不是绝对的，而且有很多债券并没有评定等级，因此，购买债券最好能做到对投资对象有足够的了解，再决定是否投资。

二挑：流动性。

金融债券不流通，就等于是一堆废纸，而且其价值也就体现在流通的过程中。所以流动性的对比分析，自然是少不了的。

分析债券的流动性，要看以下两点：

第一，看债券的期限。期限越短，流动性越强；期限越长，流动性越弱。这两者之间的关系是互逆的，但是很好理解。因为，债券如果一直在流通的过程中，那它的无形损失就会减少，而如果一直处于静止状态，就很容易造成财产的隐性流失。

第二，看债券的交易量。债券交易量越大，交易越活跃，说明债券"质量"越

购买债券的三大渠道

交易所

证券交易所

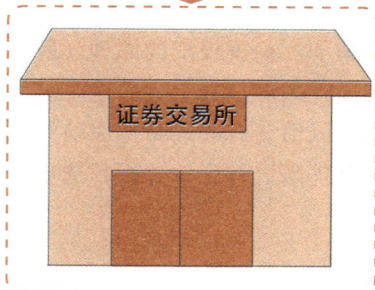

企业债、可转债等多种选择

1.需在证券公司开设债券账户

2.债券交易成本较低

银行、柜台

先生，这是您要的。

国债

买储蓄式国债

1.需在银行、柜台办理开户

2.开立账户的同时，还应在同一承办银行开立（或者指定）一个人民币结算账户

委托理财

我要办理委托理财。

债券基金与固定收益产品

债券基金可投资国债、金融债、企业债和可转债，而银行的固定收益类产品可投资的范围更广，包括在全国银行间市场发行的国债、政策性银行金融债、央行票据、短期融资券等其他债券。

好，等级越高，而其流动性也就越强。其实，流动性背后还隐藏着一些很重要的信息。因为如果某种债券长期不流动很可能是发行人不能按期支付利息，出现了财务上的问题。因此，进行债券投资，一定要观察流动性，尤其是以赚取买卖差价为目的的短线投资人。

三挑：收益性。

收益好不好，没有比这更值得你关注的事情了。根据投资的原理，风险与收益成正比。如果你想得到高回报，就应将钱投在风险高的债券上。而这时候，债券的选择顺序就变成了：企业债券——金融债券——国债。有的人希望风险和安全能两全，尽管这很难兼顾，但是也不妨根据自己的条件来进行比较分析，选出自己满意的收益率。

【理财圣经】

好债券，要经过"三挑"细选之后才能挑选出来。

债券投资的三大原则

在决定投资债券时，应该遵循的以下原则：

一、安全性原则

虽然投资债券是较安全的投资方式，但这是相对的，其安全性问题依然存在，因为经济环境不断变化、经营状况不尽相同，债券发行人的资信等级也不是一成不变的。就政府债券和企业债券而言，政府债券的安全性是绝对高的，企业债券的安全性远不如政府债券，仍然有违约的风险，尤其是企业经营不善甚至倒闭时，偿还全部本息的可能性不大。不过抵押债券和无抵押债券不同，有抵押品作为偿债的最后担保，其安全性就相对要高一些。可转换债券可随时转换成股票，作为公司的自有资产对公司的负债负责并承担更大的风险，安全性要高一些。

从安全性的角度出发，债券投资过程中可以运用组合投资理论来进行分散化投资，以便有效地降低投资中的风险，增加投资收益。分散化投资可以将资金分散投资在不同期限的债券上，或将资金分别投资于多种债券上，如国债、企业债券、金融债券等。

二、流动性原则

流动性原则是指收回债券本金的速度快慢。债券的流动性强意味着能够以较快的速度将债券兑换成货币，同时以货币计算的价值不受损失；反之则表明债券的流动性差。影响债券流动性的主要因素是债券的期限，期限越长流动性越弱，期限越短流动性越强。不同类型债券的流动性是不同的，如政府债券，在发行后就可以上市转让，故流动性强。企业债券的流动性往往就有很大差别，对于那些资信卓著的大公司或规模小但经营良好的公司，他们发行的债券其流动性是很强的；反之，那些规模小、经营差的公司发行的债券，流动性要差得多。除了对资信等级的考虑之外，企业债券流动性的大小在相当程度上取决于投资人在买债券之前对公司业绩的考察和评价。

三、收益性原则

获取利润就是投资人投资的目的，谁都不希望投了一笔血本后的结果是收益为零，只落得个空忙一场，当然更不愿意血本无归。

从收益上来说，短期收益率一般受市场即期利率、资金供求的影响较大，而长期收益率则要受未来经济的增长状况、通货膨胀因素、流动性溢价和未来资本回报率等不确定性因素的影响。

国家（包括地方政府）发行的债券，是以政府的税收作为担保的，具有充分安全的偿付保证，一般认为是没有风险的投资；而企业债券则存在着能否按时偿付本息的风险，作为对这种风险的报酬，企业债券的收益性必然要比政府债券高。当然，这仅仅是其名义收益的比较，实际收益率的情况还要考虑其税收成本。我国目前上市企业债券的信用等级没有拉开，因而收益率也没有拉开，但相对于国债来说，企业债券已体现了一定的信用等级差异以及相应的收益率差异，因此在投资企业债券的时候还应该注意这一点。

根据以上原则，投资人在进行债券投资前要考虑各方面因素，包括信贷评级、利率与年期之间的关系、债券价格与孳息率之关系、债券的流通性、债券的发行条款及市场宏观因素等。

在衡量有关债券投资的风险时，可参照一些国际评级机构对个别债券发行人的信贷评级。假设其他因素不变，信贷评级较高的债券所给予的孳息率一般会较低。

例如，债券的年期越长，风险越大，投资人也就会要求更高的利息回报作为弥补。假设其他因素不变，年期越长，债券的利率越高。定息债券的价格会随着市场利率升降而变动，债券价格的走势与市场孳息率背道而驰，此升彼跌。一般而言，息口变动对越迟到期的债券价格影响越大。

除此之外，在投资时，投资人还应考虑自身整体资产与负债的状况以及未来现金流的状况，达到收益性、安全性与流动性的最佳组合。

【 理财圣经 】

投资债券既要有所收益，又要控制风险。为了最大化投资收益，最小化投资风险，投资人应谨遵债券投资的三大原则。

债券投资中的风险

试问，在投资的一切形式里，能没有"风险"这两个字么？不能，所以，你就不要妄想投资债券能为你规避所有的风险。从某种角度看，实际上，世界上没有不存在风险的事物。

债券，作为一种金融投资工具，它的风险主要有以下几种：

一、利率风险

利率风险是指利率的变动导致债券价格与收益率发生变动的风险，这主要与国家的宏观经济调控有关系。一般利率同债券价格呈相反的运动趋势：当利率提高时，债券的价格就降低；当利率降低时，债券的价格就上升。

二、价格风险

债券市场价格常常变化，若其变化与投资人预测的不一致，那么，投资人的资本将遭到损失。这点，就是债券本身带有的风险。

三、违约风险

在企业债券的投资中，企业由于各种原因，比如管理不善、天灾人祸等，可能导致企业不能按时支付债券利息或偿还本金，而给债券投资人带来损失的风险，这就存在着不能完全履行其责任的可能。

四、通货膨胀风险

债券发行者在协议中承诺付给债券持有人的利息或本金的偿还，都是事先议定的固定金额。当通货膨胀发生时，货币的实际购买能力下降，就会造成在市场上能购买的东西相对减少，甚至有可能低于原来投资金额的购买力。

五、变现风险

变现风险是指投资人在急于转让时，无法以合理的价格卖掉债券的风险。由于投资人无法找出更合适的买主，所以就需要降低价格，以找到买主。为此他就不得不承受一部分金钱上的损失。

六、其他风险

（1）回收性风险。有回收性条款的债券，因为它常常有强制收回的可能，而这种可能又常常发生在市场利率下降、投资人按券面上的名义利率收取实际增额利息的时候，投资人的预期收益就会遭受损失。

（2）税收风险。政府对债券税收的减免或增加都会影响投资人对债券的投资收益。

（3）政策风险。指由于政策变化导致债券价格发生波动而产生的风险。例如，突然给债券实行加息和保值贴补。

【理财圣经】

债券投资须谨记：即使是在最安全的地方，也有风险。

如何规避债券投资中的风险？

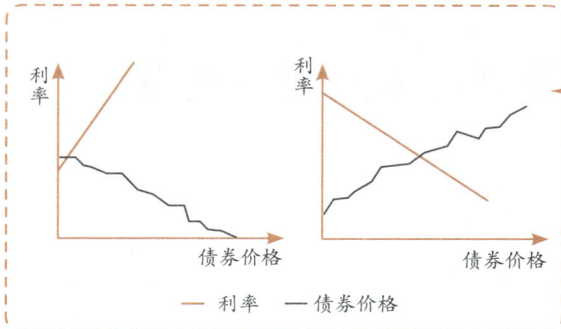

利率 —— 利率 —— 债券价格

利率风险规避方法

分散债券的期限，长短期配合。如果利率上升，短期投资可以迅速的找到高收益投资机会，若利率下降，长期债券却能保持高收益。

价格风险规避方法

要规避它，投资人需要有长远的眼光和长远的谋划。

违约风险规避方法

在投资前，不妨多了解一下公司经营情况，再参看一下相关部门对企业的信用评价，然后做决策。

通货膨胀风险规避方法

对于这种风险，最好在投资国债时，也投资一些其他的理财项目，如股票、基金等。

变现风险规避方法

最好尽量选择流动性好的、交易活跃的债券，如国债等，便于得到其他人的认同，也可以在变现时更加容易。

第八章

期货：金钱冒险家的理财新宠

期货：远期的"货物"合同

在大众的投资眼中，期货买卖仍然是一片陌生的土地。正是基于这种认识，目前参与期货买卖的人只是凤毛麟角。然而具有战略眼光和洞察力的富人们，已经习惯于在这个新领域进行投资了。随着人们投资理念的日趋成熟，期货投资也会受到大众的青睐。

期货其实是期货合约的简称，是由期货交易所统一制定的一种供投资者买卖的投资工具。这个合约规定了在未来一个特定的时间和地点，参与该合约交易的人要交割一定数量的标的物。所谓的标的物，是期货合约交易的基础资产，是交割的依据或对象。标的物可以是某种商品，如铜或大豆，也可以是某个金融工具，如外汇、债券，还可以是某个金融指标，如三个月同业拆借利率或股票价格指数等。标的物的价格变动直接影响期货合约的价格变动。

期货交易是一种特殊的交易方式，它有不同于其他交易的鲜明特点：

一、期货交易买卖的是期货合约

期货买卖的对象并不是铜那样的实物或者股票价格指数那样的金融指标，是和这些东西有关的合约，一份合约代表了买卖双方所承担的履行合约的权利和义务。合约对标的物（也就是大豆、股票价格指数等）的相关属性和时间地点等问题提前进行了详细的规定，买卖合约的双方都要遵守这个规定。买卖双方对合约报出价格，买方买的是合约，卖方卖的也是合约。

二、合约标准化

同一家交易所对标的物相同的合约都作出同样的规定。例如，在上海期货交易所上市交易的铜期货合约，每张合约的内容都是一样的，交易品种都是阴极铜，交易单位都是5吨，交割品级都要符合国标GB/T467–1997标准，其他的有关规定包括报价单位、最小变动价位、每日价格最大波动限制、交易时间、最后交易日、最低交易保证金、交易手续费等，这些规定对每份铜期货合约来说都是相同的。

三、在期货交易所交易

大部分的期货都在期货交易所上市。期货交易所不仅有严密的组织结构和章程，还有特定的交易场所和相对制度化的交易、结算、交割流程。因此，期货交易往往被称为场内交易。我国国内的期货产品都是在期货交易所交易的。

四、双向交易

我们既可以先买一张期货合约，在合约到期之前卖出平仓（或者到期时接受卖方交割），也可以先卖一张合约，在合约到期之前买进平仓（或者到期时交出实物

期货合约的种类

期货（Futures），通常指期货合约。是由期货交易所统一制定的、规定在将来某一特定的时间和地点交割一定数量标的物的标准化合约，可分为下面两个类别：

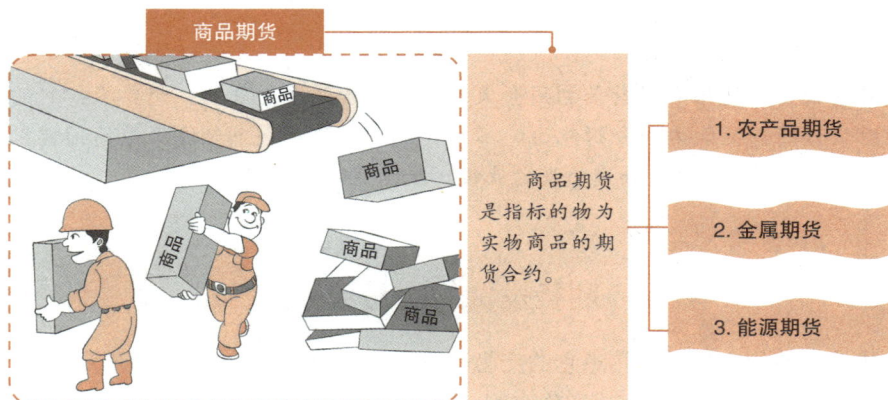

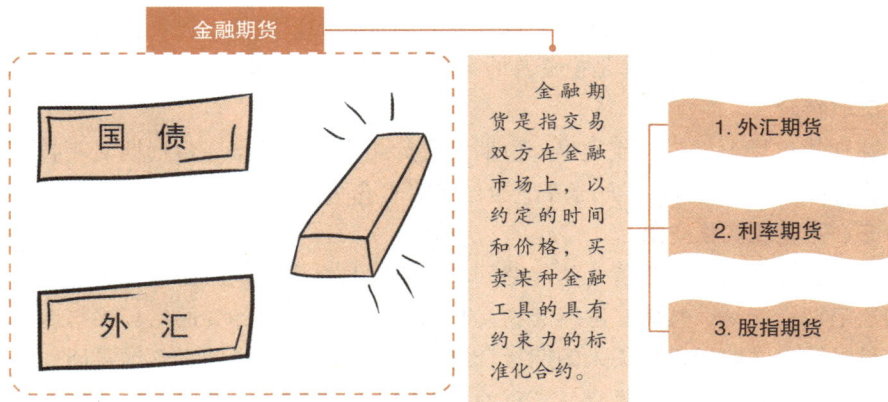

商品期货

商品期货是指标的物为实物商品的期货合约。

1. 农产品期货

2. 金属期货

3. 能源期货

金融期货

金融期货是指交易双方在金融市场上，以约定的时间和价格，买卖某种金融工具的具有约束力的标准化合约。

1. 外汇期货

2. 利率期货

3. 股指期货

或者通过现金进行交割）。就算手头没有一张合约，依然可以先卖出。这种可以先买也可以先卖的交易被称为双向交易。

五、保证金交易

进行期货买卖的时候，不需要支付全部金额，只要交出一个比例（通常为5%~10%）的金额作为履约的担保就行了，这个一定比例的金额就是保证金。

六、到期交割

期货合约是有到期日的，合约到期需要进行交割履行义务，了结合约。商品期货到期交割的是商品，合约的卖方要把铜或者大豆这样的标的物运到指定的交易仓库，被买方拉走，这被称为实物交割，商品期货都是实物交割。股指期货的标的物是一篮子股票，实物交割在操作上存在困难，因而采用现金交割。在股指期货合约到期时，依照对应的股指期货的价格，也即合约规定的交割结算价，计算出盈亏，交易者通过交易账户的资金划转完成交割。

【理财圣经】

期货投资，通俗点说就是利用今天的钱，买卖明天的货物。想要操控它的人，必须有较好的预见能力和分析能力。不客气地说，就是一个经济形势的预言家。要打响这样一场到未来才能知道结果的战役，非这样的人不可！

期货投资的交易流程

成功的期货交易始于熟悉它的交易过程。根据交易的习惯，期货交易的全过程可概括为开仓、持仓、平仓或实物交割。

一、开仓

是指交易者新买入或新卖出一定数量的期货合约，例如，投资者可卖出10手大豆期货合约，当这一笔交易是投资者的第一次买卖时，就被称为开仓交易。

二、持仓

在期货市场上，买入或卖出一份期货合约相当于签署了一份远期交割合同。开仓之后尚没有平仓的合约，叫未平仓合约或者平仓头寸，也叫持仓。

三、平仓或实物交割

如果交易者将这份期货合约保留到最后交易日结束，他就必须通过实物交割来了结这笔期货交易，然而，进行实物交割的是少数。大约99%的市场参与者都在最后交易日结束之前择机将买入的期货合约卖出，或将卖出的期货合约买回，即通过笔数相等、方向相反的期货交易来对冲原有的期货合约，以此了结期货交易，解除到期进行实物交割的义务。

期货投资的电子化交易方式

计算机自助委托交易

是指客户在交易现场，通过电脑（该电脑通过期货经纪公司的服务器与交易所交易主机相连接）进行交易。

电话语音委托交易

是指客户通过电话键盘将交易指令转化为计算机命令，再由计算机传输给交易所主机。

传输交易

网上交易

是指利用互联网进行交易。也是目前推广速度最快的一种交易方式。但是在网上交易，一定要时刻注意防止病毒和黑客的入侵，否则，交易信息很容易丢失。

例如，如果你2009年5月卖出大豆期货合约10手，那么，你就应在2009年5月到期前，买进10手同一个合约来对冲平仓，这样，一开一平，一个交易过程就结束了。这就像财务做账一样，同一笔资金进出一次，账就做平了。这种买回已卖出合约，或卖出已买入合约的行为就叫平仓。交易者开仓之后可以选择两种方式了结期货合约：要么择机平仓，要么保留至最后交易日并进行实物交割。

在期货交易的过程中，有很多种交易方式，尤其是网络的发达带来的通讯发达，使得交易途径更加宽广、快捷。我们可以先了解一下有哪些方式，以作参考。

首先，是传统的交易方式——书面方式和电话方式。书面方式是客户在现场书面填写相关单据，传达自己的指令，通过期货经纪公司的盘房接单员将指令下达至交易所；电话方式是客户通过电话将指令下达给期货经纪公司的盘房接单员，接单员在同步录音后再将指令下达至交易所。

其次，是随着科技进步出现的电子化交易方式。

【理财圣经】

运用术语加实践，展开你的期货交易流程。

如何选择优秀的经纪公司

在进行期货投资时，有一家出色的期货经纪公司很重要。期货经纪公司是指客户提供期货中介服务的赢利性机构。

在进行期货投资时，会遇到选择经纪公司的问题，有很多投资者也头痛于如何选择期货经纪人或经纪公司，是选择贴现经纪公司还是选择专职经纪公司，经纪公司又会为他们起到哪些作用？事实上，因为投资人和经纪公司千差万别，所以很难找到一种完美的答案。

像其他行业一样，经纪人和经纪公司存在着质量差异。毫无疑问，你的目标是要选择一家声誉良好的期货经纪公司。你个人的经纪人应该诚实，把客户的利益放在第一位。毫不夸张地说，一些交易人的成败完全控制在他们的经纪人手里。

对于正在寻找新的经纪人或者经纪公司的投资者来说，以下一些建议可以参考一下：

（1）你可以通过登录国家期货协会来选择一家经纪公司或者经纪人。期货协会的网站上有一栏叫作"基本信息"。进入这一栏目，你可以查寻到经纪公司或者经纪人，看一下他们是否有过被期货协会查处的违规记录。另外，商品期货交易协会还有一个信息网站帮助您评判期货经纪人或者经纪公司。

（2）对于那些初入市的期货投资人来说，跟着过于莽撞的经纪人做单可能是一个令人胆战心惊的过程。尤其是许多新入市者对一些专业术语还比较陌生，常常被一些交易术语弄得不知所措。

（3）个人投资者永远记住这一点：你要始终控制好自己的交易账户，操单做市主意自拿——即使你经验平平也一样。如果你的经纪人给你提供投资建议，你当然可以根据他们的意见去做单。但是，资金是你自己的，交易计划最终由你来定。如果你的经纪人盛气凌人，主观又武断，让你感到局促不安，趁早另换一位经纪人好了。不过有一点需要澄清：商品交易顾问（CTA）有权对客户注入的资金进行自由交易，因为客户希望CTA为他们出谋划策。但是中介经纪人并没有为客户自由交易的权利。

选择优秀期货经纪公司的标准

应是合规经营的公司。

股东要拥有雄厚实力，了解股东实力变化情况。

要了解期货经纪公司运行的流动资金状况。

要了解期货经纪公司总经理人品及公司股东与经营管理高层的关系。

（4）许多职业交易人撰写的书中建议个人投资者要踏踏实实做好基础工作，诸如市场研究、入市计划等，然后据此交易；他们强调个人投资者的决策和行动不要受任何人干扰，包括他们的经纪人。

（5）许多经纪公司自己进行市场研究，向其客户提供他们的信息，包括投资时机。这类型的研究报告很可能是上乘之作，这一点本无可非议。事实上，许多投资人非常欢迎经纪公司能够提供这样的服务。

（6）选择贴现经纪公司还是专职经纪公司，这要看个人投资者的需求。假如个人投资者想得到更多的客户服务，包括公司自己的研究报告和投资建议，那么专职经纪公司也许是最好的选择。专职经纪公司在佣金费用的收取上略高一些。

（7）对于那些依靠个人研究，并且能够获得外围信息，如独立分析服务机构的信息，贴现经纪公司是最好的选择。贴现经纪公司在佣金收取方面较专职经纪公司确实优惠一些。

（8）对于一个信誉良好的期货经纪公司来说，无论是专职经纪公司，还是贴现经纪公司，在场内下单质量方面没有什么区别。

一些经纪公司有时要遭受某些个人投资者和媒体的攻击，常常因此而背上"黑锅"。有时，投资者在受到挫折之后，不愿意谴责自己，而是怨天尤人，经纪公司理所当然就成了替罪羊。诚然，期货市场同其他行业一样，内部良莠不齐，也确实有一些害群之马，但是多数期货公司的经纪人还是诚实可信、踏实肯干的，他们在交易时总能尽力为客户的利益着想。所以，一旦你选择了他，就要有充分的理由相信他。

【理财圣经】

有一家出色的经纪公司相助，你将在投资的过程中少走弯路。

期货投资的三大策略

谋略一：期货投资的套利策略

常常听人说，利用期货可以套利，可是要怎么套？有什么样的策略？相信大多数人都还是一头雾水！

套利是指同时买进和卖出两张不同种类的期货合约。交易者买进自认为"便宜的"合约，同时卖出那些"高价的"合约，从合约价格间的变动关系中获利。

（1）价格策略。

其实就是利用股指期货价格来决定自己采取何种套利。因为单从理论上讲，只要股指期货合约实际交易价格高于或低于股指期货合约合理价格时，进行套利交易就可以赢利。但事实上，交易是需要成本的，这导致正向套利的合理价格上移，反向套利的合理价格下移，形成一个区间，在这个区间里套利不但得不到利润，反而会导致亏损，这个区间就是无套利区间。只有当期指实际交易价格高于区间上界时，正向套利才能进行；反之，当期指实际交易价格低于区间下界时，反向套利才适宜进行。

（2）价差策略。

两个期货合约的有效期不同时，会形成价格差异，这被称为跨期价差。在任何一段时间内，理论价差的产生完全是由于两个剩余合约有效期的融资成本不同产生的。当净融资成本大于零时，期货合约的剩余有效期越长，基差值就越大，即期货价格比股指现货值高得越多。如果股指上升，两份合约的基差值就会以同样的比例增大，即价差的绝对值会变大。因此市场上存在通过卖出价差套利的机会，即卖出剩余合约有效期短的期货合约，买入剩余有效期长的期货合约。如果价格下跌，相反的推理成立。如果来自现金头寸的收入高于融资成本，期货价格将会低于股票指数值（正基差值）。如果指数上升，正基差值将会变大，那么采取相反的头寸策略将会获利。

谋略二：股指期货套期保值策略

在股指期货市场，当期货与股票结合起来的时候，投资者就可以将其在股票市场上预测到的风险转到期货市场。因为他可以通过股指期货的买卖来消除股票市场上风险的影响。

这点在现货市场是做不到的。而在股指期货上市后，产生了相对现货的期货产品，有了套期保值的基础，于是套期保值便成为可能。一般套期保值主要有下面两种形式：

（1）空头套期保值。

它是指股民为避免股价下跌而卖出股指期货来对冲风险。特别是股票价格从高位下跌时，大多数投资者还不愿放弃，希望能继续观察，以确定这次回落是熊市的开始或只是一次短暂回调。而此时就可以通过卖空股指期货部分或全部以锁定赢利，待情况明朗后再选择是否卖出股票。

（2）多头套期保值。

指准备购买股票的投资者，为避免股价上升而买入股指期货，操作与空头套期保值的方向相反。通过在股票市场和期货市场上的同时操作，既回避了部分市场风险，也可以锁定投资者已获得的赢利。

谋略三：期货投资反向操作策略

投资者参与期货投资，为了完成进场——加码操作——出场——进场的循环操作，必须采取反向操作策略，即反做空。但是因为风险的不同，我们尽量不要以期货部位做空，有一种较安全，但成本稍高的方法，就是以选择权的方式操作——买进卖权。

有经验的投资者在操作时发现：在商品的高档时，因为行情震荡激烈，期货投资进场点的决定和风险控制会变得较困难。但若以选择权来操作，可以使风险固定，再用资金管理的方式来决定进场点，就可以建立仓位。

在这里，使用选择权的好处就是不用理会行情，只要在到期价格大跌，你就可以获利。可若是同一笔资金用来做期货的停损，怕是经不起这样的折腾，早就赔光了，因此，投资者实施选择权可以在行情转空时，有效建立空头部位。

在经过一段观察后，你可以用当时标的期货总值的10%为权利金。（所谓权利金，是指购买或售出期权合约的价格。）对于期权买方来说，他必须支付一笔权利金给期权卖方以作为换取买方一定的权利的对价；对于期权卖方来说，他则因卖出期权收取一笔权利金作为报酬。

然后，投资者可以把权利金划分成两部分。用其中的一部分在价格跌破前波低点，多头仓全部离场时，进场买进卖权；用另一部分在价格做第一次反弹时进场买卖，方法同前述。

按照这些步骤操作完毕后，投资者在选择权快到期或是下跌幅度减小时就可以准备平仓，因为这时的卖权常是深入价内，大多没有交易量，使其选择权市场平仓，因此必须要求履约，成为期货部位平仓。

因为从要求履约到取得部位不是同步的，会有时间差，所以投资者在这之前需在期货市场先行买进锁住利润，在要求履约待取得期货空头部位后，即可对冲平仓，最终结束操作。

反向操作的方法相对有些复杂，如果之前没有进行专业的学习，可能无法灵活掌握它。但是如果操作得当，在履约价的选择良好的情况下，它的获利是不可小视的，有时甚至能达到数十倍以上。

【理财圣经】

尽情地把握未来于股掌之中，是每个期货投资人的梦想。当然，这对于有些人，不是奢望，如果他能在期货投资里把握好这个战役的规则，规划好自己的策略，胜，亦未尝不可！

资金管理：期货投资的成败因素

期货交易中决定成败的关键因素是什么？交易时机？及时入市？分析技巧？果断平仓出局？这些都不是！答案是资金管理。当然投资者应该掌握必要的技术分析和基本面情况，在此基础上，资金管理的好坏直接决定投资者的成败！期货市场风险莫测，缜密的资金管理显得尤为重要。

绝大多数成功人士都一致赞成：良好的资金管理是他们取得成功的关键。很多知名人士反复强调：要想成为一名成功的投资人，在投资初期，首先保全资金，其次才是赚钱！

只有具备一套完善的资金管理办法，你才能在期货市场立足。对一个新手来说，即使刚开始可能运气会很好，但最终仍有失手的时候。投资者如果在出现亏损的时候资金管理不善，不仅会赔掉所赚的利润，而且还会把老本搭进去！相反，假如他能在资金管理方面做得很好，出现亏损及时止损，就为自己的未来创造了机会。保存实力是期货市场中生存的要义，也是最终取得胜利的关键。

人们往往存在误解，认为成功的投资者每笔交易都赚钱。实则大出众人的意料，他们大都承认，每年他们亏损的次数基本上都要大于赢利的次数，但是为什么仍能获利？原因就在于资金管理技巧。成功的投资者在交易过程中都严格设定止损位，对于亏损头寸能及时斩掉；相反，赢利头寸则尽可能持仓实现最大的利润。这样下来，一年的盈亏表上几次大单的赢利足以抵消数次小的亏损，结果仍赢利良好。

资金管理优劣只是相对而言，在实践运用中还是应该因人而异。曾经有这样一位投资者，他初始的保证金为4 000美元，如今账面赢利3 000美元。后来，他问一位专家该不该获利出局，那位专家告诉他：假如我是你，就会及时锁定利润，落袋为安，因为这位专家考虑的是如何应付将来迟早会出现的亏损头寸。不过，如果投资人账户资金是3万美元，而手头的单子已经有3 000美元的赢利，他可以尽量扩大赢利水平。因为获利了结部分只占总资金的一小部分，而小散户可以做到资金翻番。期货投资切忌贪婪，期市中有句老话说：牛、熊都有机会获胜，唯独贪婪者，迟早会遭殃！

在期货投资中，有一点需要特别注意：小散户必须严格控制手中的资金。市场上期货和股票方面的书比比皆是，大多数书籍至少有一个章节专门论述资金管理。下面介绍几种通用的资金管理模式：

（1）对于散户而言，每次交易资金不要超过总资金的1/3，对于大中型投资者来说，每次下单量不要超过总资金的10%。这里要明确的是，资金越多，每次交易金额就要越小。实际上根据有经验的投资人建议，大户每次买卖不会超过总资金的3%～5%，小的投资者每次做单只好加大筹码。不过，这些散户可能要交易期权（买进期权而不是卖出），这样风险仅限于为期权交易付出的权利金，因为芝加哥商品期货交易所的分支机构——中美洲商品交易所交易更小头寸的期货合约，小投资者可能更愿意去那里投资。

（2）所有的交易都要严格设定止损。亏损的头寸要及时止损出局，赢利部分要尽可能地扩大战果。

（3）绝对不要加死码。

（4）每次交易风险回报率至少是1/3。

【理财圣经】

期货交易中至关重要的是保存实力，对于期货新手来说更应如此。

期货投资中的资金管理方法

固定金额投资法

固定金额投资法容易操作，不必过多顾及投资的时机问题。而且，由于这种投资方法奉行了"低进高出"的投资原则，在一般情况下能够确保盈利。

固定比率投资法

即使风险性部分损失惨重，但因保护性的收益相对稳定，因此不致于把血本赔光。但由于固定比率一经确定就不宜轻易改变，因此，它是一种比较保守的投资策略。

固定比率　　　　　　　（−.01）▼−.17%
5.85	1.72%
5.82	1.15%
5.87	0.57%
5.75	0%
5.72	−0.57%
5.68	−1.15%

变动比率　　　　　　　（−.01）▼−.17%
5.85	1.72%
5.82	1.15%
5.87	0.57%
5.75	0%
5.72	−0.57%
5.68	−1.15%

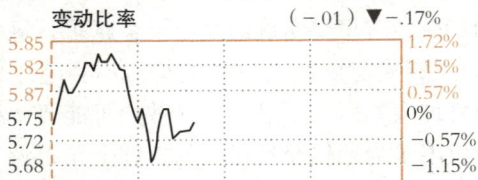

变动比率投资法

采用变率法克服了固定比率中不论在任何情况下一律按固定比例保留风险部分和防御部分的呆板作法，显得较为灵活和合理。

第九章

卡不在多，够用就行：挖掘银行卡里的大秘密

如何存钱最划算

银行储蓄，在目前仍是大多数人的首选理财方式。在大众还是将储蓄作为投资理财的重要工具的时期，储蓄技巧就显得很重要，它将使储户的储蓄收益达到最佳化。

那么，如何存钱最划算呢？下面将针对银行开办的储蓄种类细细为大家介绍如何存钱最划算。

一、活期储蓄

活期存款用于日常开支，灵活方便，适应性强。一般应将月固定收入（例如工资）存入活期存折作为日常待用款项，以便日常支取（水电、电话等费用从活期账户中代扣代缴支付最为方便）。对于平常大额款项进出的活期账户，为了让利息生利息，最好每两个月结清一次活期账户，然后再以结清后的本息重新开一本活期存折。

二、整存整取定期储蓄

在高利率时代，存期要"中"，即将五年期的存款分解为一年期和两年期，然后滚动轮番存储，如此可生利而收益效果最好。

在低利率时期，存期要"长"，能存五年的就不要分段存取，因为低利率情况下的储蓄收益特征是存期越长，利率越高，收益越好。

对于那些较长时间不用，但不能确定具体存期的款项最好用"拆零"法，如将一笔5万元的存款发为0.5万元、1万元、1.5万元和2万元4笔，以便视具体情况支取相应部分的存款，避免利息损失。

要注意巧用自动转存（约定转存）、部分提前支取（只限一次）、存单质押贷款等手段，避免利息损失和亲自跑银行转存的麻烦。

三、零存整取定期储蓄

由于这一储种较死板，最重要的技巧就是"坚持"，绝不可以连续漏存。

四、存本取息定期储蓄

与零存整取储种结合使用，产生"利滚利"的效果。即先将固定的资金以存本取息形式定期存起来，然后将每月的利息以零存整取的形式储蓄起来。

五、定活两便存储

定活两便存款主要是要掌握支取日，确保存期大于或等于3个月，以免利息损失。

六、通知储蓄存款存储

通知存款最适合那些近期要支用大额活期存款但又不知道支用的确切日期的储户，要尽量将存款定为7天的档次。

以上是针对储蓄种类——讲解的，下面说说一般的提高储蓄的小门道，你可以把它们两者配合起来运用。

一、合理的储种

当前，银行开办了很多储蓄品种，你应当在其中选择不容易受到降息影响或不受影响的品种。如定期储蓄的利率在存期内一般不会变动，只要储户不提前支取，就能保证储户的利益。

二、适当的存期

存期在储蓄中起着极重要的作用。选择适当的存期就显得是十分必要。在经济发展稳定，通货膨胀率较低的情况下，可以选择长期储蓄。因为长期的利率较高，收益相对较大。而在通货膨胀率相对较高时，存期最好选择中短期的，流动性较强，可以及时调整，以避免造成不必要的损失。

三、其他技巧

（1）储蓄不宜太集中。

存款的金额和期限，不宜太集中。因为急用时，你可能拿不到钱。可以在每个月拿一部分钱来存定期。如此，从第一笔存款到期后的每个月，你都将有一笔钱到期。

（2）搭配合理的储蓄组合。

储蓄也可看成一种投资方式，从而选择最合理的存款组合。存款应以定期为主，其他为辅，少量活期。因为，相比较而言，定期储蓄的利率要比其他方式都高。

（3）巧用储蓄中的"复合"利率。

所谓银行的"复合"利率，就是指存本取息储蓄和零存整取储蓄结合而形成的利率，其效果接近复合利率。具体就是将现金先以存本取息方式储蓄，等到期后，把利息取出，用它再开一个零存整取的账户。这样两种储蓄都有利息可用。

如果只用活期存款，收益是最低的。有的人仅仅为了方便支取就把数千元乃至上万元都存入活期，这种做法当然不可取。而有的人为了多得利息，把大额存款都集中到了三年期和五年期上，而没有仔细考虑自己预期的使用时间，盲目地把余钱全都存成长期，如果急需用钱，办理提前支取，就出现了"存期越长，利息越吃亏"的现象。

而针对这一情况，银行规定对于提前支取的部分按活期算利息，没提前支取的仍然按原来的利率算。所以，个人应按各自不同的情况选择存款期限和类型，不是存期越长越划算。

【理财圣经】

现在银行都推出了自动转存服务，所以在储蓄时，应与银行约定进行自动转存。这样做，一方面是避免了存款到期后不及时转存，逾期部分按活期计息的损失；另一方面是存款到期后不久，如遇利率下调，未约定自动转存的，再存时就要按下调后利率计息，而自动转存的，就能按下调前较高的利率计息。如到期后遇利率上调，也可取出后再存。

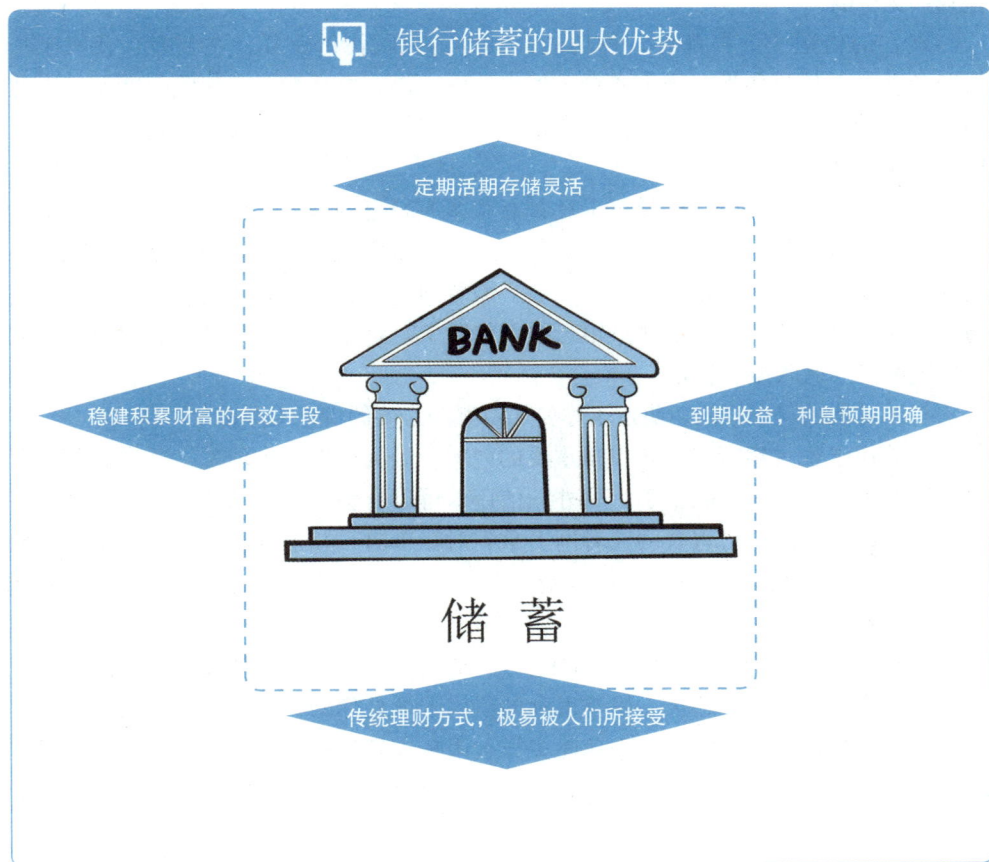

银行储蓄的四大优势

定期活期存储灵活

BANK

稳健积累财富的有效手段

到期收益，利息预期明确

储 蓄

传统理财方式，极易被人们所接受

别让过多的银行卡吃掉你的钱

现在很多人都会拥有5家以上银行的储蓄卡，但是有些人每张卡上面的余额都所剩无几，由于现在商业银行普遍开始征收保管费——也就是余额不足100元，每存一年不但没有利息而且还要倒贴大约2元钱的保管费。如果不加管理，无疑让自己辛苦赚来的钱四处"流浪"，或是让通胀侵蚀其原有的价值。所以建议你整合一下你的账户，别让过多的银行卡吃掉你的钱。

"卡不在多，够用就行。"这是最明智的使用银行卡的方法。

那么，到底该如何整合自己的银行卡资源？保留多少张卡是合适的呢？

一、让功能与需求对位

在你整合你的银行卡之前，你必须要先弄清楚你现有的银行卡都有什么特别之处。而其中哪些功能对你是必要的，哪些是可有可无的，哪些是可以替代的，哪些是独一无二的。

现在的借记卡大多都有各种功能，其中的代收代付业务，主要有：代发工资（劳务费），代收各类公用事业费（如水、电、煤、电话费），代收保费等，由此给持卡人带来了极大的便利。善用借记卡可以省去很多过去需要亲自跑腿的烦琐事情，既安全又省时间。

另外，不同银行发行的借记卡还具有很多有特色的理财功能。例如，交通银行太平洋借记卡，除了购物消费、代发工资、代收缴费用、ATM取现等基本功能，还具有理财通、消费通、全国通、国际通、缴费通、银证通、一线通、网银通、银信通等一些特殊功能。再比如北京银行京卡储蓄卡，除了普通提款转账、代收代缴之外，还可代办电话挂号业务。

对于功能的需求倾向，决定了你要保留哪些必要的借记卡。

而信用卡也是银行卡组合中很重要的内容，因为可以"先消费，后还款"，所以可以成为理财中很好的帮手。另外，信用卡可以有很详细的消费记录，这样你每个月就可以在收到银行寄来的或者网上拿到对账单时，知道自己的钱用在了什么地方，这也有助于帮助你养成更好的消费习惯。

二、减肥原则

（1）你应根据自己的实际用卡情况，综合比较，选择一张最适合自己的银行卡。如果你经常出国，那么一张双币种的信用卡就是你的首选；如果你工作固定，外出的机会少，那么就申请一张功能多样、服务周到的银行卡；如果你是个成天挂在网上的"网虫"，不爱出门，习惯一切在网上搞定，那么一家网上银行的银行卡就正好适合你！

（2）一卡多用。不少人把手中的购房还贷借记卡只作为还贷专卡使用，实际上是资源浪费，完全可以注册为在线银行注册客户，买卖基金、炒股炒汇、代缴公用事业费等功能都可以实现，出门消费也可以刷卡。无论是投资还是消费，每月还贷日保证卡内有足够余额即可。

三、清理"睡眠卡"

仅用来存取款的银行卡没有留着的必要，只有存取款需求的人，开张活期存折就可以了，因为功能单一，活期存折不收取费用。

四、把事情交给同一家银行

申请信用卡时，可以选择自己的代发工资银行，这样就可用代发工资卡办理自动还款，省心又省力；水电煤气的扣缴，就交给办理房贷的银行，这样你每个月的固定支出凭一张对账单就一目了然了。

五、不要造成信用额度膨胀

信用卡最大的特点是可透支消费，而且年费比较贵。但如果你手中有若干张信用卡，那么总的信用额度就会超过合理的范围，造成年费的浪费，并有可能产生

什么是合理的家庭账户？

理财专家认为，合理的家庭账户可以分为收支账户、投资账户及消费账户三种，也就是一个家庭最好办理三张银行卡。

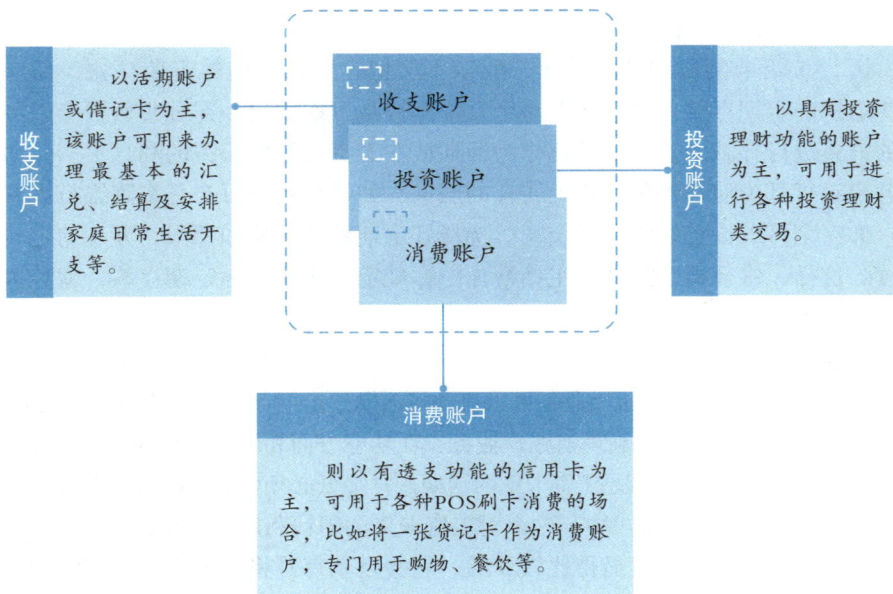

收支账户 以活期账户或借记卡为主，该账户可用来办理最基本的汇兑、结算及安排家庭日常生活开支等。

收支账户

投资账户

消费账户

投资账户 以具有投资理财功能的账户为主，可用于进行各种投资理财类交易。

消费账户 则以有透支功能的信用卡为主，可用于各种POS刷卡消费的场合，比如将一张贷记卡作为消费账户，专门用于购物、餐饮等。

负债过多的后果。所以，使用一张、最多两张信用卡就已经足够了。当消费水平提高，信用额度不够用时，可以向发卡行申请提高信用额度，或者换信用额度更高的信用卡。

信用卡越多，你的压力越大，你会无休止地为信用卡担心。

在对银行卡进行大清理后，是不是觉得轻装上阵，特别轻松？你的钱包再也不是鼓鼓囊囊的了，而你想密码的时候也不再是对大脑痛苦的折磨了。其实，减少不必要的卡，本身就是一个提高金钱利用效率的好方法！

【理财圣经】

只留1～2张多功能的银行卡，既可购物消费，也可异地支取现金，而且开通了电话银行、网上银行和银证转账，实现一卡在手，轻松理财。

工资卡里的钱别闲着

现在，各行各业的人们手中都有一张工资卡，但是大家理财的时候往往会忽略掉它，特别是当卡里只剩下一些零头数目的钱的时候，大家就更不会去理会这张卡了。其实，能够把工资卡里的钱充分利用起来，也是一个很好的积累财富的途径。所以，工资卡里的钱别闲着。

那么该怎样把工资卡里的资金用活呢？

一、活期资金转存为定期

因为工资卡的流动性比较大，所以不能把它作为长期的定期存款，而应该以一些短期的定期存款为主，或者每个月都坚持从里面取出一部分小额资金以零存整取的方式进行存款。这样，就比作为活期放在工资卡里所获得的利息更多。而且现在各个银行都为储户提供了自动转存的服务，如果你觉得每个月都跑银行太麻烦的话，你完全可以设定好零用钱金额、选择好定期储蓄比例和期限，办理约定转存的手续。这样，银行每个月就会主动帮你把你规定的金额转为定期存款，就免去了你跑银行的辛苦。

现在各大银行都推出了活期转存定期的灵活操作的业务。像民生银行就推出了"钱生钱"理财的业务。这项业务可以自动将活期、定期存款灵活转换，优化组合。

而交通银行推出的双利理财账户业务，在功能方面和民生银行的"钱生钱"很相似，但是有个硬性要求，就是工资卡里的活期账户最低必须留有5000元，其他的金额才能够自动转入通知存款账户中。这个对工资卡里的闲钱利用率就显得不太高了。

工行的定活通业务就显得比较灵活，它会自动每月将你工资卡里的活期账户的闲置资金转为定期存款，当你的活期账户的资金不够你用时，定期存款又会自动转为活期存款，方便你的资金周转。

中信银行的中信理财宝也提供定活期灵活转变的业务，有一点不同的是，如果你透支了工资卡里的活期账户里的资金，只要你在当天的营业结束之前归还，里面的定期存款就不用转换回活期，这样既保证了利息不受损失，又保证了资金流动性，相对来说还是比较好的。

二、与信用卡绑定

因为工资卡每个月都会存进资金，如果与信用卡绑定的话，你就不用再担心信用卡还款的事，也不用再费时费力地到处找还款的地方，轻轻松松地就可以避免银行的罚息和手续费，还能够保持自己良好的信用记录，何乐而不为呢？

三、存抵贷，用工资卡来还房贷

因为工资卡上都会备有一些闲钱不会用到，而且如果你有房贷的话，你完全可以办理一个"存抵贷"的理财手续。现在很多银行都推出了"存抵贷"的业务，办理这项业务之后，工资卡上的资金将按照一定的比例当作提前还贷，而节省下来的贷款利息就会被当作你的理财收益返回到你的工资卡上，这样，就可以大大提高你工资卡里的有限资金的利用率。

四、基金定投

由于工资卡上每个月都会有一些结余的资金，如果让这些结余资金睡在工资卡里吃活期利息的话，收益极其微小，还不如通过基金定投来强迫自己进行储蓄。这个基金定投就是每个月在固定的时间投入固定金额的资金到指定的开放式基金中。这个业务也不需要每个月都跑银行，它只要去银行办理一次性的手续，以后的每一期扣款申购都会自动进行，也是比较省心、省事的业务。

以上是一些能够将工资卡里的闲钱用活起来的理财方法，你可以根据自己的收入特点和自己的理财目标，来选择自己的理财方式和固定扣款的金额与周期，把自己工资卡里的闲钱充分调动起来，为自己带来更大的财富收获。

【理财圣经】

咨询自己工资卡的所属银行理财顾问，他会为你推荐一个方便你利用工资卡理财的方案。你也可以到专业的理财网站看看与你处境差不多的人怎么利用工资卡理财，然后选定一个自己的理财方案。

管好自己的信用卡

信用卡，顾名思义就是记载你信用的卡片。使用信用卡能给我们带来许多方便，但在使用的过程中，可能会遇到很多问题，因此，在这里提醒大家要多加注意，管好自己的信用卡。

你有良好的信用记录，银行才愿意核发信用卡供你使用，而消费状况和还款记录都是银行评估信用的重要参考。个人的消费状况和还款记录，是银行评估消费者信用等级的依据，若信用记录良好的话，未来向银行办理其他手续时，将会享有更好的待遇或者优惠条件。所以你的信用有多重要，你就应该把信用卡看得有多重要。

首先，要妥善保管好信用卡。

信用卡应与身份证件分开存放，因为如果信用卡连同身份证一起丢失的话，冒领人凭卡和身份证便可到银行办理查询密码、转账等业务，所以卡、证分开保管会更好地保证存款安全。另外，信用卡背面都有磁条，它主要是供ATM自动取款机和POS刷卡机对持卡人的有关资料及账务结算进行读写，所以存放时要注意远离电视机、收音机等磁场以及避免高温辐射；随身携带时，应和手机、传呼等有磁物品分开放置，携带多张银行卡时应放入有间隔层的钱包，以免数据被损害，影响在机器上的使用。

其次，刷卡消费以后应保存好消费的账单。

现在有些不法商人会模仿客户的笔迹，向发卡银行申请款项。在签完信用卡后，收银台通常会给客户一份留存联，但有些人当场就把它丢掉，不做记录也不留下来核对账目。其实这种做法相当危险，最好是有个本子记录信用卡的消费日期、地点及金额，买什么物品或用途等，另将留存联贴在记录簿上，每月对账单寄来后，核对无误才将留存联丢掉。有些款项的账单未到，要等下个月再核对，但一定要留存证据才不会付不该付的钱。此外，保存信用卡付费记录，还可令你在将来也能对曾买过的东西一目了然。

除了在日常生活中注意用卡安全外，在网上用卡也要多留心。选择较知名、信誉好、已经运营了比较长的时间且与知名金融机构合作的网站，了解交易过程的资料是否有安全加密机制。向你熟悉的或知名的厂商购物，避免因不了解厂商，而被盗用银行卡卡号或其他个人资料。若用信用卡付款，可先向发卡银行查询是否提供盗用免责的保障。注意保留网上消费的记录，以备查询，一旦发现有不明的支出记录，应立即联络发卡银行。

当你做好管理工作之后，你就会发现，一张信用卡在手，比过去把一大堆钱拿在手上要轻便、安全得多。不过你必须要正确使用，否则它的价值不但不能得到良好体现，还可能给你添乱。现在不是出现了很多"卡奴"、信用卡诈骗、信用卡"恶意透支"的吗？这些都是给使用银行卡的人最好的警告。总之，要管好你自己的信用卡！

【理财圣经】

在用信用卡之前，计算一下、计较一下、分析一下，就能让你的信用卡发挥最大功效，让你的钱得到最高效的管理。

管理信用卡要注意的四个问题

密码问题

密码是使用信用卡的"钥匙"。不可随意告诉别人，尽量将密码设得隐秘些，不要使用过于简单的数字，更不要不设密码。

额度问题

如果额度小了，你想提高一些，可以向银行提出申请。若额度比预期高了，只要没有什么实质上的不便，就可以继续使用。

日期问题

在信用卡使用的过程中，交易日、银行记账日、账单日以及到期还款日。这4个日期务必要记清楚，以减少因为弄错日期给自己带来的不必要负担。

不能超支

因为一旦超支，带来的利息会让你不堪重负。很多"卡奴"就是从超支开始，一点点陷进去的。

储蓄之外的银行理财品种

银行卡有很多服务功能，别的不说，银行理财产品的种类除了储蓄，你还知道什么？

一、按货币分类标准

（1）外币理财产品。

外币理财产品的出现早于人民币理财产品，结构多样，创新能力很强。外资银行凭借自身强大的海外投资能力，在这一领域表现极其活跃，并提供了多种投资主题，如新兴市场股票、奢侈品股票篮子、水资源篮子股票等，帮助投资者在风险相对较低的情况下，把握资本市场的投资热点。

（2）人民币理财产品。

伴随近年来银行理财市场的蓬勃创新，各家银行将投资品种从国债、金融债和央行票据，延伸至企业短期融资券、贷款信托计划乃至新股申购等方面。在差异性创新方面，流动性长短不一而足，风险性则由保最低收益到保本再到不保本，品类齐全。

（3）双币理财产品。

根据货币升值预期，将人民币理财产品和外币理财产品进行组合创新。

二、按收益类型分类

银行理财产品的收益类型，即相应银行理财产品是否保证或承诺收益，这对产品的风险收益影响很大。

（1）保证收益类。

保证收益类理财产品是比较传统的产品类型，按照收益的保证形式，可细分为以下两类：

收益率固定：银行按照约定条件，承诺支付固定收益，银行承担由此产生的投资风险。若客户提前终止合约，则无投资收益；若银行提前终止合约，收益率按照约定的固定收益计算，但投资者将面临一定的再投资风险。

收益率递增：银行按照约定条件，承诺支付最低收益并承担相关风险，其他投资收益由银行和客户共同承担。若银行提前终止合约，客户只能获得较低收益，且面临高于固定收益类产品的再投资风险。

（2）非保证收益类。

该类产品又分保本浮动收益类和非保本浮动收益类两种。

保本浮动收益：指商业银行根据约定条件向客户保证本金支付，依据实际投资收益情况确定客户实际收益，本金以外的投资风险由投资者承担的理财产品。此类产品将固定收益证券的特征与衍生交易的特征有机结合，是我们常说的"结构型理财产品"。例如，2008年3月，东亚银行推出一款名为"聚圆宝8"的理财产品。该产品提供到期日100%投资本金保证，并根据1.5年后结算日牛奶及小麦两者中的最逊色商品的表现（即收市价相对其开始价格而言），来厘定到期投资收益。

非保本浮动收益：非保本浮动收益类产品指商业银行根据约定条件和实际投资情况向客户支付收益，并且不保证本金安全，投资者承担投资风险的理财产品。例如，招商银行2008年2月推出的"金葵花"新股申购17期理财计划，产品期限为9个月，持有到期的预期年收益率为7%～20%，收益上不封顶。

三、按照投资方式分类

（1）打新股产品。

顾名思义，此类产品就是集合投资者资金，通过机构投资者参与网下申购提高中签率，以达到投资目的。打新股产品是中资银行的专利。2007年，几乎所有的中资银行都推出了打新股的理财产品。

（2）债券类型产品。

主要投资于国债、政策性金融债等低风险产品，是风险最低的银行理财产品之一。

（3）结构性理财产品。

结构性产品将产品本金及回报与信用、汇率甚至是商品价格波动相互联动，以达到保值和获得更高收益的目的，收益率是浮动的。结构性产品收益率在银行理财产品中是最高的，一般收益率能达到10%左右，有些甚至能达到30%~40%。结构性理财产品中，目前与股票、基金挂钩的理财产品收益率相对更高，是结构性理财产品的领跑者。但由于风险高，收益的不确定因素也很多。

（4）信托类理财产品。

银行信托类理财产品通常将投资者的资金集中起来，打包委托给信托公司，贷款给公司或项目。一般来说，银行在发行这类理财产品时，基本上没有什么风险，因为银行会选择信誉好、风险小的公司或者项目发放贷款。由于2008年银行信贷从紧，企业贷款越发艰难，因此，银行通过发行信托类理财产品和票据"变相"贷款的意愿很可能加强。贷款类理财产品会迎来一个投资热点。

（5）QDII理财产品。

取得代客境外理财业务资格的商业银行接受投资者的委托，将人民币兑成外币，投资于海外资本市场，到期后将本金及收益结汇后返还给投资者。中资银行在打新股产品上风光无限，而外资银行在QDII产品上显现了其优势，这种优势体现在2007年QDII产品的发行数上。2007年，外资银行发行的QDII产品数占到全部QDII产品数的74.3%。外资银行这类产品之所以吸引国内投资者，一个原因在于其产品设计灵活，亮点多。比如，渣打银行设计的一款产品在风险规避方面通过期权等衍生工具的运用，能够将汇率风险等基本规避，而很多中资银行在设计上缺陷明显，风险暴露突出。

【理财圣经】

你可以选一样自己感兴趣的理财品种，再选定一个银行，连续关注了解三个月之后，如果还保持兴趣的话，可以用一小部分的钱来试试这方面的理财。

第十章

典当理财：在斗智斗勇中积累财富

典当融资便利多

典当业是人类最古老的行业之一，可以说是现代金融业的鼻祖，萌芽于两汉时期。为什么它至今还能够留存呢？那是因为典当融资非常便利。

典当融资不像银行贷款那样麻烦，它只需要你提供有价值的东西，像房子、汽车之类的都可以，交付一定比例的费用就可以取得当金。它的借款手续非常简捷，而且不用像银行那样必须是大额，时间还很长，它可以是小额、短期的。所以当你急需用钱而又借贷无门的时候，典当行是你最佳的选择。不管是在生活当中，还是在工作领域，典当融资都是最便利的选择。

家住湖北的王丽趁着休假时间，一个人去云南旅行。在假期的最后一天，她在丽江游玩的时候，由于玩得太过于投入，忘了把自己提包放在什么地方了。手机、身份证、钱包都放在里面，现在身上一分钱都没有，只有自己一直拿在手中的D90单反相机。在云南也没有一个熟人，万般无奈的情况下，她走进了当地的典当行，把自己手中仅有的D90相机当了，当得了2000元。她就利用这当来的2000元解决了回家的问题。

如果当地没有典当行业，王丽就没有办法这么快拿到返程的路费。这是典当融资在生活上为大家提供的便利，那么在工作领域中它又如何为企业提供便利呢？

有一个工厂因为生产不景气，一些设备被迫停产，眼看着工厂就要倒闭了，正在这个紧要关头，以前的合作伙伴为工厂介绍了一笔生意。如果这笔生意能够谈成，这个工厂就能够起死回生，所以，厂里的领导们都全力以赴去准备生意的谈判。好不容易生意谈成了，资金又出了问题，没有资金不能成交。工厂向银行提出了贷款申请，但是被驳回来了，理由是工厂的经营不景气，没有经济效益，没有担保人。贷款不成，总不能坐等工厂倒闭啊，所以，工厂领导就拿工厂里的一些闲置的设备去当地的典当行去融资，最终解决了工厂的燃眉之急。

如果没有典当行，这个工厂可能就坐等倒闭了。由此可见，典当融资可以为我

典当融资的优缺点

优点

1：典当行对客户的信用要求不高，只注重典当物品是否货真价实。而一般商业银行只做不动产抵押，而典当行则可以动产与不动产质押二者兼为。

2：典当物品的起点低，千元、百元的物品都可以当。与银行相反，典当行更注重对个人客户和中小企业服务。

没想到典当贷款怎么简单。

您只需要办理一个简单手续就好了。

4.客户向银行借款时，贷款的用途不能超越银行指定的范围。而典当行则不问贷款的用途，钱使用起来十分自由。

3.典当贷款手续十分简便，大多立等可取，即使是不动产抵押，也比银行要便捷许多。

缺点

除贷款月利率外，典当贷款还需要缴纳较高的综合费用，包括保管费、保险费、典当交易的成本支出等，因此它的融资成本高于银行贷款。

们提供非常大的便利。为了大家能够充分利用这个便利的典当行业，下面介绍一下常见的典当种类：

一、应急型典当

应急型典当就是指当你因为某些原因急需要钱，但是又无处借贷的情况下，被迫进行的一种融资行为，它是属于突发性特别强的类型。像前面我们提到的王丽那样的情况就属于这种类型。这是为了解决你的燃眉之急而不得不采取的措施，是属于被动型的。

二、消费型典当

消费型典当跟应急型典当正好相反，是属于主动型的。它是属于当户有意识地自己到当铺里进行的短期性的融资行为。例如，王强打算今年结婚，而女方要求必须要有一套房子。但是王强手头的钱不够，因为差得不多，所以王强不愿意在银行里贷款。于是他除了跟自己的亲戚朋友借了一点，还拿着自己最喜欢的高档相机去当铺里押款，不用费任何周折就拿到了自己需要的那笔钱，解决了自己的婚姻问题。其实除了相机之外，高档手表，国家允许流通的文物字画等都可以拿去典当作为抵押，甚至连银行的定期存单和其他的有价证券都可以。总之，就是一切有价值的东西都可以作为抵押物。这些东西抵押之后不是等于卖掉了，等自己手头宽裕的时候，再去把这些抵押物赎回来，当然是在规定的期限之内。

三、投资典当

也许有很多人想不到典当也可以去投资的。其实，如果不断地去典当行抵押物品，操作得当的话，你会从中获取到一定的利润的。你可以把它理解为这是一种分阶段去进行的长期性的融资行为。例如有个工厂，想买进更多的原料，但是手头的资金不足，它就可以把第一批买进来的原料押给典当商行，拿到钱之后再买进第二批，然后再典当行融资，融资后接着买，就这样循环反复，直到买够自己所需要的生产原料。

【理财圣经】

平时多关注典当行业的信息，特别是新推出来的业务。一般越新出来的业务越是便利我们的理财。

典当融资知多少

典当虽然起源久远，但是因为它的灵活方便，简单快捷，为了应付小额融资、周转资金，现代的人们，不管是个人还是企业，都会选择典当融资而非银行抵押贷款。那么，你对典当融资又知道多少呢？

一、不是所有的东西都可以典当的

按照规定，只要来源合法、产权明确，可以依法流通的有价值物品或财产权利，而且必须是典当人有权处置、能保存并可以转让的生产生活资料都可以典当。但不同典当行具体开展的业务有不同，对典当物的要求也会有所不同。一般来讲，房产、股票、企业债券、大额存单、车辆、金银饰品、珠宝钻石、电子产品、钟表、照相机、批量物资等都可以典当。个人金银饰品必须带有本人身份证明，其他物品还需具有发票。企业性质的应提交经营执照，当事人的产权证明。与古时候的当铺不同的是，现代典当行一般不收旧衣服，像猫、狗、猪、牛、羊之类的活物也是不能够典当的。

二、典当融资的业务不同，办理的手续也是不同的

总体来说，典当融资业务办理手续的基本流程可简单归纳为交当、收当和存当三个板块，具体操作程序如下：

（1）申请典当融资人出示自己的有效证件和自己的用于典当的物品。

（2）典当商行审核申请，并对当物进行鉴定。

（3）双方约定评估价格、当金数额和典当期限并确认法定息费标准。

（4）双方共同清点当物，并且封存，交由典当商行进行保管。

（5）典当商行向申请典当融资人出具当票并发放当金。

以上是所有的典当融资业务都需要的手续办理程序，但是，不同典当业务需要提供的证件和办理的手续是不一样的：

（1）民品典当：民品就是指金银、珠宝、钻石、电子产品、钟表、照相机等。办理民品典当需要提供本人身份证原件和民品的发票。进行民品典当的时候可以适当提高当价。

（2）房产典当：办理房产典当需要提供本人身份证、本人户口本、本人的房屋所有权证、土地使用证等。典当商行需要到现场查看房产，然后进行评估。

（3）股票典当：办理股票典当需要提供本人身份证、深沪股东账户卡，而且需要办理签约监控。

（4）车辆典当：办理车辆典当需要提供本人身份证、汽车的有关证件。

（5）物资典当：办理物资典当需要提供本人身份证以及相关的财产证明。

三、典当融资不是你想当多久就当多久的

根据典当行管理办法有关规定，典当时间最短为5天，不足5天按5天计算，最长期限为6个月。典当到期后，5天内，客户可以选择续当，也可以根据自己需要选择赎当。最好及时赎当，期满后赎当实在有困难的还可以续当，但是，续当的时间越长，所要支付的综合手续费就越多，所以，当期不宜过长。如果预期不赎当或续当而成为绝当之后，如果你的当物估价金额不足3万元的，典当行就可以自行变卖或折

价处理，损益自负；如果你的当物估价金额是在3万元以上的，就可以按《中华人民共和国担保法》有关规定处理，也可以双方事先约定绝当后由典当行委托拍卖行公开拍卖。拍卖收入在扣除拍卖费用及当金本息后，剩余部分应当退还当户，不足部分向当户追索。

典当融资的风险

典当融资是把双刃剑。它在扩大企业融资规模的同时，往往会加快赢利或亏损速度。

典当融资成本高。若是典当者出现不可预见性的经营风险，如此高成本融资就会给他发展带来更多不稳定因素和还款风险。

还款

选用典当进行融资时需谨慎行事，要考虑好自己的经营状况和偿还能力，细算一下典当融资的成本是否划算。切不可不顾后果地操作，否则将会造成不可挽回的惨痛后果。

四、典当融资不等于出卖东西

典当融资主要是以动产、不动产、权利质（抵）押为基础的短期贷款，它不是把东西卖给典当商行，当金并不等于所当物品的价格。当金一般为物品二次流通价的50%～80%，二次流通价不是商品原来的售价，它低于实物价值。其实，当金少，当户并不吃亏。因为相对应的还款也少，当户的压力也就小很多。

五、典当融资并不是要得越多越好

典当融资的收费标准由国家统一规定，每个月需要支付一定的综合手续费，借得越多，交得也就越多。所以，典当融资并不是要得越多越好。典当费用包括当金利息和综合费用两部分。当金利率按中国人民银行公布的银行机构同档次法定贷款利率及浮动范围执行；综合费用包括各种服务及管理费用，综合费用遵照国家的政策和金融法规制定，在支付当金时一次性扣收。对于借贷者——尤其是高额借贷者来说，这也是一笔可观的费用。所以，不要以为自己的东西值钱而漫天要价。

【理财圣经】

平时多到典当行逛逛，看看它们的宣传册，各个典当行的网站主页，这些都是了解典当融资的好渠道。

房产典当巧融资

由于现在的房价很高，买了房子就不能融资，卖了房子又没有家，让很多人都为之头痛。但是，如果能够巧妙地利用房子典当融资，就可以让你既可以拥有房子，又可以融资。

房屋典当融资是变现资金最快的方式之一，如果你有急需用钱的时候，你可以考虑采取这样的方式去筹集金钱。像现在新的"国八条"出台之后，购房贷款更不容易，这就使得一些原来就想要买第二套房的购房成本增加了许多，如果你也想购买第二套房子的话，你就可以利用自己原来的房子通过典当行进行融资。那么，如何利用房产典当巧融资呢？

一、申请置业融资业务

申请置业融资业务是在你想买第二套房子，但是手头的资金不够，而你又不想卖掉自己的第一套房子的时候比较适用。办理业务的时候，你只需要向典当行提供自己旧房子的房产证和自己要购买的新房子的购房合同、首付款的支付凭证。如果典当行审核之后，没有问题，你就可以办理融资手续了。置业融资业务的融资期限一般最长为3个月，每个月的费率是2.3%。在这期间，你还可以用新房向银行办理按揭贷款。这样，客户就可以在保持自己的正常生活的同时可以顺利购买到一套新的房子，而且，还可以避免因为急需用钱而把原来的房子贱价出售所带来的损失。不过，在申请置业融资业务之前，最好自己做一下市场调查，评估一下自己的旧房子到底值多少钱，将如果贱卖所带来的损失与办理这项业务需要付出的综合服务费作一个比较，看看申请这个置业融资业务能不能给自己带来利润。

二、申请按揭再融资业务

申请按揭再融资业务是在你想把在银行抵押贷款而变成"不动产"的房子充分利用起来，但是自己又没有能力一次性付清银行的贷款时比较适用。办理业务时，

申办了置业融资业务之后如何还款

还款三种方式

按期如数还款。

委托中介将旧房挂牌出售，然后用出售旧房所得的房款抵充自己的借款。不过，选择这个方式还款需要付给中介1%的佣金。

委托拍卖行将旧房公开拍卖，然后将拍卖后所得的房款抵充自己的借款。而选择这个方式还款需要付给拍卖行1.5%的佣金。

你需要向典当行提供自己通过按揭购买房子的相关资料和自己还有其他房屋的证明。如果典当行审核之后，认为没有问题，你就可以办理按揭再融资业务手续。办理手续的时候，你还需要与典当行和中介机构签订三方协议，就是签订借款有回购约定的按揭方买卖行为约定。还要与中介机构签订房屋买卖合同，以防止自己到期后无法还款需要出售你的房子。之后，典当行会出资帮你把银行的贷款提前还清，这样就可以得到你原来抵押在银行里的房屋产权，而你也可以在可履约赎回的前提下完成抵押融资。按揭再融资业务的融资期限最长只有3个月，每个月的费率是2.3%。这样你就可以将按揭房产上市交易，使原来呆滞的"不动产"真正地动起来，而且，还贷融资的过程也很方便、快捷，不会影响自己的房产过户手续的办理。

那么，如果到期不能还款的情况下，你的房屋会怎么处理呢？这个时候，你之前与房屋中介机构签订的房屋买卖合同就会自动生效，你的房子将由中介机构按约定的价格收购。所以，如果自己还不愿意出售自己的房子，那就要努力在三个月之内筹齐资金，把贷款还完。

三、申请置换回购业务

申请置换回购业务是比较适合那些拥有不可售花园洋房、公寓、新里、旧里的居民。如果你正好也拥有这样一套不可以销售的房屋，你就可以通过申请置换回购业务，将承租权进行转让从而达到融资的目的，以此获得一个投资的良机。申请置换回购业务，你需要向典当行提供你的租用公房凭证、身份户籍证明、同住人同意书和其他的房屋证明。如果典当行审核之后，通过了你的申请，你就可以办理置换回购业务了。在办理置换回购业务的时候，你必须要与典当行和中介公司签订置换回购合同，并且还要与中介公司签订住房承租权的转让合同。置换回购业务的融资期限最长也是3个月，每个月的费率为2.3%。这样，你就开拓了自己的置业理财的通道。而且，置业回购业务也开创了一个全新的利用房屋承租权进行融资的模式，为人们的融资提供了便利。

借款期满之后，你如果能够按照合约进行回购的话，你就可以办理房屋承租权过户返还手续；但是，如果你无法履约回购的话，你的房产的处置权就会归为中介公司了，所以，你要权衡清楚自己的还贷能力，否则还是不要借贷过大的金额为好。

所以，不要再为自己手中的形如鸡肋的不动产而伤脑筋，你完全可以利用典当行进行融资，为自己创造良好的投资机会。

【 理财圣经 】

在做房屋质押典当时，需要带上相关房产证明、国有土地使用权证原件以及身份证原件和户口簿原件等，典当行受理以后做出估价，再到房管局办理相关手续以及公证。

典当让你"只进不出"

如果你能够算好你的资金周转的周期，你就可以利用典当让你的资金周转更加灵活，因为典当可以让你"只进不出"。

前不久王先生在北京的一个拍卖会上，以300万的总价拍下了一座200平方米的复式房产。而这次拍卖会的房源都是来自司法委托，这样的拍品，即使你拍到了，没有付齐款项是无法结案的。那么王先生是如何在这么短的时间里付清所有的成交价款的呢？原来王先生是把他原来的一套产权房到典当行进行房屋典当融资，以此获得了这次的拍卖款。

王先生通过典当把一套房变成了两套房，盘活了存量资产，而他自己付出的代价又相对较小，原来的房子自己还可以继续住，又拥有了新的一套房。由此可见，典当确实可以让你"只进不出"的。

那么，还有哪些典当方式可以让你"只进不出"呢？

一、汽车典当——多了资金，车还一样开

方强自己开了一家开发软件的公司，但由于经营效益不太好，最近有一个项目急需款项，也没有得到银行贷款批准，资金周转不过来，而这个项目对方强来说又非常重要，于是，方强把自己的那辆奥迪开进了典当行。第二天，他就拿到了自己需要的40万元当金，而且还是开着自己的奥迪上班。

其实，现在已有越来越多的中小企业主和个人，像方强这样用汽车做抵押以解自己的燃眉之急。因为以前的汽车典当之后是要被作为抵押物封存在专门的车库，自己不能够再自由使用的，一直到偿还当金解除典当合同那天才能赎回自己的车辆。所以，也许还有人不知道现在的汽车典当不必封存亦可典当这种全新的操作方式。这种方式的推出为那些拥有车子而又急需资金周转的融资者带来了极大的便利。

要想办理这种操作方式的汽车典当，只需要带齐典当机动车的全套手续，包括自己所要典当的机动车的购车发票、购车附加费证及附加费发票、行车执照、养路费交纳证明、验车合格证和保险凭证，如果是以企业的名义申请典当的话，还需要提供企业营业执照副本和法人代码证书，私家车就需要提供与行车执照相应的个人身份证、车辆过户变更表，就可办理了。办理这种典当最迟不超过两天就可以拿到自己所需要的资金，每月按典当金的3.5%收取费用，当期一般最长的是半年，到时还可以办理续当。

二、房产典当——有了救急资金，还可以住在自己的家里

陈红的丈夫出了车祸急需手术费10万元。一时不知如何在短时间内筹措到这笔应急资金，陈红急得不知如何是好。有位朋友向她支了一招，让她去申请房产典当。当她知道现在进行房产典当之后，自己还是可以住在自己的家里，便将自己正

在居住的一套二室户房子进行了典当。从踏进典当行的大门到钱款入账，陈红只花了短短2天的时间。

陈红进行了房产典当，按照以往的要求，申请房产典当以后，当户必须要在当期内搬出那间房屋。但是现在陈红仍然可以住在自己的家里，这样自己的生活不需要作任何改变，还可以轻轻松松地筹到丈夫的手术费。

要办理这种房产典当，需要向典当行提供房产的所有资料，如房产所有权证、土地使用证、契税证、购房发票、房产所有人（共有人）的身份证、户口本等资料，经典当行审核通过之后，由典当行实地看房并由双方协商确定典当价格，签署房产典当贷款合同和房产抵押合同，办理公证，在完成抵押登记手续并拿到各项权证后，即可发放典当贷款。这些程序一般在3天之内就可以办妥，每个月需要按3.5%的费率交纳综合服务费，此外还要承担评估费、保险费等一些必要的手续费用。这种房产典当当期一般是1～6个月，期满之后可以续当。

三、股票典当——多了周转资金，股票一样可以买进卖出

刘宁炒股已经十年了，之前一直在一家软件公司当程序员，但总觉得给别人打工的生活过得很不自由，总想自己成立一个公司，自己当老板。但是自己的钱都被投到股票里头了，而且所持的那只股势头很不错，他也舍不得把钱抽出来。今年年初，他听说沪上典当行推出了一种不限投资用途的股票典当，在典当期间，仍然可以为自己的股票买进卖出。他就用自己证券账户中市值共计200万元的股票作为抵押，向典当行贷款了25万元成立了一家软件科技公司。现在，公司已经有了一笔不错的收入。

刘宁利用手中的股票到典当行融资，得到开办公司的款项，股票还可以买进卖出，感觉股票还是自己的，自己一点付出都没有，就可以轻而易举地开办了软件公司。但是，像刘宁这样利用股票典当所得资金去做其他投资的人还不多，因为还有很多人不知道有这项典当业务的存在。

办理股票典当相对来说比较复杂，客户将其股票质押给典当行时，典当行会对股票进行选择和评估，所贷款额一般只有股票市值的50%。客户必须与典当行签订合同，将股票转托管到与典当行合作的证券公司营业部的账户上，这个账户处于半冻结状态，客户仍可自由操作自己的股票，但合同到期前，不能取走账上的钱。为了控制风险，典当行一般都会在协议中加入平仓条款，即当典当者在专有账户中的股票市值达到一定的警戒线时，典当行有权委托证券公司将其股票强行平仓。申办这种典当业务的当天就可以拿到自己的当金，相当便利。每个月的综合费率在2.5%左右，当期是1～6个月，也可以续当。

所以，不要把典当想得那么可怕，如果自己选对典当投资，典当是可以让你"只进不出"的。

　　利用典当来盘活资金，这样你就可以拥有更多的机会来进行投资，或者解决当前的资金问题。

典当淘宝有窍门

　　现在，越来越多喜欢从事艺术投资的人把眼光从传统的收藏市场转到了典当行，因为在典当行中，并不是所有的当物都能够被赎回，总会有一些押品成为死当，所以典当行就成了这些人淘宝的理想场所。

　　在典当行中的绝当物品是可以拿出来出售的，所以，你会在很多典当行的柜台中发现很多名贵的二手物品，例如翡翠观音玉坠、劳力士手表、新款手机、钻戒、还有数码摄像机等，虽然它们都是二手货，但是这些东西的质量却一点儿不差，有的外表还跟新的一样，有的甚至还附有发票，所以还是很值得淘回去的。但是，由于里面的东西鱼龙混杂，也不是所有的东西都是有价值的东西，要想淘到真正有价值的东西也是不容易的，所以在你淘宝的时候就需要掌握点窍门。

　　一、平时多关注二手市场行情

　　一般来说，二手商品的估价主要是根据物品的新旧程度、款式、版批等各种因素综合评价的，所以你在淘宝的时候，一定要自己综合评估自己所感兴趣的商品所值的价格，再对比典当行的估价，看看是否值得购买。因为在典当行中的二手货的价格，有的降幅可能会大一点，而有的只比原价便宜一点点，甚至有些商品比它的原价还贵，比如周年纪念邮票，当初买它的时候可能只需要几千元，可是现在它在二手市场的行情值3万元，那么，典当行在出售的时候就会按照现在的二手市场的行情出售这套邮票，所以，在典当行中淘宝时，一定要关注二手市场的行情，确保自己能够对典当行中的"宝物"作出正确的估价。

　　二、平时多看自己喜欢收藏的艺术品的鉴赏资料

　　虽然典当行在最初收当的时候，都会对抵挡物品进行非常仔细的鉴定，但是也不能确定他们收的东西都是正品，不能保证他们就没有看走眼的时候。如果你一点鉴赏能力都没有，对典当行采取百分百的信任态度，你就会因为他们偶尔的误收，或者鉴定错误，把假货当成真品而吃亏。所以，在平时，你就要经常关注自己喜欢的艺术品的鉴赏资料，以培养自己对物品的鉴赏能力，防止自己在典当行里淘宝的时候吃亏受害。

　　三、平时经常到附近的典当行走动走动

　　如果典当行的业务做得比较好的话，他们每天都会有大量的收当业务，各种当物的交易是十分频繁的。他们总是想方设法把已经成为死当的物品尽快脱手，以减少这些死当物品占用资金的时间。所以如果你不想错过典当行有收藏价值的东西，你就必须要经常到典当行里去走动走动。最有效的方法是与典当行搞好关系，让他们有什么"宝物"要出售就及时通知你。这样，你就可以及时掌握信息，抓住转瞬即逝的宝贵的投资机会。

四、一定要讨价还价

因为典当行的利润主要由综合服务费和贷款利息这两大块组成，他们一般不指望在绝当品销售上赚到多少钱，因此在收当时是按估价的一定比例打折后发放贷款的，出售当品时典当行一般是先考虑收回成本和利息，然后再考虑适当赢利。所以

典当淘宝需要注意哪些

典当淘宝这种新兴的消费方式以其物品独特、低价、保真这一优势，正吸引着大量的人去典当行淘宝，那么，在淘宝过程中又需要注意哪些问题呢？

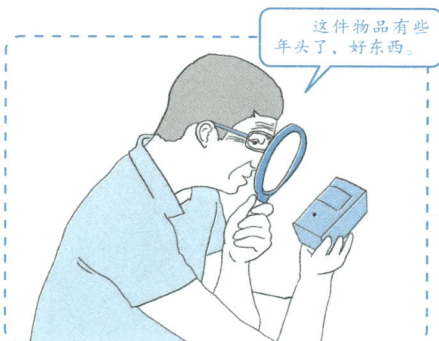

这件物品有些年头了，好东西。

喜好出发，做足功课

首先明确自己是否喜好，若单纯地从价值投资出发，则容易陷入迷途，得不到淘宝的乐趣。同时也要做足功课，找到适合自己的淘宝道路。

选这家没错，有实力！

典当

分清优劣，选对典当行

典当行有大小好坏，有时候又会有各自的侧重点和特色。想淘到什么样的宝贝，就要分清优劣选择与之相匹配的典当行。

你完全可能通过讨价还价淘到尽可能便宜的宝贝。

如果你能做到以上几点，那你在典当行中淘宝时是不可能吃亏的。但是，鉴赏能力这种技能并不是每个人都能够培养出来的，但是也不用因为自己没有这方面的能力而失去这么有魅力的淘宝市场。其实只要你在购买死当物品的时候不要只光想着便宜，多用点心在商品的质量上就可以了。这里有一个小窍门，就是在购买绝当品时要求典当行提供该物品的发票，如果是黄金、钻石等珠宝饰品，除了要发票之外，还要向典当行要求提供鉴定书。在挑选一些小家电以及数码产品的时候，因为有些产品保修可能会比较麻烦，因此最好自己有一些相关知识或者请一些比较懂行的人帮自己参谋。

总之，在典当行中淘宝是有一定的窍门的，一定要以谨慎为主，别忘了讨价还价。

【理财圣经】

在购买绝当物品时一定要选择正规的典当行，千万别一时冲动，被低廉的价格迷惑了双眼。

第四篇
把钱用在该用的地方

第一章

学会储蓄，坐收"渔"利

制订合理的储蓄计划

莹莹和小文是好友，两人的薪水差不多。小文每个月开销不大，薪水总是在银行定存，莹莹则喜欢买衣服，钱常常不够花。三年下来，小文存了三万，而莹莹只有一些过时的衣服。其实小文很早就有"聚沙成塔"的想法，希望储蓄能帮助自己将小钱累积成大的财富。

一般来讲，储蓄的金额应为收入减去支出后的预留金额。在每个月发薪的时候，就应先计算好下个月的固定开支，除了预留一部分"可能的支出"外，剩下的钱以零存整取的方式存入银行。零存整取即每个月在银行存一个固定的金额，一年或两年后，银行会将本金及利息结算，这类储蓄的利息率比活期要高。将一笔钱定存一段时间后，再连本带利一起取出是整存整取。与零存整取一样，整存整取也是一种利率较高的储蓄方式。

也许有人认为，银行储蓄利率意义不大，其实不然。在财富积累的过程中，储蓄的利率高低也很重要。当我们放假时，银行也一样在算利息，所以不要小看这些利息，一年下来也会令你有一笔可观的收入。仔细选择合适的储蓄利率，是将小钱变为大钱的重要方法。

储蓄是最安全的一种投资方式，这是针对储蓄的还本、付息的可靠性而言的。但是，储蓄投资并非没有风险，主要是指因为利率相对通货膨胀率的变动而对储蓄投资实际收益的影响。不同的储蓄投资组合会获得不同的利息收入。储蓄投资组合的最终目的就是获得最大的利息收入，将储蓄风险降到最低。

合理的储蓄计划围绕的一点就是"分散化原则"。首先，储蓄期限要分散，即根据家庭的实际情况，安排用款计划，将闲余的资金划分为不同的存期，在不影响家庭正常生活的前提下，减少储蓄投资风险，获得最大的收益。其次，储蓄品种要分散，即在将闲余的资金划分期限后，对某一期限的资金在储蓄投资时选择最佳的储蓄品种搭配，以获得最大收益。再次，到期日要分散，即对到期日进行搭配，避免出现集中到期的情况。

每个家庭的实际情况不同，适合的储蓄计划也不尽相同，下面以储蓄期限分散

常见的三种储蓄法

投资理财的渠道虽然较多，但储蓄依然是人们理财的主要途径，那么，如何做好储蓄呢？

目标储蓄法

想要通过储蓄做到更好的理财，应根据家庭经济收入实际情况建立切实可行的储蓄目标并逐步实施，以实现储蓄目的。

30万元

节约储蓄法

在生活中要注意节约，减少不必要的开支，合理消费，用节约下来的钱进行存储，做到积少成多。

必要消费

XXXXXX
XXXXXX XXXXXXX
XXXXXX XXXXXX

可买可不买

XXXXX XXXXXX
XXXXXXX
XXXX XXXXX

这一部分用于储蓄。

计划存储法

可以根据每个月的收入情况，预留出当月必需的费用开支，将余下的钱区分，选择适当的储蓄品种存入银行，可以减少随意支出，使家庭经济按计划运转。

原则来看下常用的计划方案。

一是梯形储蓄方案。也就是将家庭的平均节余资金投放在各种期限不同的储蓄品种上。利用这种储蓄方案，既有利于分散储蓄投资的风险，也有利于简化储蓄投资的操作。运用这种投资法，当期限最短的定期储蓄品种到期后，将收回的利息投入到最长的储蓄品种上，同时，原来期限次短的定期储蓄品种变为期限最短的定期储蓄品种，从而规避了风险，获得了各种定期储蓄品种的平均收益率。

二是杠铃储蓄方案。将投资资金集中于长期和短期的定期储蓄品种上，不持有或少量持有中期的定期储蓄品种，从而形成杠铃式的储蓄投资组合结构。长期的定期存款优点是收益率高，缺点是流动性和灵活性差。而长期的定期存款之所短恰好是短期的定期存款之所长，两者正好各取所长，扬长避短。

这两种储蓄方案是利率相对稳定时期可以采用的投资计划。在预测到利率变化时，应及时调整计划。如果利率看涨时，选择短期的储蓄品种去存，以便到期时可以灵活地转入较高的利率轨道；如果利率看低时，可以选择存期较长的储蓄存款品种，以便利率下调时，你的存款利率不变。

【理财圣经】

制订合理的储蓄计划，能够减少储蓄投资风险，获得最大的收益。

储蓄理财，把握四点大方向

储蓄其实是一种"积少成多"的游戏，不过开始一盘游戏之前，也有些准备工作需要我们清楚。正所谓不打无准备的仗，知己知彼，对自身对形势都作好充分的判断，才有把握赢下这盘游戏，得到理想中的丰厚利润。反之，不仅不会赢得利益，甚至有可能损失本钱。

张小姐时年27岁，在一家外资企业上班，她的钱包里装有十几张不同银行不同功能的银行卡。张小姐表示，这些卡的一部分是住房还贷卡、买车还贷卡、交通卡、缴纳水电费的卡，买基金的账户卡、股票的账户卡、保险缴费卡以及公司要求办理的工资卡等生活中不可或缺的卡片，另有一些为了朋友的业绩，顺水推舟就办了的卡，还要加上现在专门用来交电话费的牡丹卡。

根据所谓的"国际惯例"，中国工商银行和中国建设银行均将对所有牡丹灵通卡和龙卡收取每年10元的年费。张小姐粗略算了一下，如果每张卡都要收取年费，她至少每年要多支付上百元的费用。

理财专家认为，张小姐在办理银行卡的目的和方式上均有欠考量，其每年在银行卡年费上支出的费用是完全可以避免的。在选择银行卡时，如果能考虑到各种

储蓄理财中应注意三个方面

　　储蓄理财具有存取自由、安全性高和收益稳定等优势，所以在个人及家庭投资理财中占有较大比重。在储蓄理财的过程中，应注意以下三个方面的问题。

早知道不存长期了，现在取出来利息上肯定吃亏！

建设银行

存期越长不一定越划算

就留出这些备用资金吧。

预留一定的资金可以急需时使用

活期存款

定期存款

定投基金

国债

选择适合的理财工具进行存款投资

使用方向，充分利用每张银行卡的功能，在各银行之间进行适当比对，选择最适合自己的银行卡，可避免因卡多而使自己的钱财流失。要知道"卡不在多，够用就行"，现如今银行卡收费项目五花八门，更要求我们把握好自身情况选择合适的银行卡，别让银行卡成为"吃钱"的东西。

专家同时为我们提出了在办理储蓄理财时要把握的4点大方向：

（1）明确自身存款的用途。明确存款用途是进行储蓄的大前提，是在选择储蓄种类时最重要的影响因素。通常情况下，居民的存款无外乎存款购物、旅行，为买房买车等大件消费做积攒，为子女的教育经费做准备，以及储备今后的养老资产等。这就要求我们根据存款的不同目的选择合适的储蓄方式和时间。如为子女今后的教育储备经费，可以选择由国家支持，利率相对较高的教育储蓄。把握好每一笔存款的目的，才不会发生如上文提到的张小姐一样，卡多而杂乱，影响自己利益的事情。

（2）选择好储蓄的种类。日常生活中，薪水族们往往会给家庭留下一定比例的薪水作为生活费用，这笔费用要求存取灵活，可选择为活期储蓄；而长期不会动用的，如准备买房的积攒款项，则以利率较高的定期储蓄为佳。要注意的是，定期储蓄也有不同的方式，作出正确的选择对利益目标的达成至关重要。如将一笔大额资产存为一张存单或存期过长，遇到突发事件需要取用时，提前支取会造成利息的损失，相反，存期过短则利率太低，难以保值。储蓄的种类的是储户在明确存款用途后要考虑的第二件事情。

（3）要把握好储蓄的时机。储蓄的好时机自然是利率较高的时候，而利率相对较低的时候则应选择凭证式国债或选择短期存款。短期存款并不要求储户频繁地去银行办理业务，而可以选择银行的预约转存业务，存款同样会按照约定自动转存。对于储蓄时机的把握要求储蓄对利率浮动的大方向有一定的了解。

（4）选择最适合自己的储蓄机构。选择好了适当的时机，就该动身去银行了。不过如今银行机构众多，该选择什么样的银行呢？专家提示，首先应当从安全性的角度衡量。安全可靠，信誉度高，经营状况好，都是最基本的条件，这样的银行才能给我们的存款以安全保障；其次硬件服务设施和服务态度也是重要的决定因素；再次是银行所能提供的各种功能性服务。现如今银行能提供的服务项目很多，日常生活中各种费用的缴纳、购票等行为都可以通过银行转账完成，选择一家对自身各种要求合适的、功能齐全的银行，才能更好地便捷我们的生活。

以上四点大方向，都是储户在进行储蓄行为之前，应该仔细考量的。把握好这几点要素，将我们手中的资金投入到最有用的地方，才能让"钱"最大程度上地生出"钱"。

储蓄其实是一种"积少成多"的游戏，我们在储蓄时要明确自身存款的用途、选择好储蓄的种类、把握好储蓄的时机、选择最适合自己的储蓄机构，才能让小钱生出大钱来。

如何实现储蓄利益最大化

家庭理财中储蓄获利是最好的一种选择。那么如何实现储蓄利益最大化呢？根据自己的不同情况，可以作出多种选择。

一、压缩现款

如果你的月工资为1000元，其中500元作为生活费，另外节余500元留作他用，不仅节余的500元应及时存起来生息，就是生活费的500元也应将大部分作为活期储蓄，这会使本来暂不用的生活费也能生出利息。

二、尽量不要存活期

存款，一般情况下存期越长，利率越高，所得的利息也就越多。因此，要想在家庭储蓄中获利，你就应该把作为日常生活开支的钱存活期外，节余的都存为定期。

三、不提前支取定期存款

定期存款提前支取，只按活期利率计算利息，若存单即将到期，又急需用钱，则可拿存单做抵押，贷一笔金额较存单面额小的钱款，以解燃眉之急，如必须提前支取，则可办理部分提前支取，尽量减少利息损失。

四、存款到期后，要办理续存或转存手续以增加利息

存款到期后应及时支取，有的定期存款到期不取，逾期按活期储蓄利率计付逾期的利息，故要注意存入日期，存款到期就取款或办理转存手续。

五、组合存储可获双份利息

组合存储是一种存本取息与零存整取相组合的储蓄方法，如你现有一笔钱，可以存入存本取息储蓄户，在一个月后，取出存本取息的第一个月利息，再开设一个零存整取储蓄户，然后将每月的利息存入零存整取储蓄。这样，你不仅得到存本取息储蓄利息，而且利息在存入零存整取储蓄后又获得了利息。

六、月月存储，充分发挥储蓄的灵活性

月月储蓄说的是12张存单储蓄，如果你每月的固定收入为2500元，可考虑每月拿出1000元用于储蓄，选择一年期限开一张存单，当存足一年后，手中便有12张存单，在第一张存单到期时，取出到期本金与利息，和第二期所存的1000元相加，再存成一年期定期存单；以此类推，你会时时手中有12张存单。一旦急需，可支取到期或近期的存单，减少利息损失，充分发挥储蓄的灵活性。

七、阶梯存储适合工薪家庭

假如你持有3万元，可分别用1万元开设1～3年期的定期储蓄存单各一份；1年后，你可用到期的1万元，再开设一个3年期的存单，以此类推，3年后你持有的存单则全部为3年期，只是到期的年限不同，依次相差1年。这种储蓄方式可使年度储蓄到期额保持等量平衡，既能应对储蓄利率的调整，又可获取3年期存款的较高利息；这是一种中长期投资，适宜工薪家庭为子女积累教育基金与婚嫁资金等。

八、四分存储减少不必要的利息损失

若你持有1万元，可分存4张定期存单，每张存额应注意呈梯形状，以适应急需时不同的数额，即将1万元分别存成1000元、2000元、3000元、4000元的4张1年期定期存单。此种存法，假如在一年内需要动用2000元，就只需支取2000元的存单，可避免需取小数额却不得不动用"大"存单的弊端，减少了不必要的利息损失。

九、预支利息

存款时留下支用的钱，实际上就是预支的利息。假如有1000元，想存5年期，又想预支利息，到期仍拿1000元的话，你可以根据现行利率计算一下，存多少钱加上5年利息正好为1000元，那么余下的钱就可以立即使用，尽管这比5年后到期再取的利息少一些，但是考虑到物价等因素，也是很经济的一种办法。

【理财圣经】

储蓄方式可以有各种组合，一笔钱可以划分为几部分分别存储，提前支取定期存款可以办理部分支取，通过银行零存整取业务可以让利息生利息等手段，目的都只有一个，就是结合每个人自身条件实现储蓄利益的最大化。

会计算利息，明明白白存钱

你知道哪种存款方式最适合你吗？你的钱存在银行能得多少利息？要明明白白存钱，首先需要了解银行的储蓄利息是如何计算的。

一、储蓄存款利息计算的基本公式

储户在银行存储一定时期和一定数额的存款后，银行按国家规定的利率支付给储户超过本金的那部分资金。利息计算的基本公式：

利息＝本金×存期×利率

二、计息的基本规定

（1）计息起点规定。计算各种储蓄存款利息时，各类储蓄均以"元"为计息单位，元以下不计利息。

（2）计算储蓄存期的规定。

①算头不算尾。存款的存期是从存入日期起至支取日前一天止。支取的当天不计算。通常称为"算头不算尾"。

②月按30天，年按360天计算。不论大月、小月、平月、闰月，每月均按30天计算存期。到期日如遇节假日，储蓄所不营业的，可以在节假日前一日支取，按到期计息，手续按提前支取处理。

③按对年对月对日计算。储蓄存款是按对年对月对日来计算的，即自存入日至次年同月同日为一对年。存入日至下月同日为一对月。

④过期期间按活期利率计算。各种定期存款，在原定存款期间内，如遇利率调整，不论调高调低，均按存单开户日所定利率计付利息，过期部分按照存款支取日银行挂牌公告的活期存款利率来计算利息。

（3）定期存款在存期内遇到利率调整，按存单开户日挂牌公告的相应的定期储蓄存款利率计付利息。

（4）活期存款在存入期间遇到利率调整，按结息日挂牌公告的活期储蓄存款利率计付利息。

三、计算零存整取储蓄存款的利息

零存整取定期储蓄计息方法一般为"月积数计息"法。其公式是：

利息=月存金额×累计月积数×月利率

累计月积数=（存入次数+1）÷2×存入次数

据此推算1年期的累计月积数为（12+1）÷2×12=78，以此类推，3年期、5年期的累计月积数分别为666和1830。

四、计算整存零取储蓄存款的利息

整存零取和零存整取储蓄相反，储蓄余额由大到小反方向排列，利息的计算方法和零存整取相同，其计息公式为：

每次支取本金=本金÷约定支取次数

到期应付利息=（全部本金+每次支取金额）÷2×支取本金次数×每次支取间隔期×月利率

五、计算存本取息储蓄存款的利息

存本取息定期储蓄每次支取利息金额，按所存本金、存期和规定利率先算出应付利息总数后，再根据储户约定支取利息的次数，计算出平均每次支付利息的金额。逾期支取、提前支取利息计算与整存整取相同，若提前支取，应扣除已分次付给储户的利息，不足时应从本金中扣回。计息公式：

每次支取利息数=（本金×存期×利率）÷支取利息次数

六、计算定活两便储蓄存款的利息

定活两便储蓄存款存期在3个月以内的按活期计算；存期在3个月以上的，按同档次整存整取定期存款利率的六折计算；存期在1年以上（含1年），无论存期多长，整个存期一律按支取日定期整存整取1年期存款利率打六折计息，其公式：

利息=本金×存期×利率×60%

七、计算个人通知存款的利息

个人通知存款是一次存入，一次或分次支取。1天通知存款需提前1天通知，按支取日1天通知存款的利率计息，7天通知存款需提前7天通知，按支取日7天通知存款的利率计息，不按规定提前通知而要求支取存款的，则按活期利率计息，利随本清。基本计算公式：

应付利息=本金×存期×相应利率

【理财圣经】

了解了各种利息的计算方法之后，以后存款的时候投资者应先自己计算一下，然后选择能够获取利息最大的储蓄种类进行存款，让自己的存款利息最大化。

如何制订家庭储蓄方案

家庭作为一个基本的消费单位，在储蓄时也要讲科学，合理安排。一个家庭平时收入有限，因此对数量有限的家庭资本的储蓄方案需要格外花一番工夫，针对不同的需求，家庭应该分别进行有计划的储蓄。在前面我们已经提到了这方面的一部分内容，那么现在我们就来系统地谈一谈这个问题：我们的建议是把全家整个经济开支划分为五大类。

一、日常生活开支

在理财过程中，每个家庭都清楚建立家庭就会有一些日常支出，这些支出包括房租、水电、煤气、保险、食品、交通费和任何与孩子有关的开销等，它们是每个月都不可避免的。根据家庭收入的额度，在实施储蓄时，家庭可以建立一个公共账户，采取每人每月拿出一个公正的份额存入这个账户中的方法来负担家庭日常生活开销。

为了使这个公共基金良好地运行，家庭还必须有一些固定的安排，这样才能够有规律地充实基金并合理地使用它。实际上家庭对这个共同账户的态度反映出对自己婚姻关系的态度。注意不要随意使用这些钱，相反地，要尽量节约，把这些钱当作是夫妻今后共同生活的投资。另外，对此项开支的储蓄必不可少，应该充分保证其比例和质量，比如家庭可以按照家庭收入的35%或40%的比例来存储这部分基金。

二、大型消费品开支

家庭建设资金主要是用于购置一些家庭耐用消费品如冰箱、彩电等大件和为未来的房屋购买、装修做经济准备的一项投资。我们建议以家庭固定收入的20%作为家庭建设投资的资金，这笔资金的开销可根据实际情况灵活安排，在用不到的时

👆 家庭储蓄方案需要注意哪些

家庭储蓄又不同于个人储蓄，需要考虑的因素很多。那么，家庭储蓄需要注意哪些问题呢？

我们就留这些少的作为日常开支，其余的都存进银行，做长期存储吧。

1.选择银行存款的种类和期限时，一定要根据自己家庭的用款情况和整体消费水平来确定。

建设银行
自动存取款机

工商银行
自动存取款机

2.大额资金分银行存。这样做有利于分散风险。

网上银行

3.银行账户密码保护好。账户密码最好不要使用家人的生日，手机号，身份证号等，很容易被他人知晓，盗取资金。

候，它就可以作为家庭的一笔灵活的储蓄。

三、文化娱乐开支

现代化的家庭生活，自然避免不了娱乐开支。这部分开支主要用于家庭成员的体育、娱乐和文化等方面的消费。设置它的主要目的是为了在紧张的工作之余为家庭平淡的生活增添一丝情趣。比如郊游、看书、听音乐会、看球赛，这些都属于家庭娱乐的范畴，在竞争如此激烈的今天，家人难得有时间和心情去享受生活，而这部分开支的设立可以帮助他们品味生活，从而提高生活的质量。我们的建议是：这部分开支的预算不能够太少，可以规划出家庭固定收入的10%作为预算，其实这也是很好的智力投资，若家庭收入增加，也可以扩大到15%。

四、理财项目投资

家庭投资是每一个家庭希望实现家庭资本增长的必要手段，投资的方式有很多种，比较稳妥的如储蓄、债券，风险较大的如基金、股票等，另外收藏也可以作为投资的一种方式，邮币卡及艺术品等都在收藏的范畴之内。我们认为以家庭固定收入的20%作为投资资金对普通家庭来说比较合适，当然，此项资金的投入，还要与家庭个人所掌握的金融知识、兴趣爱好以及风险承受能力等要素相结合，在还没有选定投资方式的时候，这笔资金仍然可以以储蓄的形式先保存起来。

五、抚养子女与赡养老人

这项储蓄对家庭来说也是必不可少的，可以说它是为了防患于未然而设计的。家庭如果今后有了小孩，以及父母的养老都需要这笔储蓄来支撑。此项储蓄额度应占家庭固定收入的10%，其比例还可根据每个家庭的实际情况加以调整。

上述五类家庭开支储蓄项目一旦设立，量化好分配比例后，家庭就必须要严格遵守，切不可随意变动或半途而废，尤其不要超支、挪用、透支等，否则就会打乱自己的理财计划，甚至造成家庭的"经济失控"。

【理财圣经】

目前，储蓄依然是许多家庭投资理财的主要方式。如果在利率持续下调的形势下，能掌握储蓄的一些窍门，仍可获取较高的利息收入。

第二章

理性消费，花好手中每一分钱

一定要控制住你无穷的购买欲

一走进商场，看到琳琅满目的商品，我们的理智很可能便开始不听使唤了，一款时尚的手机，一个可爱的布娃娃，一串好看的风铃，甚至是一堆根本不需要的锅碗瓢盆都会被我们一股脑地搬回家。事实上，这些买回家的东西有的半年也不见得会用上一次，结果不仅霸占了空间，而且浪费了钱财。

小莉最近要搬家，在整理屋子时，居然找出了9个基本没用过的漂亮包包，和12双只穿过两三次的鞋，有的鞋连商标都还在。这些东西"重见天日"的时候小莉自己都很惊讶，她根本记不清自己何时买了这些东西，就更谈不上使用它们了。其实这些东西大多是小莉一时冲动买下的，有时是经不起店员甜言蜜语的劝说，有时是受不了商家打折的诱惑，还有时是自己看走了眼……买回来之后，她却发现这些物品没有什么用武之地，所以只好将它们"打入冷宫"，然后渐渐遗忘了。虽然现在扔掉这些物品小莉觉得确实可惜，不过为了减少搬家的负担和节约空间，也只好如此了。

其实，有不少人会买一些根本用不着的东西，比如不断地买各式各样的本子，但发现几乎没有几个用得上，全是用来"展览"的。时间长了，这些不必要的开支就很容易造成自己的、家庭的"财政危机"。大部分人都做过明星或者贵族梦，可现实生活中他们既不是明星大腕，也不是富有的贵族，所以并没有大把的钱财供自己挥霍，还是要学会控制自己的购买欲，节省开支。

（1）业余时间尽量少逛街，多读书看报，学习专业技能，这样既可以起到节流的作用，也能为开源做好准备。如果需要上街买东西，在逛街之前先在脑子里盘算一下急需购买的东西，用笔记下来，然后只买计划好的东西。尽量缩短逛街时间，因为在街上、在商场里逛的时间越长，越容易引起购买物品的欲望，最好是速战速决，买到急需的物品后，立即打道回府。

（2）逛街时最好找个人陪同，特别是购买衣服时，不要听导购员夸你几句漂亮、身材好之类的话就晕头转向，立即掏腰包买下不合适的衣服。要多听听同伴的

如何控制购买欲

你看这个购物清单上还需要添加什么吗？一会儿我去超市。

去大卖场采购前，先清点一下家中日用品的储备，在购物清单上列出必须购买的商品和如遇打折可购买的商品。

有空时整理一下衣柜，对自己的衣服心中有数，并且按照不同色调、风格作好搭配，这样就不会发生在类似衣物上重复花钱的事。

逛百货商店时记得适合自己的才是最好的，要保持清醒购物头脑。见到喜欢的衣服鞋子先别急着掏钱，再逛一圈，确定没有更中意的而自己还是很喜欢，再买也不迟。

意见，当然自己也要有主见，不要一时耳根软，买回家后只能让衣服压箱底，造成不必要的浪费。

意志比较薄弱的人不要陪朋友购物，因为这种人在陪购时，往往经不住商品的诱惑，朋友没动心，自己反倒买回一堆不需要的东西。对打折的物品或大甩卖、大减价的商品，购买之前一定要三思，不要因为价钱便宜就头脑发热，盲目抢购。因为这些物品往往样式过时或在质量上存在一些问题，买回来后使用寿命不长，反而得不偿失。

（3）心情不好的时候也千万不要上街购物。以发泄的心态购物，待情绪稳定以后，一定会追悔莫及。喜欢上某物品，先不要着急购买，克制一下迫切需要的心态。冷静几天后，如果还是想买，热情丝毫未减，这时再做购买的打算也不迟。

（4）做好消费计划。好多人买东西缺乏计划性，常在急需的时候才匆匆忙忙跑进商店买东西，结果根本来不及选择、比价；当季的衣服一上柜就掏腰包，以至于买到的永远都是高价货。买东西总喜欢零零星星就近购买，费时费力，还常花冤枉钱。做好消费计划可是一门学问，细到不能再细才好，包括购物时机和地点，再配合时间性或季节性，就会省下不少开销。比如，你可以把每一段时间需要的东西列一个清单，然后一次性购买，不仅省时，而且利于理性消费。还要尽量减少购物次数，因为货架上琳琅满目的陈列品很容易让你的购买欲一发不可收拾，结果便是无限量超支。

【理财圣经】

购买欲是造成我们"财政危机"的主因，所以我们要通过少逛街、做好消费计划等方面着手节省开支。

只买需要的，不买想要的

现在的商品琳琅满目、种类繁多，精明的商家又花样百出，喜欢用大幅的海报、醒目的图片和夸张的语言吸引你，时时采取减价、优惠、促销等手段，有时特价商品的价格还会用醒目的颜色标出，并在原价上打个×，让你感到无比的实惠。这让很多人都在这种实惠的假象中误把"想要"当"需要"，掏钱购买了一大堆对自己无用的东西。

如果你面对诱惑蠢蠢欲动，但是又发现物品的价钱超出你的承受能力，那么你应该分析"想要"和"需要"之间的差别，并在购物时提醒自己要坚持一个原则，那就是只买需要的，不买想要的。

把钱和注意力集中在有意义的或是有用的东西上才值得，如果是真的需要，那么可以在其他支出方面节省一些，在你的预算范围内，还能抽出钱来购买所需的东西；如果只是单纯的"想要"，想一想那些因你冲动购买而仍被置冷宫的物品吧，你还要再犯相同的错误吗？

其实，人们对物品的占有欲与对物品的需求没有什么关联，你可能并不是因为需要某样东西才想去拥有它。此时不妨先冷静一下，转移注意力，当你隔几天再回头看时，说不定发现你已经不想要那个东西了。这样，尽管你买的东西比想要的少，但是能收益更多，并逐渐养成良好的消费习惯。

圣地亚哥国家理财教育中心提出了"选择性消费"的观念，就像下列情况，你不应该对自己说："我该不该买这东西？"而应该问："这东西所值的价钱，是不是在我这个月的预算内？是否正是我所要花的钱？"换句话说，你要问问自己，这东西到底是不是必须得买的，而不是仅仅告诉自己这笔钱能不能花。

不要误以为这种选择性消费很简单，其实它并不简单，需要我们不断地练习。首先你要给自己一些选择，先列出物品的优先顺序，然后再列出一个购物清单。问问自己，用同样的金额，还可以购买哪些东西？至少去比较三个不同商品的价格、服务和品质，你将会看到什么事情发生？你的消费是可以掌控的，你要远离错误的习惯、冲动或者是广告，你将能够购买真正想要的东西。如果养成了这个习惯，就能够聪明地消费，并存下省下来的钱。

在你养成选择性消费的习惯之前，必须先知道怎么处理你的金钱。通常人们在还没改变消费习惯之前，是不会开始储蓄的。除非你能增加所得，否则要多存一点，就必须少吃一点。为了克服花钱随心所欲的习惯，首先在消费前先问自己几个必要的问题：

一、为什么要买

一般说来，月收入首先要保证生活开支，而后才能考虑发展消费与享受消费。杜绝攀比跟风要贯彻始终，否则，以人之入量己之出，势必使消费结构偏离健康态势，导致捉襟见肘。任何一个人在添置物品之前，尤其是购买那些价值较高、属于发展性需要的大件时，总是会郑重地权衡一下是否必须购置，是否符合我们的需求，是否为我们的经济收入和财力状况所允许。

二、买什么

从生存需求来看，柴米油盐等属于非买不可的物品；从享受性需求来看，美味可口的高档食品、做工考究的精美服饰要与自己的经济实力挂钩；从发展性需求来看，音响是否高级进口、彩电是否超平面屏幕、沙发是否真皮等，虽是生活所需，但也并非"必需"，孩子的教育开支则应列入常备必要项。因此，添置物品应该进行周密的考虑，切不可脱离现实，盲目攀比，超前消费。

三、什么时间去买

买东西选择时机是十分重要的。如在夏天的时候买冬天用的东西，冬天时买夏天用的东西，反季购买往往价格便宜又能从容地挑选。有时有的新产品刚投入市场，属试产阶段，往往质量上还不够稳定，如为了先"有"为快或为了赶时髦而事先购买，就有可能带来烦恼和损失。不急用的物品，也不要"赶热闹"盲目消费，不妨把闲散的钱存入银行以应急，等到新产品成熟或市场饱和时再购买，就能一块钱当作两块钱花，大大提高家庭消费的经济效益。

四、到什么地方去买

一般情况下，土特产品在产地购买，不仅价格低廉，而且货真价实；进口货、舶来品在沿海地区购买，往往比内地花费要少。即使在同一地方的几家商店内，也有一个"货比三家不吃亏"的原则。购物时应多走几家商店，对商品进行对比、鉴别，力争以便宜的价格买到称心的商品，只要不怕费精力、花时间。

花钱没有错，花钱可以买到你需要的东西，可以让你充会享受人生。但也不要随心所欲地挥霍，在花钱时先问自己一些问题，时常保持清醒的头脑，从自己的具体情况出发，有选择性地消费，这样，你会享受到更多花钱的乐趣。

【理财圣经】

面对多种商品以及打折、广告的诱惑，要想控制好蠢蠢欲动的购买欲，就得分析"想要"和"需要"之间的差别，只买需要的，不买想要的。

改掉错误消费习惯，养成正确消费习惯

错误的消费习惯

| 正确的消费习惯 |

错误的消费习惯	正确的消费习惯
买方便的消费	不做购物狂
冲动的消费	有计划消费
消费时间选择不对	不盲目从众消费
为求心理安慰盲目购物	不过度刷卡消费

只买对的，不买贵的

一个穷人家徒四壁，只得头顶着一只旧木碗四处流浪。一天，穷人上了一只渔船去当帮工。不幸的是，渔船在航行中遇到了特大风浪，被大海吞没了。船上的人几乎都淹死了，只有穷人抱着一根大木头，才得以幸免于难。穷人被海水冲到一个小岛上，岛上的酋长看见穷人头顶的木碗，感到非常新奇，便用一大口袋最好的珍珠、宝石换走了木碗，还派人把穷人送回了家。

一个富翁听到了穷人的奇遇，心中暗想："一只木碗都能换回这么多宝贝，如果我送去很多可口的食品，该换回多少宝贝！"富翁装了满满一船山珍海味和美酒，找到了穷人去过的小岛。酋长接受了富人送来的礼物，品尝之后赞不绝口，声称要送给他最珍贵的东西。富人心中暗自得意。一抬头，富人猛然看见酋长双手捧着的"珍贵礼物"，不由得愣住了：它居然是穷人用过的那只旧木碗！

故事中，穷人和富翁之所以会有如此截然不同的结局，归根结底是因为这个岛上的酋长对于"最珍贵的东西"这个概念有着和常人不一样的理解。在他看来，珍珠、宝石是最不值钱的东西，而那只旧木碗则是最珍贵的宝物，因此，当富翁用山珍海味款待了他之后，他才会将"最珍贵的东西"献给富翁，以表达自己的感激之情。这里的珍珠、宝石和木碗的价值逆差在经济学中被称为"价值悖论"，用于特指某些物品虽然实用价值大，却很廉价，而另一些物品虽然实用价值不大，却很昂贵的一种特殊现象。

对于"价值悖论"的概念，早在200多年前，著名的经济学家亚当·斯密就在《国富论》中提到过，他说："没有什么能比水更有用，然而水却很少能交换到任何东西。相反，钻石几乎没有任何使用价值，却经常可以交换到大量的其他物品。换句话说，为什么对生活如此必不可少的水几乎没有价值，而只能用作装饰的钻石却索取高昂的价格？"这就是著名的"钻石与水悖论"。如果用我们今天的经济学知识来解释这一现象其实并不是很难。

我们知道，一种商品的稳健价格主要取决于市场上这种商品的供给与需求量的平衡，也就是供给曲线和需求曲线相交时的均衡价格。当供给量和需求量都很大的时候，供给曲线和需求曲线将在一个很低的均衡价格上相交，这就是该商品的市场价格。比如说水，水虽然是我们生活中必不可少的一种商品，但它同时也是地球上最为普遍、最为丰盈的一种资源，供给量相当庞大，因此，水的供给曲线和需求曲线相交在很低的价格水平上，这就造成了水的价格低廉。相反，如果该商品是钻石、珠宝等对人们生活需求不是很大的稀缺资源，那么它的供给量就会很少，供给曲线和需求曲线将在很高的位置上相交，这就决定了这些稀缺资源的高价位。通俗地讲，就是物以稀为贵，什么东西见得少了，什么东西不容易得到，那么什么东西就会拥有高价位，这就是价值悖论的根本原因。

那么，价值悖论和理财又有什么关系呢？我们知道，理财包括生产、消费、投资等多个方面，而价值悖论原理在家庭理财中的运用就是针对消费方面来说的，具体而言，就是针对消费中如何"只买对的，不买贵的"这一微观现象而言的。

第一，不要什么东西都在专卖店里买。专卖店里的东西一般来说总是比大型商场或超市里的东西要贵很多，因此，我们要有选择地在专卖店里买东西。对于一些工作应酬必须穿的高档服装或是家电等耐用消费品来说，最好是去专卖店里选购，因为专卖店里的商品一般来讲都有很好的货源和质量信誉保证，因此在售后服务方面会比商场和超市要好一些。但是对于一些无关紧要的生活用品，比如运动鞋、居家服装等就没有必要非要到专卖店里选购了。这样一来，我们就可以为家庭省去很多不必要的开支。

第二，选购电器不要盲目追求最新款。很多商家都会在你选购家电的时候向你推荐一些最新款式或最优配置的商品，这些拥有最新性能的商品由于刚刚上市，往往价格都比其他商品高出许多。这时候就需要消费者对自己的实际需求作一个初步的评估，切不可不顾自己的实际需求盲目追求最新款。尤其是在选购电脑上，除非你是一位专业制图人员或者专业分析软件的行家，否则不要一味地在电脑上追求最新配置。因为电子产品的更新速度简直太快了，或许你今天买的电脑是最优配置，但是明天就会有更新配置的电脑出现在市场上，消费者的步伐是永远赶不上产品更新换代的速度的。因此，我们在选购电子产品或者家电时一定要根据自己的实际需要，选择最适合我们的，而不是最贵、最好的。

第三，特别是女性，在选购化妆品上要结合自身的肤质、肤色和脸形选择适合自己的化妆品，不要盲目追求高档产品。爱美是每一个人的天性，尤其是女人，似乎天生对美丽有着乐此不疲的追求，于是带动了整个化妆品行业的风起云涌。但是，女性朋友们在选购化妆品的时候千万不能盲目神化高档化妆品的功效，而应该先对自己的肤质、肤色、脸形进行鉴定，并根据鉴定结果选择最适合自己的化妆品，确保物尽其用。比如，护手霜有很多种，价位也从几元到几百元不等，但如果你仅仅是想让自己的玉手在冬天仍保持滋润白嫩而不至于干裂，完全可以选择几元一瓶的甘油或者更便宜的雪花膏，根本没必要买几百元的高档产品。

第四，购置房产要量力而行，不要一味追求面积。拥有一套宽敞明亮的大房子是现在很多人的梦想，尤其是对于那些初涉社会的年轻人来说，这更是一个梦寐以求的事情。但是，很多人在购房时都会有这样一个误区，认为房子越大越好。其实，这是一种虚荣的表现，更是家庭理财中的大忌。以一个标准的三口之家为例，选择一套70平方米两室一厅的住宅就已经足够用了，如果按照每平方米5000元的均价计算需要35万，但如果他们选购的是一套120平方米的住宅，就将多花25万，这还不包括装修费用、物业费用、取暖费用和打扫房间的时间成本，况且，由于人少，房间并不能得到充分的利用，实际上是一种资源的浪费。因此，我们在买房的时候一定要根据自己的需要买最适合自己的房产。

只要我们时刻将自己的实际需求放在首要位置，恪守"只买对的，不买贵的"的原则，我们就一定能够让财富发挥出最佳的功效来。

做到"精明消费"需要把握 3 个原则

有时候贵的并不一定是最好的，物美价廉才是我们最终的追求。要想买到物美价廉的商品，需要把握以下原则：

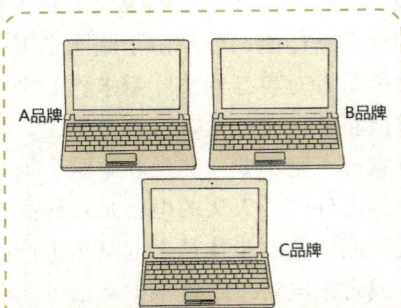

货比三家不吃亏

购物之前，特别是购买大件商品之前，必须货比三家，了解商品的市场价位。货比三家有利于更好地做选择。

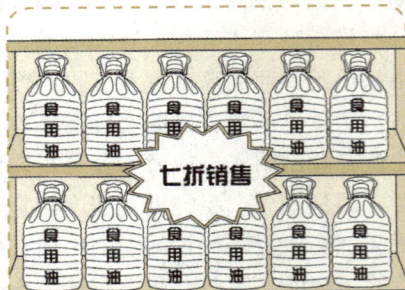

巧用促销巧省钱

如果购买的是必需品，在商家的促销时间购买可以巧妙的为自己省钱。

多在大型市场或批发市场购物

大型市场或批发市场可选择的商品余地比较大，且价格多实惠公道，可以更好地理性消费。

【理财圣经】

理财关键点：只买对的，不买贵的。

消费陷阱，见招拆招

在我们的生活中，处处存在着消费陷阱，我们一定要擦亮眼睛，不要让那些刻意制造陷阱的人有机可乘。

陷阱一：抬价再打折。

田田上周末在某商场看上一双长靴，刚到膝盖的长度、镂空的花纹、中性的鞋跟设计，正是自己心仪已久的款式。田田一见商场在搞岁末促销，不由得心动，虽然后半个月手里只剩下1000元钱，但她还是狠狠心买下了这款打折后800多元的长靴。

三天后，田田陪好友到其他商场，看见同一款靴子价格竟然比自己买的时候便宜了100多元，店员说这个活动已经在所有专卖店搞了近一周了。田田听了后悔不已，想去换鞋，可自己已经穿了三天，也找不到适当的理由。

见招拆招：人为制造卖点已经不是什么稀奇的事情，消费者遇到这种情况时一定要保持冷静。

应对措施：

按照个人的需求和经济条件来选购商品。

货比三家。

陷阱二："免费"不免。

吴先生反映，自己好好的身体在一家检测身体微循环的免费摊位前被忽悠成了内分泌失调。摊主一通乱侃，最后向吴先生推销他们几百元一个疗程的保健食品，吴先生想方设法摆脱摊主的纠缠，逃也似的离开了该摊位。之后吴先生还不放心地去体验中心认真检查了一遍。

见招拆招：为推销产品，厂商可谓花招迭出，打着"义诊"和"免费咨询"旗号把产品吹得神乎其神，特别是一些中老年人很容易走进陷阱。像商场中免费测试的柜台，在那里检测身体，没病也可能被说成大病。

应对措施：

保健品属于食品，但不具备治病功效，不要被商家迷惑。

对承诺先购买保健品，再"实行返款"的厂商要特别警惕。

不要光顾免费摊点。

陷阱三：网上消费"钓鱼"。

老张说，自己曾当了回"大鱼"，让网上卖家放长线给卖了。事情是这样的：老张看上了一款手机，由于早已是此店的熟客，因此他下意识地将钱直接打到了店主账上。

见招拆招：网上不法分子惯用的行骗伎俩是：伪造各种证件和身份以骗取网民的信任；在网页上以超低价商品或优惠的服务广告"钓鱼"；先以少量的商品和费用将客户套住后反复地敲诈，当钱财到手后立即销声匿迹。

应对措施：

不要轻信广告和贪图便宜。

不论与卖家是否熟识，购买大件商品或进行大额交易，应采取货到付款方式，并且要在当面验货和检查相关凭证以后再给钱。

陷阱四："短信服务"中大奖"。

网友木头苦于手机被短信小广告轰炸。木头用的是全球通的号码，据他说，估计自己的号码十有八九被泄露出去了，什么装卫星电视啊、你刷卡消费了、你收到祝福点歌了，每天都能收到十几条。最可恶的就是夜里两点多，小广告还在孜孜不倦地发着。

见招拆招：至今仍有个别的运营商以免费服务、祝福或点歌、"中大奖"等为诱饵，骗取消费者的钱财。

应对措施：

当出现陌生者的短信时，要有所警觉，若贸然回复就正中了不法运营商的奸计。

在接到"中了某项大奖"的告知时要坚信"天上不会掉馅饼"。

碰到确实需要的信息服务时，应把服务内容和资费标准都了解清楚后再回复。

要留意查验每月的资费清单，发现问题及时询问或向有关方面投诉。

陷阱五："缩水"低价旅游。

马上就是元旦3天假期，旅行社的超低报价和"黄金线路"再度成为招徕游客的吸引点。赶上旅游淡季，小花表示，在某网站上看到的"一元团"报价确实诱人，但曾经被导游忽悠买了上千元没用饰品的小花决定不再上当了。小花说，虽然团费是便宜，后面还有购物等着你，实际的服务项目和服务质量会大打折扣。

见招拆招：旅行社的报价越低，旅行中的个人额外开支可能会越多，同时交通和食宿的条件也相对较差。

应对措施：

出行前要对组团的旅行社和出游的线路进行筛选和判断。

一旦真的选择了低价旅游，不要因导游的脸色而勉强接受购物，否则，到时候吃亏的还是自己。

【理财圣经】

商家总是会处心积虑地设计各种消费陷阱，消费时一定要擦亮眼睛，识别出陷阱并见招拆招。

别因为"最低价"轻易打开你的钱包

曾经流行过这样一句顺口溜——七八九折不算折，四五六折毛毛雨，一二三折不稀奇。商场里几乎天天都有打折活动。爱逛街的人都知道，现在商家打折的花样可谓五花八门，层出不穷，没有细心研究过、不明真相的人，还真能被迷惑。打折其实就是随意定价的结果，有的商家表面上是打折，可实际上是在变相地涨价。比如商品打折，本来是一百块钱的商品，它将原价提到两百，打六折反而卖一百二，价格不降反涨。

很多商场经常标出"全场几折起"的牌子，女孩们请注意，千万不要小瞧了这个"起"字，这个"起"字可是给了商家很大的活动空间。很多时候我们都会误以为是所有商品都打折，等去付款的时候才发现仅是部分商品打折。据知情人士透露：实际上真正打这个折扣的商品不足50%。再说那么多商品，利润各不相同，怎么能一刀切地定在六折呢？其实，各个商场的货都是差不多的，打折的幅度在同一时间段也不会有什么大的变动，且很多大品牌是不参加商场的打折活动的，它们的促销活动都是全市连锁店统一行动。还有很多新品同样不参加活动，真正打六折的，往往都是那些过时、过季的滞销货。

还有一些商家不断推出免费品尝、咨询、试用等形形色色的促销活动，待消费者免费消费过后，才知道所谓的"免费"其实是"宰你没商量"。年轻的单身贵族消费具有很大的随机性，因此常常上"免费"的当。

佳佳在一个手机专卖店买了一款手机，付钱时随赠优惠券一张，优惠券上说了好多优惠活动。比如赠送一张十寸的照片，一张水晶照片，免费三个化妆造型，免费拍照20张。听起来很是诱人。于是，她去了，结果呢？化妆免费，可是粉扑10元一个，假睫毛20元一对；造型免费，能选的衣服比路边小摊的还差，稍好一点的衣服穿一下5元；照片洗出来后，先给你看洗成一寸的小照片，这些小照片你想要的话，每张2块钱。从里边你选想要放大的照片，洗一张20元，如果你只要送的，那些素质很低的业务员会告诉你，他们业务太忙，你想要的话一个月以后来取。忘了说了，事先还有20元的拍照押金，交的时候说是以后肯定退，结果退的没有几个人。最后，佳佳花了200多元但是依然没拿回底片。

对于那些"买一送一"的广告，我们也要保持警惕，送得越多，更要加倍小心，小心有以下几种：其一，礼券的购买受到严格控制，也就是说，没有几个柜台参加这个活动，只要稍加留意就会看到"本柜台不参加买××送××的活动"的不在少数。其二，到了秋装上市的季节，那些夏天的货品时日无多，赶紧处理。这就意味着你在今年也没多少时日穿它了。其三，连环送的形式送得"有理"，由于实际消费过程中一般不可能没有零头，这就无形中使得折扣更加缩小，商家最终受益。其四，要弄清楚送的到底是A券还是B券，A券可当现金使用，而B券则要和同等的现金一起使用。

所以，在面对商场打折的巨大诱惑的时候，我们不能凭着热闹一时冲动，要分清打折的虚实，如果有时间的话最好是多逛几个商场进行对比，没有时间的话就尽量买最需要的产品，千万不要仅凭打折一条就狂购一大堆平时根本用不到的东西。

【理财圣经】

面对商家那些看似很诱人的销售手段，我们一定要擦亮自己的眼睛，用心辨别，以免上当受骗。

这些消费心理误区你是否也有

消费者在购物过程中，对所需商品有不同的要求，会出现不同的心理活动。这种消费心理活动支配着人们的购买行为，其中有健康的，也有不健康的。不健康的我们称之为消费心理误区。为了不过那种上半月富人、下半月穷人的尴尬生活，为了望着一时冲动买回来的无用物而感叹的事少发生，我们要学会花钱，走出消费心理误区，做个聪明的消费者。

一、盲从心理

很多人在购物认识和行为上有不由自主地趋向于同多数人相一致的购买行为。

盲目追随他人购买，表面上是得到了某种利益，事实却并非如此。很多人都曾受抢购风的影响而买回一大堆东西，事后懊悔不已。消费者的合理消费决策必须立足于自身的需要，多了解商品知识，掌握市场行情，才能有效地避免从众行为导致的错误购买。

二、求名心理

许多人在购物时都容易有求名心理。

名牌是生产者经过长期努力而获得的市场声誉，名牌代表高质量，代表较高的价格，代表着使用者的身份和社会地位。如果消费者为了追求产品的质量保证，或者为了弥补自己商品知识不足而导致购物后的懊悔而选择名牌产品，那是明智的；但如果买名牌是为了炫耀阔绰或其他名牌带来的其他什么，以求得到心理上的满

学会理智消费，走出消费误区

在五花八门的市场中，商家费尽心机，根据消费者的消费心理，设下了种种陷井，诱惑消费者步入误区。做一个聪明的消费者，不当"冤大头"，要抛开三种消费心理。

> 买那么多，又超计划了！

不可冲动消费

在消费中，大家很容易陷入随意消费状态，这常常会引起"冲动性消费"。在消费中，要多一些理智，多一些计划，别在商家的诱导下冲动消费。

不可从众消费

"从众心理"是大家都容易犯的通病。我们在买东西时要做到个性消费，不从众，不趋时，冷静对待。

> 这么多人买啊，等等我，我也买！

不可盲目消费

消费者的消费常常误入盲目性。在消费中，要做到别盲目轻信"打折"，别盲目轻信广告，该出手时再出手，自然会买到物有所值的商品。

唐僧不老口服液

5折

足，则是陷入了购买名牌的误区。

三、求廉心理

求廉心理在消费者的购买行为中表现得最为突出，其中主要原因是经济收入不太充裕和勤俭持家的传统思想，用尽可能少的经济付出求得尽可能多的回报。

所谓物美价廉，这种想法是不错的，但它也可能产生消极的后果。一方面，求廉心理引导着消费者低水平消费、吝啬消费；另一方面，有的消费者的求廉心理走向极端，购物时永远把价格便宜放在第一位，进而发展为只要是廉价商品，不管有用没用照买不误。所以有求廉心理的消费者在市场上寻求价廉商品的同时，必须考虑商品的实用性和一定的质量保证，否则会得不偿失的。

走出消费误区，你才能做到理智消费。

【理财圣经】

为了避免消费冲动，我们要学会花钱，克服盲从心理、求名心理、求廉心理等消费心理误区。

第三章
精明省钱，省下的就是赚到的

省一分钱，就是赚了一分钱

省钱也是一门技术，不要以为钱多的人就不在乎小钱，也不要以为跨国企业等大企业就有多么"豪爽"。日本很多公司的产品都成功地打入了欧美市场，它们靠的就是节约精神。比如日立公司，它的成功可以归结于该公司的"三大支柱"——节约精神、技术和人。日立公司的节约精神闻名于世，正是这种节约精神给日立公司带来了巨大的经济效益。

在暑气逼人的炎热夏日，日立的工厂里不但没有冷气设备，甚至电扇都极少见。他们认为：日立工厂的厂房高三十米，又坐落在海滨，安装冷气太浪费了。厂里还规定用不着的电灯必须熄灭。午休时留在房间里的员工一律在微暗的角落里聊天。只有当有事时，他们才伸手拉亮荧光灯。在日立总部也是这样，客人在办公室坐定，日立的职员才去拉灯绳开灯。

无独有偶，根据纽约大学经济学教授伍尔夫发表的统计报告，比尔·盖茨的个人净资产已经超过美国40%最贫穷人口的所有房产、退休金及投资的财富总值。简单来说，他6个月的资产就可以增加160亿美元，相当于每秒有2500美元的进账。互联网上有人据此编了个笑话，说盖茨就算掉了一张一万美元的支票在地上，他也不该去捡，因为他可以利用这弯腰的5秒钟赚更多的钱。

然而，盖茨的节俭意识和节俭精神更让人敬佩。

一次，盖茨和一位朋友同车前往希尔顿饭店开会，由于去迟了，以致找不到停车位。他的朋友建议把车停到饭店的贵宾车位上，但是盖茨不同意："噢，这可要花12美元，可不是个好价钱。""我来付。"他的朋友说。"那可不是个好主意，"盖茨坚持不将汽车停放在贵宾车位上，"这样太浪费了。"由于比尔·盖茨的固执，汽车最终没有停在贵宾车位上。

难道盖茨小气、吝啬到已成为守财奴的地步了？当然不是。那么到底是什么原因使盖茨不愿意多花几美元将车停在贵宾车位上呢？原因其实很简单，盖茨作为一位天才的商人，深深地懂得花钱应像炒菜放盐一样恰到好处，哪怕只是很少的几元钱也要让其发挥出最大的效益。他认为，一个人只有当他用好了自己的每一分钱，他才能做好自己的事情。

美国有位作者以"你知道你家每年的花费是多少吗"为题进行调查，结果近62.4%的百万富翁回答"知道"，而非百万富翁则只有35%知道。该作者又以"你每年的衣食住行支出是否都根据预算"为题进行调查，结果竟是惊人的相似：百万富

节约生活开支的 4 个窍门

懂得一些生活理财的窍门，会帮你节约一大笔开支，让生活变得有滋有味。

去超市集中购买日常用品

一次买齐这些天用的。

旅游挑选淡季

您好，欢迎办理淡季旅游。

春风旅行社

每天关注商家的折扣信息

今日特价

环保出行

翁中作预算的占2/3，而非百万富翁只有1/3。进一步分析，不作预算的百万富翁大都用一种特殊的方式控制支出，即造成人为的相对经济窘境。这正好反映了富人和普通人在对待钱财上的区别。节俭是大多数富人共有的特点，也是他们之所以成为富人的一个重要原因。他们养成了精打细算的习惯，有钱就好好规划，而不是乱花。他们省下手中的钱，然后用在更有意义的地方。

节省你手中的钱，对你个人的意义很大。节省下来的钱可以放到更有意义的地方。如果拿去投资，也许，你省的就不只是一分钱了。对一个企业而言，节俭可以有效地降低成本，增加产品的市场竞争力。

珍惜你手中的每一分钱，只有这样，你才能积聚腾飞的力量，才能有拥有获取百万家财的可能。

【理财圣经】

不要轻视小钱，节省一分钱，就相当于赚了一分钱。珍惜你手中的每一分钱，这样的话你的财富会越积越多。

跟富豪们学习省钱的技巧

2008年3月6日，《福布斯》杂志发布了最新的全球富豪榜，资本投资人沃伦·巴菲特取代了比尔·盖茨成为新的全球首富。当有人打电话祝贺这位新晋首富时，沃伦·巴菲特却幽默地表示："如果你想知道我为什么能超过比尔·盖茨，我可以告诉你，是因为我花得少，这是对我节俭的一种奖赏。"

盖茨针对巴菲特的言论回应时说道，他很高兴将首富的位置让给沃伦。上周末他们一起打高尔夫球时，沃伦为了省钱居然用邦迪创可贴代替高尔夫手套，虽然打起球来不好使，但沃伦毕竟省了数美元。沃伦当选首富的主要原因，不是伯克希尔公司股票的上涨，而是在这点上。

事实上，巴菲特能荣登全球首富并不是靠不愿买手套这种省钱方法，但巴菲特的个人生活确实非常简单。他住的是老家几十年前盖的老房子，就连汽车也是普通的美国车，用了10年之后才交给秘书继续使用。他也经常吃汉堡包、喝可乐，几乎没有任何奢侈消费。真正的大富豪都是"小气鬼"，不信你再看看比尔·盖茨，看看李嘉诚，那些富豪，在生活中又是怎么省钱的。

一、比尔·盖茨：善用每一分钱

据说有人曾经计算过，比尔·盖茨的财富可以用来买31.57架航天飞机，拍摄268部《泰坦尼克号》，买15.6万部劳斯莱斯产的本特利大陆型豪华轿车。但实际上，比尔·盖茨只有位于西雅图郊区价值5 300万美元的豪宅可称得上奢华的设施。豪宅内陈设相当简单，并不是常人想象的那样富丽堂皇。盖茨曾说过："我要把我所赚到的每一笔钱都花得很有价值，不会浪费一分钱。"

二、"小气鬼"坎普拉德

瑞典宜家公司创始人英瓦尔·坎普拉德是一个拥有280亿美元净资产，在30多个国家拥有202家连锁店的大富豪。在2006年度《福布斯》全球富豪榜上排名第四的坎普拉德，却被瑞典人叫作"小气鬼"。有人这样描述他：至今仍然开着一辆有着15个年头的旧车；乘飞机最爱选的是"经济舱"；日常生活一般都买"廉价商品"，家中大部分家具也都是便宜好用的家具；他还要求公司员工用纸时不要只写一面。

从这一个个"小气"的细节中，我们可以看出坎普拉德崇尚节俭的人生境界。在公司内部提倡节俭，他自己是当之无愧的"节俭"带头人，已经成为全公司上下学习的典型。节俭是一种美德、一种责任，是一种让人自豪的行为，一种律己的行为。

三、李嘉诚：不浪费一片西红柿

李嘉诚在生活上不怎么讲究，皮鞋坏了，李嘉诚觉得扔掉太可惜，补好了照样可以穿，所以他的皮鞋十双有五双是旧的；西装穿十年八年是平常事。他坚持身着蓝色传统西服，佩戴的是一块价值26美元的手表。

一次，李嘉诚在澳门参加一个招待会。宴席快结束时，李嘉诚看到他桌上的一个盘子里剩下两片西红柿，就笑着吩咐身边的一位高级助手，两人一人一片把西红柿分吃了，这个小小的举动感动了在场的人。

四、"抠门"的李书福

在吉利集团董事长李书福身上，最著名的是他那双鞋。一次在接受采访时，李书福曾当场把鞋脱下，表示这双价格只有80元的皮鞋为浙江一家企业生产，物美价廉，结实耐用。

他还边展示自己的鞋子边说："今天太忙没有擦亮，擦亮是非常漂亮的。"其实这双鞋已经穿了两年了。接着，他拉着自己的衬衣问旁边的助理："咱们的衬衣多少钱？""30元。"助理回答。"这是纯棉的，质量很不错。"李书福说道。

据吉利内部人员透露，他们很难见到李书福买500元以上的衣服，让秘书去买西装时，他总是特别强调要300块钱一套的。平时，李书福也总穿一件黄色的夹克，在厂区干脆就穿工作服，好像就只有一套稍好点的西服，是他在非常重要的场合才穿的形象服。

五、王永庆：吃自家菜园的菜

王永庆是台塑集团创始人，个人资产多达430亿人民币的他生活非常简朴。他在台塑顶楼开辟了一个菜园，母亲去世前，他吃的都是自己种的菜。生活上，他极其节俭：肥皂用到剩下一小片，还要再粘在整块上用完为止；每天做健身毛巾操的毛巾用了27年。

省钱技巧

我要省下钱来，五年后买一所心仪的房子！

设定目标，将目标细化

一个人或一个家庭为了某一特定目标设立专门的储蓄账户对储蓄率有着特殊的效果。当一个人明确他为什么要储蓄时，这种行为发自内心，也就有了内在的动力。

避免负债

负债等于给自己套上了枷锁，吞噬自己的现金流，所以要做到最大限度地减少负债，这样才能避免不必要的开支。

自带午餐，好吃又环保！

在日常生活中节俭

事实上在人们日常的生活中随时可以做到节俭，比如，买东西时货比三家、多使用折扣券、多利用商家促销的机会。这样做其实不难，但需要有耐心和长期坚持。

日常支出明细

对花销记账

在日常生活中，养成记账的习惯，可控制花钱大手大脚，也对自己的财务状况能有更清楚地了解，避免寅吃卯粮。

【理财圣经】

省钱绝对不是小家子气，财富中的很大一部分是省出来的。

赚钱能力与省钱智力同等重要

赚钱能力的大小不是决定财富的唯一因素，财富多少也与省钱的智力高低有很大的关系。省钱是一种生活的智慧，勤俭节约自古以来就是中华民族的传统美德，"省钱是智慧，勤俭是美德"的道理大家都明白，如果你具备了省钱的智力，也就是会赚钱，节省一分钱，就是赚了一分钱。因此，对于财富的积累来说，省钱智力与赚钱能力一样重要。

美国著名的理财专家乔治·克拉森在其著作中论述：用收入的10%，养活你的"金母鸡"。

"治愈贫穷的第一个妙方，就是每赚进10个钱币，至多只花掉9个。长此坚持不懈，这样你的钱包将很快开始鼓胀起来。钱包不断增加的重量，会让你抓在手里的感觉好极了，而且也会让你的灵魂得到一种奇妙的满足。

"它的妙处就在于，当我们的支出不再超过所有收入的9/10，我们的生活过得并不比以前匮乏。而且不久以后，钱币比以前更加容易积攒下来。"

相信很多人都会有这样一个愿望，就是无论自己年龄多大，都是一位经济条件优越，过着有品质的生活，打扮体面入时，散发自信魅力的优雅人士。但是我们不得不承认这样的幸福生活是需要用金钱作为物质基础的。所以，为了以后的幸福生活，请记得巴比伦富翁的致富秘诀：用收入的10%，养活你的"金母鸡"。

但仍然有很多人没有意识到省钱的重要性，他们挣的钱并不少，却总是毫无节制地消费，让自己的钱在不知不觉中白白流逝。

文月和夏洁是同事，因为家住得近，所以两人经常一起去逛街。有一次，她们在商场碰到某名牌的化妆品成套做优惠活动。文月在那些五颜六色的化妆品中开心地挑拣着，结果拿了一大堆，而夏洁逛来逛去，却什么也没有拿。

文月惊讶地说："你怎么什么也不要？"

"我的化妆品还没用完。再说，我想存点钱买套房，所以得省一点。"

"可是现在很便宜呢，买了很划算！"

夏洁还是摇了摇头。

多年后，夏洁用节省下来的钱先买了一间小套房自己住，后来经济情况稍好点，她又接着买了几套小户型作为投资。正好赶上这几年房价狂飙，如今才三十出头的夏洁，已成一位名副其实的富婆了。再看看文月，依然守着每个月几千块的薪水捉襟见肘地过日子。

文月和夏洁两人的情况正好反映了不同的人在对待钱财上的区别。不懂省钱的人，月月挣钱月月花光，这种不考虑以后的人最后还是穷忙活了这些年；而有些人养成了精打细算的习惯，对钱财好好规划，而不是乱花。辛苦赚来的钱，当然要能为自己的幸福加分，聪明的人懂得生活的智慧，会省钱。

请你一定要记住，省钱智力与赚钱能力同样重要，节省一分钱，你就赚了一分钱。如果你对手中的财富不珍惜，哪怕你有再多的钱，到头来，你也会一无所有。

【理财圣经】

对于财富的积累来说，省钱智力与赚钱能力一样重要。要想做一个既幸福又优雅的人，就要学会好好掌握自己努力赚来的辛苦钱，用你省下的这些钱去养活一只能为你成就财富、会下金蛋的"金母鸡"。

精致生活一样可以省出来

某校有一个从遥远的地方来的青年，据说，他要是回一次家，得先坐火车，再坐汽车，之后是马车，之后是背包步行……总而言之，他的家是常人无法想象的遥远。

一个黄昏，他讲了他母亲的故事。这是一个在困窘环境中生活着的瘦削美丽的母亲，她经常说的话是："生活可以简陋，但却不可以粗糙。"她给孩子做白衬衫、白边儿鞋，让穿着粗布衣服的孩子们在艰辛中明白什么是整洁有序。他说，母亲的言行让他和他的兄弟姐妹们知道，粗劣的土地上一样可以长出美丽的花。人们终于明白，为什么那个养育他成人的窑洞里，会走出那么多有出息的孩子。

和这青年同一寝室的一位朋友，是富裕家庭里的"宝贝"。他的父母生了5个孩子，只有他一个男孩。他来上大学，他的母亲一下子给他买了10套衣服，可是，没有一件被他穿出点儿模样来。他总是随随便便地一扔，想穿了就皱皱巴巴地套上，头发总是在早晨起来变得"张牙舞爪"，怎么梳都梳不顺。他最习惯说的一句话是："一切都乱了套。"他总也弄不明白，住对床的室友，怎么每一天的日子都过得有滋有味。他的床上，横看竖看都很乱，而对面那张床，洗得发白的床单总是铺得整整齐齐。

那个窑洞里走出的青年，就这样在大家赞叹的眼神中读完了大学，带着爱他的姑娘，到一个美好的城市过着美好的生活。

要拥有精致的生活，当然"随便"不得，追求高品质是每个人的生活目标，但高品质不等于高消费。我们既要自己高兴又不能让钱包不高兴，其实合理、精明的消费完全可以经营出高品质的生活。

琳琳在结婚前装修了房子，那套美丽的新房给人的感觉是投掷万金，而她并不否认自己花费颇多，但也不无得意地说自己狠狠赚了一把。概括她的原话，大意便是：会花钱就是赚钱。此话怎讲？

原来，琳琳个性独立，创意颇多，在装修前她先是列了一份详细的计划书。不像其他人装修房子时，总将一切包给装修队，然后花上几万元落个省事清静，有空时才充当监工角色做一番检查。琳琳是将这装修当成工作的一个重要调研项目来完成的。从选料选材、看市场，到分门别类挑选工人，她足足花了两个月的时间。最后，这个新房的装修花费总价只有广告上最便宜的价位的一半！

琳琳的喜悦不单单是省了这笔本不可少的开支，更大的价值是在于完成一个自己全身心投入的工作时所带来的满足感。这之后的成就感同样加倍而来：闺中密友、邻居、客户纷纷前来取经，都抢着要研究那份详细的计划书。

精致的生活从服饰上可以看出来，服饰并不是新潮就好，合理搭配适合自己的才最好。

除了装修房子，琳琳也是个穿衣打扮的高手。在穿衣上既能穿出花样，又讲究经济实惠：花1/3的钱买经典名牌，多数在换季打折时买，可便宜一半；另1/3的钱买时髦的大众品牌，如条纹毛衣、闪色衫等，这一部分投资可以使你紧跟形势，形象不至于沉闷；最后1/3的钱花在买便宜的无名服饰上，如造型别致的T恤、白衬衫、运动夹克，完全可以按照你自己的美学观去选择。有时一件无名的运动夹克，配上名牌休闲长裤，那种"为我所有"的创造性发挥，才是最能显示眼光及品位的。

有条件就要过精致一点的生活，这是一种品位，是一种格调。但是不能将精致生活同高消费、奢侈品等同起来，精致生活除了用打造，更主要的是用心去经营。

【理财圣经】

高品质不等于高消费，只要懂得精明的消费，花少量的钱也可以经营出高品质的生活。

不失品质的新节俭主义

所谓"新节俭"，不再是过去的节约一度电、一分钱的概念，也不是一件衣服"新三年，旧三年，缝缝补补又三年"的口号，而是对过度奢华、过度繁琐的一种摒弃，其本身的意义就是"简单生活"。

简单生活

> 步行上班，既经济又环保，还能锻炼身体！

- 生活主张简单
- 消费选择理性
- "新节俭"不是守财奴

节俭行家

> 现在失业率这么高，说不定哪天就没了工作，还是把钱存着，以备不时之需吧。

> 上班来回坐公交又慢又挤，我们买辆车吧。

汽车销售中心

- 不求奢华，以省钱为乐趣
- 不求形式，注重生活感受
- 不讲吃穿，不求精神享受
- 理性消费，钱花在刀刃上

节俭窍门

- 不为情绪埋单
- 将AA制进行到底
- 建立消费同盟
- 少生病
- 参加团购大军

第四章

科学生活，精打细算过日子

会理财才能当好家

从前，有这样一位富翁，他惜财如命，从来不舍得花一两银子，虽然他有万贯家财，却从来不想着去使用这些金银。年老的时候，他将自己辛辛苦苦置办的家业兑换成了一麻袋金子放在自己的床头，每天睡觉时，他都要看看这些黄金，摸摸这些财富。

但是有一天，这位富翁忽然开始担心这袋黄金会被歹徒偷走，于是他跑到森林里，在一块大石头底下挖了一个大洞，把这麻袋黄金埋在洞里面。这下富翁感觉轻松了很多，也不担心自己的金银会被歹徒偷走了。平时，他总是隔三差五地来到森林里看看黄金，只要能看到这些黄金，他心里就会感到无比地幸福。

然而，好景不长，富翁频频进入森林的举动引起了一个歹徒的注意，当歹徒发现富翁的这个秘密后，就尾随他找到了这麻袋黄金，并在第二天一大早就把黄金给偷走了。富翁发觉自己埋藏已久的黄金被人偷走之后，非常伤心，郁郁寡欢，不久就命丧黄泉了。

这个故事告诉我们一个很浅显的道理，那就是财富如果不能为我们所用，那就和没有财富是一样的。因此，理财就是要教我们如何用钱、如何花钱、如何让钱生出更多的钱，而不是单纯教我们如何省钱、如何存钱的。

从广义上讲，理财是一项涉及职业生涯规划、家庭生活和消费的安排、金融投资、房地产投资、实业投资、保险规划、税务规划、资产安排和配置以及资金的流动性安排、债务控制、财产公证、遗产分配等方面综合地规划和安排的过程。它不是一个简单地找到发财门路的过程，更不是一项能够作出决策的投资方案，而是一种规划，一个系统，一段与自己生命周期同样漫长的经历。在理财的规划中，人们不仅要考虑财富的积累，还要考虑财富的保障和分配，因此，我们说：理财的全部归根结底就是增加和保障财富。

古人言：金银财宝，生不带来，死不带去。因此，我们应该在自己的有生之年好好对金钱进行合理的规划，让这些财富取之有道、用之有道，为自己和家人的生活增添乐趣和幸福，让这些财富能够充分为我们所用。

家庭理财需要注意哪些问题

　　家庭理财是每个家庭不可忽视的问题，家庭理财的成功与否很大程度上影响着一个家庭的生活。若在家庭理财中出现以下几种情况，那么你就需要提高警惕了。

投资收益缩水

　　对于这种情况，家庭需要对家庭的财务状况进行详细的分析，重新调整布局。

少花点，就少点赤字。

生活支出

收入不低，却没有结余

　　对于这种情况，家庭可以制订一个明确的消费计划，有效控制开支。

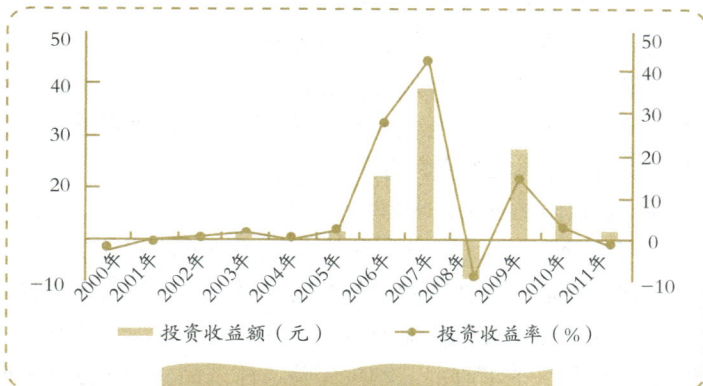

投资收益波动太大

　　对于这种情况，家庭应隔一段时间进行总结，尽量避免将过多的资金投入到风险太大的理财产品中。

投资收益额（元）　　投资收益率（%）

然而，就目前的经济状况来看，我国还属于发展中国家，经济收入还处于较低水准，这就意味着中国绝大部分的家庭还是处于低收入水平，家庭财务状况还不是很理想，这就意味着中国的家庭更需要一种经济实用，能让财富发挥出最大效益的财务规划手段，也就是家庭理财学。具体来说，家庭理财学在现阶段家庭理财中具有以下五种最重要的优势：

第一，家庭理财能够分散投资，规避风险。

众所周知，每一种投资都会伴随着风险，但是我们所要做的，就是巧妙地将投资风险的概率降至最低，使之不足以影响我们的生活质量。在家庭理财中，我们应该遵循这样一种投资规则："不要把全部的鸡蛋放在一个篮子里。"也就是说，家庭理财，我们要分散投资，规避风险。因为好的理财活动不仅要能规避风险，还应该收到增加收益的效果，这样就需要我们对家庭财产进行合理的配置，规划出一套最实用的投资理财结构。那么，究竟怎样的一种投资结构才是最合理、最能规避风险的呢？怎样才能最大限度地进行资产合理化优化组合呢？一般来讲，最大众的投资搭配方式应该是：在家庭总收入中，消费占45%，储蓄占30%，保险占10%，股票债券等占10%，其他占5%，这样的投资搭配结构既能保证我们的生活水准不降低，又能规避风险，还能适当增加收入，是一种较为稳妥的投资理财结构。

第二，家庭理财能够聚沙成塔，积累财富。

家庭财富的增加取决于两个方面，一方面要"开源"，即通过各种各样的投资和经营活动增加自己的收入，另一方面要"节流"，即通过合理规划财富，减少不必要的开支。家庭理财的一个至关重要的作用就是能够帮助我们将多余的财富进行合理规划，让"小钱"积累成"大钱"。很多人认为生活中的一些细微开支不需要算得那么清楚，但是，长久下去，这将成为家庭中的一个漏洞，总是在不经意中将家庭财富毁灭于无形之中。因此，必须用理财这个工具将这个漏洞彻底堵住，不该花的钱一分也不能花。只要我们养成合理规划消费的习惯，慢慢地我们就会发现，那些看似不起眼的小钱一样能成为家庭财富中一笔可观的收入。

第三，家庭理财可以防患未然，未雨绸缪。

人的一生不可能永远一帆风顺，生活中会有一些意想不到的事情让我们烦恼，甚至陷入窘境，因此，我们必须在平时注重家庭理财，对一些突发事件做到未雨绸缪，防患未然。合理的家庭理财不仅能够增加一些家庭收入，还能让我们在遭遇突发事件时应对自如，不至于手忙脚乱。购买保险、注重储蓄……这些平时对我们生活并不会造成很大影响的投资方式将会在特定情况下发挥不可估量的作用，为我们雪中送炭。

第四，家庭理财能够稳妥养老，安度晚年。

人，总会有年老体弱的一天；人，总会有干不动的一天，这就需要我们在年轻的时候对自己的晚年生活进行妥善的安排，让我们的晚年过得有尊严、有自信。现在，社会上大多数年轻人都是独生子女，如果让一对夫妇同时赡养四位老人，除非这对夫妇是腰缠万贯的富翁，否则是根本不可能的。所以，晚年的幸福生活归根结底还是要靠自己。因此，我们年轻的时候一定要做好理财规划，合理稳妥地进行理财，为退休后的晚年生活储备出足够的生活保障金，让自己有一个幸福、独立的晚年生活。

第五，家庭理财能够提高生活质量。

由于对家庭财富进行了合理的规划和安排，家庭成员的生活状况就有了很好的保障，在此基础上，随着理财规划的进一步合理化，家庭的风险抗拒能力将会越来越强。随着家庭收入的不断增多和理财规划的不断合理化，家庭的奋斗目标也将会一步步实现。从租房子到自己买房子，从坐公交车到自己买车，从解决温饱到能够自主旅游……奋斗目标一步步实现的同时也让家庭成员的生活质量得到了很大的提高，这一切都离不开理财。

【理财圣经】

做好家庭理财，让自己和家人过上幸福的生活。

消费未动，计划先行

林太太一直是一个很会规划的人，平时总是将自己的工作和生活安排得井井有条，但是林太太有一个致命的弱点，就是一旦到了超市或者遇到一些"商家挥泪大甩卖"的活动时，她总是会克制不住自己而买回一大堆并不需要的东西。

年关将近，为了让春节过得舒舒服服，林太太打算去商场买一些年货回来。她怕自己遗忘，还专门将自己想要买的东西列了一个清单，可是，当林太太到了商场以后，却发现满眼都是打折促销，到处都是降价优惠。林太太到处看，觉得这些降价商品似乎都是自己所需要的，即使是现在不需要，她也觉得以后会用上。于是，她不顾自己原先列好的那份购物清单，开始了乐此不疲的购物活动，再加上那些导购员的介绍和铺天盖地的广告造势，林太太最终超额完成任务，拎着大包小包的"胜利品"回家了。但是回到家，林太太看着这些"战利品"却后悔了，因为很多东西她根本就用不到。

从林太太的购物故事中，我们可以看到，消费其实也是一门很高深的学问，在商品日益丰富的今天，我们的消费欲望总是在主观和客观条件的刺激下无限增强，但是我们的收入却不是总能在短期内有较大幅度的提高，因此，盲目而冲动的消费活动不但不能给家庭带来快乐和幸福，还会让家庭财政陷入危机，让正常的消费活动受到干扰和破坏。也就是说，冲动消费、盲目消费和跟风消费都是家庭理财中的大忌，必须要时刻警惕，而我们唯一能做的就是学会理性消费，做一个聪明的消费者。

消费活动要理性！在我们的日常生活中，有很多地方是要花钱的，衣食住行需要钱，婚丧嫁娶需要钱，买房购车需要钱，社交应酬需要钱……似乎我们的一切活动都离不开金钱。但是，正因为这样，我们才应该学会花钱，把钱花到刀刃上。事实上，消费活动并不单单指花钱购物，更多的是要物超所值，让金钱为我们的生活增加幸福的砝码。那么，如何做一个理性消费者呢？怎样才能将金钱花在最需要的地方呢？要解决这个问题，我们就必须对理性消费的特点进行更深一步的理解和学习，看看真正的理性消费者是怎样进行理财消费的。

一、消费前制订计划

俗话说"凡事预则立，不预则废"，也就是说我们做任何事情都必须提前计划好，这样事到临头才不会慌乱。工作如此，生活如此，消费也同样如此，我们不能只看到眼前的利益而忽视长远利益，也不能因为长远利益而让短期的生活陷入入不敷出的困境。因此，合理的规划和安排是理性消费的基础。

二、节约消费，勤俭持家

勤俭节约是中华民族的传统美德，也是作为中国人应该履行的一份义务和必须承担的一份责任。而对于家庭消费来说，勤俭节约更是致富之源、幸福之道。要想在理财中做到理性消费，就必须首先学会如何节约用水用电、如何节省不必要的开支等行为，这不仅是为了减少家庭支出，更是为了节约社会能源，履行公民义务。

三、勤学勤看，勤说勤算

做一个理性消费者就必须"勤"字当头，勤学、勤看、勤说、勤算，就是要我们勤快起来，为我们的消费行为提供最明智的保障。勤学是让我们积极行动起来，通过网络、杂志等途径学习新的理财知识，提高我们自身的理财能力；勤看是让我们货比三家，多打听一些打折促销的消息以及商品新的发展趋势，不要盲目作出决定；勤说是让我们不要惜字如金，要勇敢地和商家讨价还价，尤其是在购买大件商品时，砍下一个小小的零头就可能为我们省下几百元的支出；勤算是让我们要精于思考，善于识别商场中打折促销和购物返券活动中的内幕，尤其是在买房购车这样重大的投资上，一定要在按揭还贷上精打细算，因为很多时候，消费者所认识的年利率并不是真正的实际贷款年利率，而是以月为基数所计算的利息利率，这样一来，消费者就会在无形中多还银行很多钱，这并不是欺诈行为，而是由消费者的误解所造成的。总之，理财"勤"为本，要想与商家斗智斗勇就一定要勤快起来，只有比商家更内行，才不会被花言巧语所迷惑。

四、物尽其用，钱尽其能

很多人在选购商品时由于对产品性能和专业知识不了解，很容易受导购员的影响而犹豫不决。因为对于商家来说，赚钱才是硬道理，所以他们很少会站在消费者

如何做到理性消费？

"购物狂"这个词越来越多地出现在我们的生活中，我们卷入一次又一次的购物狂欢节里，心甘情愿地掏腰包并且还乐在其中。那么我们在消费的时候怎么做到理性消费呢？

信用卡收费

合理使用信用卡

合理使用信用卡才能使得自己的生活质量得到改变，而不是把自己的生活带入一种还款的漩涡里。

面对大减价要淡定

如果你在超市大减价或者搞活动的时候冷静一点，想清楚是否真的需要这些东西。你就会少花很多的冤枉钱。

这家店大减价去看看。

这么便宜一定要买！

网上购物狂欢节要理性

网上的物品看似比实体店便宜很多，但质量难以保证。并且可能会因为贪便宜买了很多暂时用不到的东西，或者根本用不到的东西。

的立场去考虑商品对于消费者来说到底有多大的实际用途。如果我们盲目听信广告或者商家的介绍，就很可能会陷入被动消费的泥潭中，导致我们的钱不能真正发挥出功效，因此，我们在选购商品之前首先应该将产品的性能与实际生活相比较，看看这些产品的性能到底对我们的用处有多大。比如，对于一般家庭，配置一般的电脑就已经够用了，而有些商家却在显卡、内存、处理器上将最优质的配置介绍给顾客，并不断向顾客讲解优等配置的种种好处，在这种情况下，很多消费者就会产生一种"一步到位"的消费冲动，将本来不适合自己的高档配置的电脑买回家，不但多花了几千块钱，很多功能还用不上，这对于理财来讲，就是莫大的浪费。因此，我们在选购商品时一定要以"钱尽其用"为原则，不要盲目追求高品质、高性能，让我们买回来的每一件产品都能真正发挥出它的功效，这才是消费的目的。

【理财圣经】

做好计划，理性消费。

做好家庭预算

国庆节还没到，刘太太就开始规划未来一个月的家庭理财计划了。她在纸上一笔一笔地记着：给丈夫换一个照相功能好的高档手机，因为丈夫的手机实在太落后了；给儿子买一双耐克牌的运动鞋，因为儿子已经不止一次地在她面前提起这个要求了；给自己买一台手提电脑，这样下班后也可以在家轻松办公了；给双方父母的赡养费各1000元，这是家庭中每月都必须支出的一项；另外，国庆长假他们还计划去海南旅游，因为沐浴南国阳光一直是他们全家的梦想……刘太太将这些计划一一列在纸上之后就开始算费用，最后得出的费用是23580元。

晚饭后，刘太太兴致勃勃地将计划拿给丈夫看，希望能从丈夫那里讨来一点赞扬，但是丈夫只是草草看了一下计划单，并没有表态。刘太太问："你觉得这样的计划不好吗？"

丈夫微微一笑说："你计划得很好，可是你考虑咱们的家庭收入了吗？"丈夫点了一支烟，慢慢地说："你我一个月的工资加起来也不过一万多块，可是你的这个计划却远远超过了咱们一个月的总收入啊！要我说，我们不妨这样规划。"说着，丈夫拿过计划单，用红笔在上面画着："手机无非就是为了联系方便，照相功能再好也是辅助功能，真要是想照相，还是真正的相机来得实惠。再说咱家不是有相机吗？这项开支完全可以省去。儿子的耐克运动鞋可以在国庆节商家打折促销的时候买，能比平常省去200元。你的手提电脑完全可以缓一缓，等到下个月再买。双方父母的1000块钱是必须给的，这一项很好。沐浴阳光享受海滩不一定非要去海

做好家庭预算的好处

做好家庭预算具体有以下几条好处：

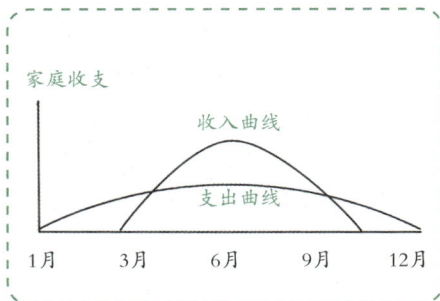

家庭收支

收入曲线

支出曲线

1月　3月　6月　9月　12月

1.能掌握家里的收支情况，对指导家庭开支有一定的帮助。

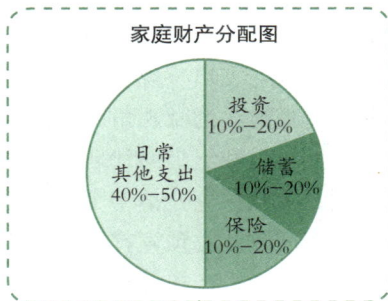

家庭财产分配图

投资
10%~20%

日常
其他支出
40%~50%

储蓄
10%~20%

保险
10%~20%

2.随时掌握家庭财产状况，包括财产规模、分布情况等便于有空时适当做些理财分析。

家庭年度财务收支预算

3.经历过一段时间记账后，可以做一个家庭年度财务收支预算，以便于有目的的预测和计划家庭开支。

4.能约束家庭无节制开支行为，发现某项开支过于异常时，报一报数据就很有效。

南，我们可以选择只有三个小时车程的青岛，这样不是把机票全部省下了吗？这样一算，我们的预算支出才7000元，完全可以玩得尽兴。"

就这样，在刘先生的引导下，他们一家三口度过了一个十分快乐的长假，而且还节省了不少，这些钱，留到下个月给刘太太买一台笔记本电脑足够用了。

这个故事向我们引入了经济学中一个十分重要的概念：预算。从国家宏观经济的整体性来看，预算是指国家、企业或个人未来一定时期内经营、资本、财务等各方面的收入、支出、现金流的总体计划。它将各种经济活动用货币的形式表现出来。从家庭理财学的微观角度来看，预算指的就是家庭预算。家庭预算是对家庭未来一定时期收入和支出的计划，预算的时间可以是月、季，也可以是年甚至多年。一般来说，家庭预算包括年度收支总预算和月度收支预算。按照"量入为出"的原则，制定年度收支总预算首先要明确家庭在未来一年要进行多少储蓄和储备，这样一方面达到家庭资产按计划增长的目的，同时还要防备未来的各种不时之需。例如来自医疗方面的支出，是很难事先预见的，目前很多家庭还未享受到完善的医疗保险与保障，在预算中安排一定的资金留做储备就更显得重要了。在此基础上，对于一年的总体支出情况要作出安排。

刘太太的预算显然已经违背了"量入为出"的理财原则，这样的预算实际上是不科学的，一旦家庭出现变故时，这种预算的弊端就会很快显现出来，家庭就将面临严峻的财务危机。另外，没有储蓄的家庭在实际生活中抗风险能力极弱，而刘太太并没有将储蓄放在一个至关重要的位置上，而是持有一种超前消费的观点，这就导致刘太太的预算远远超出了家庭的总收入。相比之下，刘先生的理财观念就实际一些，他的预算最后还省下了不少钱，这笔钱可以存入银行成为家庭储蓄的一部分，也可以留做下个月买手提电脑的开销，这才是一种明智的理财观念。

在我们的日常生活中，家庭预算无时无刻不引导着我们的生活，如果我们在生活中不懂得理财预算，有了钱就毫无节制地大手大脚乱花一气，没有钱就节衣缩食借债度日，不仅不能攒下家底，还会造成很严重的财务危机，让我们没有一点抗拒风险的能力。因此，我们必须要善于进行家庭理财预算，让我们的生活有计划、有规律。那么，如何进行合理的家庭预算呢？

第一，在态度上要重视起来，要树立一种"像打理公司一样打理家庭"的严谨理财观，这样就能在有效地控制家庭成本的基础上，以一种更加适合自己的方式轻松快乐地生活。

第二，最好选择以月份为单位的家庭预算。相对于企业预算而言，家庭预算更应该侧重于以月份为预算单位，这样更便于随时调整预算，增加对一些突发事件的抗风险能力，同时也能根据实际需要增加一些预算之外的开支，灵活性相对来说更大一些。

第三，注重细节，锱铢必较。家庭预算在经历了一段时间较为粗放的理财之路后应该逐渐将预算的注意力转变到对细节的管理上来。这样做出的家庭理财预算目的性强，贴近生活，真实可行，才可以称之为有效的家庭预算。

第四，预算要遵循"张弛有度，有备无患"的原则。俗话说："人算不如天算。"日常生活中我们总是会遇到一些原本是计划之外的开销，比如：疾病、车祸、亲朋好友的结婚份子钱等，这些原本不在我们预算计划内的开销往往让我们手足无措，因此，我们在制订预算的时候一定要在严密的基础上预留出一部分活动资金。要知道，家庭预算就好比打仗，有备无患方能百战不殆。

第五，要根据不同家庭的特点分门别类进行预算。每个家庭都有不同的开支科目，例如有的家庭是供房的支出较大；有的家庭还在租房的阶段，要计划购房首期的房款；有的家庭需要赡养父母，赡养支出较重；有的家庭把生活的重点放在旅游上，旅游基金要求高；有的家庭都是公务员，有着较完善的保障制度；有的家庭是个体经营者，需要通过保险等方式进行自我保障。因此，要针对自己家庭的实际情况，将预算科目进行分类，这样的预算才是切实有效的家庭预算。

综上所述，家庭预算一定要切实可行，一定要有理有据，只有这样才能让您和您的家人在一种有保障、有计划、有安全感的环境中充分享受现代化生活所带来的乐趣。

【理财圣经】

做好家庭预算，让生活更有计划、有规律。

能挣会花，打造品位生活

"能挣会花"，究其本意，是"好钢要用在刀刃上"，然而现实中却常能听到对此的"别样"理解。比如，认为没必要把钱看得太重，能花钱说明能挣钱，节俭其实是没本事的表现；还有人认为有钱就应该花，活着就要尽情享乐，人生就应"潇洒走一回"。

生活品位，不一定要花钱才能得到，只要自己动动脑筋、动动手，一切都是随手可得的品质。

一对新婚小夫妻在深圳合租了一套月租2500元的房子。丈夫在科技园一家软件公司做测试，月薪10000元，妻子当时正在找工作。房间是一间大的一间小的，两屋之间有块巴掌大的方厅。结果这对小夫妻却要住小间，够省的吧。可他们生活得很幸福！

每天晚上妻子都在家里做饭，把菜一一准备好，就等丈夫一进家门马上起锅炒菜，稀饭、蒸饺或者炒两碟小菜吃得喷喷香。后来，妻子有工作了，月薪4500元，工作地点比较远，她每天早上6点多开始准备晚上的饭菜，准备到能马上下锅炒制的程度后再去挤公交车，而丈夫也在一旁帮着煎鸡蛋、热牛奶做早餐。每逢周五晚上两个人就手挽手去买菜，家里的冰箱储藏的蔬菜、冰冻鱼，几乎都是超市晚9点后买一赠一的包装。

周六，有时候妻子会和一盆面，丈夫准备一小盆饺子馅，两个人一起边看电视边包饺子。除了当天吃的以外还会在冰箱里面冻上一部分。在没有风的春天，两人就喜滋滋地接些饮水机里的纯净水，步行去莲花山打羽毛球，或者就在附近的荔枝公园里随便走走。每天两人都是一脸幸福的样子。平时的晚上，两个人吃完晚饭后，虽然总是妻子洗碗，可是丈夫不像有的男人那样在屋里看电视或是玩游戏，而是站在厨房门口和妻子聊天。

按照他们两个的生活方式试验了一下，结果一个月除去租房的2500元后才花了2100多元。他们两个人的朋友们也基本都是这个收入，有时候他们也会呼朋引伴到家里来聚一聚，烧菜高手负责买菜下厨，低手负责打扫卫生，照样玩得不亦乐乎，一次聚会六七个人花费才几十元，这在以前是不可想象的。可是快乐的程度却丝毫没有降低，而且心里踏实，摸摸口袋，还是鼓鼓的。

幸福并不是靠什么金钱堆砌的，而是两个人用心来共同维护的。

和上边的一对小夫妻比起来，对于品位一族来说，进行高消费是常见的事。但生活当中，有许多不必要的消费是我们常会忽略的，甚至有许多事物不需要花钱就可获得！其实，只要用心去揣摩，你会发现有很多生活上省钱的绝招。

在一些重要节日前，应该尽早开始做购物的打算，在价格还未上涨前购物较划算。另外，为了在购物时避免拥挤的现象，最好的逛街购物时间应选择早上或是周一、周二时，这些时间人最少，你会有更多的闲情和好心情来挑选自己真正满意的东西。

碰到朋友生日或是一些节庆送礼时，总是大伤脑筋不知该送什么，而且多多少少也会心疼又要花钱了。其实，送礼不一定要花大钱才有诚意，偶尔亲手制作手工艺品，自己设计卡片造型，发送免费"电子"祝贺卡或是与好友一同做蛋糕、小点心等，更能够让别人感受到你的用心。而且在生活中很多东西都可以废物利用，不一定什么都要花钱才能买得到。

同样是在用钱用物上加以节省，节俭和悭吝是有区别的。巴尔扎克笔下的吝啬鬼葛朗台之所以丑陋，就在于他为金钱泯灭了人性和良知，是十足的"守财奴"。而勤俭节约则不同，其目的是为了更好地支配钱，是做金钱的主人而不是奴隶。同样，把花钱是否"潇洒"作为评价人生是否有意义的标准，也没有丝毫道理。如何花钱才能使人生有意义，关键要看用钱干了什么，是为社会做贡献、为人民办好事，还是大肆挥霍、追求刺激、图一时快乐？有人摆"黄金宴"，虽一掷千金但不如粪土，因为他们是为了"摆谱显阔"。相比之下，把自己几十年的积蓄全部用于扶助农民脱贫和科学研究的人，花钱方式却要"潇洒"得多，也高尚得多。

巧用省钱妙招，打造品位生活

购买折价商品

一般商品都会有打折出售的时候，认准商品购买时机，既可以买到心仪商品又能节省很多钱。

> 我要节省生活费用，把钱存起来，攒钱做自己想做的事。

要有省钱的决心

心里树立起省钱的信念，把自己每天的作息时间安排紧凑，让自己没有闲暇的时间去思考别的，这样也就无形中减掉了很多花钱的机会。

> 马上就要抢购了！

收藏一些限时抢购的网站

自己在网上购物的时候，可以先去收藏的网站看看是否有自己需要的东西在做特价销售，这样就有机会买到物超所值的东西。

对自己"小气"，在个人生活上"抠门"，是好品行。生活告诉我们，挥霍无度会使一个人膨胀的物欲和有限的现实条件之间的矛盾不断尖锐。其结果，要么是使人因欲望不能满足而灰心丧气、意志消沉，要么诱使人变得利欲熏心，最后铤而走险，走上犯罪的道路。诸葛亮曾说："非淡泊无以明志，非宁静无以致远。"一个人能让自己从欲望中解脱出来，把勤俭当作生活的准则去践行，就能实现比权力或富贵更高的价值。

古人就有"俭以养德"的说法。而今，把勤俭作为公民的一项基本道德规范，把艰苦奋斗作为军人的道德规范，对于加强官兵思想道德建设，倡导艰苦奋斗、勤俭节约之风，更有着深刻的现实意义。因此，最后有必要对"能挣会花"做个准确的理解："能挣"的本意是"用自己所能去争取"，靠自己的勤劳获取应得的利益；"会花"就是"花有所值"，而不是进行毫无意义甚至是有损美德的消费。

【理财圣经】

生活品位，不一定要花大价钱才能得到，只要自己动动脑筋、省省钱，同样可以过上高品质的生活。

省钱与格调不冲突

生活艺术一般来自一些小细节，能够从生活细节中发现美的人是最可爱的。生活可以很平淡、很简单，但是不可以缺少格调。聪明的人，必定懂得从生活的点滴琐碎中，采撷出五彩缤纷的生活格调。让生活过得更有格调，日子过得更有情调，这与金钱的多少无关。

罗静出生在一个普通家庭，俭朴的生活环境造就了她的生活智慧。虽然大学毕业后只找到了一个很平凡的文职工作，但她并不抱怨命运，她工作认真踏实，与同事相处融洽。有同事给她介绍了一个对象，这个男生对她不错，但他同时也喜欢另一个家境很好的女生。在他眼里，她们都很优秀，他不知道应该选谁做妻子。有一次，他到罗静家玩，发现她的房间非常简陋，没什么像样的家具。但当他走到窗前时，发现窗台上放了一瓶花——瓶子只是一个普通的水瓶，花是在田野里采来的野花。就在那一瞬，他下定决心，选择罗静作为自己的终身伴侣。促使他下这个决心的理由很简单，罗静虽然穷，却是个懂得如何生活的人，将来无论他们遇到什么困难，他相信她都不会失去对生活的信心。

任琪是一个喜欢时尚的白领，爱穿与众不同的衣服，但她很少买特别高档的时装，平时也不常逛街，既不花冤枉钱又穿得很时尚，所以同事们都很羡慕她。原来她找了一个手艺不错的裁缝，自己到布店买一些不算贵但非常别致的料子，自己设计衣服的样式。在一次清理旧东西时，一床旧的缎子被面引起了她的兴趣——这么漂亮的被面扔了怪可惜的，不如将它送到裁缝那里做一件中式时装。想不到效果出奇的好，她的"中式情结"由此一发而不可收：她用小碎花的旧被套做了一件立领带盘扣的风衣；她买了一块红缎子稍稍加工，就让那件平淡无奇的黑长裙大为出彩……

孟菲是个普通的职员，过着很平淡的日子。她常和同事说笑："如果我将来有了钱……"同事以为她一定会说买房子、买车子，而她却说："我就每天买一束鲜花回家！"不是她现在买不起，而是觉得按她目前的收入，到花店买花有些奢侈。有一天她路过天桥，看见一个人在卖花，他身边的塑料桶里放着好几把康乃馨，她不由得停了下来。这些花一把才5元钱，如果是在花店，起码要15元，她毫不犹豫地掏钱买了一把。这把从天桥上买回来的康乃馨，在她的精心呵护下开了一个月。每隔两三天，她就为花换一次水，再放一粒维生素C，据说这样可以让鲜花开放的时间更长一些。每当她和孩子一起做这一切的时候，都觉得特别开心。

生活中还有很多像罗静、任琪、孟菲这样懂得生活艺术的女人，她们在平凡的生活细节中拣拾着丰富多彩的生活情趣。当然，享受生活并不需要太多的物质支持，因为无论是穷人还是富人，他们在对幸福的感受方面并没有很大的区别。女人可以通过摄影、收藏、从事业余爱好等途径培养生活情趣。一次家庭聚会、一件普通的家务，都可以为我们的生活带来无穷的乐趣与活力。

【理财圣经】

省钱并不意味着一定要过水深火热的生活，只要懂得经营，省钱与格调并不冲突。

第五章

低成本高品质，打造最流行的生活

团购：与大家一起集体"抠门"

团购是团体采购的简称，也叫作集体采购，通常是指某些团体通过大批量向供应商购物，以低于市场价格获得产品或服务的采购行为。总体来说，对那些合法经营的商家来说，团购可以使商家节省相关的营销开支，扩大市场占有率；而对个人来说，团购可以节省一笔不小的开支，又省去很多奔波的麻烦，更是求之不得。

程程妈是典型的团购女。美国次贷危机，使她在2008年7月来了回团购"初体验"。后来，她决定"将团购进行到底"，"现在，能省一分是一分，降低成本也意味着提高收益"。

自从团购了一回儿童车后，程程妈再也不放过任何团购的机会，她把健身团、QQ群、车友会、网站都利用了起来。当然最常用的还是在网络上，与本土人士集合起来进行团购。

现已成为"骨灰级"团购支持者的她骄傲地说，她家宝宝不管是用的还是吃的，不管是身上穿的还是头上戴的，几乎都是团购来的。程程妈说，团购的价格比市场上低很多，尤其是服装，跟商场卖的一样，都是正品，但价格只有商场的50％甚至更少。"团购的这些东西都是我和宝宝真正需要的。这样更省钱，也能减少开支。"

如此看来，团购还是很有魅力的。我们在采购以下商品时可以采取团购的方式：

一、买房团购很实惠

首先，根据个人情况选择合适的住房团购方式。住房团购的方式有很多，有单位或银行组织的团购，也有亲朋好友或网友们自发组织的团购。

其次，把握好住房团购与零售的差价。一般情况下，普通住宅房团购与零售的差价在200～380元/平方米，沿街商业房团购与零售的差价在500～1000元/平方米，并且团购中介机构要按团购与零售差价的10%～20%收取手续费。

最重要的是要警惕住房团购的"托儿"。有些房产团购网是房产公司的"托儿"，或干脆是房产公司自办的。

二、团购买汽车，价低又实惠

在这里，我们还是要说一下，团购汽车需要注意的几个方面：

首先，合理选择汽车团购的渠道。汽车团购应当说是团购中最火的一种，不但专业汽车团购公司如雨后春笋般涌现，各大银行也已开始积极以车价优惠、贷款优惠、保险优惠等举措来开拓汽车团购市场；同时，各大汽车经销商也注重向大型企、事业单位进行团购营销。对于老人来说，在决定团购汽车之前只有先了解一下这一方面的行情，才能够选择到适合自己的团购渠道。

其次，要掌握寻找汽车团购中介的窍门。为了方便购车，当然是在当地或距离较近的城市参加团购比较合适。

三、旅游项目也可以团购

如果想外出旅游，先联系身边的同事或亲朋好友，自行组团后再与旅行社谈价钱，可以获得一定幅度的优惠，境内游一般9人可以免一人的费用，境外游12人可以免1人费用，这样算就等于享受9折左右的优惠。同时，外出游最容易遇到"强制"购物、住宿用餐标准降低、无故耽误游客时间等问题，由于团购式的自行组团"人多势众"，这些问题都较容易解决，能更好地维护自身权益。

👆 在团购中需要注意的四个问题

缺乏行业规范

郁闷+愤怒

售后无法保障

消费者维权难

团购

- 选择真正适合自己的产品
- 比较价格
- 考察售中与售后服务
- 认真查看团购协议，服从团购组织者的安排

作为一种新兴的消费方式，网络团购目前还没有相关的规则来约束它。对此，消费者在选择网络团购以博取价格优惠的同时，更应该全面考虑，对于交易要小心谨慎，这样才能更好维护自身利益。

【理财圣经】

　　团购是聪明消费者的游戏，通过团购不仅能节省开支，还能省去很多奔波的麻烦。无论买房买车，还是旅游购物，都可以采取团购的方式。

网购：花最少的钱，买最好的物品

　　随着网络的普及，更多的人倾向于选择具有价格优势的网购，这使得网络购物交易量不断被刷新，国内一些媒体甚至用"井喷"、"全民网购时代"等字眼形容目前网购的火暴程度。

　　网购为什么会受到大家的推崇？最主要的原因在于：网上的东西不仅种类比任何商店都齐全，而且还能拿到很低的折扣，能淘到很多物美价廉的东西。如果上街购物的话，不仅要搭上更多的时间，还需要花费交通费。这样算下来，除去购物费用，成本在几十元到一百元不等。但是这些成本网上购物就可以完全避免，而且只需点点鼠标，等着快递送上门就行了。

　　在网上总能找到比市场上价格低的商品。在实体店要想找到便宜的东西，至少得"货比三家"，非常麻烦；而在网上，鼠标一点，各种品牌、档次的商品就都展现在眼前，轻轻松松就可以"货比三家"；物品报价基本接近实价，免去不少口舌之苦；购买的商品还可以送货上门，堪称懒人购物首选方式；没有任何时间限制，购物网站24小时对客户开放，只要登录，就可以随时挑选自己需要的商品，还能认识很多来自五湖四海的朋友，省时又快捷。

　　如果你要购买书籍（最好是对此书有一定了解）、光盘、软件，那么选择网上购物就很合适，可以在家轻松享受服务。在卓越、当当等图书网站上，几乎所有的书都打折出售，有的可以打到5折；而在实体书店里，图书是很少打折出售的。

　　还有一些著名品牌的商品也比较适合在网上购买，而像服装等需要消费者亲自体会穿着效果的商品则不太适合在网上购买。还有很多高档消费品，一般消费者比较慎重，也不太适合在网上购买，因为这类商品需要多方咨询、比较，而网上购物在这一点上就显得不足了。关于付款，可以教给你一个省钱的好方法。目前在网上购物一般是要收取一定的送货费用的，所以进行网上购物不妨和朋友或同事共同购买，一次送货，这样可以节省很多的配送费，而且大家一起买也许还可以享受到网站提供的优惠。

　　关于二手商品的买卖，本来网络确实是以快捷、免费的特性成为二手商品资讯传递的最佳媒体，只可惜部分网民的道德水准较低，网上二手商品交易中以次充好、滥竽充数的情况时有发生。

　　如果要通过竞价的方式购买商品，还是先学一学下面几点小经验：

网购的利与弊

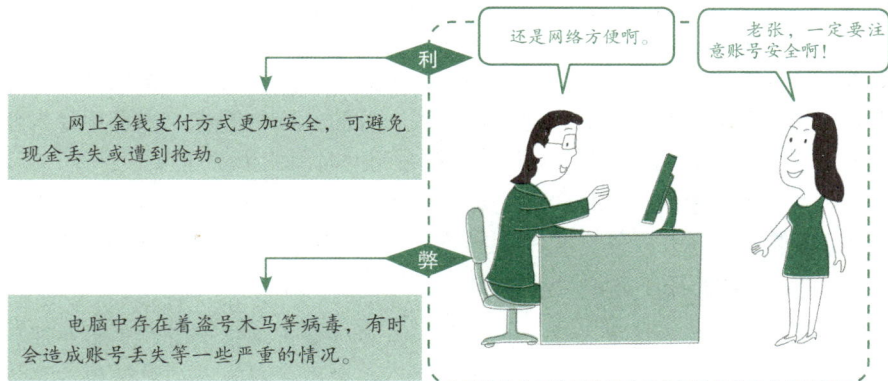

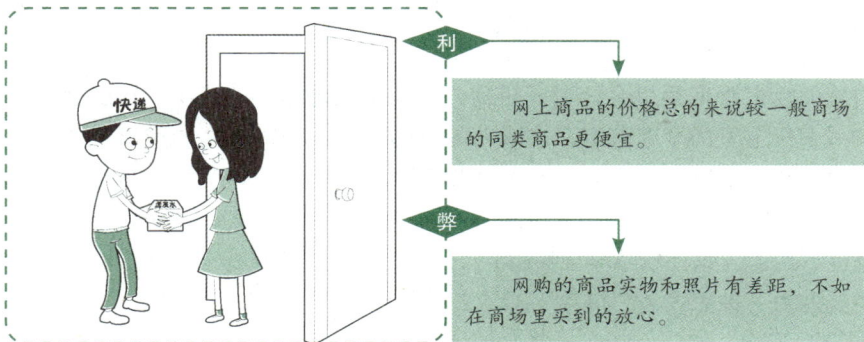

淘宝网
Taobao.com

当当
dangdang.com
敢做敢当当

唯品会
vip.com

JD京东
.COM

美团网
meituan.com

聚美优品
JUMEI.COM

利

可以在家"逛商店",订货不受时间、地点限制,送货上门,省时又省力。

弊

网上退货会相对困难,甚至商家会提出百般无理要求拒绝退货和推卸责任。

还是网络方便啊。

老张,一定要注意账号安全啊!

利

网上金钱支付方式更加安全,可避免现金丢失或遭到抢劫。

弊

电脑中存在着盗号木马等病毒,有时会造成账号丢失等一些严重的情况。

快递

利

网上商品的价格总的来说较一般商场的同类商品更便宜。

弊

网购的商品实物和照片有差距,不如在商场里买到的放心。

（1）注册时最好不要留家里的电话，怕你被烦死。

（2）在交易前先了解一下卖方的信用度，肯定没有坏处。

（3）如果看中一样东西实在爱不释手，可以直接和卖方用电子邮件联系，告诉他你的"爱慕之心"和你愿意出的价。

（4）如果卖方的介绍不够详细，也可以给他发电子邮件，提出问题；另一个办法是在留言簿上留言，卖方一般都会及时回复。

（5）有的网站有"出价代理系统"，只要在竞买时选择"要代理"，并填入自己的最高心理价位，网站就会自动为你出价，免得你因为无暇顾及而错失良机。

【理财圣经】

网上的东西不仅种类比任何商店都齐全，而且还能拿到很低的折扣。网购能够淘到很多物美价廉的东西，能为我们省下一笔不小的开支。

拼购：爱"拼"才划算

物价日日看涨，却不想降低生活品质，该如何以有限的收入实现足金足量的生活品位？现代都市中，三五成群地搭伙吃饭、打的、购物等成了很多年轻人首选的生活方式，"拼一族"以"拼消费"践行着精明而时尚的生活理念。

拼购，对于大家来说，已经不是那么陌生了，共同使用各种卡，如不限于个人使用的美容卡、健身卡、公交卡、VIP卡等。可根据金额各人分摊费用，避免了一次支出一大笔钱，防止用不完浪费。

白领江小姐喜欢看时尚杂志，但书报亭里各色杂志琳琅满目，价格不菲，一个月买下几本就是一笔不小的开支。于是，江小姐找来志同道合的姐妹们，每人买一本，大家轮流看，不仅省钱，还有了谈论的话题，增进了感情。最近，江小姐又与不同的朋友拼起了美容卡、健身卡，办一张卡要几千元，两三个人"拼卡"轮流使用，省了钱，又让这些卡"物尽其用"。

借着商场名牌促销机会，展开拼购，既能得到价值上的实惠，还能获赠一些礼品。在写字楼上班的李婕就有一次成功的拼购经历。当时玉兰油推出了"买880赠6件套"的活动，李婕约上同事，各自列出所需，每人买了600元左右的商品，不仅得到了6件套赠品，还得到了加送的书包。李小姐表示，如果两个人分开购买，就什么礼品也得不到了，而且赠品非常实用。

拼购的另一种方式是"拼券"。

周欣在北京某国际大厦上班，京城商家频频采取"购物返券"的促销活动让她心动不已，"有时为了凑足返券的金额，还要多买一些没用的物品"。直到有一次，她攥着一把券花不出去，正在服务台一筹莫展，遇到一位咨询换券问题的女士，两人一拍即合：周欣购物总计1000元，得返券1000元，便以500元的价格将手中的1000元返券转让给那位女士，那位女士用券购买自己所需的商品。事后，周小姐总结，通过这种方法，两个人都以接近5折的价格买到了自己所需的物品，还节省了购物的时间。

拼购最大的益处便是能够花更少的钱享受更好的消费服务。这种"拼"是出于降低消费门槛的目的而形成的，通过分摊"门槛费"，从而降低个人消费的下限。这种"拼"的现象可以比喻为超小型团购，通过增强小集团购买力来获得高于单个人消费可以得到的利益，这种"拼购物"的方式也因此在现在的社会中越来越多……

"拼"重节约也重交流。喜欢"拼"的李婷说，"拼一族"进行的各种"拼消费"，提供了一种节约的形式，在追求高品质生活的同时又省了大把的钱。你可以因"拼车"而节省50%以上的车费，也可以因"拼饭"而多尝几倍于自己餐费的美味，而大家在"拼"的过程中，分享了很多快乐。"这是一种聪明的生活理念，'拼'得让人愉悦。"公务员印小姐说，快节奏下的现代都市人，在被纳入一个"朝九晚五"的生活定式中后，渴望交往与友谊。对蜗居在高楼大厦中的城市精英来说，即使每天都能在电梯里相遇，也很难给彼此一个深入交谈的借口。"拼生活"的出现，让有相似背景和共同兴趣的人聚集起来，促进了人际的沟通和交流，也拓展了都市人的生活范围。

【理财圣经】

拼购最大的益处便是能够花更少的钱享受更好的消费服务，我们可以利用这种方式来过更优质的生活。

无须大价钱也有精神享受

省钱并不意味着没有娱乐活动，没有兴趣爱好。我们在满足物质追求的同时，同样也需要精神追求。而个人的兴趣爱好，是满足精神追求的最好方式。

怀有浓烈的兴趣爱好，可以感受到生命的可贵可爱，可以获得精神的愉悦，反之，就难觅生活的乐趣。

日本著名企业家土光敏夫，在他《经营管理之道》一书中写道："能否成为一个有作为的企业家，关键之一在于你是怎样度过业余时间的。"在事业发展中如此，同样，在我们的日常生活中更是如此。除了物质追求外，品质生活同样不能离开精神层面的兴趣爱好追求。

有了兴趣爱好，就有了同人交往的"触点"。兴趣广泛，接触的媒介就多，由此能结识更多的朋友。在与朋友们的交往中，一个人会开阔视野，扩大知识面，使情感有所寄托，生活会变得更精彩。

有很多名人通过兴趣爱好来养生，比如张学良喜爱钓鱼、凡尔纳热爱读书，等等。这些大人物们都巧妙地利用爱好丰富自己的生活，促进了身心健康。他们的做法，值得我们仿效。

当然，兴趣爱好的培养，不仅需要时间，同样也需要金钱的支撑。不过，我们可以充分利用一些方法，让我们的精神追求并不需要太大的价钱。

一、读书

苏东坡说："腹有诗书气自华。"衣着，赋予我们外在的美；读书，赋予我们的是气质上的美。拥有了书，生命也就有了寄托。

在阅读中，天上人间，尽收眼底；五湖四海，就在脚下；古今中外，醒然可观。读书，让我们懂得什么是真、善、美，什么是假、恶、丑；读书，让我们丰富了自己，升华了自己，突破了自己，完善了自己。

托尔斯泰酷爱读书，在他的私人藏书室里，拥有十三个大书橱，里面珍藏着两万三千多册二十余种语言的书籍。这些藏书为他的创作提供了大量的原始材料。当然，普通人没有大文豪这样的财力支撑，不过我们也可以通过慢慢积累，逐渐购书，以丰富自己的书籍储备。谈到购书，也要讲究省钱诀窍，精打细算不仅能够买到好书，还能省不少钱。

首先，要学会货比三家。同样的书，有许多出版商出版，书价也就不同。我们在买其他商品时会货比三家，买书时却缺乏这样的意识。同样内容的书，包装精美者价格有时要贵上一倍，而有的版本加入了一些注解、插图、彩页等华而不实的东西，书价也会高许多。我们完全可以根据个人喜好，对这些价格存在差异的书籍进行比较选择。

其次，通过网络购书。网络书店几乎每本书都有折扣，相较于在正规书店买书，价格上可节省30%~50%。网上购书，已经成为众多买书人的首选。当然，在书店买书也是一种乐趣，泡上一整天，然后找到几本喜欢的书，即使价格上稍微吃点亏，但这种乐趣却是网上购书体验不到的。每个人都有自己获得快乐的方式，精神追求讲究的就是一种直接的快乐。

再次，无论买什么书，都要考虑其收藏价值。专业书、工具书、中外文史经典等具有收藏意义的书一定不要吝啬，而那些快餐式的消闲类书则可以根据个人需要买。

二、看电影

电影是一种艺术化后的生活，它来源于生活，为我们的情感服务。科学研究证明：通过看电影，可以优化人的性格，平稳情绪，提高修养品位。烦恼时去影院看场电影，是一种精神上的享受，它能唤起人们对美好生活的回忆和憧憬，使人的心理趋于平静，心绪得到改善，精神受到陶冶。

不过，电影票价居高不下，也让很多人徘徊在影院外。其实，看电影也有省钱的方法，只要留心影院的种种优惠措施，完全可以实现低价看电影的愿望。

第一，错开高峰享受半价。

周二半价的规定全国通行，选择在这一天看电影最划算。只要肯付出耐心，就能既欣赏了影片又省下了钱。

第二，团购或网购电影票。

电影院会推出团体优惠票，甚至低至半价，这时候，可以和同事朋友一起团购电影票。此外，还可以在网上购买电影兑换券。不过，在网上购票时一定要小心，注意不要买到假票。

第三，影院的促销措施。

时时关注影院的促销手段，能发现更多省钱看电影的妙招。比如，有的影院与银行合作，信用卡用户可以享受优惠票价；有的影院推出了女士周末看电影免费活动；有的半价扩展到所有白天的12时以前；在有些餐馆就餐可获赠免费电影票。

一个人的业余生活越是丰富多彩，精神就越充实和愉快。愉快的心境，常产生于所喜爱的业余活动之中。越是烦闷、困苦之时，越需要有益身心的健康情趣和娱乐。充满情趣的生活，更能使我们感受到生活的美好，感受到生活充满阳光，从而更加热爱生活，振奋精神。

【理财圣经】

省钱，也要享受小资的精神生活。只要处理得好，不花钱也能使我们的生活过得有滋有味。

省钱恋爱也浪漫

当你和恋人由相识、相知一直到沉浸在热恋的甜蜜中，你们想到高级餐厅制造浪漫的气氛。逛商场时，恋人看上了一件漂亮而价值不菲的服装，这时你们的口袋却空空如也，看到对方失望的表情与落寞的眼神，你除了心疼，恐怕更多的是尴尬吧。对于收入一般的工薪族而言，恋爱对自己钱包的"内存"无疑是一个严峻的考验。那么怎么让恋爱谈得甜蜜又省钱，既保住了钱包又获得了爱情呢？

一、商场不适合谈情说爱

如果没有明确的购买目标，还是不要到商场闲逛，那里的商品会激发你们的购买欲望，若恰逢你入不敷出，那多丢面子。即使明确了购买目标，也要根据你们的实际情况量力而逛适合你们消费的商场。你们大可去一个早就心仪却没去过的公

既省钱又浪漫的约会方式

约会时，很多人说没有钱怎么浪漫，其实，没有钱也可以很浪漫：

好吃咱下次还来。

这条街上的小吃都好好吃哦！

再美的景色也比不上你。

你看，公园的景色多美啊。

（1）在小吃街上，可以边走边吃边逛，也可以在不起眼的小店里面，吃出自己最爱的感觉。

（2）公园里空气新鲜，花红草绿，在这里也可以看到彼此眼中最美的景色。

当然记得啦，你当时兴奋的差点掉水里哈哈。

校园里的这条人工河真美，你第一次来学校看我，咱们就在这里散步，记得吗？

（3）大学校园是青春的伊甸园，可以一起去彼此的大学里，追溯青春的美好，让回忆带你们重温最美时光。

总之，不要提到约会就想到非花钱不可，其实，约会最重要的是心情和感觉，只要心情好了，浪漫，可以无时不在。

园。恋爱中的你一定要记住：商场不是你们谈情说爱的去处。

二、给恋人写情书

恋爱中的男女分秒也不愿分开，哪怕刚见过面转身又煲起了"电话粥"。所以手机就成了恋人们的烧钱工具，其实情书是一种既然浪漫又省钱的恋爱方式。一封情书连纸带邮也用不了多少钱，再说写情书的感觉是久违了的美妙。信息发达的今天，你可利用电子邮件，既方便又快速。写情书还能让白纸黑字成为你们感情一路发展的见证。当然，短信也是一种颇为有效而又温馨的选择。

三、漫步也浪漫

恋爱中的你千万不要患上"招手症"，只要一出门就搭的士。不妨带恋人一起去重游记忆中的小路——去你们以前约会的地方，回忆一下一起走过的足迹，想想当初甜蜜的欢声笑语，这时即使再远的路对方也不会抱怨，而是希望你们这样一起走下去，这条路最好没有尽头。

四、"吊住"恋人的胃口

如果你的厨艺还说得过去的话，那就亲自下厨为对方做喜欢的饭菜。恋人吃在嘴里可口，幸福甜蜜在心里。即便是厨艺不好也没关系，你可以用水果或果酱，做一盘沙拉或一个奶油冰激凌，这样一来，既加深了感情又省去了在外面吃饭的费用。

五、巧借商机去约会

现在许多商家为了促销，都会举办各种公关活动，比如免费赠送迪厅的入场券，新开业的游泳馆的打折券，商场里的时装表演，各类文化机构为宣传自己的艺术主张举行的义演、义展等。只要你留心收集信息，一定可以拿到许多免费票券，这样既可享受高档次的娱乐，又不会出现财政赤字，岂不是两全其美。

六、多去老地方

恋爱中的男女在外面吃饭是不可缺少的一项活动，怎么让你的她吃得舒服而又不掏空你的钱包呢，特别要做到对你们约会的"老地方"附近的餐厅心中有数。平日多请教朋友、同事，报纸、广告也能给你提供信息。

谁说恋爱一定要高成本、高消费？生活中只要你用心去发现，省钱的恋爱也浪漫。

【理财圣经】

谈恋爱约会很容易花钱，要想在恋人面前既不丢面子也能谈个甜蜜省钱的恋爱，我们要尽量避免容易花钱的约会地点。

第六章

合理避税，保证收益

"税"字知识知多少

个人所得税，是指调整征税机关与自然人（居民、非居民人）之间在个人所得税的征纳与管理过程中所发生的社会关系的法律规范的总称。个人所得税法，就是有关个人的所得税的法律规定。

个人如果想合理避税的话，首先要知道有哪些个人所得是可以免交税的。根据《中华人民共和国个人所得税法》第四条的规定，下列个人所得可以免纳个人所得税：

（1）省级人民政府、国务院部委和中国人民解放军军以上单位。外国组织、国际组织颁发的科学、教育、技术、文化、卫生、体育、环境保护等方面的奖金。

（2）国债和国家发行的金融债券利息。

（3）按照国家统一规定发给的补贴、津贴。

（4）福利费、抚恤金、救济金。

（5）保险赔款。

（6）军人的转业费、复员费。

（7）按照国家统一规定发给干部、职工的安家费、退职费、退休工资、离休工资、离休生活补助费。

（8）依照我国有关法律规定应予免税的各国驻华使馆和领事馆的外交代表、领事官员和其他人员的所得。

（9）中国政府参加的国际公约、签订的协议中规定免税的所得。

（10）经国务院财政部门批准免税的所得。

下列各项个人所得，应纳个人所得税：

（1）工资、薪金所得：是指个人因任职或受雇而取得的工资、薪金、奖金、年终加薪、劳动分红、津贴、补贴以及与任职或受雇有关的其他所得。

（2）个体工商户的生产、经营所得。

（3）对企事业单位的承包经营、承租经营所得：是指个人承包经营、承租经营以及转包、转租取得的所得，包括个人按月或者按次取得的工资、薪金性质的所得。

（4）劳务报酬所得：个人从事设计、装潢、安装、制图、化验、测试、医疗、法律、会计、咨询、讲学、新闻、广播、翻译、审稿、书画、雕刻、影视、录音、录像、演出、表演、广告、展览、技术服务、介绍服务、经济服务、代办服务以及其他劳务取得的所得。

（5）稿酬所得：个人因其作品以图书、报纸形式出版、发表而取得的所得。这里所说的"作品"，是指包括中外文字、图片、乐谱等能以图书、报刊方式出版或发表的作品。个人作品包括本人的著作、翻译的作品等。个人取得遗作稿酬，应按稿酬所得项目计税。

（6）特许权使用费所得：个人提供专利权、著作权、商标权、非专利技术以及其他特许权的使用权取得的所得。提供著作权的使用权取得的所得，不包括稿酬所得。作者将自己文字作品手稿原件或复印件公开拍卖（竞价）取得的所得，应按特许权使用费所得项目计税。

（7）利息、股息、红利所得。

（8）财产租赁所得：个人出租建筑物、土地使用权、机器设备车船以及其他财产取得的所得。财产包括动产和不动产。

（9）财产转让所得：个人转让有价证券、股权、建筑物、土地使用权、机器设备、车船以及其他自有财产给他人或单位而取得的所得，包括转让不动产和动产而取得的所得。对个人股票买卖取得的所得暂不征税。

（10）偶然所得：个人取得的所得是非经常性的，属于各种机遇性所得，包括得奖、中奖、中彩以及其他偶然性质的所得（含奖金、实物和有价证券）。

（11）其他所得。

明确知晓哪些税应缴纳，哪些税免缴，有助于我们科学规划投资理财。

现实中，有人说避税是和政府对着干，是所谓的"刁民行为"。这是对避税的误解。一般说来，人们对"税务筹划"的理解容易走入两个误区：一是不懂得避税与逃税的区别，把一些实为逃税的手段误认为是避税，或者把逃税当成合理的避税；二是打着避税的幌子行逃税之实。其实，避税和逃税二者有明显区别：

第一，适用的法律不同。避税适用涉外经济活动有关的法律、法规；后者仅适用国内的税法规范。

第二，适用的对象不同。前者针对外商投资、独资、合作等企业及个人；后者仅为国内的公民、法人和其他组织。

第三，各自行为方式不同。前者是纳税义务人，通过对经营及财务活动的人为安排，以达到规避或减轻纳税的目的的行为；后者则是从事生产、经营活动的纳税人，纳税到期前，有转移、隐匿其应纳税的商品、货物、其他财产及收入的行为，达到逃避纳税的目的。一般情况下不构成犯罪，情节严重的就会构成偷税罪。

通过以上分析，我们看出虽然它们都和税有关，也都是减少交税额度，但是避税和逃税是互不相同的两个概念。

了解了应缴税款和免缴税款、避税和逃税的区别后，相信在税务规划上，你的心中已经有个大致构想了。

【理财圣经】

避税，并不是违法犯罪的事情。合理避税，是一种聪明的理财方式。

合理合法避税

提到纳税，每个人都知道，它是政府执行社会职能的基础。作为一个守法公民，你必须纳税。同时，由于税收有不同种类，课税对象不同，你可以根据相关的金融知识进行合理避税。在不触犯法律的情况下，能尽量减少交税的数目，这才是正经的"省财"之法。

说起避税，很多人都认为这是财务人员的事情，其实不然，随着我们工资水平越来越高，懂得避税和不懂避税将有很大的差别，这个差别不只是每个月多交几百块钱这么简单，更关系到你的财富能不能更快地积累起来。

纳税是和国家订立的神圣的"契约"，无论出现什么问题，自己都要履行契约，谁偷税、漏税、逃税，谁就是违反了和国家所签的契约。违反"神圣"的契约，是无法原谅的。但是为了多赚点利润，也可在税收上想出不少点子，最后的答案是两个字：避税。在长期的商场历练中，可总结出一套合法避税的办法，对合法避税应有着如下的认识：

（1）合法避税是经营活动与财务活动的有机结合。

（2）合法避税是经营时间、地点、方式、手段的精巧安排。

（3）合法避税是会计方法的灵活运用。

（4）合法避税是决策者超人的智慧和高超管理水平的精彩体现。

正确避税的做法是这样的：

（1）使避税行为发生在国家税收法律法规许可的限度内，做到合理合法。

（2）巧妙安排经营活动，努力使避税行为兼具灵活性和原则性。

（3）避税行为围绕降低产品价格而展开，以避税行为增强企业的市场竞争力。

（4）充分研究有关税收的各种法律法规，努力做到在某些方面比国家征税人员更懂税收。

这些避税方法合理合法，取得了很大的成功。1976年，富商莫蒂默·莫尼律格斯的收入为100万美元，为把本年的纳税数额减少至最低限度，他决定想一个办法核减收入50万美元。用什么办法呢？莫蒂默想了很久，终于有了一个主意。他有一艘

妙招教你合理避税

依法纳税是每个公民应尽的义务，但在履行义务的同时，我们不妨通过税务筹划合理合法地有效避税，避免缴纳"冤枉税"。

公积金法：尽量多缴

公民每月所缴纳的住房公积金是从税前扣除的，因此，高收入者可以充分利用公积金、补充公积金来免税。

福利转化法：降低名义收入

> 下个月开始，员工的工资降低10%，减少的工资用福利来代替。

由于对职工福利和工资收入的税务安排不同，公司不妨在政策范围内多发放福利，从而帮助员工合理避税。

投资避税

可以通过我国对个人投资的各种税收优惠政策来合理避税，主要可利用的投资工具有国债、教育储蓄、股票等。

均衡法：削平收入起伏

> 平一点，税就少一点。

在纳税人一定时期内收入总额既定的情况下，其分摊到各月的收入应尽量均衡，切记，工资收入尽量分摊到每个月平均拿。

祖传的游艇，长为250英尺，如果将它核价50万美元，然后作为自己年收入的一部分再捐给一家非赢利机构，岂不是既卸下了包袱，又躲避了纳税？这是一举两得的事情。因为当时的税法规定，慈善捐赠可以减免税款。

莫蒂默找了一位愿意合作的游艇核价人，这个人答应将莫蒂默的游艇核价为50万美元，因为他明白，要是做成了这笔买卖，可以得到一大笔佣金。得到估价表后，莫蒂默来到了一所学校，表示愿意为学校捐赠一艘游艇。校长接过估价表后，心照不宣，马上向税务局写报告，赞颂莫蒂默先生的慷慨解囊，捐赠学校一艘价值50万美元的游艇，并说明这艘游艇的价值已经经过专家的核准。学校得到游艇后，想尽快将它出售以获得捐款，那位精明的估价人挺身站了出来，愿意代为出售。然而事情远没有想象得那么好，他使出浑身解数也不能以超出15万美元的价格卖掉这艘游艇。不过还是没有关系，学校白白得了15万美元，估价人也得到了一笔可观的佣金。

这位年收入100万美元的莫蒂默先生，由于纯收入减少了一半，他要纳税的部分只剩下50万美元。按照当时70%的税率，他只需要交纳35万美元税款，另一份35万美元的税款就这样被他轻而易举地躲避了。"纳税天经地义，避税合理合法。"

合法避税又绝不漏税，使许多商人在世界各地有了生存的土壤和发展的根基。他们这些一箭双雕的做法我们可以效仿。

其实避税不应是从商者的根本目的，即使是一个天才避税者也不能够通过避税迈入富人的行列。它的根本目的应在于促使管理者对管理决策进行更加细致的思考，进一步提高经营管理水平。对于个人来说，也是理财意识的充分体现。

【理财圣经】

要想合理避税，必须得掌握避税的技巧。

个人创业巧避税

合理避税不等于偷税、逃税，避税是纳税人依据税法规定的优惠政策，采取合法的手段，最大限度地采用优惠条款，以达到减轻税收负担的合法经济行为。对创业者来说，可以采用下列方法进行避税。

一、税收优惠法

对初创企业来说，在选择企业的类型上，可以运用税收优惠政策来获得合理避税的效果。比如在投资方案上，纳税人利用税法中对投资规定的有关减免税优惠，通过投资方案的选择，以达到减轻其税收负担的目的。

如有些地方对第三产业、高新技术行业等税收优惠的，这样相关企业就可利用这些优惠政策合理地避税，减少成本增加效益，获得更大的利润，使企业发展得更快。

税收优惠是国家对特定产业、特定地区的特定交易形式采取的市场竞争和调控手段，是政府为实现一定历史时期的宏观经济发展目标，以一定相对合理的方式，分轻重缓急地向特定经济主体（投资人）退让或放弃一部分税收收入的鼓励或照顾措施。

对商家来说，利用税收优惠政策促进店铺的发展，不失为一种明智之举。这就要求商家必须了解税收优惠的相关政策。

我国各类税法中规定的税收优惠包括减税、免税、出口退税及其他一些内容。

（1）减税。对某些纳税人进行扶持或照顾，以减轻其税收负担的一种特殊规定。一般分为法定减税、特定减税和临时减税三种方式。

（2）免税。即对某些特殊纳税人免征某种（或某几种）税收的全部税款。一般分为法定免税、特定免税和临时免税三种方式。

（3）延期纳税。对纳税人应纳税款的部分或全部税款的缴纳期限适当延长的一种特殊规定。

（4）再投资退税。即对特定的投资者将取得的利润再投资于本企业或新办企业时，退还已纳税款。

（5）税收豁免。指在一定期间内，对纳税人的某些应税项目或应税来源不予征税，以豁免其税收负担。包括关税、货物税豁免和所得税豁免等。

（6）投资抵免。即政府对纳税人在境内的鼓励性投资项目允许按投资额的多少抵免部分或全部应纳所得税额。实行投资抵免是政府鼓励企业投资，促进经济结构和产业结构调整，从1999年开始，中国政府开始对技术改造国产设备实施投资抵免政策。

（7）起征点。即对征税对象开始征税的起点规定一定的数额。征税对象达到起征点的就全额征税，未达到起征点的不征税。税法对某些税种规定了起征点。确定起征点，主要是为了照顾经营规模小、收入少的纳税人采取的税收优惠。

（8）免征额。即按一定标准从课税对象全部数额中扣除一定的数额，扣除部分不征税，只对超过的部分征税。

（9）加速折旧。即按税法规定对缴纳所得税的纳税人，准予采取缩短折旧年限、提高折旧率的办法，加快折旧速度，减少当期应纳税所得额。

对于新开的店铺来说，如果能充分利用税收优惠政策发展，可以降低企业的成本，迅速做大做强。了解了以上这些税收优惠的相关规定，商家可根据自己的店铺情况，从而运用税收优惠法进行合理避税。

二、尽量减少双重交税

随着我国经济的飞速发展，目前我国的税制似乎难以跟上经济的发展程度，导致了税收体制的不完善和遗漏。就目前的所得税来说，如果一个企业主将企业的财富转到自己个人的名下就要交纳个人所得税，其实这笔财富已经交纳了企业所得税，再交纳个人所得税就算双重交税了。

这样对企业主而言，为了合理避税，有了利润可用来扩大企业规模而不转到个人手中，这样可以减少税收成本。

三、资产租赁法

租赁是指出租人以收取租金为条件，在契约或合同规定的期限内，将资产租借给承租人使用的一种经济行为。从承租人来说，租赁可以避免企业购买机器设备的负担和免遭设备陈旧过时的风险，由于租金从税前利润中扣减，可冲减利润而达到避税。

四、分摊费用法

商家生产经营过程中发生的各项费用要按一定的方法摊入成本。费用分摊就是指店铺在保证费用必要支出的前提下，想方设法从账目中找到平衡，使费用摊入成本时尽可能地最大摊入，从而实现最大限度的避税。

总之，纳税人合理避税是可以的，但不可利用法律的空子来偷逃税收，这样将得不偿失。对于商家而言，依法纳税不但是一种义务，也是企业为社会和国家作出贡献的一种光荣表现，更是企业社会责任感的一种外在体现。

【理财圣经】

创业者可以采用这几种方式来避税：税收优惠法、尽量减少双重交税、资产租赁法、分摊费用法。

第五篇

投资自己，最有价值的理财之道

第一章

为健康投资，稳赚不赔

年收入10万抵不过一场病

看病、教育、住房被称为新的"三座大山"。生病对于人来说不仅仅是花钱的问题，还关系到自己的生命健康问题。所以，从理财的角度来讲，如果能够保持自己的身体健康，为健康投资，就可以为家里省一大笔钱。

50岁的老王在一家拉链厂做工，一个月收入仅有600多元，但5年前的老王可不是这个样子的。当时的老王做了些小本生意，并和老婆在社会上到处兼职，每月算下来，收入能达到10 000多元。那时，老王和妻子不仅有20多万元的存款，还置办了2套房产。由于妻子身体不是很好，他们没有孩子，所以经济上很宽裕，他们还计划着等几年再买个车子就可以安享晚年了。可是意外的事情发生了。

2004年，老王的妻子被检测出患有癌症，于是老王东奔西走地求医，但还是没有治好妻子的病。2006年，老王安葬了妻子，但他也成了一个无家可归的人，因为老王花掉了所有的积蓄并借了10万元，被迫卖了一套房产。如今的老王再没有年轻时的闯劲了，所以在别人的介绍下，他来到了这个拉链厂，干些简单的活维持生计，而剩下的那套房也租了出去贴补家用。

提起生活的改变，老王一直感慨："不生病比什么都好啊！"

的确，老王以前的生活让别人看了都羡慕，但是因为妻子的一场病，他不仅陷入失去妻子的哀痛之中，还在理财上陷入困境。现实中像老王这样的人不在少数。如果我们拼命挣钱，对于自己的身体不管不顾，就可能成为第二个老王。生命是脆弱的，每个人都经不起病魔的折磨，所以，从现在起，看好你的身体，不要拼命挣钱，却到头来全将它耗费在看病上。所以，我们从现在开始就应当投资自己的健康。

均衡营养是保持健康的必要条件。脂肪类食物会增加身体的疲劳感，不可多食，但也不可不食，因为脂类营养是大脑运转所必需的，缺乏脂类将影响思维，因此应适量食用。日常还应补充钙质，钙不仅可以安神，还具有舒缓情绪的作用。

加强运动，不仅可以提高人体对疾病的抵抗能力，还是放松心情的良药。可以制订一个锻炼计划，通过慢跑、骑车、打球等，释放情绪，减少自由基的侵害。在平时，能不吸烟尽量不吸烟，吸烟时人体血管容易发生痉挛，局部器官血液供应减少，营养素和氧气供给减少，尤其是呼吸道黏膜得不到氧气和养料供给，抗病能力也就随之下降。少喝酒有益健康，嗜酒、醉酒、酗酒会减弱人体免疫功能，必须严格限制。还有很重要的就是要保证充足的睡眠。睡眠应占人类生活的三分之一的时

最重要的投资理财——健康管理

就重要性来讲，健康应当作为最重要的资产，纳入我们的投资理财范围内，且位居首位。那么，到底如何管理我们的健康资产呢？

积累健康常识，不陷入迷信般的盲从

你的身体各项指标都很健康！

主动体检，关注身体的异常变化

多样化饮食，营养才均衡。

养成良好的饮食和运动习惯

心理咨询

保持良好的心态，积极应对压力

间，它是帮你和亚健康说再见的重要途径。

很多时候身体上的健康还依赖于心理的健康。如果一个人生病了，但是他的心态很好的话，病情减轻的速度会比那些苦大仇深的人要快得多。人在社会上生存，难免有很多烦恼，必须应付各种挑战，重要的是通过心理调节维持心理平衡。

投资健康就不能让身心一直处于高强度、快节奏的生活状态中，有条件的话每周远离喧嚣的都市一次。郊外空气中，离子浓度较高，能调节神经系统。适度劳逸是健康之母，人体生物钟正常运转是健康的保证，而生物钟"错点"就是亚健康的开始。

【理财圣经】

在关注事业、娱乐的同时，我们一定不要忘记投资自己的健康。身体健康了，才会有精力去做自己想做的事，才有精力去克服工作中的困难。如果身体不好，不仅耽误工作和自己的前途，心情也会受到影响。

投资健康就是积累财富

身体是革命的本钱，身体健康的重要性几乎每个人都知道。作家梁凤仪曾说过这样的话："健康好比数字1，事业、家庭、地位、钱财是0；有了1，后面的0越多，就越富有；反之，没有1，则一切皆无。"生活中总有那么多的人辛勤地工作和打拼，而他们的辛勤工作却是牺牲了个人健康换来的。早先在日本经常出现的"过劳死"，也开始出现在我们国家。实际上，出卖一个无价之宝来换取我们又不是非常缺乏的金钱，不是相当于健康的廉价拍卖？

事业上的成功、金钱的积累固然重要，但没有了健康，一切都毫无意义。可人们只有在看到有人出事之后才有感而发，而在平常的日子里，却很少有人专门用心去关注和思考这些问题。

假如我们的生活是一个天平，天平的一端放的是健康，另一端放的是事业和金钱，那么任何一端过重或过轻，都会影响到我们生活的质量。在今天竞争日益激烈的社会环境下，追求事业上的成功和金钱的积累已经成为一种普遍的社会愿望，而健康问题却往往被强烈的事业心和物欲所埋没。殊不知，一旦健康出现问题，不仅我们的身心要遭受折磨，数年积累的财富也要拱手送给医院。而这从理财的角度来讲，是得不偿失的。

那么，你的健康状况到底如何？

请对照下面这些症状，测一测自己是不是健康。

测试方法：根据你最近一周的情况回答下列问题，可回答"是"与"否"。每题都有一个分值，回答"是"就累加分值，回答"否"计0分。

（1）早上起床时，总有头发丝掉落。（5分）

（2）感到情绪有些抑郁，会对着窗外发呆。（5分）

（3）昨天想好的某件事，今天怎么也记不起来，而且近些天来，经常出现这种情况。（10分）

（4）害怕走进办公室，觉得工作令人厌倦。（5分）

（5）不想面对同事和上司，有自闭症式的渴望。（5分）

（6）工作效率下降，上司已表达了对自己的不满。（5分）

（7）工作一小时后，就感到身体倦怠，胸闷气短。（10分）

（8）工作情绪始终无法高涨。最令自己不解的是，无名的火气很大，但又没有精力发作。（5分）

（9）一日三餐，进餐甚少，排除天气因素，即使口味非常适合自己的菜，近来也经常味同嚼蜡。（5分）

（10）盼望早早地逃离办公室，为的是能够回家，躺在床上休息片刻。（5分）

（11）对城市的污染、噪声非常敏感，比常人更渴望清幽、宁静的山水，以修养身心。（5分）

（12）不再像以前那样热衷于朋友的聚会，有种强打精神、勉强应酬的感觉。（5分）

（13）晚上经常睡不着觉，即使睡着了，又总是在做梦，睡眠质量很糟糕。（10分）

（14）体重有明显下降的趋势，早上起来，发现眼眶深陷，下巴突出。（10分）

（15）感觉免疫力在下降，春秋流感一来，自己首当其冲，难逃"流"运。（10分）

测试结果：

总分超过30分：你的健康已敲响警钟。

总分超过50分：你需要坐下来，好好反思你的生活状态，加强锻炼和营养搭配等。

总分超过80分：你应该赶紧去看医生，调整自己的心理，或是申请休假，好好休息一段时间。

【理财圣经】

要想一生过得幸福，就不要透支身体。真正富有的人不是拥有钱财最多的人，而是拥有财富且身体健康的人。平时我们注重投资健康，就是在积累财富。

健康投资的误区

健康等于花钱多

健康投资不完全等于花钱。现今，很多人的消费行为不够理性，似乎只要花的钱多，身体就一定会健康。和其他投资不同的是，健康投资不仅仅是钱的投资，光用钱买不来健康。

多吃好东西就能更健康

健康是机体平衡和心态平衡的概念，失去平衡的饮食，最后会导致健康失衡，营养过多反而累及健康。投资于"吃"的时候尤其要注意"适度"。

饮食与健康——食物金字塔

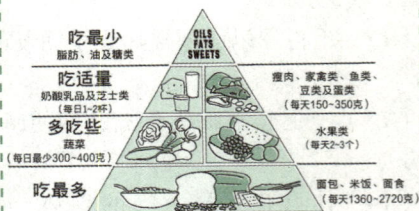

吃最少
脂肪、油及糖类

OILS FATS SWEETS

吃适量
奶酪乳品及芝士类
（每日1~2杯）

瘦肉、家禽类、鱼类、豆类及蛋类
（每天150~350克）

多吃些
蔬菜
（每日至少300~400克）

水果类
（每天2~3个）

吃最多

面包、米饭、面食
（每天1360~2720克）

买了保险就高枕无忧

个人只能够通过健康保险转移疾病发生后的经济风险，而非个人身体面临的风险。唯一能挡住疾病的是平时良好的生活和卫生习惯，是合理的饮食结构，是加强锻炼增加自身免疫力。

老人投资健康，也须提防骗子

老年人投资健康是正确的，随着年龄的增长和生理功能的衰退，许多老年人患上了高血压、冠心病、糖尿病、类风湿等慢性病，所以他们对健康的关注度比一般人要高，寻求保健良方和治好病的渴望非常强烈。同时，他们也认为家人不能完全理解他们的痛苦，甚至于很少陪伴他们，情感方面的孤独使他们渴望和外界保持联系。此时，来自外界的一点点关怀和温暖便很容易使其感动，加上自己对医学知识的了解又不足，便给了骗子们可乘之机。现在很多不法分子瞅准了老年人的心理，也看准了这块"大蛋糕"，纷纷打着各种旗号来诱骗老年人上当。

某市影剧院连续4个月来，每天早上7时30分到8时30分，都有500多名老人从家里赶来听讲座。打着"香港第一医科大学"旗号生产的某营养液在这里大肆宣传、销售。

这个宣传活动吸引了很多老人。因为他们打着百万产品赠送活动的旗号，每位老人只要来听讲座就能在临走时得到一小盒营养液。讲解员宣称××营养液具备高效降脂的功能，为心脑血管病患者和脑功能不全患者的康复带来福音，并称该营养液是"由香港第一医科大学京都药源堂的专家教授，通过多年的现代科学研究，采取国际最先进的配方技术，融入大中华博大精深的中医精华，采用生态名贵中药，以先进的制造工艺精制而成"。

销售员还称，该营养液原价772元，现在买一个月的量只要400元。销售员不断地介绍这种营养液的好处，却拿不出任何批文。

事后调查证实，"香港第一医科大学"并不存在，该厂在香港注册的名字是"香港第一医科大学××药业有限公司"，不能分开来读。

至于该营养液的生产批文是食品的批文，而非保健品，而该厂负责人自己也觉得把药宣传得跟神药一样，很不合适。说起疗效广告上打着药品100%有效，更是离谱之谈。事后，药品负责人还辩称，药品即使不是百分之百有效，也是97%有效，但很多人都在那剩下的3%里。也就是说，如果老人吃了没有效果，那很可能是因为老人就在那3%里。而实际上，3%的数据是否准确，谁也不知道。

这种商家愚弄、哄骗老年人的恶劣行径着实令人愤慨！下面，让我们细数一下商家常用的六大骗人伎俩。

伎俩一：挖个免费陷阱

（1）免费体检。保健品推销员利用老年人不爱上医院的心理，装扮成"义诊医生"，在像模像样地进行一些血压、血脂常规检查后，拿着检测结果煞有介事地指出消费者患有某些"疾病"，然后开始推荐产品。

（2）免费试用。这种手段通常被"保健器械"经销商们采用。在经过多次试用后，一些消费者由于心理作用而感觉有效，或者多次试用后，盛情难却而购买了该产品，买回后才发现存在很多问题。

（3）免费健康咨询。开设"健康免费咨询热线"，只要有消费者打进电话咨询，对方都会推荐"包治百病"的某种保健品。

伎俩二：用温情麻痹

推销者抓住老人渴望亲情、害怕孤独的心理，隔三差五地打电话问候或带点小礼品上门拜访，嘘寒问暖拉家常，组织老人参加集体联欢，营造融洽的大家庭氛围。老人们往往逐步放松警惕，在情感的支配下购买那些功效不明、价格高昂的保健产品。

伎俩三：人际游说

保健品商家以高薪招纳一批社交网络庞大的业务员，让他们对身边熟悉的老年亲戚、朋友、同事等进行游说、推销。老年人有时碍于情面，有时则因轻信亲近的人而盲目购买。

伎俩四：扔出芝麻收西瓜

老人往往深受勤俭节约的传统思想影响，热衷于接受商家"免费、额外"赠送礼品，而保健品商家往往也会根据老人的兴趣、爱好和生活需要设置购物附赠礼品，一些老人就是在这些礼品的诱惑下盲目购买了商家推销的保健品。

伎俩五：大打品牌招牌

一些保健品商家致力于自身品牌知名度的扩张，铺天盖地片面宣扬"名厂名牌"，使消费者尤其是老年人产生一种误解：肯定是疗效显著，才能这么有名气，买这种产品准没错，因此陷入迷信名牌的误区，而不是根据自身身体状况正确、合理地选用产品。

伎俩六：雇"托"迷惑

雇"托"是不法商家惯用的手段，请来所谓的"专家"、"学者"、"权威"在公开场合介绍该产品的"特殊疗效"和发布"权威检测报告"；或指使一些人假冒患者名义写感谢信、送锦旗、现身说疗效；或在销售现场制造抢购产品，制造购者甚众、争先恐后的假象等。

了解了这些伎俩，老年朋友们再遇到这些情况时，就要提高警惕。这些商家也知道老年人法律意识淡薄，基本不会要求商家开发票，如果要求开，他们开的也是假发票，这样日后发生了问题，即便老人的子女想要投诉，也会苦于没有证据或者都是查不到线索的证据而无法挽回任何损失。所以老年人要注意，如果身体出现了不适，一定要去正规的医院接受治疗，不要轻信推销者的甜言蜜语。

【理财圣经】

骗子商家固然可恨，但老年人自己也要注意时刻提高警惕：天下绝对没有免费的午餐。如果身体确实不适，要去正规的医院做检查，不要让骗子有机会骗去自己的血汗钱。

老人投资健康的防骗招数

面对骗子的无孔不入，老年人在健康投资中该如何防范?

加强对诈骗伎俩的识别能力

要经常读书看报，了解当前多发的各类诈骗手法，从别人的上当受骗的经历中汲取教训，使自己变得理智和聪明一些。

要克服贪欲的心理

世上没有天上掉馅饼的好事，要看好自己的钱袋子，凡是有人让你出钱的时候，一定要多一个心眼儿，不能轻易将自己的钱送出去。

吃了我们的药，长命百岁不是梦!

有个健康保险，我有点拿不定主意，你帮我分析分析。

遇事要多和身边人商量

不要相信骗子那些"不要告诉任何人"的鬼话，自己拿不定主意时，或找老伴、或找孩子、或找自己信得过的邻居和朋友，向他们通报情况，征求意见。

投资心理健康，也要找对方法

心理健康与身体健康是息息相关的，投资心理健康对我们来说也十分重要，我们在生活中不能忽视对心理健康的维护。但每个人因所处的环境、遭遇的问题各异，因此没有一个能适用于每个人的方法。下面介绍的是一些基本的原则和方法，希望能对你的生活和心理健康的维护有所帮助。

一、了解自我，悦纳自我

苏轼曾经说过："人之难知，江海不足以喻其深，山谷不足以配其险，浮云不足以比其变。"这里说的是知人之难，在现实生活中，知人虽难，但知己更难。自我认识的肤浅，是心理异常形成的主要原因之一。

因幼时的过分依赖，竞争中的多次失败而自卑自怜，由此得出的自知是："你行，我不行。"于是束缚自我、贬抑自我。结果焦虑剧增，最终毁了自己。其实，接受现实的自我，选择适当的目标，寻求良好的方法，不随意退却，不做自不量力之事，才可创造理想的自我，欣然接受自己，才可避免心理冲突和情绪焦虑，使人心安理得，获得健康。

二、添加爱的"营养素"

爱永远伴随在人的左右。童年时代主要是父母之爱，童年是培养人心理健康的关键时期，在这个阶段若得不到充足和正确的父母之爱，就将影响人一生的心理健康发育。少年时代增加了伙伴和师长之爱，青年时代情侣和夫妻之爱尤为重要。中年人社会责任重大，同事、亲朋和子女之爱十分重要，它们会使中年人在事业、家庭上倍添信心和动力，使他们的生活充满欢乐和温暖。至于老年人，晚年子女的爱是幸福的关键。

三、正视现实，适应环境

能否面对现实是心理正常与否的一个客观标准。心理健康者总是能与现实保持良好的接触。一来他们能发挥自己最大的潜能去改造环境，以求现实符合自己的主观愿望；另外在力不能及的情况下，他们又能另择目标或重选方法以适应现实环境。而心理异常者最大的特点就是脱离现实或逃避现实。他们或许有美好的理想，但却不能正确评估自己的能力，又置客观规律而不顾，因而理想成了空中楼阁。于是心理异常者怨天尤人或自怨自艾，逃避现实。

四、虚心接受善意和讲究策略的批评

一个人如果长期得不到正确的批评，势必会滋长骄傲自满、固执、傲慢等毛病，这些都是心理不健康发展的表现。而过于苛刻的批评和伤害自尊的指责会使人产生逆反心理，遇到这种"心理病毒"时，就应提高警惕，增强心理免疫能力。

五、接受他人，善与人处

乐于与他人交往，和他人建立良好的关系，是心理健康的必备条件。人是群居动物，与他人一起不只可得到帮助和获得信息，还可使我们的痛苦、快乐和能力得到宣泄、分享和体现，从而促使自己不断进步，保持心理平衡、健康。但不要天真地认为我怎样待你，你就应该怎样待我。其实这是一种儿童的思维，但有很多成人也摆脱不了这种思维。与人相处的原则是：对得起他人，对得起自己。我们虽不提倡别人打你左脸还把右脸伸过去，但更不赞同别人因一件小事负你你便视其为仇人。人际关系是复杂的，交友要谨慎。对于已证明不可深交的人，我们也不妨浅交，注意适当的距离即可，凡事退一步海阔天空。我们应该有"吃亏是福"、"难得糊涂"的宽大胸怀。

六、热爱生活，乐于工作

现代社会生活节奏加快、工作忙碌而机械，不少人长期处于紧张状态但又不善于休闲调剂，于是也成了心理异常的一个原因。我们应该合理地安排休闲时间，经常改换方式，或郊游、或聚会、或访友、或参观展览等，也可参加一些职业性的活动或社会性的活动。要使休闲日更为丰富多彩，真正成为恢复体力、调剂脑力、增长知识、获得健康的机会。

七、学会适当宣泄和自我疏导

适度宣泄具有治本的作用，当然这种宣泄应当是良性的，以不损害他人、不危害社会为原则。心理负担长期得不到宣泄或疏导，则会加重心理矛盾，进而成为心理障碍。

八、拥有坚强的信念与理想

信念与理想对于心理的作用尤为重要。信念和理想犹如心理的平衡器，它能帮助人们保持平稳的心态，度过坎坷与挫折，防止偏离人生轨道或进入心理误区。

【理财圣经】

心理健康的保持主要依靠自己，心理疾患的治疗除需有心理医生的指导外，也需要依靠自己的信心与毅力。如果掌握了有关心理健康和心理治疗的知识，我们不仅能随时关心和维护自己的心理健康，还可随时修正自己的行为。

平衡的生活才是幸福的生活

生活平衡一直是我们社会中的一个大问题。即使现在，当大多数人都更容易想到什么才是生活中最重要的东西的时候，我们所说的最重要的东西，同我们为之实际付出的时间和金钱之间仍然存在着差距，有时这种差距还相当巨大。

认真审视一下你的时间的货币价值，回顾一下你是如何花费时间的，这也许能显示出你的生活是否缺少平衡性。按一个星期计算，你的工作时间是多少？用于陪伴家人和朋友的时间是多少？用于自己的休闲、运动、健身的时间有多少？用于精神层面享受的时间又是多少？你是否忙得不可开交，以至于一旦面临危机时就只能手足无措地仓促祈祷，或失魂落魄地苦思冥想？

如果你想知道在你自己的生活中这种差距有多大，可以用一个简单的方法快速计算出来。拿出你的计划或日程表，再拿出你的支票簿或信用卡对账单，看一看过去几周内你的时间和金钱都用在了哪些方面，这些是否的确就是对你最重要的东西。

遗憾的是，许多人对这个问题的回答都是否定的，而且后果也清楚地体现在他们的生活中。

大多数人能在人生的几个重要的组成部分获取平衡并受益匪浅，这几个重要的组成部分为：朋友和家人、健康运动、家园、个人自我发展、职业或事业、精神领域的享受。

显而易见，职业或事业在大多数人的生活中占有最大的比重。但是在生活有规律的基础上，留出时间与朋友和家人相聚、参加健身运动、精神领域的享受、安居家园、自我发展也是同样重要的。记录时间日记，能让你看清楚你的时间是如何失衡地分配的；也能让你明白你的生活究竟在哪里失去了平衡。如果你过去对自己的生活状态不清楚，那你永远也无法掌握或调整生活的天平。

不同的人对生活重心的认识不同，总体来说，有以下几种观念：

一、工作重要

工作远不只是从事某项职业。工作是高质量生活的根本要素，关系到我们如何维持自己和家人的生活，如何表达自己的爱，如何发挥自己的作用，以及如何塑造内心崇高而有创造力的自我。

二、家庭重要

家庭是个人幸福的根本要素，也是社会不断发展的根本要素。最重要的"成功"，是在家庭中取得的成功。一代更比一代强是我们为整个社会做贡献的最佳方式。

三、时间重要

时间是价值的体现，是生活平衡的反映。我们可以随心所欲地高谈阔论，可以梦想，但最终决定我们是否与众不同的，是我们在每天的生活中做了什么事情以及没有做什么事情。我们使用时间的方式，反映了我们能否持之以恒地关注和实现我们的首要目标，能否将最重要的东西体现在日常生活的决策之中。

四、金钱重要

金钱也是价值的一种体现，同时几乎还与每一个涉及工作、家庭和时间之间关系的问题存在必然的联系。金钱是别人认为我们的时间和精力所具有的价值的具体体现，也是我们认为可以购买的"东西"所具有的价值的具体体现。花钱就是用过去努力的成果或预支将来的时间作为交换，以改善我们自己和他人现在和将来的生

如何平衡自己的生活

列一份清单

当你做事有条理，并让你所需要做的每一件事情都处在一个方便着手的地方，你将会更可能容易地处理清单上所列事项，并及时完成。

交流

你越多地告诉人们你的期望是什么，你就越有可能在适用于你的日程安排的合适的时间框架中把事情搞定。

保持专注

在工作场中充满了会分散注意力的东西，沉迷于这些东西并没有关系，但你要确保自己是否已经预留出了你不会分心的特定的时间来工作并把事情做好。

锻炼及合理饮食

合理的膳食与运动锻炼有助于保障身体的健康状态，也能让你感到更有活力。

活质量。个人理财可能是我们制定生活纪律、形成生活特质最有用的工具之一。

一些学者在研究这些深刻的生活平衡问题时发现，有一个特点已经越来越明显：工作、家庭、金钱和时间绝不是相互孤立的领域，人们不能仅凭在其中一个领域不断努力就能获得巨大的成功。这些领域都是一个互相关联、高度复杂的系统的必要组成部分。虽然经济滑坡和战争威胁等事件可能会影响人们关注的重心，使人们的注意力从一个方面转移到另一个方面，但是较长时期内的总体形势和我们自身的经验都证明：工作、家庭、金钱和时间都是非常重要的方面。如果不能在以上每一个重要方面都取得一定的成功，就不可能长期保持较高的生活质量。

【理财圣经】

我们要想过一种理想的生活，就要学会平衡自己的生活。只有把生活的各个方面都平衡好了，你才会幸福，你才会拥有更多。

第二章

智慧投资，利用充电提高理财能力

你是否拥有长远的致富意识

赚钱的方法有很多种，但是你想过没有，你想到的一个点子究竟可以让你持续多长时间赢利？是只让你在3个月内赚钱，还是可以让你在3年内都在赚钱？其实赚钱的时间长度也是衡量财富的一个指标。如果你的致富点子只让你赚了一笔钱，即便是数目非常大的一笔，也不能算是一个绝好的点子，因为过不多久，你的点子就会"失效"。倘若你的点子能让钱源源不断地涌来，今年如此，明年如此，三五年过后钱依旧是滚滚而来，这才是好点子。你想要拥有这样的好点子吗？你想拥有长远的致富意识吗？

曾经有这样一则故事：

三个年轻人一同结伴外出，寻找发财机会。在一个偏僻的小镇，他们发现了一种又红又大、味道香甜的苹果。由于地处山区，信息、交通等都不发达，这种优质苹果仅在当地销售，售价非常便宜。

第一个年轻人立刻倾其所有，购买了10吨最好的苹果，运回家乡，以比原价高两倍的价格出售。这样往返数次，他成了家乡第一个万元户。

第二个年轻人用了一半的钱，购买了100棵最好的苹果苗运回家乡，承包了一片山，用于栽种果苗。整整3年时间，他精心看护果树，浇水灌溉，没有一分钱的收入。

第三个年轻人找到果园的主人，用手指着果树下面，说："我想买些泥土。"

主人一愣，接着摇摇头说："不，泥土不能卖，卖了还怎么长果树？"

他弯腰在地上捧起满满一把泥土，恳求说："我只要这一把，请你卖给我吧，要多少钱都行！"

主人看着他，笑了："好吧，你给一块钱拿走吧。"

他带着这把泥土返回家乡，把泥土送到农业科技研究所，化验分析出泥土的各种成分、湿度等。接着，他承包了一片荒山，用整整3年的时间，开垦、培育出与那把泥土一样的土壤。然后，他在上面栽种了苹果树苗。

10年过去了，这三位结伴外出寻求发财机会的年轻人的命运迥然不同。第一位购苹果的年轻人现在每年依然还要购买苹果运回来销售，但是因为当地信息和交通已经很发达，竞争者太多，所以赚的钱越来越少，有时甚至不赚钱反而赔钱。第二位购买树苗的年轻人早已拥有自己的果园，因为土壤的不同，长出来的苹果有些逊色，但是仍然可以赚到相当的利润。第三位购买泥土的年轻人，他种植的苹果果大味美，和山区的苹果不相上下，每年秋天引来无数购买者，总能卖到最好的价钱。

这个故事其实就是在讲远见，最有远见的第三个年轻人赚取了最多的钱。

每个想创富的人都必须拥有远见，以使你的决策能让你从中获取利益，赚取钱财。

【理财圣经】

要成为成功的商人，就要有敏锐的眼光，可以预知未来的情势。不要眼光短浅，只贪眼前的蝇头小利，那样你只能永远跟在人们后边，赚钱也是很难的。

投资自我，提升自己

世界金融投资界享有"投资骑士"声誉的吉姆·罗杰斯说过："一生中毫无风险的投资事业只有一项，那就是——投资自我。"统计表明，离开学校五年后，一个人学习的书本内容就已经过时了，即从离开校门的那一天起，他的学历价值就已经开始贬值。

很多人在为理财的事情发愁，人们不得不开始自学一些投资理财的知识。一时间，股市基金之类的话题变得火热，房地产作为一种投资品也是越涨越疯狂。那么在这个时代，什么才是收益最高、最值得投资的呢？

我们最应该投资的东西，是人。21世纪什么最贵？人才！投资一个值得投资的人，你的收益率不是每年百分之几，而是成倍地往上翻。

其实，最合适、最有把握、收益率最高的是投资自己。

你投资股票也好，投资其他人也好，哪怕是自己的子女也是有很大风险的。但是投资自己绝不会有这些问题，这世界上最不可能背叛你的就是你自己了，而且你唯一可能完全控制的也只有自己。

与其说投资自己是要从自己身上获得什么，倒不如说是要从自己的身上去掉什么。你要想使自己升值，要想彻底地管住自己，要想让自己变得完美，那么你要做的不是去参加培训班或者学习班，而是要去掉自己的缺点。

某公司一位当初"一人之下，万人之上"的综合部经理，其事业轨迹为：后来做到了一个分厂的厂长，然后又做到了综合部副经理，再后来又做到了综合部下的一个标准化中心的主管。在这样的情况下，朋友为他联络了另一个公司做经理的机会，可是他没有去。朋友问他为什么不去，他说："算来算去，工资没有现在多。"而他的年纪仅30来岁。

这是一个典型的能力与金钱的选择：跳槽就意味着到所谓的"大风大浪"中去摔打，较高的职位、另一个需要适应的公司——简单地说，跳槽很大程度上有利于能力的提升。

正确的观点是，对于年龄不超过35岁，处于成长期的人而言，人生还可以算是积累阶段，而不是收益期，此时应该把金钱看成是能力的副产品才是比较合适的。

这里就有一个人生转型期的概念，也就是说，所谓的35岁后，对不同的人而言是不同的，有的人在40岁之前都还把能力的成长看成是跳槽的主要判定依据，而有的人可能30岁以后就认为而立之年已过，必须以眼前收入为主产品了。

"人生最大的财富是自己，所以理财最重要的是把自己打造得更有市场价值力"，在金融界资深专家看来，最优先的项目应该是自我提升，除去用于提升个人价值力的支出，接下来是家庭需要的开支，然后才是通俗意义上的投资。

那么具体说来，怎么投资自己，从哪些方面入手呢？

一、不要放弃学生时代所学

大概很多人会说："大学里学的东西，对现在的工作一点帮助都没有。"如果因此就将从前所学抛诸脑后，是很可惜的。人不太可能一辈子都做同一份工作，持续花心力在学生时代所学的学科上，非但不是浪费，在转职时反而能增加选择的机会。

二、柔性思考，多角度阅读

现今职务有细分化的趋势，在高度专业化之下，大家都竭尽所能地加强专业知识，结果造成不少人除了自己的专业之外，对其他的事都不了解。

三、每个星期给自己一个新的挑战

心理学家表示，换穿新款式的服装或改变房屋摆设，可以给人新的刺激，具有自我启发的功效。长期处于相同的环境下，年轻人也会加速僵化衰老。所以，每个星期给自己一个新的冒险吧！买本新书，或到从来没去过的地方逛逛，给自己新鲜的刺激与活力。

四、实际接触热门商品，思考其畅销的理由

现代社会的变动速度惊人，若不跟上潮流，只能面临被淘汰的命运。对于畅销的产品，并不一定要购买，但应该要实际去感受，思考其为什么会畅销。公司并不是图书馆，成天待在办公桌前，那真的就像在养老了，多出去走动走动吧！

五、放假时到热闹的地方去感受时代的脉动

据统计，居上班族休闲娱乐首位的就是看电视，占五成以上，三成的人则是选择睡觉。当然，在辛苦工作一周后，适当的休息是必要的，但休闲生活的品质也应

如何正确投资自己

避免"伪努力"

人在计划或者实施的时候，总是陷入自我肯定的怪圈，有了好的计划，不代表会有好的结果，所以要不懈努力。

养成好习惯

先从比较容易的做起，坚持下来，自然而然你就能改正坏的习惯，养成好的习惯。

这次竞赛让我见识到了你的实力，我要向你多学习。

向他人学习

多向身边优秀的人学习，留心他们的处世做事技巧，见识多了自然能很好的提升自己。

该兼顾。趁休假时到百货商场逛逛、听听音乐会等，能够看到许多平常没有机会看到的各形各色人物，说不定还会启发新商品的构想。

六、在星期天阅读一周的报纸

报纸中有相当多实时性的消息，是吸收情报的重要渠道。但每天一部分一部分地阅读，只是"点"的层面，利用星期天翻阅本周的报纸，对一个议题可以连接起"线"的层面，了解整个事情的来龙去脉。

七、多和不同领域的人接触

大体而言，我们和能谈论相同话题的朋友比较处得来。但事实上，多接触不同领域的人，听听各行各业的工作概况和甘苦，能给予头脑新鲜的刺激，活化思考，是培养情报搜集力的绝佳机会。这对于刚开始工作的新鲜人，在增广见闻、开阔视野上是相当重要的。

【理财圣经】

投资自我，你所得到的回报率才会最高。

"才"在"财"前

职场中，老板看重的是个人带来的业绩，职场中的一切都靠实力说话。所以，对于职场人来说，有"才"是当务之急，有才才能有财。

陈红大学毕业后，找了一份销售的工作，但她始终没有摆脱上学期间的娇气，总认为自己刚步入社会，社会上的同事和客户应该把自己当小妹妹看待，不会习难自己。她认为工作也没什么难的，实在完不成任务对自己的主管哭诉一下就行了。

由于陈红工作不积极主动，工作业绩始终上不去，她的经济也一直处于困境之中。主管决定帮她一把，于是，主管专门找到陈红，将她的过往表现痛批一顿，然后，又让她去重新实习。陈红在主管的严厉批评下，终于明白，工作中能力和才干才是第一的。她只有努力积累工作经验，练就一身过硬的本事，才能立足于职场。在主管的帮助下，陈红迅速成长起来，其业绩得到飞速提高，薪酬也随之增长，陈红真正体验到了"才"在"财"前。

这是一个靠实力说话的时代，有了实力，才会受人重视。先做"才"人，才能做"财"人。而创造财富首先应该把自己当成是社会中的"小学生"，一切从头学起。

罗曼·罗兰说过："财富是靠不住的。今日的富翁，说不定是明日的乞丐。唯有本身的学问、才干，才是真实的本钱。"偶然的机遇和到手的财富，甚至曾经引人注目的成绩都不足以让人沾沾自喜、自高自大，唯一可靠的保障是智慧。

如何提高自我竞争力？

首先，学会剖析自己，认识自己

评估自己的优势，并分析怎样的职业状态才能充分发挥自身的优势，降低劣势。

> 我得好好观察一下自己。

做时间的主人，善用时间

只有善用时间安排，从多方面努力提升自己，才能让自己变得更有竞争力。

做自己的假想敌，不要和别人比较

设定目标，然后评估自己有没有达到预先设定的目标或规划，看自己今天是否比昨天更进步，明天会不会比今天更进一步。

> 我今天的任务就是超过昨天的自己。

超越

不断提升自己的专业能力

现代社会你不进步就意味着退步，想要拥有想要的生活，就得从工作方面提升自己，让自己变得更强大。

> 我得多学些专业知识。

要了解自身的实力，首先要明确自己有什么"才"。了解自己的才能不仅仅是能力方面的，还包括性格、人品、兴趣等综合特征。要善于利用自我剖析或者咨询他人的方法，让自己得到更全面、更客观的评价，从而确定自己的优势，为自己找准发展定位。

在竞争激烈的职场中，如果不能时刻保持优于他人的才能，那么随着新人的涌现，将会很快被人取代。所以，在了解了自己的才能后，通过不断地完善和更新自身的相关知识，使自己永远保持着职场竞争力。

长江后浪推前浪，如果不努力理"才"，那么，"后浪"很快就会代替"前浪"，财富也会离你远去。现今社会淘汰人才的速度，远超出了我们的想象，如果你不进步，也就意味着退步。

【理财圣经】

要想在职场上取得更好的成绩，就要将"才"放在"财"前，投资自己，让自己的才华增长，从而获得更多的财富，也就能够过上高质量生活。

善于变通，赢得财富

善于变通是投资者必备的素养之一，我们必须顺势而为，善于变通。在投资环境变化或者形势变化的时候，我们的投资策略必须改变，否则就会吃亏。

德雷斯塔德特运用活跃的大脑，转变思维方式，扭转"声望市场"开禁将豪华汽车卖给黑人，改变豪华汽车的制造方式以降低成本，把钱花在消费者看得见的地方，最终让凯迪拉克起死回生。同时也为德雷斯塔德特带来了晋升的机会，让他拥有更多掌握财富的机会。

美国经济大萧条时期，整个汽车市场极度萎靡，豪华车市场几乎陷入崩溃。通用汽车公司的凯迪拉克所面临的问题是：究竟是选择彻底停止生产，还是暂时保留这一品牌等待市场行情好转？

董事会执行委员会正开会决定凯迪拉克的命运时，德雷斯塔德特告诉委员会他有一个方案可以使凯迪拉克在18个月内扭亏为盈，不管经济是否景气。

当时，凯迪拉克采取的是"声望市场"策略，为争夺市场制定了一项战略：向黑人出售凯迪拉克汽车。

德雷斯塔德特在各地的服务部发现客户中有很多是黑人精英。他们大多为拳击手、歌星、医生和律师，即使在20世纪30年代经济萧条时期，也有丰厚的收入。他根据自己对凯迪拉克在全国各经销处服务部的观察提出了方案的一部分。他决定向黑人出售凯迪拉克汽车。

执行委员会接受了这一主张，很快在1934年，凯迪拉克的销售量增加了70％，整个部门也真正实现了收支平衡。相比之下，通用汽车公司的同期销售总量增长还不到40％。

1934年6月，德雷斯塔德特被任命为凯迪拉克部门总经理，他着手彻底改变豪华汽车的制造方式。他指出："质量的好坏完全体现于设计、加工、检验和服务。低效率根本不等于高质量。"他愿意在设计和道具方面进行大量的投资，更乐意在质量控制和一流服务上花大价钱，而不主张在生产过程本身做过量的投资。一位管理人员回忆道："他告诉我们要关注每一个细节。如果别人制造一个零件只需2美元，为什么我们要用3~4美元呢？"

他的这种理念在推行不到三年的时间内，凯迪拉克的生产成本与通用汽车公司的低档车雪佛莱的造价已经差不多一样了，但销售时仍然维持豪华车的高价位，凯迪拉克部门很快便成为通用汽车公司内最赢利的部门。由于神奇般地使凯迪拉克起死回生，德雷斯塔德特在通用汽车公司内部也由此平步青云。1936年，他被任命为公司最大部门雪佛莱的总经理。

在投资中变通是一种很重要的素养，变通不仅仅是改变你的思维，还在改变思维的同时紧紧抓住了赚钱的机会。因此，作为投资者要好好培养这种素养。

在投资理财上，变通处理的方法是很多的，先予后取就是很经典的一种做法，也是很多投资者的一种习惯。王海峰善于变通，先予后取的做法，值得我们每一个投资者和企业管理者学习。

嘉靖四十二年（1563年），70岁的王海峰离开盐业界荣归故里。王海峰回到故里后，打算建造新居，地基已经量好，只是有座老房子夹在自己的新居房址之中，使得新居的建筑格局非常不协调。这间老房子的主人经营豆腐生意，所居住的房子是他家祖上世代传下来的。主持新居建筑工程的人去和这间房子的主人商量，打算买下这座房子，但无论他出多高的价钱，这间老房子的主人就是不答应。

出面买房的人非常气愤，回来告诉了王海峰，请王海峰找官府出面惩治老房子的主人。王海峰听后，却淡淡一笑，说道："不必了，你只管先去建造其他三面的房子吧！"遵照王海峰的吩咐，工程便开工了。施工时每天需要大量的豆腐，王海峰让人全部到那座老房子的主人那里去购买，而且每次都交付现钱。

老房子的主人因此每天忙得不可开交，人手很吃紧，便招人帮工。不久，这家豆腐作坊招的工徒越来越多，房主赚了不少钱，家中的积蓄充盈其室，制作豆腐的工具也增添了不少。这样一来，那间房子便显得狭小难容。

老房子的主人感谢王海峰对自己的扶助之德，便把祖传房子的房契献给了王海峰。王海峰命人在邻近之处买了一间比原房稍大些的房子送给了老房子的主人作为回报。老房子的主人非常高兴，几天内便迁到新房去住了。

投资者如何养成善于变通的习惯？

　　养成灵活变通的习惯，不但可以使我们少走弯路，而且是我们求发展的有效通道。在个人成功的道路上，养成善于变通的习惯是我们顺利前行的保证。

> 这次金融危机波及范围更大，抛售股票是最好的选择……

> 我认为要像上次一样坚决不抛售股票，挺过危机就会迎来发展。

股票交易大厅

灵活处理变数

　　一旦发生状况，不能固守原有的规则不变，也不能生搬硬套某些现成的原则和方法，而是要根据实际情况作出改变。

> 又赔光了，看来光想当然是不行的。

拒绝想当然

　　一些人顽固地坚持自己的想法，在情况发生变化时不善于灵活自如地作出反应，这种生搬硬套以往经验的做法，只会让自己错误地踏上以为可以通往成功的道路。

> 这些信息对于我们很有价值，在此基础上，我们可以主动出击……

多渠道获取信息

　　遇到新情况时，我们可以从多个渠道获取有价值的信息，这样可以使自己作出正确的判断，并主动进行变革。

先予后取是投资者惯用的一种投资手段，也是变通处理的最佳方式。我们在投资中要善于运用它，让它为我们带来更多的财富！

培养变通的能力，就要善于学习。只有在学习中丰富自己的学识时，大脑的思维才会更活跃，才更能增强自己的变通力。所以要想培育自己的变通素养，首先要丰富自己的学识，学问渊博有助于变通。

作为投资者，不仅要有丰富的投资知识，还要不断地学习文化、建筑等各方面的知识，因为渊博的知识能够帮助你打开思路，让你的思维变得活跃，头脑灵活有助于你养成变通的习惯。

【理财圣经】

在赢得财富的过程中，投资者要善于变通。变通有助于投资者更快地发现财富所在。

洞察先机，拥有远见卓识

智者切面包时，计算10次才动刀；倘若换成愚者，即使切了10下也不会测量估算一下，因此切出来的面包，总是大小不一或数量不对。这就是智者和愚者做事时思考模式的不同。智者往往具有远见卓识，因此容易取得成功，而愚者则没有这种远见，所以很少取得成功。

华尔街的金融巨子摩根也是那种善于把握变化趋势，具有非凡洞见和远见卓识的少数人之一。

1871年，普法战争以法国战败而告终，法国因此陷入一片混乱，既要赔德国50亿法郎的巨款，又要尽快恢复经济。这一切都需要钱，而法国现政府要维持下去，就必须发行2.5亿法郎的国债。面对如此巨额的国债，再加上一个变数颇多的法国政治环境，法国的罗斯查尔德男爵和英国的哈利男爵（他们分别是两国的银行巨头）都不敢接下这笔巨债的发行任务，而其他小银行就更不敢了。面对风险，谁也不敢铤而走险。这时，摩根敏锐地觉察到：当前的环境，政府不想垮台就必须发债，而这些债务将成为投资银行证券交易的重头戏，谁掌握了它，谁就可以在未来称雄。但是，谁又敢来冒这个险呢？摩根想到：能不能将华尔街的各大银行联合起来？

把华尔街的所有大银行联合起来，形成一个规模宏大、资财雄厚的国债承购组织——"辛迪加"，这样就把需由一个金融机构承担的风险分摊到众多的金融组织头上，无论在数额上，还是所承担的风险上都是可以被消化的。摩根这套想法从根本上开始动摇和背离了华尔街的规则与传统，不，应该是对当时伦敦金融中心和世界所有的交易所投资银行传统的背离与动摇。当时流行的规则与传统是：谁有机会，谁独吞；自己吞不下去，也不让别人染指。各金融机构之间，信息阻隔，相互猜忌，互相敌视，即使迫于形势联合起来，为了自己最大获利，这种联合也像六月的天气，说变就变。各投资商都是见钱眼开的，为一己私利不择手段，不顾信誉，尔虞我诈，闹得整个金融界人人自危，提心吊胆，各国经济乌烟瘴气，当时人们称这种经营叫海盗经营，而摩根的想法正是针对这一弊端的。各个金融机构联合起来，成为一个信息相互沟通、相互协调的稳定整体。对内，经营利益均沾；对外，以强大的财力为后盾，建立可靠的信誉。摩根坚信自己的想法是对的，他凭借过人的胆略和远见卓识预想到：一场暴风雨是不可避免的。

正如摩根所料想的那样，他的想法犹如一颗重磅炸弹，在华尔街乃至世界金融界引起了轩然大波。人们说他"胆大包天"、"是金融界的疯子"，但摩根不为所动，他相信自己的判断没有错，他在静默中等待着机会的来临。后来的事实无疑证明了摩根天才的洞察力，华尔街的辛迪加成立了，法国的国债也消化了。摩根改变了以前海盗式的经营模式，后来又积极向银行托拉斯转变。华尔街无疑从投机者的乐园变成了全美经济的中枢神经，而摩根家族也成了当时全美最大的财团之一。

我们知道，预见性想象对创富成败的影响是不言而喻的。一个错误的决策往往与其预见能力不足有关，而一个正确的预见则可以帮助你快速获得财富。曾一度令整个欧洲疯狂的联邦德国"电脑大王"海因茨·尼克斯多夫就是以其超前想象先声夺人而取胜的。

海因茨原在一家电脑公司里当实习员，只是搞一些业余研究，还常常不被采纳，于是他自己外出兜售，得到了一家发电厂的赏识，预支了他3万马克，让他在该厂的地下室研究两台供结账用的电脑。1965年，他获得了成功，创造出了一种简便、成本低廉的820型小型电脑。由于当时的电脑都是庞然大物，只有大企业才用得起，因此，这种小型电脑一问世，立即引起了轰动。他为什么要搞这种微型电脑呢？他自己的回答是："看到了电脑的普及化倾向，也因此看到了市场上的空隙，意识到微型电脑进入家庭的巨大潜力。"在其富于想象的大脑中，他甚至"看到"每个工作台上都有一台电脑。可以说，正是这种预见和想象使他获得了成功，并成为巨富。

曾经有人把当前的社会称为"洞察力经济"时代，要想在这个时代淘到金钱，你必须具有超凡的洞察力，而洞察力必须依托于远见力。只有有远见的人，才能准确地预测市场，看到未来的发展趋势，从而取得成功。

【理财圣经】

正确的预见可以迅速地帮你积累财富。

信心，支撑你投资成功的魔杖

成功的投资者对于自己的投资都很有信心，这种信心对许多人来说是顽固不化、不可理喻的。但是就是这样持久的信心支撑着他们忍受一次又一次的打击，坚持走下去，直到看到成功的曙光。

拥有信心固然重要，但是将这种素质在投资中运用更重要。要坚信自己的眼光，才有可能拥抱财富。作为商人，你的任务就是想办法制订好一套完整的合理的商业计划，坚定自己的看法和计划，剩下的事情就让别人去做，自己等着赚钱就可以了。巴鲁克就是因为坚信自己而走向成功的一个人。

24岁的青年巴鲁克，以普普通通的出身，凭着自己准确的判断和锲而不舍的精神，用借来的5万美元在10年间滚出了亿元身价，铸造了财务软件企业的宏伟事业。当时电脑行业正在时兴，随着大量国外品牌电脑的进入，国外大公司开发的各种软件也开始长驱直入，计算机行业再次面临着机会的诱惑，不少人认为国外的计算机无论硬件还是软件均远远超过本国，与其苦苦开发民族软件，不如直接销售推广国外的硬件和软件，这样风险小，来钱快。

巴鲁克仍然潜心致力于民族财务软件的开发、销售，似乎并不在乎国外同行的竞争。在他看来，软件应用离不开技术和服务的本地化支持。国外许多公司可以将软件加以调整推向市场，但其母版是国外的，不可能完全符合本国企业的要求。民族软件业的优势就在这里，不仅完全做到了应用、服务的本地化支持网络，而且从软件设计上一开始就充分考虑到了国内企业的现状。

也正是凭借这一优势，2000年，巴鲁克击败国外著名公司，以不菲的价格拿下了仅软件服务就达1 000万美元的大洋公司财务软件合作项目，巴鲁克的判断力再一次得了高分。

我们要像巴鲁克那样在确定自己的计划之前周全考虑，在计划实施后，坚信自己。投资也是如此，只有坚信自己的眼光，才会避免犹豫不决带来的财富损失。

信心不管对于日常生活，还是对于投资理财都是很重要的。那么我们应该怎样培养自己的信心呢？最根本的还是从自我做起：

（1）常念"我行"，"我最棒"。默念时要果断，要反复念，特别是在遇到困难时更要默念。只要你坚持默念，特别是在早晨起床后反复默念10次，在晚上临睡前默念10次，就会通过自我的积极暗示心理，使你逐渐树立信心，逐渐有了心理力量。

（2）多想开心的事。每个人都有自己开心的事，开心的事就是你做得成功的事，那是你信心的源泉、力量的产物。每个人多回忆自己开心的事，将使你正确估价自己的力量。

（3）面带微笑。笑能使人产生信心和力量；笑能使人心情舒畅，振奋精神；笑能使人忘记忧愁，摆脱烦恼。没有信心的人，经常是愁眉苦脸，无精打采，眼神呆板；雄心勃勃的人，眼睛闪闪发亮，满面带笑。

（4）挺胸抬头。人的姿势与人的内心体验是相适应的，姿势的表现可以与内心的体验相互促进。一个人越有信心、越有力量，便越昂首挺胸。

（5）主动与人交往。在与人的微笑问候中，双方都会感到人间的温暖、人间的真情，这种温暖与真情就会使人充满力量，就会使人增添信心。

【理财圣经】

成功的投资，需要信心的支撑。

第三章

"她时代"理财攻略

告别尴尬，理出"财女"生活

常常看到这样的场景：周六、周日，形形色色的店铺门口挂着大大的"甩"字，门口的服务员也是卖力地喊着："某某特价出售！""本店两折起！"想以此刺激消费，可曾经的购物狂人们却改掉了以往的习惯，对于喜爱的衣服依旧乐此不疲地进行试穿，摸摸这件衣服，看看那双鞋子，却没有了掏腰包的决心。面对只看不买的客人，一旁的服务员脸上也写满了无奈。

尴尬的不仅仅是店员，更是手头紧迫的女性们。面对金融危机的影响，人们渐渐学会了勒紧裤腰带过日子，新节俭主义悄然流行。曾经很潇洒的炒老板鱿鱼的做法似乎不再流行，因为炒走的不是不开心，而是自己今后的饭碗。其实，对于女性来说，不论是在金融危机之时，还是在平时，都应该学会节俭，因为挣钱实属不易。

作家兼生活理财专家刘忆如在《女人就是要有钱》中这样说道："女人要有钱，尊严放眼前。"现代人不单单是把钱当作用来购买物品的货币，还将其上升到一种人格的尊严上来。这样的说法也不是没有道理，因为，毕竟女性有钱一是自己可以独立，二是不会成为别人的负担或者拖累。

对于理财，有的女性可能会觉得是一堆让人头疼的阿拉伯数字，而事实上并没有她想象的那么难，只要会简单的加减乘除都可以理财。

理财说大了是对自己钱财的规划，包括挣钱、花钱、投资、储蓄等多方面的内容，而说得小一些就是指对于自己现有资金的支配。

如今，挣钱如抽丝，花钱如流水，每当到了月底很多女性就开始抱怨：为什么什么都没干，钱就一分不剩了呢？

大部分女性都爱消费，所以，逛街、购物、信用卡、银行卡等词都可以列为女性生活的关键词。日子在于快乐地活着，但快乐地活着，并不意味着只管今朝，不管明日。

所以，从现在起，女性就要学着更好地挣钱和攒钱，为明天提前做好准备。

女性理财三步迈向"财女"生活

理财说大了是对自己钱财的规划，包括挣钱、花钱、投资、储蓄等多方面的内容，而说得小一些就是指对于自己现有资金的支配。对于女性来说，理财需要一步一步地来。

我要通过理财实现我的财富自由！

缩减生活成本，做到理性消费

女人啊，就应该多学学理财。

学会投资理财，让钱生钱

掌握赚钱技巧，迈向"财女"生活

【理财圣经】

让有限的资金获得更大的利润，让自己也成为一位百万富翁——其实这些都不是梦，只要你敢于迈出正确理财的第一步。

培养财商是优秀女性的必修课

曾几何时，"财商"已经同智商、情商一样，成为我们生活中为人熟知的概念了，它不是贬义词，不是唯利是图、金钱至上，财商是一种能力、一种素质，是每一个人都应该拥有的。财商高的女性能够轻松地理顺人生与金钱的关系，善于发现致富的渠道，她们很容易在人群中脱颖而出，做出一番不平凡的事业。她们的生活充满挑战，每一次致富实践都是一次全新的人生历练。

在高度发达的现代社会，女性地位获得了前所未有的提高，呼唤独立、平等，呼唤女性的地位与权利成为女性生活的主题。但不知你有没有想过，如果在经济上尚且无法独立，又怎能获得真正意义上的人格独立呢？女性要成为与男性比肩而立的"第二性"，就应当努力锻炼自己的财商，化被动为主动，不但要以能够养活自己为荣，更应为善于创造财富，迈向事业顶峰而自豪。

其实，女性致富路上的主要障碍不是财富素质，而是财富观念。因为，钱不是从天上掉下来的，创造财富的过程必然伴随着劳累与辛苦，流尽了汗水也许还免不了遭受失败的打击，女性往往担心等到功成名就之时早已年老力衰了，还会担心一个执着于创造财富的女性在别人眼中是多少缺乏女人味的。其实大可不必，只要你付出了，便不会一无所获，你的每一次经历都是宝贵的人生财富，辛苦也罢，劳累也罢，那份心灵的充实感定不会让你失望。

苏珊娜·克拉滕是德国著名投资家库安特先生的女儿。库安特家族作为宝马公司最大的股东，占有该公司近一半的股份。苏珊娜虽然出生于富豪家庭，但勤学上进，严格要求自己。她在英国伯明翰大学获得企业管理学士学位，然后又在瑞士洛桑大学获得工商管理硕士学位，同时也在多家银行和公司工作过，积累了很多经验。

苏珊娜·克拉滕是宝马公司董事会成员，也是阿尔塔纳制药公司的最大股东，因而对两个公司的运行有绝对的发言权。她保持了库安特家族的一个良好的传统，即从不招摇过市，尽量避开媒体。虽然总居幕后，苏珊娜·克拉滕绝不放松对公司的管理。当宝马公司决策失误，购买了英国罗孚汽车公司而造成严重亏损时，是她在董事会上坚持将罗孚公司卖掉，并且力主将负责这一事务的高级经理炒了鱿鱼。同样，当阿尔塔纳制药公司的子公司米鲁帕公司只亏不赚时，也是在她的推动下，阿尔塔纳制药公司毅然将该公司卖掉。她敢于舍弃的果断决策，使这两个公司在德国经济发展缓慢的整体形势下保持了经营状况的稳定，并取得了营业额的持续增长。

宝马公司决定卖出罗孚公司时，曾引起轩然大波。不仅不少宝马公司的管理人员想不通，而且罗孚公司的英国雇员也表示抗议，但苏珊娜不为所动，坚信自己主张的正确，显示了她高出常人的财商和过人的胆识。当然，事实也证明她的决策是完全正确的。

优秀女性培养财商的方法

个人财务档案

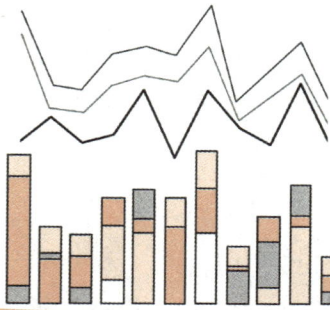

建立个人财务资料档案

建立财务档案是培养财商非常有效的基础性工作，也是理财的第一步，这样能使你的财务清晰明了。

记账，检查财务是否健康

它可以非常准确地检查出你的收支是否健康，消费有没有存在误区，能够直接提高记账人的财商。

财商

通过学习培养提升财商

通过阅读书籍、报纸、杂志，或上网浏览专业网站补充知识，还可以向有理财知识的朋友请教，或参加一些理财方面的活动。

我要为自己买一份保险，以解后顾之忧。

规划理财，在实践中提升财商

制订一套适合自己的理财规划，有了一套完善的理财规划，你得积极参与到投资理财的实践中去，在实践中提高财商。

正像苏珊娜所说的，"美女不是花瓶的代名词"。女性努力挖掘自己的财商，培养和提高自己的财商，能够为自己建立稳健的财务结构，为自己积累起丰厚的财富。女性不是养在笼中的金丝雀，不是仅有观赏价值的艳丽植物，女性的财商能够为自己撑起头顶的一片天空，让自己更自信、更出色。享受自己创造的财富，对女性来说，何尝不是一种幸福。

【理财圣经】

财商不是天生的，是靠我们后天的努力培养出来的。因此，对于每一个对财富和幸福有着美好追求的女性来说，培养财商也是我们的必修课。

新女性，不做理财路上的"白痴"

提起理财，很多女性可能会觉得头疼，因为理财一定是和数字有着很大的关系，那一长串的数字可能会让人焦头烂额，而事实并不是这样，只要会加减乘除的女性都可以很好地理财。

就像认为理财是面对一堆令人头疼的阿拉伯数字一样，很多女性首先在理财方面就存在着一些盲点，才导致认为理财不是一件容易的事情。

一、对自己没有信心

认为理财是繁杂的数字分析、经济分析，一方面不感兴趣，另一方面认为自己做不好，还有人错误地认为理财就是把钱存进银行。实际上理财并不只是存钱，还包括投资、省钱和赚钱等方面。

二、觉得投资没有安全感，害怕有去无回

这种观念让女性宁愿将钱放在自己的身边也不愿意进行投资。就单单这一点，很可能导致女性的收入没有男性高。相比女性来说，男性更具有冒险意识，能让钱生出更多的钱。

三、觉得自己没有多余的时间进行理财规划

对女性来说，每天忙于上班，下班后还要照顾家庭，所以认为自己根本没有时间进行理财规划。其实完全可以抽出周末的一小段时间进行安排，不要懒于动手。她们明白投资理财的好处，但只是脑袋想想，下不了开始实施的决心，并迈出第一步。

四、缺乏专业知识

投资理财需要一些专业知识做指导，但大部分女性又恰好对这方面知识不感兴趣，导致在投资过程中出现误差，也会因此优柔寡断，患得患失。

新时代女性要想不做理财路上的"白痴"，就要在平时的生活中注意学习理财知识，提高自己的理财水平，这样才能打开财富之路。具体如何学习，以下的方法可以借鉴：

一、阅读有关财经方面的书籍

书籍一般讲得比较细且全，而且现在的书籍都很大众化，在语言上讲求通俗易懂，你完全可以理解里面的内容，不过也要精心挑选好的财经书籍。

二、阅读报纸

关于理财的报纸大多数都比较专业，但也不乏生动活泼的内容，它们能给你提供最新的理财信息，能迅速提高你对理财相关知识的理解。只要你每天能抽出一点时间来阅读，它就能带给你很多启迪。

三、浏览网上的理财网站

在网络上，你只要在搜索引擎中打入"理财"两个字，就会出现很多的理财网站，上面有很多理财师的建议和案例供你研究学习。而且，网络上资源丰富，可以在腾讯读书、和讯读书、搜狐读书等上面搜到关于理财方面的书。比买书实在，又能学到知识。

在学习了相关的理财知识后，你可以尝试给自己列一个财务计划，规划一下自己的方案。要清楚自己的资产情况，发现自己的经济目标，考虑外界因素的影响。随着你的财富和知识的增加，你可以尝试投资，无论是基金还是债券抑或是股票，你都可以拿来初试牛刀。在理财的过程中，经验也是很重要的，要多向理财的成功人士请教，会理财的人，本身就是一种财富。如果你身边有这样的人，或身边的人认识相关的人，不妨多向他们请教一下。

【理财圣经】

新时代女性，要想拥有自己想要的生活，就得认真规划自己的生活，学习如何理财、理好财，只有这样才能真正拥有财富。

女人要睁大双眼谈恋爱

许多女人为情而生，为爱而死。情与爱是一个女人最不可或缺的精神食粮，是女人生命的支柱。

然而，恋爱中的女人容易盲目，以为只要一味听对方的，甚至把自己的所有都奉上就可以获得他永远的爱恋。其实不然，女人要睁开双眼谈恋爱。

一、适度地跟对方谈钱

子辰和系平已经确定恋爱关系6个月了，金钱对他们来说是一个禁忌的话题。他们各人买各人的东西，一起去购物吃饭时，谁先掏出钱包就谁付账……他们住的房子是他父母的，所以也没有房租问题。子辰认为这样很好，否则一直谈论金钱，会污染他们的爱情。

很多女孩子都像子辰一样，在恋爱中拒绝谈论金钱，其实，这种做法不妥当。因为，一旦度过热恋期，情侣们会不可避免地遭遇现实问题，到那时，如果其中一方不是经常地主动付账，另一方就会产生许多想法。时间长了，难免就会发生矛盾。

因此，在金钱问题开始困扰日常生活之前就应明确地谈论它，明确各项开支两人应该如何支付。为了避免日后产生矛盾，两人可以建立一个共同账户，用这个账户里的钱来支付日常开销。因此要先坐在一起计算每月大致的生活费用，然后两人一起把这些钱存入共同账户里。

二、别陷入AA制的陷阱

小妮和小强同属一家广告公司，年薪都是15万，最近两人谈起了恋爱。小强喜欢两个人约会时实行AA制。刚开始，小妮也觉得没有什么，反正自己挣的比较多，倒也不在乎小强只为自己埋单之类的。但是，随着两人感情的增进，小强出去吃饭购物时还是坚持AA制，就让小妮有点受不了了。后来，小强升至大区经理，年薪飙升至30万，即便如此，吃顿饭小强也依然坚持和女友AA制。小妮再也忍受不了了，他们的感情也走到尽头。

在爱情中，钱的问题比较多，比如约会时的埋单问题；结婚时的买房问题；婚后抚养子女的开销以及赡养老人的问题……都会给恋爱中的男女带来烦恼。

有些女人为了摆脱金钱纠葛的烦恼，也为了表示自己是一个独立的女性，于是选择AA制。但是AA制追求的平均和平等背后，是双方实力和背景的相当，包括收入相当、家庭背景相当、工作的稳定性相当、能够共同发展（升职和加薪）等，一旦某种相当被打破，AA制的平等就变成了不平等，比如，当某一方面收入暴涨，会给另一方造成心理不平衡。

同时，恋人关系过于物化，斤斤计较，易造成感情破裂。很多采用AA制的男女都受到了伤害，尤其是女性。

三、自己管理自己的钱

陈蕾总觉得自己没有一点理财观念，因此在与男友谈恋爱后，所有的收入都交给男友打理，平常的开销都由男友说了算。当然，遇到重大开销的时候男友也会征求陈蕾的意见。陈蕾觉得这样很不错，自己不用为管钱花钱而苦恼。

生活中，有很多女孩子都像陈蕾一样，在恋爱中把自己的经济自主权全权交给男友，殊不知，在爱情关系中，如果一方拥有绝对控制权利，包括金钱方面，长久下去会造成两人关系的不平衡。

作为女孩子，特别是还处于恋爱中的女孩子，一定要学会自己管理自己的金钱。否则，一旦与男友发生什么变故，受伤的只可能是自己。

【理财圣经】

女人在恋爱时，一定要睁大自己的双眼，不要对一切都糊里糊涂，尤其是在金钱方面，要和男人保持一定的"钱距离"。

擦亮双眼，找准一生最大的投资对象

婚姻，对于每一位女人来说都是一生中最大的投资。很多女人会把自己一生的幸福都压在婚姻上，恋爱之前历尽千辛万苦地追寻，为的就是让自己有一个好归宿，但如果选择不慎的话，就会让自己的命运受很大影响。

曹菲是个计算机硕士，一直钟情于邻居的一个男孩子，决心非他不嫁。硕士毕业后，两人就结婚了。这个男人一向好赌又好酒，但曹菲就是爱这个人，而且她觉得结婚之后，他多少会收敛一点。

婚后，这男人不仅没有收敛，而且几乎每晚都要喝，很多时候是喝得烂醉如泥。他每个周末都约朋友来家里打牌，一打就是通宵，而且连打两天，曹菲的周末时光就是忙着招呼这群人，与丈夫几乎没有独处的时间。

虽然受不了这样的日子，但曹菲又离不开他，既然丈夫无法陪着做自己喜欢做的事情，那就陪着丈夫做他喜欢的事情。于是，她开始陪老公打牌、喝酒，认为这是唯一可以和老公相处的方式。几年下来，曹菲由一个清纯的简单女人，变成整天烟不离唇、酒不离手，可以和人滔滔不绝地大谈赌经，生活中不再有音乐和艺术的家庭主妇。直到有一天，她因为工作上常常出错，被公司开除，她才开始反思自己，她和丈夫也开始了分居生活。

曹菲这样一位计算机硕士，按理说完全可以过上幸福、美满的生活，却因为丈夫的影响，让自己的生活陷入了与自己当初设想的轨道完全相反的境地。如果将婚姻纳入理财的范围之内，那么，这个财曹菲就没有理好。理财是要让自己过得更加舒适，而她则是让自己过得更加不舒服。

从经济学角度来讲，婚姻也讲求成本和效益。拥有一份好的婚姻，不仅仅是精神的愉悦，更有利于人们赚钱。一份不好的婚姻，会提高生活的成本，带来的却是长期的效益亏损。因为，在好的婚姻中，两个人会为了共同的目标努力奋斗，可以一起挣钱、攒钱。相反，假如一对夫妻长期感情不和，很可能导致对生活失去信心，工作常出错，间接地影响自己的收入。假如离婚，则会造成更大的损失。所以，女人要慎重选择结婚对象，不要下错了赌注。

选择能够给你的工作和事业提出有效建议的男人。女人在工作中由于自身的感性因素更容易受伤害，找一个可以为你分担工作压力、排解工作中忧愁的男人，会为你的工作增色不少。

女性如何辨别"潜力股"伴侣

责任

潜力股的男人有责任感

做事真是太投入了。

潜力股的男人让人觉得踏实

有责任的人才能成大事，他们能为自己应当承担的责任而努力。

这些人不浮夸，兢兢业业，默默地奋斗，总有让人托付终身的理由。

潜力股的男人在成熟、稳重的外表之下有着一颗不羁的心，勇于在困难中寻突破，在磨砺中不断向前。

女人在选择伴侣的时候，要用发展的眼光去看男人。一个男人如果是"潜力股"，那么迟早会变成"绩优股"。

选择把另一半放在与自己平等地位的男人。这样的男人会为你的幸福考虑，懂得尊重你的人生目标以及生活乐趣。

选择心中有家的男人。男人绝对不能没有事业心，但如果他的事业心太重，他花在家庭和你身上的心思就会很少，留给你的是等待和寂寞。这些男人的身体既处于综合素质发展的巅峰状态，也面临最不稳定、最脆弱的状态，心脑血管等疾病正在一旁虎视眈眈，稍有机会就乘虚而入。

选择和你人生道路一样的男人。选择和你步伐一致的男人会让你们沟通得更容易，更能够融洽相处。有两对夫妇，一对奉行享乐主义，对所有的娱乐和旅游项目都积极倡导；而另一对是谨慎的节约主义者，为防老、为育子，就是坐车都要考虑是地铁省钱还是公交车省钱。两对夫妇各得其所，日子过得都很甜蜜。所以，你是什么样的人没关系，要紧的是得找一个和你在人生理念上一致的人。

选择浪漫而不多情的男人。女人追求浪漫的生活，找一个能够给自己的生活注入浪漫元素的老公，生活当然会充满甜蜜。但浪漫不等于多情，多情的男人虽然体贴入微，但他可能见一个爱一个，对谁都舍不得放手，到头来受伤的还是你。

选择能让你感受到亲情的男人。一切美好的和丑陋的，善良的和恶毒的，你都敢在对方面前不加掩饰地表现出来，那么，这样的男人是值得你和他过一辈子的。

【理财圣经】

女人应该擦亮双眼，找对自己人生的伴侣，这样才能有美好的生活。

全职妈妈也能月入上万

许多女人认为工作和育儿不能兼得，要么放弃自己的小宝宝去挣钱，要么留在家里做全职妈妈。其实，女人完全可以做到工作育儿两不误。

宋娟的儿子刚满一周岁，自从孩子出生后，她就在一家图书公司找了一份兼职，每个月一定的任务量，压力不大，她差不多每周工作三天，其余的时间陪自己的儿子。这样一个月下来，她不仅能够没有任何负担地完成工作，获得一笔可观的收入，同时也把儿子照顾得很好。宋娟说，对于刚刚做妈妈的女人来说，找一份兼职工作做是最合适的选择，它可以让你不与社会脱节，有利于以后回公司尽快投入工作，还可以为家庭赚取一部分收入，何乐而不为？

其实，对于女人来说，如果因为孩子的原因放弃了工作，一方面家庭收入减少，必然造成生活负担加重，丈夫的压力增大，长此以往，还可能造成家庭的不和谐。另一方面，如果放弃工作一段时间，可能会使自己与社会逐渐脱节，当有一天想融入社会的时候就发现很困难了。在一定程度上，如果自己渐渐与社会脱节，与丈夫沟通的话题也会逐渐减少，接触事物的单一化，很可能是女人变得琐碎唠叨的一个原因。所以，女人在有了小孩以后，如果能够工作，应尽量选择工作。

下面我们就来看看以下女性是如何做到当了妈妈，还能够有不错的收入的。

微微：29岁

宝宝：3岁

收入来源：网上开店

收入：8000～10000元/月

微微的话：怀孕后，我辞掉原来的工作，开始了做全职妈妈的生活。随着女儿一天天长大，我的经验也一天天丰富起来。到她一岁的时候，我就能把家中的大小事宜料理得井井有条了。为了体现自己的小小价值，我决定自己在家做些小"买卖"。因为平时我喜欢在网络商店里买衣服、玩具给女儿，渐渐萌生了投资开一家网络店铺的想法。于是，我联络几位有网络销售经验的朋友，向他们讨教。我发现，这是个投资小、风险低，又不用花很多精力的生财之道。在填写了申请表、选择好店址后，就可以选择销售的物品了。由于刚做妈妈不久，所以对孩子的吃、穿、用都很关注，出售婴儿及儿童用品当然是首选。我的店铺运营得不错，在一年多的时间里，已经在网上成功地进行了1000多宗交易。感触最深的是，网络为每个全职妈妈都开辟了一个自由、广阔的释放能量的空间，凭借网上完善的系统，独自一人就可以完成网下店铺十几人甚至几十人的工作。

女儿是我一手带大的，家里没有请保姆，上午陪女儿，中午女儿睡了，我就在家上网回留言、装包裹、叫快递来运送。做全职妈妈真好！

刘茂：27岁

宝宝：2岁

收入来源：业余投资

业余收入：15000～20000元/月

刘茂的话：几年前，我决定做全职妈妈时，当年一起读MBA的同学惊呼我"浪费"了自己。从收入不错的证券公司辞职，连老公也觉得我太草率。可我心里有数，那就是我早就打算实践一下自己课堂上学来的知识。有多年的工作经验做后盾，我相信自己不会比工作时差。

经过半年的"演练"，家人正式认可了我在金融投资方面的才能，他们认为我的确能够"稳操胜券"，老公也鼓励我"胆子可以再大一点"。

股票、基金、理财类型的保险，这些都是我的投资对象。这些投资中掺杂着风险，但正是这种风险和挑战练就了我敏锐的目光，激励我做生活中的强者。尽管在业余投资中有赔有赚，但都不会对我的生活产生太大影响，这就是全职投资与业余爱好的区别。除此之外，有了这个让我接触外界的平台，即使深居家中，也能得到在职场中接受挑战的乐趣。

谁说全职妈妈就不能有收入？只要敢想敢做，没有什么不可能。有时，甚至做全职妈妈，利用自身的时间优势还会有更多的收入。

【理财圣经】

作为女人，应该用自己的智慧和胆识去创造财富，让自己的钱包鼓起来，一方面可以为家庭减轻负担，另一方面也可以增强自己的自信心。

第四章

20几岁学理财，30岁后才有钱

只挣钱不理财，永远当不上"富"人

理财也是一门学问，我们的人生绝对不是为了钱而工作，而是为了让金钱为我们工作。20几岁的人切勿求财心切，掌握理财的学问比赚钱更重要。

一、正确的财务规划带给你财富和幸福

我们生活的每一阶段都是一个重要的转折点。由于个人理财生涯规划决策的效果具有时效性与延续性，因此每个转折点的决策将影响下一步决策。假如个人理财生涯规划的决策长期以来一直较为合理，那么就能避免以下六种危机：

（1）过多的债务。

（2）未尽妥善的养老计划。

（3）不良的生活习惯与嗜好。

（4）恶劣的人际关系。

（5）子女的问题。

（6）遗产纠纷问题。

二、学会节俭

要知道，你所拥有的财富等于所赚总数除去开销总数，即使赚得再多，统统花掉之后，也和从没赚过是一样的。真正的大富翁基本上都是"吝啬成性"的人。

悉尼奥运会上曾经举办过一个"世界传媒和奥运报道"为主题的新闻发布会，在座的有世界各地传媒大亨和记者数百人。

就在新闻发布会进行之中，人们发现坐在前排的炙手可热的美国传媒巨头NBC副总裁麦卡锡突然蹲下身子，钻到桌子底下，他好像在寻找什么。大家目瞪口呆，不知道这位大亨为什么会在大庭广众之下做出如此有损自己形象的事情。

不一会儿，他从桌下钻出来，手中拿着一支雪茄。他扬扬手中的雪茄说："对不起，我到桌下寻找雪茄，因为我的母亲告诉我，应该爱护自己的每一分钱。"

麦卡锡是一个亿万富翁，有无以计数的金钱，他可以挥金如土，可以买到一切能用钱买到的东西，一支雪茄对于他来说简直微不足道。如果照他的身份，应该不

富人是怎么富起来的

会投资

通常情况下，"富人"的股票投资长达几十年之久。他们采取股息再投资方式，因而能在经济市场的长期发展中获益。

敢于咨询建议

实际上，大多数"富人"并不是"随心所欲"的投资者。他们清楚自己的长处，一旦出现其不能处理的投资或理财情况，就会及时咨询专业人士。

制订目标

"富人"的成功并非偶然，他们会制定目标、设定目标优先级、研究目标实现方法。此外，他们十分清楚自己的人生目标，并会努力一步步实现它。

用理睬这根掉到地上的雪茄，可以从烟盒里再取出一支，但麦卡锡却给了我们一种出人意料的答案。

爱惜你的财富，不要随便花掉它们。一个只知挥霍的人，即使有能力拥有财富，财富陪伴他的时间也会非常短暂。

三、财富需要从"小"积累

两个年轻人一同寻找工作，一枚硬币躺在他们经过的路上，高个子青年看也不看就走了过去，矮个子青年却很自然地将它捡了起来。

高个子青年对矮个子青年的举动露出鄙夷之色：一枚硬币也捡，真没出息！

矮个子青年望着远去的高个子青年心生感慨：让钱白白从身边溜走，真没出息！

两个人同时走进一家公司，公司很小，工作很累，工资也低，高个子青年不屑一顾地走了，而矮个子青年却高兴地留了下来。

两年后，两人在街上相遇，矮个子青年已成了老板，而高个子青年还在寻找工作。

高个子青年对此无法理解，满是醋意地说："你这么没出息的人怎么能这么快地'发'了？"矮个子青年说："因为我没有像你那样"绅士"般地从一枚硬币上迈过去。你连一枚硬币都不要，怎么会发大财呢？"

高个子青年并非不要钱，可他眼睛盯着的是大钱而不是小钱，所以他的钱总在明天，这就是问题的答案。

大钱是由小钱积累而来的，成功的人生是由一系列目标体系组成的，只有循序渐进从小事做起的人，才能一步步靠近成功的目标。你眼前的小事或许正是未来大目标的幼苗和基石，巨大的成功往往建立在对一系列小成功的积累。

【理财圣经】

大财富需要小积累，只知道挣钱而不懂理财，你永远也成不了真正的富人。

存钱是理财的第一步

俗话说，开门七件事：柴、米、油、盐、酱、醋、茶。如今我们不愁吃、不愁穿，每天面临的是新的开门七件事：住房、汽车、医疗、教育、保险、通讯、投资。看看这新的七件事，心中不由涌起一阵沉重与烦琐——家里的财务官真不好当啊！

理财，学习是第一步。要做个合格的理财者，需要从消费、投资、保障等方面进行真实且长期的修炼，用健康的理财方法去实现自己的梦想。

无论投资股票、基金，还是投资住房、商铺；无论购买理财产品，还是做外汇投资；无论投资邮币卡票，还是投资古玩字画，都要求有相当的专业知识，否则，就不是赚钱而是在"烧钱"了。

修炼此项功夫最需要注意的是，投资的思维永远比技术重要。有了这样的基本认识以后，建议20几岁的年轻人准备一个专用于理财的小本子，将以下几个问题记录清楚：

（1）了解收入状况，把家庭月收入的来源、总额都记录清楚。

（2）分配收入。你计划多大比例用于投资，多大比例用于日常开支或备用？

（3）已有的现金或活期储蓄有多少？你会拿出其中的多少用来投资？近几年内有多少现金需求？

（4）你的风险承受能力有多高？你的期望值有多高？

理顺这些问题，对于理财是非常重要的。接下来，就要制订一套储蓄计划。这项计划听起来过于平凡，不过，如果你是一个涉世未深、财富还处于积累阶段的年仅20几岁的人，储蓄一定是你理财的第一步。

不少20几岁的年轻人收入不错，但无法积累自己的"第一桶金"，原因就在于不善理财，没能养成储蓄的好习惯，水电、房租、聚会、看电影、买新衣服……不知不觉似乎就没有了能储蓄的钱。有一个常识是，大多数人的实际储蓄额要少于他们能够储存的数目，不过这和个人拥有钱的数量，或者是宏观经济形势没有关系，问题在于人们对钱的感觉。对很多人来说，花钱是一件快乐的事情，而存钱像是痛苦的惩罚。

那么如何应付这种存不了钱的状况，让自己渐渐积累起财富呢？

一、开立存款账户

找寻一家自己还没有开户的银行，开立一个存款账户。记住只是开立一个账户，不要申请该行的任何一种储蓄卡。然后开始往存款账户里存钱，数量不限，但需要常常保持对这个账户的关心。

二、定期存款

从个人的工资账户上取出10元、20元或50元，总之不用太多，存入新开立的存款账户中。给自己一段过渡时间去适应这种可支配现金比以往减少了的生活，看看有什么改变。2～3个月后，增加每次从工资账户中取出的金额。

三、以少起步

刚开始只需储蓄自己收入的10%，然后再慢慢增多，千万不要因为可能做不到就放弃。培养一个良好的储蓄习惯和坚持存钱要远远好于偶尔一次存入一大笔钱。

四、积少成多

每天从钱包里拿出5元或10元钱，放进一个信封，每月把信封里积攒的一定数目的钱存入个人在银行开立的存款账户中。假定每天存10元，每月就是300元，一年就是3600元！

储蓄：存出投资的本钱

好的存钱习惯应该是让手里的闲钱充分转动起来，让钱通过时间的复利赚钱。那么，究竟应该如何玩转你手中的存款呢？

> 我把钱分成三份……

拆大为小法

在储蓄中，较大的金额可以拆开分成若干笔定期存款，如果有急用的时候，可以取出其中的一笔（未到期定期存款），而其他存款仍获得定期收益。

分期存单法

比如每月存入一笔定期存款，比如1年期。这样的话，从第二年起，每个月都会有一小笔存款到期。它的好处在于既能够比较灵活地使用存款，又能得到定期的存款利息。

> 我要把这三万给存成三个定期存单，每个一万元。

工商银行 自动取款机

工商银行 自动取款机

收益

阶梯存款

阶梯存款法

如果你有一笔大额需要存款，可以将钱分成相同金额几份，以不同存期进行。这种办法的好处是机动性强，增值性好，同时又能获得3年期存款的高利息。

五、节省账单支取

核查信用卡的对账单，看看每周用信用卡支付了多少钱，如果有可能，减少每月从信用卡中支取的金额，也就是说"手紧一些"。每到月末，将省下的钱存入存款账户中。

六、制定存钱目标

存钱的最终目的是为了实现个人目标，20几岁的理财者首先要关注自己为什么要存钱：是想换一栋大点的房子，还是买一辆小汽车？是为了你的宝宝，还是想读书深造？总之，把目标统统写下来，然后贴在冰箱上、厨房门上、餐桌上等任何可以看到的地方，提醒自己。要知道，现在花掉的钱与日后要花的钱有着本质的区别，后者常被称为储蓄，而这些写在纸上的目标会增加存钱的动力。

【理财圣经】

存钱是理财的第一步，只有当你的手中有了一定积蓄的时候，才能进行各种各样的投资。20几岁的年轻人不能忽视存钱的重要性，应好好利用储蓄为自己存出投资的本钱。

立足长远，有效利用生活费用

20几岁的年轻人要学会立足长远，有效利用生活费用。

不积跬步，无以至千里，你的生活费用也可以成就一番事业，养成良好的习惯，学会积累资金，就可以为你的致富梦想铺就一条光明大道。而如果每月都把生活费用花光，那么你永远不会积累起原始资本。

有三个穷人，各有一只母鸡，每只母鸡每天都会为各自的主人下一只鸡蛋。

第一个人坚持每天吃一个蛋（收支平衡），所以他像以前一样一直穷下去。第二个人每天吃一个蛋总感到不过瘾，有一天狠下心杀了母鸡吃掉（透支消费），于是他比以前更穷。

第三个人先不吃鸡蛋，等到第10天有了10只鸡蛋时，把它们孵成小鸡。假如其中死掉20%（2只），成活了4只公鸡，4只母鸡；过了一段时间，4只小母鸡再加上那只老母鸡每天总共能产5只蛋；这时，他仍然不急于吃鸡蛋，等到第10天时，便有了50只鸡蛋，再把这50只鸡孵成小鸡。如此循环往复数月，让这些母鸡每天产蛋达到1000只，这时候，他即便是每天吃5只鸡蛋也没有什么影响了。他终于实现了从穷到富的蜕变。

一般人的错误思想决定了他的钱很难由生活费用变成资本。

消费计划：精打细算合理控制支出

买的这些东西已经够用了，咱们要节省点过日子，这是为以后打算。

小件消费有节制

控制可供消费支出的比例和总额，通过各种渠道和手段来获得优惠降低费用，尽可能地保持原有生活水平。

看来有些东西还是团购划算啊！

中件消费选渠道

购置家电等选择团购，旅游计划考虑价格和实用因素，这些都是简单有效的省钱渠道。

从性能和价格上来看，这款车性价比还是挺高的，很适合我们。

大件消费多盘算

大宗消费如汽车，要根据家庭收入情况确定购买时机，购买前对汽车的节油性多进行考察盘算。

当然，要想把鸡蛋的日产量从1只增加到1 000只，并非易事，但从理论上讲，如果照此操作，摆脱贫困还是有希望的。

实际上，很多人不会按你给他安排的致富道路前进。你给他100元，他会去买米，给他200元，他会去买酒买肉，给他500元，他会去买套体面的衣服，最后剩下10元也要买几注彩票。错误的思路让他们有了钱就只想改善生活，哪怕你给他100万，他也想立刻把钱变成房子、车子，舒舒服服地兜风，好让所有人都知道他有钱了！但这些东西是不能增值的，反而消耗钱财。有了车，就有了汽油费、养路费、修理费、保险费，就算你停着不动，那一笔停车费也够普通人很多天的伙食了。再多钱如果只出不进，要不了多久也会耗光。

【理财圣经】

20几岁的年轻人，在没有资金的情况下，一定要学会立足长远，合理控制自己的支出，将生活费用转化为资本，学会用10%的收入养活你的"金母鸡"。

利用创意开拓新财路

如今，不少20几岁的年轻白领都无奈地称自己为"白领民工"，是因为真正能够让自己支配的资金不断减少，白领们也开始为了自己的生活省吃俭用。

其实，很多时候，我们只要稍稍改变一下思维，开动一下自己的脑筋，就可以告别"白领民工"。创新是任何时代都不能淘汰的，运用创新思维才能够走出困境。

日本某化学公司的参观团来到法国某著名的化学公司参观，这让这家公司的主管们不由得紧张起来。

因为在他们看来，日本人十分狡猾，他们到哪里参观就会偷走那里的核心技术。那些被参观的公司在不知不觉之中，为自己培养了竞争对手。但是，这次参观已经是和上面洽谈好的，他们以这种理由拒绝是不可能的。于是他们就作出了一个规定，不让那些日本参观人员碰车间的任何东西。日本参观团人员很快同意了这个条件。参观那天，开始很顺利，突然，一个冒冒失失的日本人一低头把自己的领带掉入化学试剂之中。他慌忙说："对不起！我太冒失了。"一个法方的陪同员工看出了他的目的，这个日本人想用这种方法带走化学试剂。他心里不免感叹道：日本人太奸诈了。但是现在的紧急情况是：怎样才能不让那个日本人带走珍贵的化学试剂呢？强行让那个人摘下领带，显然是行不通的，而且还会给公司带来不好的影响；但不摘，公司蒙受的损失将是巨大的。突然，他灵机一动，找来一条崭新的领带，走上前去说："先生，您的领带脏了，现在我代表我们公司送您一条新的，把您那条换下来，我洗干净了再还给您。"那个日本人不得不换下了自己的领带。

这个具有创新思维的法国员工，用换领带的办法保住了公司的核心技术，也让客人保全了面子。

任何问题在善于创新的人眼里都不是问题，他们一定会找到解决问题的办法，一定会用创新的思维找到解决问题的突破口。

所以，20几岁的年轻人不要总是用一贯的做法去想问题、办事情，多动一下脑子，学会运用创新的思维。比如，拍照的时候，摄影师为了避免有人闭眼睛的现象，可以采取让大家先闭眼，等到喊"一二三"的时候大家一起睁眼，那么每个人不仅不闭眼，而且都显得很精神。找到可以突破的地方，打破惯性思维，才是聪明的年轻人，也唯有这样的人才能够真正把握住金钱的脉搏，让一个个的困难在自己面前迎刃而解，并让自己获得源源不断的金钱。

【理财圣经】

20几岁的年轻人若想摆脱"白领民工"的身份，可以向大脑要创意，打破惯性思维，利用创意开拓新财路。

提高时商，科学投资时间

为什么很多20几岁的年轻人总在抱怨没有时间？事情是不是真的很多？可能是，但是为什么有的年轻人能够做成很多事情，还能有"闲庭信步"的机会？也许问题的关键在于我们是否懂得科学地投资时间。

其实，"忙"也是一种心态，让你生活得"假充实"的心态，它因缺乏时间管理能力而形成，这个能力就是时商。只有提高你的时商，即提高理时能力，你才会突然发现，原来，我们要完成一定量的事情并不需要花费太多时间，只是因为我们不会使用时间才觉得"忙"，甚至忙得一塌糊涂。

要改变这种现状，20几岁的年轻人首先要做的是：科学投资时间，树立时间观念。一个人具有什么样的时间观念，取决于他们的时间感和成就欲。时间感是人们对时间的各种感觉，或快或慢，或白天或黑夜。成就欲是人们想获得成就的欲望，它驱使人们获取某种成就，经过百折不挠的努力，克服重重障碍，达到目的。成就欲的满足，不但在于获得成就后所享受的物质上和精神上的满足，而且在于为取得成就而奋斗的整个过程。

现代人从事企业工作，重要的是时间的管理，很多20几岁的职场人士十分辛苦，每天早出晚归，疲于奔命，但如果加以认真研究就会发现，许多工作是在白白浪费时间。职场中人应学会安排时间，抓住关键，掌握重点。作为一个管理者，经

如何提升时间管理能力？

为了能在工作和生活中更有效率，你需要正确管理自己的时间，下面介绍几种有效的时间管理技巧：

找到适合的方法

如果你喜欢用笔记录，那就记在纸上每天查看；如果你喜欢用手机提示，那就用手机。看看自己哪种方法坚持的更久，就用哪种方法。

解决完最紧急的，我就可以腾出来时间做其他的了。

先解决最着急的事情

不想做也不能拖，因为越拖他们来的越快，如果先解决了他们你会有更多时间来做你想做的事情。

先把第二天要做的事写下来。

列好待办事项

最好在前一天睡觉之前把第二天需要做的事情列出来。这样在第二天醒来的时候你会神清气爽，因为你要做的一切你都了熟于心。

设定提前截止时间

这就跟有人把表调快5分钟是一个道理，严格地要求自己。任务提前完成你的时间就会变得更灵活，就算有失误也会有时间来弥补。

常开会，讲话既多又长，并非优点。有效的会议，时间不多，成效却显著。日本一位著名企业家认为，在走廊上碰个面，也可相当于开个会议的作用。"文山会海"，浪费了自己的时间，也浪费了别人的时间。这些时间，本来可以生产很多产品，这就是会议的成本。能产生效益的会当然可以多开，如果不能产生效益，还是应该减少这样的会议。

时间观念已成为现代管理的重要观念，浪费时间就是浪费金钱，就是降低效率。

有了对时间的紧迫感还不够，你还必须树立正确的时间观。因为，错误的时间观念不仅于事无补，还可能会让你"碌碌无为"。

在这个讲求速度的时代，无论是学生、企业界人士，还是家庭主妇，都必须绞尽脑汁计划——如何在很少的时间内，做完更多的事情。

时间并不像金钱以及原料，可以预先蓄积。不管你喜欢或者不喜欢，每分钟都会给你60秒的时间消费。

那么对于20几岁的年轻人来说，什么样的时间观念才算是正确的呢？这是一个仁者见仁、智者见智的问题。只要你不对时间抱任何成见，或加诸任何价值判断，而视之为中性资源，就可能会有效地运用它。

在今天这个高速发展的时代，"时间就是金钱，效率就是生命"已人尽皆知。而效率的高低，又是和时间的节约密不可分的。争取了时间，就能创造更多的价值，获得更高的效益。因此，讲求效率，实际上反映的是人们对时间的更加重视。珍惜时间也是人价值观的一部分。

时间无限，生命有限。在有限的生命里能倍增时间的20几岁的年轻人，就拥有了做更多事情的资本。

【理财圣经】

时间是组成生命的有机材料。没有时间，生命就无法衡量，一切将失去意义，一切生命将暗淡无光。20几岁的年轻人不要再抱怨时间不够用了，提高时商，科学投资时间，你会发现，繁忙过后，你的空闲时间也很多。

第五章

退休了，依靠理财养活自己

你不得不面对的养老问题

人生进入老年，收入减少了，身体变差了，不得不面对的疾病和医疗问题增加了。这对大多数老年人来说，都成了棘手的问题。其实老年人不过就是希望能够老有所养，能够看得起病，但是能满足这样的条件并不容易。

目前存在的养老问题主要是：

一、老龄工作者的苦恼——就业的不稳定

很多老年人在退休后，出于经济的压力，为了自己以后生活考虑，工作的愿望还很强烈。他们十分希望能有更多公司能为其提供岗位，可是综观老龄工作者的市场，他们的就业状况不容乐观。

（1）本身适合老年人的工作较少。目前，中老年人才市场上的用人单位大部分是第三产业，其需要的是身体素质好的工作人员，而老年人才的体能根本无法适应相应的劳动强度。并且求职的老年人大多希望能离家近，方便些，但是有些工作不可能照顾到这一点。

（2）附加技能条件高。现在的老年人，懂电脑、会外语的人不多，但越来越多的公司开始附加这样的条件，或者要求一些高技术的标准，而大多数老年人都不能掌握这些。对于这些老年人，想要找到一份工作最好还是先参加相关知识培训，这样比较容易就业。

（3）年轻人的错误观念。有技能、有经验的老年人很容易找到工作，因为很多用人单位都优先录用退休人员。一来退休人员经验丰富，可以直接上岗；二来在具有同等工作能力、付给相同薪水的情况下，企业可以不为退休人员缴纳社保金。所以有的年轻人对老年人找工作十分反感，认为是和自己在抢工作。实际上，老年人再就业并没有那么大影响。

（4）再就业情况不均衡。尽管现在有很多网上的、校园的招聘会面向中老年人，但是仍可以看出，老年人才就业呈现出高级人才供不应求，而普通下岗人员求职艰难的局面。再就业情况差别甚大。例如，在市场上，审计师、评估师、会计师、老医生、老编辑等都非常"值钱"，因为他们有丰富的经验和良好的品格，或者有良好的人际网络，这些都是用人单位所需要的。而以前守夜看大门的老大爷一旦退下来，就很难再找到什么工作了。

针对这些老年人就业的情况，社区和社会应当逐渐拓宽中老年人就业渠道，帮助中老年人就业。最好是能为老年人提供一些免费的电脑和英语培训，使老年人能更好地与社会接轨。

二、付不起的账单——高昂的医疗支出

基于老年人的体质特点，他们本身就是一个易发病的群体，患病率要明显高于其他年龄组的人群，尤其是老年人的呼吸系统、循环系统，以及肌肉、骨骼、结缔组织特别容易发病。可以说，人一旦进入老年，便时刻受到疾病的威胁，而老年人对疾病的抵抗和反应能力较弱，很容易生病。一旦发病，他们的病情很容易恶化。

老年人患病的现象极为常见，一人患多病的情况也不少见。如一位老年人可能同时患有高血压、冠心病、糖尿病等多种疾病。这些都说明了老年人更需要医疗照顾，但是，现在住院治疗的费用高，而老年人一般都需要长期医疗护理，这笔费用是他们根本负担不起的。尤其是在农村生活的老人，就更加难以承担相关的费用。

三、晚年不易"安"享——直面不断上升的生活成本

现在退休的老年人多数为50多岁，上有老人，下有儿女，生活负担仍然很重。尤其是在面对通货膨胀、物价上升时，他们的生活便开始捉襟见肘了。

北京市海淀区的李大爷说，他今年退休，家里上有老母，下有儿子，而儿子在北京念大学，一年至少要花上1万，可是他和老伴的收入加一起每个月不过2 000元，一个月下来，日子过得紧巴巴的。如果这样下去，他真的不知道还能支撑多久，万一家里有一个人生病了，这日子可怎么过？他一直想再找份工作，好缓解一下家里的经济压力。

据统计，北京像李大爷这样的人还有很多，他们多是下岗或已经退休，可是忙活了一辈子，老了还不能安享晚年，整日为了生计发愁。面对不断上升的生活成本，他们手足无措，日子越过越艰难。

近年来，物价上涨幅度较大，尤其是粮食、肉类等，奶制品，甚至连方便面的价格都在上涨。生活成本不断上升，生活压力不断增加，对于年轻人来说都是很郁闷的事情，何况是老年人？于是大多数老年人放弃了安享晚年的想法，再次出来就业。这也是现在中老年人才急需再就业的原因。

另外，成年子女不赡养老人，也为老人的晚年生活罩上了阴影。本来老人为儿女付出了一生，但是老了，儿女却因为自己的经济负担，而不愿意照顾老人。即便老人有些养老收入，也只能勉强维持生活，一旦生病，根本不可能支付得起。

所以，对于老年人说，在生活成本不断上升的今天，想要安享晚年，已经十分不容易了。

【理财圣经】

　　人生进入老年，收入减少了，身体变差了，不得不面对的疾病和医疗问题增加了。因此，人人都需要未雨绸缪，妥善解决养老问题。

老年理财，保本为主

　　面临退休和健康状况受到威胁的局面。应该以保本为投资目的，手中的大部分资金应该用于投资保本型理财产品。

基金

　　基金业内人士建议，将要退休和退休人群比较适合购买基金，比如成长型基金、平衡性基金、债券基金等等。

保险

　　老年人应该拥有一定的意外险和重大疾病保险等医疗保险，如果在年轻时期没有投保，现在才开始投保，则要特别注意重大疾病保险的缴费期问题，最好能采用分期缴付的方式。

医疗保险

这次住院得花不少钱吧？

没关系，我有保险。

现在理财，为美好的未来准备

电视上曾有过这样一组有趣的画面：高尔夫球场上，110岁的麦老太太挥动球杆，可是球却怎么也找不到，最后发现是一杆就进洞了，这破了另一个101岁的老人一杆进洞的纪录！

看着电视里老太太灿烂的笑容、黝黑健康的皮肤，观众大概都会产生羡慕之情，她怎么能过得那么休闲，毕竟高尔夫素来是贵族运动呀，也许是她有很多的房产，现在在收租金度日？也许年轻时她就提早准备了一生的财富？也许是继承……

其实这些都不重要，重要的是，我们到底需要多少钱才够养老？你算过这笔账吗？

国际上常用的计算方法是通过目前年龄、估计退休年龄、退休后再生活年数、现在每月基本消费、每年物价上涨率、年利率等因素来计算。退休的年纪可以先预估，男性大致在60岁左右，女性大致在55岁左右，投资期限就是预估退休的年龄减掉开始的年龄。以抗风险能力来说，年轻时可承担高风险，越接近退休年龄，承受风险的能力也就越低，能做的投资选择也就跟着减少。当然，您也可以和自己的社保养老金账户相结合起来看，这样的话就能更加明确了。

很多人对自己的养老规划没有概念，大多数人说："我单位有养老保险。"还有的人说："现在还早呢，想那么远干吗？"可是如果我们简单地算一笔账，你的想法也许就会改变。

首先我们用一个保守的算法，暂不考虑通货膨胀的因素。

假如你准备60岁退休，退休后你每月需花1000块钱，我们按平均寿命80岁来计算，你将需要：1000×12×20=24万元的养老金；假如每月需花2000元，你将需要：2000×12×20=48万元的养老金。

如果你的身体很健康，生活也很美满，活到100岁呢？答案是：活到100岁，每月2000元，你就将需要96万元的养老金！

事实上，几十年间不可能不发生通胀，假如我们以3%的通胀计算，如果每月支出1000元，而你的寿命是80岁，那么，你将需要花将近60万元；如果按每月支出2000元计算，则将近120万元。

上述计算以3%的通胀计算，通过30年的复利，为30年前的2.42倍。我们可以回顾改革开放30年来，我们的工资涨了多少倍，我们的物价涨了多少倍，数值远远不止2.42倍。

当我们在工作时，通胀可以通过工资的上涨来弥补，但是当我们退休以后，没有了收入，固定的养老金是不能有效抵御通胀的。所以你的养老时间越长，你要考虑的通胀也就越大，你需要为此做好更充分的准备。

换句话说，如果你60岁开始养老，估计活到80岁，你就得考虑20年的通胀因素，估计活到90岁，你就得考虑30年的通胀因素。

当看到以上的计算结果后，你准备用多少年来准备你的养老金？目前中国大多数人都在用领取社会基本养老保险加上多年工作攒下的家底来养老，但如此之大的资金缺口，意味着没有规划的养老钱作为退休后的来源根本不够。这需要我们从年轻时开始进行个人财务规划，确立目标，合理投资，以使得自己的晚年生活少一些忧虑。

【理财圣经】

除非你有信心在退休之前赚到上百万，否则就得从现在开始学会理财，为将来做准备。

走出理财的五大心理误区

提到退休，大部分人都知道要做退休计划，才能保证将来"老有所养，老有所乐"。

但你知道有些常见的心理陷阱，会不利于计划的执行吗？错误的心理会影响退休理财规划的成效，导致退休后理想与现实有太大的差异。有了妥善的退休规划，首先是要走出心理认识上的误区，才能保证执行过程的顺利。

误区一：优先考虑其他财务计划

现实生活中，失业、离婚、疾病、残疾，不计其数的原因常常导致我们将养老作为一个遥远的目标被束之高阁，人们优先考虑的是那些更紧迫的财务计划，像付房贷、换新车等。事实上，即使没有灾难性事件发生，很多家庭的预算已经非常紧张，不能早早为养老做储蓄。其实这些并不能成为推迟养老规划的理由。

退休规划好比登山，越早出发，到达山顶就越容易；退休规划得越早，为养老投资的时间就越长，投入的成本也就越低。

养老金的储备追求的是一种低风险的长期投资，它和家庭的其他需求支出储备不同，养老金的储备要带有强制性，不能因为家庭临时用钱而中止储备。因此，在进行养老储蓄时，一定要预先规划好家庭经济，留够备用金，这样才不致轻易中断。

当然，如果年轻时其他生活开支较重，用于养老储蓄的资金量可以少放一点；反之，则可多放一点，关键在于要早早树立这样的意识。

误区二：过度想象退休需求

想到退休生活，有些人会想到环游世界，锦衣玉食。对于未来不切实际的想象，容易造成退休规划上设定不切实际的目标。比如，平常生活比较节俭的夫妻，也会想象着"每年至少一次出国旅游"、"生病要住高等级的病房"……于是算下来，使得必须准备的退休金高得无法再做退休规划。

事实上，设定过高的退休金目标，会使筹措退休金的难度加大，而且在相应的投资工具和资产配置选择上也易产生偏差。所以，退休金目标的设定要符合生活现状，避免设定得过高。

误区三：低估通货膨胀率产生的后果

储蓄是达成理想退休生活的基本方法，很多人也倾向以定期的存款来累积未来退休所需的财富。但只采用这种退休金积累方式的人群，往往忽略了一个非常重要的因素，那就是通货膨胀对于储蓄金的侵蚀力。

由于储蓄这一投资理财过度保守，虽然安全性极佳，但收益率很低，很容易导致资产成长率赶不上通货膨胀的速度。所以，在依靠储蓄节流下部分收入后，为了更好地获得足够的退休金，还要搭配一些较积极的投资工具，尤其是距离退休还有一二十年的人，不妨采用定期定额投资基金、绩优股票或投资型保单来预防通货膨胀带来的负面影响。

误区四：高估通货膨胀率

你是不是总担心通货膨胀"吃"掉你的钱？预算未来的生活费时，把通货膨

银发族理财有十诫

老年人退休后并无太多稳定的收入来源，因此要好好安排理财计划，特别是避免踏入一些常见的投资理财误区。

1. 切莫轻信他人
2. 莫贪图高利
3. 不要盲目为他人担保
4. 别太多涉足高风险投资
5. 保险不宜买太多
6. 投资不宜过于单一
7. 理财不可以没规划
8. 避免无计划消费
9. 切记压上毕生积蓄投资
10. 莫忌讳立遗嘱

胀考虑进去是对的，到底通货膨胀的威力有多大？我们说，既不要忽略这个"敌人"，也不要高估对方的威力。太过高估的话，会给自己造成无谓的压力。合理的通货膨胀率可参照过去10年的平均通胀标准，建议推算退休金时，应以适当的比率，如3%或4%推算，否则可能造成压力太大，反而降低执行的意愿。

误区五：盲目从众赶流行

退休规划关系到你的余生，市面上五花八门的理财计划，不见得全部适合你自身，拿来进行规划，千万不要盲目追赶流行。可依据距离退休时间的长短、个人的投资属性及风险承受力，选择不同的规划工具。

【 理财圣经 】

老年人，相对于年轻人来说，接触的理财知识少，对理财中的种种误区、陷阱还不甚了解。若是知道自己对这些了解得不够透彻，最好在理财时采取谨慎措施，只对自己有把握的投资项目进行投资，只做自己能拿得准的决定。

"以钱生钱"巧理财

陈老先生是某公司的财务会计，平时对数字就十分敏感，所以过日子精打细算。如今退休了，他每天待在家里觉得很闲，只出不进让他很担心以后的生活。

前些天碰到了几个老朋友，老陈发现他们都在投资国债，虽然收益不是很高，可是至少比存在银行好。老陈觉得这个方法不错，自己毕竟是从事过经济方面职业的人，对这些东西都很通，为什么不试试投资外汇、股票什么的？以前的知识可能不够用了，但学起来也不费力。

这样，老陈就开始留意身边的股市和外汇市场的信息，并学习和补充了一些最新的知识，经过自己仔细的研究分析，进行了初步的投资规划，然后选准了投资对象，并将手头的一部分钱分别投在了两个市场上。后来，老陈果然投资成功，两年之内净挣了1万元！当老朋友们知道这些后，心都痒痒了，直说老陈真是理财能人。

一般人在退休之后，由于一生工作累积下来，多少会有一些存款或退休金，但面对市场经济的变化、通货膨胀和各项支出的不断增加，退休家庭若希望生活更宽裕，同样也有"以钱生钱"的投资需要。

退休家庭的投资之道应当优先考虑投资安全，以稳妥收益为主。目前投资工具虽多，但并不是只要投资就有钱赚。客观来看，风险承受力和年龄成反比。退休家庭一生辛苦赚钱实在很不容易，如果投资一大笔金额，一旦损失，对老人的精神打击、对家庭的影响都比较大，所以要特别注意投资的安全性，不可乱投资。

如果你离退休已经不远，可以将大部分资金配置在稳定、可以产生所得的投资

老年人理财："三四三"模式最流行

什么是"三四三"模式

老年人投资组合最为流行的有"三四三"模式，就是30%投资股票基金高风险产品，40%投资储蓄国债，其余30%用于应急储蓄。

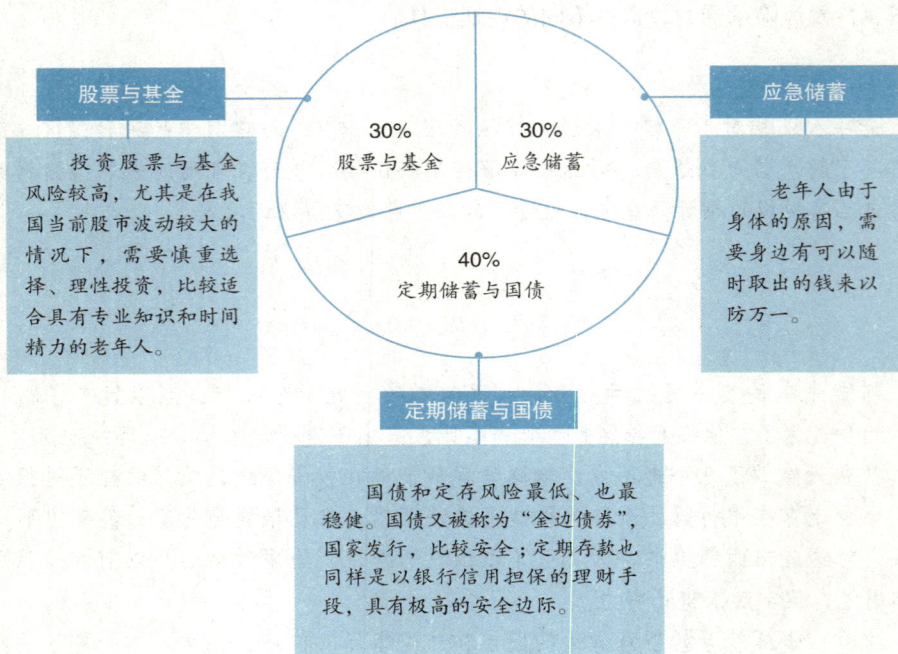

股票与基金

投资股票与基金风险较高，尤其是在我国当前股市波动较大的情况下，需要慎重选择、理性投资，比较适合具有专业知识和时间精力的老年人。

30%
股票与基金

30%
应急储蓄

40%
定期储蓄与国债

应急储蓄

老年人由于身体的原因，需要身边有可以随时取出的钱来以防万一。

定期储蓄与国债

国债和定存风险最低、也最稳健。国债又被称为"金边债券"，国家发行，比较安全；定期存款也同样是以银行信用担保的理财手段，具有极高的安全边际。

上，如配息的股票、基金、债券或定存，切忌好高骛远。

灵活运用投资策略。对于储蓄存款，当预测利率要走低时，则在存期上应存"长"些，以锁定你的存款在未来一定时间里的高利率空间；反之，当预测利率要走高时，则在存期上存短些，以尽可能减少届时在提前支取转存时导致的利息损失。除了存款外，退休家庭也应该灵活运用投资策略。如果各银行连续下调存款利率，这时只把钱定存是不够的，国债、利率较高的金融债券就应是退休家庭投资的主要投资工具。

投资股票要适可而止。买卖股票是一种风险投资，但也是获取高收益的一个重要途径。所以，在身体条件较好、经济较宽裕，又有一定的时间和足够的精力，并具有金融投资理财知识和心理承受能力的前提下，退休老人不妨拿出一小部分钱来适度进行风险投资。

需注意的是，不可把家庭日常生活开支、借来的钱、医疗费、购房款、子女婚嫁等费用用于风险投资。如果用这些钱去投资，万一套牢，只有忍痛割爱低价卖出，损失很大。

退休家庭的投资组合比例上，退休时的净值金额亦为考量因素之一。若以退休年龄来决定，55岁退休，股票投资比例可提高些；65岁才退休，储蓄和国债的比例应占85%以上，股票投资比例可为15%，这样不但是老年人可以接受的安全范围，也能使钱渐渐变多，并有助于老年人身心健康，不至于承受过大压力。

虽然说中国人比较忌讳谈论不好的事情，除非年纪老迈，很少人会在身强力壮时立下遗嘱，但是你知道吗？这样会造成不必要的损失，例如有人突然过世后，他的家人不知道他究竟有多少投资，甚至不知道有多少负债，这给家人今后的生活会留下许多不便。所以，负责家庭投资的人，一定要定时把自己的投资状况告诉家人，万一有什么突发情况发生，家人不至于无从着手。

【 理财圣经 】

为了让我们在年老时有个更加良好的生活保障，光靠存款是不够的，还要学会以钱生钱，灵活运用多种投资方法。

除了儿女，什么还可以防老

中国的传统观念是养儿防老，然而，随着现代社会的变化，传统渐渐被突破。随着"421家庭"的潮涌，希冀子女养老越来越不现实。何谓"421家庭"？即一对独生子女结婚生子后，他们的家庭结构是4个父母长辈、他们2人和1个小孩。这种倒金字塔结构，实在让"塔中央"的人不堪其重。

而且，现代社会，"啃老"已成普遍现象，暂不说责任的问题，在中国传统观念中，父母总是尽心尽力地为孩子付出，即使将他们抚养长大成人了，当他们婚嫁、置房、育儿时，父母还会在必要时帮他们一把。如今房价居高不下，许多小两口的婚房都是由双方父母来支付首付款的。粗略一算，在大中城市，一套两室一厅的房子动辄上百万元，首付款最低也得二三十万元，再加上结婚的彩礼、添丁时的喜费等财务上的支出，让退休生活又多了一些忧虑。

老年人生活需规划

老年人也可以通过提前规划，让自己的老年生活更加惬意舒适。

理财规划

重视理财，让自己的财产稳健增值，根据老年人的特点，可以选择"长短搭配"的理财产品，以获得长期理财产品的高收益和短期理财产品的灵活性。

投资策略

长期　短期

我需要好好规划一下我的后几年的养老问题了！

养老规划

对老年夫妇而言，可每年拿出部分资金购买重大疾病险、健康险、意外险三种保险，以应对疾病等意外的重大开支。

遗产规划

做出合理的遗产规划，以确保自己的财产能顺利地转移到下一代人手中。

当养儿防老的思想已经渐行渐远的时候，我们还能拿什么防老？这是在我们年轻的时候就应该做好打算的。

人到老年所面临的保障需求主要是以下三类：健康医疗保障、充足的养老金保障、防止意外伤害保障。

首先，老年人属于社会的弱势群体，自身患病的可能性比其他群体的概率要大得多。也正因为如此，保险公司在审核有关中老年人的健康医疗投保时相对比较严格。在国家的社会医疗保障体系不够完善的情况下，必须要通过商业医疗保险来寻求更全面的健康保障，因此对未来老年保险保障的规划首先需要考虑的应该是健康医疗保险，如重大疾病保险、终身医疗保险等。对于医疗险的选择，应以保障期间长的产品作为首选，如平安守护一生终身医疗保险等。

其次，如何为老年准备充足的养老金？社会保险给我们提供了最基本的养老金，但我国实行的是"保而不包"的政策。要想退休后能尽享天年，年轻时就必须重点规划好未来的养老金。目前市场上应对养老的金融产品多种多样，但对养老金的规划必须是一种绝对安全、稳健的渠道，因而养老型保险是一种很好的途径。

根据上述分析的老年阶段的人生需求，为自己能有一个安详的晚年，做一份规划是非常必要的。

【 理财圣经 】

当养儿防老渐行渐远时，老年人别忘了还可以用养老保险防老。

老年人不得不知的理财五原则

老年人理财，既不可能像年轻人那样冒险博弈，也不能抱着毫不在意的态度，以为能挣点就挣点，挣不到也不必太上心。实际上，对于老年人来说，稳健的投资策略比较符合实际，但是太过保守也就谈不上是理财了。因此，理财应当坚持以下五个原则：

一、安全原则

对于老年人来说，钱财安全是理财的第一要领。先保本，再想着增值也不迟，毕竟那些钱都是多年积攒下的，是晚年的老本，所以，在理财的原则中，安全第一。

二、方便原则

理财时要考虑到取用时的方便。老年人容易生病，没准什么时候就需要用钱，所以为了取用方便，应当尽量在离家近的地方有一些活期存款，最好能有一张银行卡，可以供自己随时取用。

三、增值原则

老年人基本上没有什么其他的收入来源，所以若是能在投资理财的同时，让资产有所增值，就是上策。老年朋友可以利用比较安全的定期存款和国债来进行投资，既能保证资金的增加，又能保证稳妥。

四、专款专用原则

养老金的规划和打理必须专款专用，千万别在积累的过程中突然将这笔钱抽离，一定要让这些钱真正成为未来晚年生活的储备，到了一定的年龄之后才使用，而不是作为股票投资或其他有风险存在的投资行为的临时备用金。只有做到专款专用，养老金的储备才能在若干年后成效斐然。

五、适度消费原则

很多老年人因自己年轻的时候生活困苦，受到传统生活习惯的影响，从而十分节俭，除了攒钱，什么都不考虑，这样实际上并不好。老年人应当适度消费，积极改善自己的生活，尤其是投资自己的健康，提高生活质量。旧的观念并不能带给老人快乐幸福的晚年。既然有消费的条件，为什么还要让自己过得太艰苦？

介于老年人的身体和经济状况，最好只做一些风险较低的投资。理财专家也建议老年朋友们不要心急，理财应以稳妥的收益为主，风险大的品种最好不要考虑，切不可好高骛远，胡乱投资。

至于投资项目，专家认为，老年人最好偏向考虑存款、国债、货币型基金、银行理财产品等低风险品种，倘若真的对股市投资十分感兴趣，且身体和经济条件都允许，也可做小额的尝试。

【理财圣经】

投资理财应当遵循一定的原则，老年人理财也不例外。唯有遵循了这些原则，老年人的理财之路才会风险小、更安全。

第六篇
家庭理财万事通

第一章

念好家庭这本难念的经

家庭理财，规划是重点

家庭理财是理财学中的一个极其重要的分支，它的推广运用为现代家庭带来了很多方便。

从概念上说，家庭理财就是在家庭当中学会有效、合理地处理和运用金钱，简单来说就是要会花钱，让自己的花费能够发挥最大的功效，使买到的东西物有所值。在家庭中，通过利用企业理财和金融的方法对家庭经济（主要指家庭收入和支出）进行计划和管理，可以增强家庭经济实力，提高抗风险能力，增大家庭效用。家庭理财不是单纯地让你一定把一个钱掰成两个钱花，拮据度日，而是要你在节省之余合理分配运用剩下的钱，使"钱生钱"。

俗话说："吃不穷，穿不穷，不会算计一生穷。"家庭收支要算计，"钱生钱"也要会算计。而这种算计，就是我们平时所说的理财。人的一生，总是会遇到一些生老病死、衣食住行方面的问题，而这些问题的解决都离不开钱。因此，家庭理财是我们每一个人都应该掌握的一门功课，它并不局限于家庭收入的多少。

一般说来，一个完备的家庭理财规划包括以下8个方面：

（1）职业计划。稳定而优秀的职业薪酬是家庭收入的最重要来源。选择职业首先应该在自我评估的基础上做出合理的职业人生规划，其次积极通过网络媒体、纸面媒体或其他渠道大量搜集招聘信息，进而逐步实现自己的职业目标。

（2）消费和储蓄计划。你必须决定一年的收入里有多少用于当前消费，有多少用于储蓄，以避免成为赚的多、剩的少的"月光族"。与此计划有关的任务是编制资产负债表、年度收支表和预算表。

（3）个人税务筹划。个人所得税是政府对个人成功的分享。在合法的基础上，你完全可以通过调整自己的行为达到合法避税的效果。

（4）投资计划。当我们的储蓄一天天增加的时候，最迫切的就是寻找一种投资组合，能够使收益性、安全性和流动性三者兼得。合理制订个人的投资计划，就可以获得较为丰厚的回报。

（5）保险计划。随着你事业的成功，你拥有越来越多的固定资产，你需要财产保险和个人信用保险。为了你的子女在你离开后仍能生活幸福，你需要人寿保险。更重要的是，为了应付疾病和其他意外伤害，你需要医疗保险，因为住院医疗费用有可能将你的积蓄一扫而光。

（6）债务计划。我们对债务必须加以管理，将其控制在一个适当的水平上，并且尽可能降低债务成本，其中要重点注意的是信用卡透支消费。

（7）退休计划。退休计划主要包括退休后的消费和其他需求及如何在不工作的情况下满足这些需求。光靠社会养老保险是不够的，必须在有工作能力时积累一笔退休基金作为补充。这段时间的主要内容应以安度晚年为目的，投资和花费通常都比较保守。理财原则是身体、精神第一，财富第二，尽量将理财风险降到最低。

（8）遗产计划。遗产规划是将个人财产从一代人转移给另一代人，从而实现个人为其家庭所确定的目标而进行的一种合理财产安排。其主要目标是帮助投资者高效率地管理遗产，并将遗产顺利地转移到受益人手中。

假如你手头有1万元现金，你是选择一掷千金和家人好好出去游玩一把或者饱餐一顿，或者是存入银行获得利息，抑或是选择小冒风险投身于股票投资的浪潮之中，还是其他？同样一笔钱不同人会做出不同的选择，没有最优只有最适合，适合自己的就是最好的。

有时候我们离财富其实只有一步之遥，一步之外就是彩霞满天。

理财规划的好处和优势就在于，能提高自己一生中拥有、使用、保护财富资源的有效性。提高个人的财富控制力，避免过度负债、破产、依附他人寻求财富安全等问题的产生。提高个人经济目标的实现力，拥有不再困囿于未来开支的自由感。如果我们从30岁开始理财，那么可以想象，10年之后当我们40岁的时候，其他人可能还在为10年前的问题住房、孩子教育、养老等问题继续烦恼着，我们已经达到了财务上的相对自由。

因为有了完备的家庭理财规划，可以在发生财务风险时保护自己和家庭；可以有效减少个人债务；可以毫不费力地支付孩子的养育成本和大学费用；支付孩子将来的结婚费用；为买房、买车添一臂之力；可以使自己能按照希望的生活方式退休；可以有助于支付长期看护费用；可以在未来将财富转移给下一代。

如此看来，三十而"理"，四十而获，以后的时光便能安享财富人生了。

【理财圣经】

有钱理财生财，没钱更要理财。家庭理财需要做好理财规划，用心才有钱。

家庭理财规划五大要点

学会节流

做好开源

善于计划

合理安排资金结构

根据自己的需求和风险承受能力
考虑收益率

事倍功半的家庭理财误区

在家里，你可能具有理财意识，懂得节省开支，适当投资。但是否你已经在不知不觉中陷入了家庭理财的误区？在理财中要注意避免进入以下误区，以免使理财事倍功半。

一、认为理财就是省钱

钱不是省出来的，是赚出来的。不要单纯地认为理财就是省钱，就算你有一万块钱，你再怎么省着花，手头的钱也不会多于一万块钱。但是假如你懂投资，存银行、买国债、购买股票，一万块钱就不单单只是一万块钱，甚至是更多。当然，这也不是说可以不加节制，花钱大手大脚，而是让我们在省钱基础上会花钱，把钱放到真正有用的地方，使"钱生钱"。

二、吝啬

法国批判现实主义作家巴尔扎克在他的名著《欧也妮·葛朗台》中塑造的典型吝啬鬼形象——葛朗台，令人印象深刻。因为对钱过度看重，葛朗台从一个财富的拥有者沦落成为钱财的奴隶，不仅贪婪而且吝啬。他为了财产逼走侄儿，折磨死妻子，剥夺独生女对母亲遗产的继承权，不许女儿恋爱，断送她一生的幸福。在理财中我们要注意避免进入过分省钱的误区。当省钱变成一种吝啬，以理财而达到的幸福感将会沦落丧失，那么理财也将失去最终的意义。

三、求富心切，过度投机冒险

看过电视剧《媳妇的美好时代》的观众都知道里面有这样一段情节：和龙瑾在一起的毛峰听信了龙瑾的发财计划，期望能够大赚一笔，鼓动周围亲戚朋友投资龙瑾的所谓项目，没想到投资成了被诈骗，东拼西凑来的50万血本无归。

财富是很多人追求的目标，但切忌求富心切。急于实现财富梦想的心情可以理解，但要注意风险，过度地投资就等于在自己财产上叠加上了无数的风险，这些财产随时可能因为市场的变动而不再是你的了。而有相当一部分人，不怕风险，急于致富，认为人有多大胆，"财"有多大产，却忽略了投资中的风险，像剧中的毛峰一样将所有的钱孤注一掷。他们没有想过，一旦投资失败，全部的积蓄都搭上了，以后的日子怎么过？更有甚者，为了能短期套利，居然会借钱去炒股！那若是失败了，就会外加一笔不小的债务！到时候，不用说是存钱，光是还钱就能让你被压得喘不过气。

在家庭中，理财的资本多是家庭共同财产的集合，在理财中更加应该注意避免过度投机带来的风险。

四、一味广而全

在考虑资产风险时，不少人对一种投资理念可能已经烂熟于心，那就是：要把鸡蛋放在不同的篮子里。然而，在实际运用中，不少投资者却又走到了反面，往往

四步走出理财"事倍功半"的困惑

"投资"和"理财"并非一回事

理财涉及的内容比较广，不仅涉及到如何投资来赚钱，还要考虑如何花钱、家庭保障规划，甚至生涯规划等，通过做好这一系列的理财过程，使得家庭实现财务自由，让家庭生活无忧。

制订合理的理财计划

其次，需要制订一个合理的理财计划。制订计划时要根据各个阶段的不同生活状况以及每阶段的理财需求，来制订合理的理财规划。

必须具备理财好习惯

做好理财必须具备理财好习惯：1、做到合理消费；2、每月强制储蓄；3、每日坚持记账；4、只留一张信用卡；5、闲钱做投资；6、保护好个人信用记录。

将鸡蛋放在过多的篮子里并非好事

在投资方面，不少人认为"投资组合越多越好"，这样风险才小。从而导致之后投资追踪困难，出现分心之力，便降低了投资收益。建议投资者可以精选2～3个自己熟悉的领域来投资。

将"鸡蛋"放在过多的"篮子"里，使得投资追踪困难，造成分析不到位，这又会降低收益。其实投资需要分散，但也不要把"鸡蛋"放在太多的"篮子"里，要因人而异，因事而异。

单纯地为了规避可能产生的风险，一味地求广求全，最终很难达到理财的目的。在搭建一个优化的投资组合时，要注重相关性分析，避免了投资的过度集中，从而抵御市场风险。

总的来说，每个家庭具体情况都不一样，最好是在结合自己具体情况下，同时在专业理财人士的帮助下，做好长期理财战略规划，中期理财战术策划，和近期的具体理财安排，并在动态中调整。

【理财圣经】

大多数对金融不是很熟悉的朋友可能对理财还存有一定的误区，以至于在理财时往往事倍功半。要时刻注意避免进入此类误区，理财有道才能财源滚滚。

家庭理财的10%法则

进行理财相关安排时，很多家庭常表示不知如何准备各种理财目标所需的资金。"10%法则"是指把每月收入的10%存下来进行投资，积少成多，将来就有足够的资金应付理财需求。

例如，你每个月有6 000元收入，那么每月挪出600元存下来或投资，一年可存7 200元；或者，你已经结婚，夫妻都有收入，每月合计有12 000元收入，那么一年就可以有1.44万元进行储蓄或投资。每个月都能拨10%投资，再通过每次进行的复利结算，经年累月下来，的确可以储备不少资金。如果随着工龄的增加薪资也跟着调高，累积资金的速度还会更快。

从每个月的工资中抽出10%作为投资储备金并非难事，只是常有人表示偶尔省下收入的10%存下来是有可能，但要每个月都如此持续数年可不容易。往往是到下次发薪时，手边的钱已所剩无几，有时甚至是入不敷出，要透支以往的储蓄。会觉得存钱不易的人，通常也不太清楚自己怎么花掉手边的钱，无法掌握金钱的流向；有钱存下来，一般都是用剩的钱，属于先花再存的用钱类型。

这类人若想存钱就必须改变用钱习惯，利用先存再花的原则强迫自己存钱。在每个月领到工资时，先将工资的10%抽出存入银行，然后将剩下的钱作为一月的花销仔细分配。

要做到对你的钱分配有佳，使用得当，可以利用记账帮忙达成。也就是说，买本记账簿册，按收入、支出、项目、金额和总计等项目，将平时的开销记下来，不

家庭理财四个注意事项

不要贪婪

要理性看待投资收益，根据家庭和个人的风险承受能力选择适合的投资项目，财富能实现稳定的保值增值就行。

活学活用

多亏了学到的理财方法，你看"长势"多好。

理财还需理论结合实际，活学活用。总结出适合自己家庭的理财方法、投资策略及投资方式。

稳健为王

我要选择适合的理财方式。

首先做投资必须拿闲置资金；其次需根据家庭实际风险承受能力来选择适合的投资策略和理财方式；此外还要有平和的心态。

教育好子女

一个习惯好、学习好、财商高的子女会让做父母的少操很多心、少花很多钱。所以，当前"教育好子女"也是为家庭赢得更多财富的一个重要方面。

仅可以知道各种用度的流向及金额大小，并且可以当作以后消费的参考。把记账养成习惯，每天都记账，不要记个十天半个月就歇手，这样起不到太大的作用。

另外可以把各类开销分门别类，就可以知道花费在食、衣、住、行、娱乐等各方面和其他不固定支出的钱有多少，并进一步区分出需要及想要，以便据此进行检讨与调整。

需要及想要是常用的消费分类方式之一，例如买件百元上下的衬衫上班穿是需要，买件数千元的外套是想要；一餐十元作为午餐是需要，午餐以牛排满足口腹是想要。透过记账区分出需要与想要后，买想要的东西要三思后行，尽可能压缩想要的开支，你会发现除了一开始从工资抽出的10%，减去各种支出花销还有部分结余。

所以，每个月拨出收入的10%存下来只是个原则，能多则多，实在不行，少于10%也无妨；重要的是确实掌握收支，尽可能存钱。

假定有一个身无分文的20岁年轻人，从现在开始每年能够积蓄1.4万元，如此持续40年，并且他每年将存下的钱用作投资，并获得年均20%的投资收益率，那么到60岁，他能累计起1.028 1亿元的财富。这是一个令大多数人都难以想象的数字，亿万富翁就是如此简单地产生的。只要你能够持之以恒地坚持10%法则，也许你就是下一个百万富翁！

为了帮助自己坚持10%法则，可以利用定期定额投资法持之以恒的累积资金。定期定额是指每隔一段固定时间（例如每个月）以固定金额（例如5 000元）投资某选定的投资工具（例如某共同基金），根据复利原则，长期下来可以累积可观的财富。

【理财圣经】

坚持家庭理财的法则，有助于规避理财弯路。

理财中的小定律大哲学

就像牛顿定律作为古典力学的基本定理一样，家庭理财也有一些基本定律需要遵循。这几条理财的数字定律非常简单，容易为我们这些非专业人士所理解，并为生活提供一些指导。

一、家庭收入慎安排——4321定律

家庭收入的合理配置比例是，收入的40%用于供房及其他项目的投资，30%用于家庭生活开支，20%用于银行存款以备不时之需，10%用于保险。

例如，你的家庭月收入为2万元，家庭总保险费不要超过2 000元，供房或者其他证券投资总起来不要超过8 000元，生活开销控制在6 000元左右，要保证有4 000元的

紧急备用金。

小贴士：本定律只是一个大致的收入分配模型，不同家庭的具体分配会根据风险偏好、近期目标、生活质量设定等有所变动，但定律的作用就是提供最基本的依据。

二、投资期限肚中明——72定律

不拿回利息，利滚利存款，本金增值1倍所需要的时间等于72除以年收益率。

公式：本金增长1倍所需要的时间（年）=72÷年回报率（％）

例如，如果你目前在银行存款10万元，按照年利率3.33%，每年利滚利，约21年半后你的存款会达到20万元；假如你的年收益率达到5%，则实现资产翻倍的时间会缩短为14年半。

小贴士：为了缩短你的财富增长速度，就需要合理组合投资，使组合投资的年回报率在可承受的风险范围内达到最大化。

三、炒股风险看年龄——80定律

股票占总资产的合理比重为，用80减去你的年龄再乘以100%。

公式：股票占总资产的合理比重=（80-你的年龄）×100%

例如，30岁时股票投资额占总资产的合理比例为50%，50岁时则占30%为宜。

小贴士：随着年龄的增长，人们的抗风险能力平均降低，本定律给出一个大致的经验比例。需要说明，这个比例与4321定律所指出的40%的比例需要比较，主要考虑基数是家庭收入还是总资产。

四、房贷数额早预期——31定律

每月的房贷还款数额以不超过家庭月总收入的1/3为宜。

公式：每月房贷还款额=每月家庭总收入÷3

例如，你的家庭月收入为2万元，月供数额的警戒线就是6666元。

小贴士：本定律可使你避免沦为"房奴"。需要注意，4321定律要求，供房费用与其他投资的控制比例为40%，即1/2.5，其中1/3（即33%）若用于供房，以此推算，则收入的7%可用于其他投资。

五、保额保费要打算——双10定律

家庭保险设定的恰当额度应为家庭年收入的10倍，保费支出的恰当比重应为家庭年收入的10%。公式如下：

家庭保险额=家庭年收入×10%

例如，你的家庭年收入为20万元，家庭保险费年总支出不要超过2万元，该保险产品的保额应该达到200万元。

小贴士：本定律对投保有双重意义，一是保费支出不要超限，二是衡量我们选择的保险产品是否合理，简单的标准就是判断其保障数额是否达到保费支出的100倍以上。

【理财圣经】

理财很高深，却也很通俗。要走好自己的家庭致富之路，除了要学习前人的经验，也需要自己的实践。这些理财定律都是生活经验的总结，并非一成不变的万能真理，还是需要根据自己的家庭情况灵活运用。

家庭理财——记好，看好

有很多家庭都有理财的打算，但一具体到如何理财，很多人又立刻犯了难：家庭财产究竟如何打理？如何做能更加可行？下面我们给出了两条可行建议以供参考：

一、记好家庭理财这笔账

在家庭理财中记账最为实用。一说记账有人就乐了，"不就是记账么，这还不简单？"但是记账确确实实是一门学问，人人都会记账，未必人人都懂得记账。

首先，要明确记账的目的和内容。

记账不单是简单记录一些家庭的收支数据，更重要的是通过掌握家庭财产信息，明确哪些是家庭必要开支，哪些是可节省下来的开支。通过记账对家庭资产与负债有所了解，对收支状况进行分析。所以记账是基础，是为以后理财做基础数据。如果没有这个，家庭理财就是无本之源。记账除了记录一些数据外，还可以随手记录一些新鲜的理财理念、最新的财务和投资预算，以及理财心态的变化。

其次，要学会记账的方法。

许多人的记账，就是把每天的开支一笔笔地记下来，完全是流水账，不统计分析，也不控制，更无规律。这样的记账方法很难持之以恒，就算勉强坚持记录下来，也只能像一些琐碎的日记而没有起到实质性的理财作用。

实际上，家庭记账也是一门科学，必须按照科学的方式来进行，才能有效果。

再次，要会利用理财软件巧记账。

家庭事务比较零碎，特别是家庭开支方面事无巨细。工作回家已是疲惫不堪还要用纸笔来记账，确实不太容易。你可以选择合适的理财软件来帮忙记录，免去动笔的麻烦。要想坚持记账，一个是要减少记账的工作量，二是要降低记账的枯燥性，三是要记出效果来。

分析过家庭的收入与支出类型的人都知道，家中超过半数以上的收支是周期性的，如工资、津贴、房租、上网费等，只有一些日常生活消费如食品、日用品是不固定的。因此，利用每月周期性的收支事务，由网络账本来自动记账或提醒记账，就可大大减少你工作量，只需花1/3的时间就够了。

软件记账可以实时进行统计分析，如收支分类统计，比较图，账户余额走势图，每月收支对比，收支差额，预算与实际对比等。有这样图表，就不会枯燥。如果是纸笔来记，你会花费时间在每个月底作统计与分析吗？所以这些事后的工作交给软件自动完成，又省了不少事。

再就是利用好软件中的理财目标，财务报警计划，收支预算等项目，使自己真正地走到理财的专业性上来。

二、不光会记，还要会看

租房子1500元，交通费600元，理发180元，买菜900元……刘太太看着自己记的账单心疼不已，不到半个月家里开销就这么大了，也没见买什么大件商品可是钱就一天天出去了。她觉得很奇怪，她也是天天记账，可是家里的开销就是不见少过。

很多人有刘太太这样的疑惑，感觉天天记账，却不怎么见有效果。记账没错，可是他们却不懂得如何看账。同样是看账本，但许多人根本就算不清楚账单应该怎么来看。他们往往是凭借自己的感觉来判断该不该花，该不该拿钱出来投资。

其实，看账本搞形式主义。在家庭理财中，你应该懂得看账本的方法。要通过看账单，分清哪些钱该花，哪些钱不该花，看一下不该花的钱下次能不能省出来。同时通过掌握家里的收支状况合理安排家庭剩余财产，根据自家的情况作出合理安排。

平日里除了看账单，总结家庭支出的不足以待改进，还要养成每天看新闻和读报的习惯。把看电视剧的时间节省下来看新闻，并且每天看报纸，可能你会觉得这种事太简单了，但做起来并不简单，枯燥难懂的经济学用语可能会让你头痛，报纸上密密麻麻的字也会让你产生压迫感，但毅力是让你成功地走上有钱人生活道路的秘诀。为了投资股票，你要开始关心政府政策，要把读报的习惯坚持下去，这样会使你了解经济运行的规律，如果连这些努力都不想付出，你是无法从股票投资中获得利的。

看财经报纸最好利用坐地铁或者搭公交车的时间。上下班的时候坐地铁的人会有很多，你可能会想："这里拥挤得连呼吸都困难，怎么看报纸？坐着睡一会儿才是最舒服的！"可是只要比平常早出门20分钟，就可以避免严重的交通堵塞，还能在很宽敞的空间里看报纸。

看报纸内容其实也有技巧，要多看财经版块的金融行情，因为那会对你的理财投资项目有直接影响，其次也要总结别人的理财经验作为自己的借鉴。不只看热闹，还要看门道，久而久之你也会成为一名理财专家。

【理财圣经】

总的来说，家庭理财要坚持两点：利用软件巧记账；多看报纸和金融书刊。秉持以上理财要点，相信你很快便能够让自己的家庭不为钱财所困扰。

多米诺骨牌效应对投资理财的启示

多米诺骨牌是一种用木头、骨头或塑料制成的长方形骨牌，源自我国古代的牌九。玩时将骨牌按一定间距排列成行，轻轻碰倒第一枚骨牌，其余的骨牌就会产生连锁反应，依次倒下。"多米诺骨牌效应"常指一系列的连锁反应，即"牵一发而动全身"。

引水方知开源不易，开山之作最费力。万事开头难，不管你是打算周末旅游，还是打算写一篇博客文章，或者是白手起家开创自己的事业，走出第一步，都是非常关键非常重要的，往往也是最难的。只要克服了这个阶段，后面的发展，自然会水到渠成，顺利展开。开始越是艰难，往后越是顺利。就算第一次失败了，只要能从中学习进步，下一步的成功也为期不远。

商业界人士一直很看重所谓的"第一桶金"也是同样的道理。无论你第一次经商的结果如何，赚到利润的多少，关键在于通过第一桶金的挖掘，你迈出了艰难的第一步，并从中吸取经验教训，为下一次尝试找到正确的方向。一旦打开光想不做的僵局，就像打开了一道通往外面世界的大门，也许你即将发现另一片广阔天地。

家庭理财，不外乎开源节流。最常见的累积手法是存钱——存工资，每个月存工资。年轻的时候养成储蓄习惯，不但是给自己的承诺，也是培养财商、积累财富的基本手段。工薪最适宜的存款方式是零存整取，每个月存一点进去，定时定量，很有规律，积少成多的过程也令人得到成就感。有一天，你打开存折会忽然发现，原来都存这么多了。

经过一段时间的原始积累，获得一定数额的固定财产之后，就可以开始考虑通过其他的投资手段来实现财富的增值了。除了收益率偏低的银行储蓄，目前常见的渠道还有国库券、货币基金、股票、房地产等多种理财方式。这时需要拿出一点钻研的精神，找准适合自己家庭的投资方向，勤学肯问，让自己成为"业余的专家"，这是一个双赢的局面：财富和知识齐头并进。

当然，在你投资理财时，除了存折上的数字，还要考虑抵御风险的能力。不要一味追求高收益，把所有的钱放在一个篮子里。在医疗制度不完善，社会保障水平不够的情况下，居安思危的忧患意识，也是很重要的。投资生钱固然可以，但也要记得流出部分钱投入医疗保险、失业保险等稳定性的理财产品。因为天有不测风云，料不准你哪天会突然生病或失业，到那时所承担的财产损失会更大。

生活中的投资和理财，就好像一串多米诺骨牌，首先要小心排好每一张牌的位置，不要让坏习惯毁掉之前的辛勤努力；从第一个牌开始做好理财规划，持之以恒，最后只要选择好正确的时机轻轻一推，就可以等着看你期望的美丽图案。

【理财圣经】

投资理财犹如玩多米诺骨牌，要小心排好每一张牌。

家庭理财困难的事情一一细数

在理财市场蓬勃发展的今天，仍有些人对理财望而却步。究其原因，一方面在于欠缺理财理念，另一方面则是未对理财目标加以定位，显得甚为盲目。其实，理财并非有钱人的专利，每个人只要明确理财目标，想好了再行动，就有希望将之实现。但是很多人却发现理财并不是一件简单的事情，里面也是存在重重困难。

一、难以下定决心

作出理财这个决定是迈出开始理财的第一步。有人说，我家的总收入就没多少，不需要理财，这是绝对错误的，这正是一些人终生贫穷的根本原因。因为理财不仅是使家庭有形资产增值，而且会使家庭内部的无形资产增值。也有许多人认为，"理财"等于"节约"，进而联想到理财会降低花钱的乐趣与原有的生活品质，没办法吃美食、穿名牌，甚至被"不幸"地归类为小气的守财奴一族。对于喜爱享受消费快感的年轻人来说，难免会不屑于理财，或觉得理财离他们太遥远。

其实，理财并不是一件困难的事情，而且成功的理财还能为你的家庭创造更多的财富，困难的是自己无法下定决心理财。如果你永远不学习理财，终将面临坐吃山空的窘境。许多功成名就的社会精英，其成功的重要因素之一，就是有正确的理财观。而越成功的人就越重视理财，因为他们早已体会到了理财的乐趣和好处。

万事开头难，在理财中最难的莫过于下定理财决心。如果你作出了决定，其余的事情相对来说都是小事情了。实际上，任何事情中作决定都是最困难的。这个世界上，谁最关注您的财富？谁最关注你的家庭？是你自己！实际上任何理财活动都是需要你自己去决策的。就算是你找到了一个真正的理财专家帮您，他也只会提出建议，最终的决策还得靠自己，何况理财专家最关注的也只是他自己的财富！所以要想达到理财目标，必须自己参与理财活动，提升你的理财能力。

二、难以持之以恒

家庭理财，贵在持之以恒，循序渐进。面对财富，我们不能只停留于想象，更重要的是要运用一些合理的可操作手段来处理它，坚持做下去，使之像滚雪球一样越滚越大。

开学第一天，古希腊大哲学家苏格拉底对学生们说："今天咱们只学一件最简单也是最容易做的事儿。每人把胳膊尽量往前甩，然后再尽量往后甩。"说着，苏格拉底示范做了一遍。"从今天开始，每天做300下。大家能做到吗？"学生们都笑了。这么简单的事，有什么做不到的？过了一个月，苏格拉底问学生们："每天甩手300下，哪些同学坚持了？"有90%的同学骄傲地举起了手。

又过了一个月，苏格拉底又问，这回坚持下来的学生只剩下八成。

一年过后，苏格拉底再一次问大家："请告诉我，最简单的甩手运动，还有哪几位同学坚持了？"这时，整个教室里，只有一人举起了手。这个学生就是后来成为古希腊另一位大哲学家的柏拉图。

世间最容易的事是坚持，最难的事也是坚持。说它容易，是因为只要愿意做，人人都能做到；说它难，是因为真正能做到的，终究只是少数人。家庭理财不是一朝一夕就能够完成的事情，成功的家庭理财就是在于坚持。这是一个并不神秘的秘诀，但是做到却是真的不容易。

真正阻碍我们投资理财持之以恒的往往是惰性。它是以不易改变的落后习性和不想改变老做法、老方式的倾向为指导，表现为做事拖拖拉拉，爱找借口，虚度时光而碌碌无为。在财富的规划上也是一样。很多人不是没有对财富目标的畅想和追求，只是想法和目标往往在拖拉与借口中变成了泡影。财富就像草原上疯跑的羊

👆 克服理财惰性的步骤

> 要想钓到大鱼，就要持之以恒。

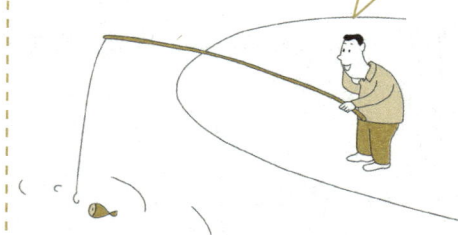

与自己的惰性竞争并不是件简单事，比如很多人都知道理财的重要性，可是坚持不了多久，就被自己的"惰性"打败了。

> 我一定可以做好我的投资理财。

财经讲堂

> 发了工资，先存上基金的钱。

每天强制自己学点理财知识，通过学习，增强自己的理财能力与信心。

做出理财计划，就要严格执行，并在日常生活中不断强化自己的理财好习惯。

群，我们只有早一天拿起鞭子把它们圈进自己的羊圈，才有可能早一天收获财富。如果当第一只羊从你面前跑过去的时候，你因为正在睡觉而没能及时把它圈住，当第二、第三只羊从你面前跑过时，你又因为正在吃饭没能圈住它，一而再再而三，最后只好望"羊"兴叹了。

规避理财惰性的最好办法就是给自己上一个闹钟，时刻提醒着，让我们避免各种借口下出现的疏漏。基金定投就好比一只家庭理财的"闹钟"，通过定期定投的"强制性"来克服人们与生俱来的惰性，从而聚沙成塔，获取长期投资收益。同时，基金定投还具有摊薄成本、分散风险以及复利增值的优点，比较适合有固定收入的上班族、于未来某一时点有特殊资金需求者以及不喜欢承担过大风险的投资者。

就像春天的播种是为了秋天的收获一样，今天的理财也是为了明天的收获。等待秋收的老农从不吝啬耕耘的汗水，同样等待收获的我们又有什么理由吝啬于打理财富呢？

从今天做起，下定理财决定之后，做好理财规划，然后每天每月地坚持把理财计划落实到位，明天你也可以成为富人。

【理财圣经】

方法总比困难多，只要你有足够的决心，并能够持之以恒，所有的困难都将只是你成功理财之路上的垫脚石。

家庭理财，五账单不可少

安全与保障是人生最大的需求。人生中的不同阶段会面临不同的财务需要和风险，由此产生的财务需求均可通过保险来安排。保险的功能在于提供生命的保障、转移风险、规划财务需要，这已成为一种重要的家庭理财方式。提起商业保险，许多人爱恨交加。爱是因为它是生活的必需，恨是因为条款太过复杂，听上去总是一头雾水，难以选择。

挑选保险产品首先要考虑的是自己和家人处在人生的哪个阶段，有哪些需求是必须保证的，再根据不同阶段的不同需求，结合家庭经济状况，选择适合的产品。

保险首要的功能就是保万一。它具有将人们老、病、死、伤带来的经济风险转移给保险公司的功能，使人们保持生命的尊严，家庭保持正常的生活水准。其次，它又是一种规划家庭财务、稳健理财的有效工具，让人们在"计划经济"下平安一生。同时，它还具有储蓄、避税、投资等功能。人们可以根据不同险种的不同功能，选择适合自己的产品。

从踏上红地毯那一刻，家庭生活即拉开帷幕。购房、购车、养育孩子、治病、养老，在整个历程中，至少要选好5张保单。

一、大病保单——堵住家庭财政的"黑洞"

理财专家常说，疾病是家庭财政的黑洞，足以令数年辛苦积攒下的财富瞬间灰飞烟灭。

现行的医疗保障体系（简称医保）也不容乐观。一方面，现有的医保制度是以广覆盖、低保障为基本原则的，而且随着参保人员的不断增加，保险受益会"越摊越薄"；而另一方面，医药费用却是以一个不小的比例每年都在增长。这之间的差距无疑会给家庭带来更沉重的经济负担，何况医保也不是百分百报销，还有不少自费项目、营养和护理等花费，因此看病的花费真是"无底洞"。

再有，医保实行的是个人先垫付、医保机构后报销的制度，如果生一场大病，需要几万甚至几十万元医治，那么自己就必须先垫付这几万或者几十万元钱。你准备好了吗？

购买商业重大疾病保险，就是转移这种没钱看病的风险、及时获得经济保障的有效措施。每年将一部分钱存入大病保险，专款专用，一旦出险，就可以获得保险公司的赔付，甚至会收到以小钱换大钱、使个人资产瞬时增值的效果，以解燃眉之急。

重大疾病保险只赔付保单所约定的大病，如果得了其他的病，需要住院手术，想获得赔付，就要选择一些适合自己的附加险种，如防癌险、女性大病险、住院医疗险、住院收入保障保险等，还可以大人上大人险，小孩上小孩险，经济实惠。

二、人寿保单——爱的承诺，家的保障

在日本有一种习俗，订婚的时候，男方要买一张寿险保单，以女方为受益人，这是一种爱与责任的体现。西方许多国家也都有类似的习惯，结婚后，夫妇双方各买一张以对方为受益人的保单，在自己出现意外之时，爱人仍然可以在原有的经济保障下维持正常生活。

花明天的钱、花银行的钱已经不是生活时尚，而是生活事实了。虽然背着贷款的日子过得有滋有味，可是，万一家庭经济支柱出了问题，谁来还那几十万甚至更多的银行贷款？这个风险也可以用人寿保单转移。开始贷款时，应该计算出家庭负债总额，再为家庭经济支柱买一份同等金额的人寿保险。比如贷款总额是80万元，就可为家庭经济支柱买一份保额为80万元的人寿保险，一旦生活中出现保单条款中约定的变故，就可以用保险公司的赔付金去偿还房贷与车贷。这张保单就是为个人及家庭提供财富保障的。

当我们选择这类险种时，一些小的细节也不能忽略。比如买房险不一定去指定的保险公司，可以像购买其他商品一样货比三家。当然首先应选择有实力的品牌公司和符合自己利益的条款，价格也很重要！

三、养老保单——提前规划退休生活

30年后谁来养你？这是我们现在不得不考虑的问题。我们努力工作、攒钱，习惯性地把余钱存入银行，但面对通货膨胀的压力，我们的存款实际在"缩水"。而且，在过去"只生一个好"的政策下，我们中的绝大多数只有一个"宝"，可你想没想过未来出现两个孩子负担4个老人生活的局面，对孩子无疑是一种巨大的压力？规划自己的养老问题，是对自己和儿女负责的表现。

我们的社会保障中也有一份基本养老保险。个人缴费年限累计满15年，可以在退休后按月领取基本养老金，其金额取决于你和单位共同缴费的数额、缴费年数和退休时当地职工社会平均工资标准。但这只够维持一般的生活。

如果想在退休后直至身故仍能维持高质量的生活，那么就从参加工作开始，考虑买一份养老保险吧。养老保险兼具保障与储蓄功能，并且大多是分红型的，可以抵御通货膨胀，所得的养老金还免交个人所得税，这个险种买得越早越便宜，收益越大。

有些人会认为养老的事老的时候考虑也不迟，事实上那已经晚了。在能赚钱的年龄考虑养老问题，未雨绸缪，才是最有效的。

四、教育及意外保单——孩子健康成长的财政支持

准备教育基金有两种方式：一种是教育费用预留基金。另一种方式是买一份万能寿险，存取灵活，而且另有红利返还，可以做大额的教育储备金。

儿童意外险是孩子的另一张必备保单。儿童比成人更容易受到意外伤害，而儿童意外险可以为出险的孩子提供医疗帮助。

有些家长为表示对孩子的关爱，会为孩子购买金额非常大的保单，甚至超出为父母购买的保单金额，从理财角度来说，这是不理性也是没必要的。保单的规划原则一定是为家庭支柱购买足额保险，这样才能保证家庭的财务支出在遇到风险时也能稳健前行。

五、遗产避税——不得不说的"身后"事

50岁以后，另外要考虑的是遗产问题。遗产税是否开征虽然争论多年，但它是社会财富积累到一定阶段的必然，只是一个时间问题。另外，遗产税税率很高，国内讨论中的税率约40%，这对很多人来说都是难以接受的事情。因此，保险避税已经成为很多中产人士的理财选择。

遗产避税可以选择两种保单，一种是养老金，另一种是万能寿险。因为无论被保险人在或不在，养老保险都可以持续领20年。只要将受益人的名字写成子女，就可以在故去后规避遗产税。

万能寿险也是同样的原理，将受益人写孩子的名字。存第一次钱后，随时存，随时取。身故后所有的保险金也都将属于受益人。

【理财圣经】

安全与保障是人生最大的需求，根据不同阶段的不同需求，结合家庭经济状况，选择适合的保险产品。

第二章

家有一本账，穷家也好当

理财第一步，从记账开始

"每个月感觉没怎么花钱，但是到月底工资总是所剩无几。"刚出来工作不久的曾小姐月入不足2 000元，是名副其实的"月光族"。每月工资照常发，可是一到月末不知怎么钱就花没了。据了解，跟曾小姐一样的"月光族"不在少数，特别是一些刚工作的男士们，出手阔绰，两顿饭就吃去小半月工资，完全没有理财概念。有的甚至出来工作多年后依然是"一无所有"，到了谈婚论嫁之时才开始后悔"老婆本"还没有存，不得不"啃老"。

其实，养成良好的理财习惯并不难，可以从最简单的记账做起。从每天的记账开始，把自己的财务状况数字化、表格化，不仅可轻松得知财务状况，更可替未来做好规划。

周小姐在婚前也是名副其实的"月光族"，每个月的收入不知道花在了什么地方就没了。结婚后由于需要供房，周小姐不得不对两个人收入的每一分钱都精打细算。她现在供职于一家事业单位，收入固定。丈夫供职于一家房地产公司，偶尔会有些奖金。两个人的目标计划是在等待交房的过程中，赚够装修费，最少也得好几万元。

她选择理财的第一步是从记账开始。自从开始记账，每个月哪部分花销大、哪部分花销可以适当增加、哪部分花销不必要，她都了然于胸。为了详细掌握资金流向，积累理财经验，通过不断摸索实践，周小姐设立了日常开支账、伙食专用账、投资专用账三个账本。这三本账，对她家的理财起到了积极的作用，不仅让他们细致地记录下每天所有开支，理性健康地消费，月底汇总后还能及时调整投资方向。

像周小姐一样，现在很多年轻人在需要的时候也开始记账。但因为当今消费种类的日益增多，现在年轻人的记账与过去中老年人拿笔记录有所不同，他们不仅按天详细记录，还会把消费分门别类，比如生活必要开支：食品、交通费、手机费等；日常临时开支：买衣服、买杂志、换手机等；交际开支：请客、聚会、随份子，等等。同时，网上记账还设有每月各项消费比例，消费总额曲线等统计分析功能，方便"账客"了解自己的开支情况是否合理。

一、记账理财关键是"节流"

提到记账，很多朋友会说："我记了，可是并没有起到太大作用，记归记，该花的还在花。"我们不能像流水账那样记账，记账不光是记，还得反思。首先要对每个月的开支先做个预算，比如家用、外用、零用等，对每一项先列个预算支出数；然后再对每笔开销实行记账；最后再来进行对比。通过比较就可以一目了然差异在哪里，进而就可以有针对性地来进行节省。

另外，注意一些生活小细节，不但低碳环保也能省钱。比如说，把家里的照明灯都换上节能的，至少可以节省50%的电费；可以选择在换季时买衣服，价格比正价销售时便宜50%以上，有时甚至只有2～3折。

同样，记账也可有效抵制廉价诱惑，减少浪费行为。在记账本上增加了"节约"和"浪费"这两个栏目，把浪费掉的数目集中记在一个纵栏里，便能有效督促自己。分析后会有惊人发现——便宜的东西，而不是贵的东西，往往会造成更大的浪费。因为便宜，无形中会增加采购量，使得消费总额增加；很多便宜货，质量不保证，使用期限短，单次使用成本更高；对便宜货倾向于不珍惜，更容易被闲置或丢弃。

对此有专家表示，对于每一个人，特别是进入社会不久的年轻人而言，资本的原始积累很重要，只有有了积蓄，投资理财才有"原材料"。现在"账客"的风行，让越来越多没有时间、没有兴趣记账的人可以通过方便快捷的方式记录下自己的收支情况，并且通过网站的多种功能分类进行统计并交流。可以说，记账是理财的第一步。

二、记账需要掌握方法

同样是记账，有人记出来的账是一百年前老太太的流水账，很没有技术含量。其实记账需要掌握方法。

首先，在记账时集中好凭证单据，例如将购货小票、账单和提款单据等都保存好，记录的时候就会井井有条。

其次，每月都将收支细化并且分类，这样收支情况才会一目了然，易于分析。一般情况下可以把收入分为固定收入（夫妻双方的基本工资、补贴等）、奖金、利息及投资收益和偶然性收入（礼金、抽奖所得等）四大类，而支出也可下设生活（家庭的柴米油盐及房租等日常开销）、衣着（购买服装鞋帽或购买布料及加工的费用）、储蓄和其他变动较大的消费（如礼金支出、旅游等）四个明细项目。如果家庭有需要，还可增加"医疗费"、赡养父母、"智力投资"等固定明细的收支。

通过这样看似繁琐，实则轻松的明细归类，你很快会发现记账水平明显提高了不少。对于家庭收支的去向，只要一翻账本就清楚明了了。

家庭事务大部分都是一些零零碎碎的小事情，特别是家庭开支都很细碎，如果

家庭记账的技巧

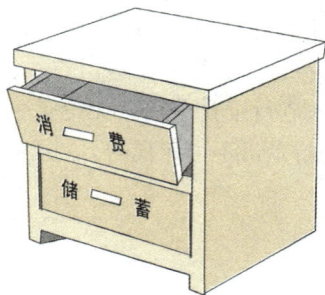

两抽屉法

把记账表分为两类，一类叫做消费抽屉，一类叫做储蓄抽屉。刚开始可能因为计划不合理，会经常动用储蓄抽屉的钱，但慢慢地要逐渐提高消费抽屉的可运用的日期，直至完全不用储蓄抽屉的钱为止。这样慢慢地就会有很多余钱用于储蓄。

多账户法

把账户分为定期定额账户、房贷扣款账户、信用卡账户、现金领用账户等等，便于记账管理和控制花销。

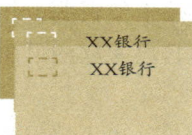

定额提款法

如果实在懒得记账，但还要控制自己的支出，就可以每周定额从自己的提款卡里提取固定金额，大概为月收入的二成，剩下的为储蓄。然后就通过不断控制提取数量直至提取费用的次数、金额不超过目标额为止。

采用流水账记账法，既复杂看不清，工作量也大。最好采用家庭理财软件来记账，这种软件很多网站都免费提供，例如"账客网"，你可以找一个自己最得心应手的，利用它来记账理财。

目前记账类网站已经明显分为两条路线：一是博客类记账网站，用户将消费经验写成文章在空间上共享，此类网站往往在功能上较为简单，而强调的是用户之间的互动和交流；另一类则是典型的专业工具类网站，主要提供用户理想的记账工具，方便用户的日常消费生活，在操作上更为符合"月光族"迫切的需求。

家庭记账中最大的门道还在于将每月收入进行细化分类。无论是手写记账还是网络记账，在这些五花八门的记账技巧中，坚持是最不可忽视的。

【理财圣经】

家庭理财从每天的记账开始，要坚持下去。

先摸家底，后理财

回首2010年，辛苦工作一年，你的收支是多少？家庭资产负债如何？是否拥有较高的财务自由度？恐怕提到这些问题，很多人都是一笔糊涂账。在生活中经常会遇到这样的情况：一些人在消费时总是犹豫不决，不知道这钱该不该花，是不是超出了自己的消费能力；一些人则不知道自己的财务状况如何，更不知道怎样去对其进行优化；更有甚者，连自己有多少资产都稀里糊涂。

对个人和家庭理财，了解自家的财务状况是最基础的步骤。

摸清家底才能使投资理财活动做到知己知彼，有的放矢，否则就是漫无目的，不知所终。现在你就是一名指挥作战的将军，想取得理财这场战役的胜利就得先弄清楚自己手上有多少兵力、炮火。只有这样才能充分运用手上的资源，在金融投资市场这个战场上，赢得胜利，获得财富。所以，随时了解自己家庭的可用资源，是理财的基础之一。

不过，摸清家底并不是搞清楚银行存款的数量这么简单，也不仅仅是每天记账就能理清头绪。你需要做以下几件事情：

一、考量资产结构是否合理——净资产占比

首先，要列出你的家庭资产负债表。资产是指你拥有所有权的各类财富，可以分为金融资产和实物资产两类。负债包括车贷、房贷、信用卡欠款等。用家庭资产减去负债算出家庭的净资产，净资产才是你真正拥有的财富价值。但是，净资产规模大并不意味着你的资产结构完全合理，甚至可能并不是一件好事。

净资产占总资产比率可以帮助你制订合理的理财计划。如果你的净资产占总资产比率过大，就说明你还没有充分利用其应债能力去支配更多的资产，其财务结构仍有进一步优化的空间。对于净资产占总资产比率较低的人来说，应采取扩大储蓄投资的方式提高净资产比率。而那些净资产接近零甚至为负值的人，尽快提高资产流动性并偿还债务，才是当务之急。

二、决定净资产提高能力——结余比率

结余比率就是收入和支出的比值。列出家庭中一年中收入和支出的明细，用年结余除以年收入可以计算家庭的年结余比率。这样，就可以知道你提高净资产的能力，从而为你的结余资金做一个合理的规划。

10%是结余比率的重要参考值。如果这个比率较大，说明你的财富累积速度较快，在资金安排方面还有很大的余地，这就提醒家庭需要安排空闲资金看看是不是要调整理财规划，拿出一部分钱进行投资或者是买保险。如果这个比率较小，则要从收入和支出两个方面进行衡量，是收入太低还是支出太高？收入太低就想办法开源，支出过高就得节流。

三、衡量财务安全度——清偿比率

除了上述两个重要比率，还有一些数据对财务状况分析也很重要。

比如清偿比率，从这个数据能够看出你的偿债能力如何，资产负债情况是否安全。这个比率一般应该保持在50%以上，如果远远超过了50%的标准，一方面，说明家庭的资产负债情况极其安全；另一方面，也说明家庭还可以更好地利用杠杆效应，以提高资产的整体收益率。

而负债收入比率则可以反映你的短期债务清偿是否有保障，这个比率一般保持在40%比较合适。投资资产与净资产的比率：主要是了解你目前的投资程度，这个值不宜过高，但过低也不合适，按照经验测算，一般在50%左右比较合适。

此外还有流动性比率：如果收入稳定，流动性比率可以小点；假如收入不稳定，或者不可预料的支出很多，就应该保持较高的流动性比率。一般情况下，保持流动性资产能支付3～6个月的支出即可。

另外，还需要对你未来的收入以及支出情况进行预测。这样，综合起来，你就对自己的财务状况有一个很全面的认识，同时，也可以针对财务结构上的不足进行优化。

【理财圣经】

对于家庭理财，了解自家的财务状况是最基础的步骤。摸清家底才能使投资理财活动做到有的放矢。

健康的家庭财务状况要满足 6 个条件

良好的资产负债结构		量入为出的财务负担
足够的紧急备付能力		良好的资本的积累习惯
收入来源多元化		稳健的投资理财能力

家庭理财三账本

网友"春天不会远"是一家公司的文员，33岁，月平均收入4000元，老公于阳在某电脑公司做营销工作，月平均收入6000元，女儿晶晶今年5岁，正在上幼儿园。他们现有一套90平方的产权住房，另外有银行存款20万元，即将到期的国债10万元。

对于理财，"春天不会远"和先生均没有太大的概念，发了工资一般不是存银行就是花掉，随机性较大，几乎没有任何家庭消费计划和理财规划。按说两人的收入不算低，但前几天两人静心回顾了一下前一年的大体收支以及理财收益情况，真是不算不知道，一算吓一跳，其结果让两人非常郁闷，先生还编了句顺口溜对上一年的家庭消费理财自嘲：全年结余不足万元，理财收益少得可怜。她家年工资收入12万元，国债利息收益2300元，家里添了一台电脑9000元，女儿幼儿园赞助及杂费1.6万元，女儿学钢琴开支4000元，父母养老费1.2万元。能想起来的大的开支就这几项，但最后基本家庭年结余只有8900元。她想不明白，钱到底花哪儿去了？

"钱不知道怎么花了"，相信这是每个家庭及个人都普遍存在的问题。像网友"春天不会远"的家庭一样，花钱无计划，想买什么就买什么，这是导致开支增大的一个主要原因。

随着经济收入的增加，现代家庭中各种有价证券、票据、存单、金融卡以及其他重要金融资料日渐增多。为了保管和整理好这些宝贵的资料，以便账目清楚、取用方便并避免因管理不善造成的不必要经济损失，广大家庭有必要建立理财的三个账本：家庭理财记账本、家庭贵重物品的发票档案本、家庭的金融资产档案本，做到对每一项开支都心中有数，以便及时的调整消费和投资方向，让家庭的理财更合理、更科学。

一、理财记账本

家庭理财账簿可采用收入、支出、结存的"三栏式"。在方法上，可将收、支发生额以流水账的形式依次记载，月末结算，年度总结。同时，按家庭经济收入（如工资收入、经营收入、借入款等）、费用支出（如开门七件事、添置衣服等费用）项目设立明细分类账，并根据发生额进行记录，月末小结，年度作总结。

二、发票档案本

该账本主要收集购物发票、合格证、保修卡和说明书等。它们是个人在购销商品、提供劳务或接受劳务、服务以及从事其他经营活动时所提供给对方的收付款的书面证明，是财务收支的法定凭证。当遇到质量事故给消费者带来损失时，购物发票无疑是消费者讨回公道、维护自身合法权益的重要凭证，所以一定要妥善保存。

在保修期内，保修卡是商品保修凭证，在所购物品出现问题时只有凭借保修卡和购物发票及时退换或者维修商品，否则很有可能是需要你自掏腰包。在发生故障时，说明书是维修人员的好帮手。

及时保管好发票一方面可以了解家庭支出情况，另一方面可以帮助节省不必要的维修费用，有利于家庭经济的稳定与发展。

三、金融资产档案本

它能及时将有关资料记载入册，当存单等票据遗失或被盗时，可根据家庭金融档案查证，及时挂失，以便减少或避免经济损失，这实际是家庭隐性理财的一个方面。其实，在进行理财计划时，一切重要的文件均应该妥善保管。妥善保管理财文件，相当于保管好自己的财产，有助于保障你自己的家庭利益。

通过三个账本的建立，把家庭所有财产项目都一一记录，然后再分类总结，就成为具有自己个人特色的家庭账本了。一个星期一总结，一个月一总结，然后按时间再总结理财的经验、心得和教训。记住，记账的目的不是记账，是找出问题，发现问题，然后改进。

【 理财圣经 】

家庭理财要有三个账本，凭此了解自家的财产去向，并据此及时做出适当调整。

学做"账客家庭"有讲究

"账客"是对在网络上拥有自己的网络账本，并且有记账习惯的人群的统称。顾名思义，通过互联网记账的家庭就是"账客家庭"。账客家庭的生活主张是："看别人花钱，帮自己理财！"他们的记账口号是"记账就用随手记"。

理财是每个家庭的必修课。尤其对于一些年轻人，从单身贵族过渡到幸福浪漫的二人世界，日子肯定过得越来越甜美。伴随着每天的衣食住行，两人共同的生活开销逐步增多，家庭财政状况变得复杂，每天的花销不再是光靠脑子就能记住的了。

众所周知，理财最基础的工作就是日常收支的记账。几乎是每个理财专家都强烈地建议我们每个人从现在开始就养成良好的记账习惯。在记账时需要尽量保证每一笔记账操作的及时性、准确性、连续性，也就是说需要在每一笔收支发生后及时进行记账，同时保证记账记录的正确（最好精确到分），而且还要做到记账能够坚持不懈，接连不断。

经过调查，超过95%的家庭都无法做到上述的记账的三点特性——准确性、及时性和连续性，因为很多人都觉得记账是非常枯燥无聊的一件事情，特别是随身携带一个记账本。现在有很多的电脑专家就在理财顾问的协助下设计了一套套的家庭理财记账软件，我们不妨借助这些家庭理财软件减少记账工作量和降低记账枯燥性。

因此，现代社会就衍生出很多账客家庭。在信息技术高度发达、计算机广泛普及的今天，越来越多的家庭不再采用传统的手写记账的方式，而是选择了用电脑软件记账。

网上记账优势明显，一方面它方便快捷，可保证数据安全，另一方面它既可以公开，也可以隐秘，同时还具备统计分析功能，因此受到广大家庭的喜爱。看似简单的记账，实际上体现的是一种新型的理财观念，学习优良消费理财经验是广大"账客"热中网络账本的另一原因。在记账网上，理财投资、闲置交换、购物心得的帖子随处可见，网络账本已成为各种生活方式及消费理念的交流平台。记账网站还有预算功能，用户可以为自己或家人订制理财计划。每月或每周预算，并能随时和实际发生额相比较，在即将超支的时候，系统会及时提醒。

诸多白领们都讨厌记账，因为如果一味为了完成记账任务，降低了开销和消费的乐趣；最为关键的就是为了回忆和确认每一笔收支的具体数额，所花费的时间、精力和心情有时候远远大于记账本身带来的意义。

那么有没有一个比较好的方法来完成这个理财的最基础、最根本的工作呢？答案是有的，下面介绍一些"账客"理财必备的法宝。

首先，申请一张信用卡。

信用卡以其刷卡消费的便捷性受到社会大众的喜爱，现在拥有信用卡已经不足为奇，很多人都有一张或者多张信用卡。在今后生活中的任何开销，只要是可以不用现金的地方，统统进行信用卡的刷卡，就连水、电、煤气的费用以及电话费也都可以。对于一个家庭来讲，开办一张信用卡并且办理一张信用卡附属卡也是不错的选择。家里的财政开支都在同一账户进行，可以使消费信息更加明确和集中。

由于所有的银行都需要通过贷记卡的服务来赢利，所以各家银行都会在电脑上保存好客户的每一条消费记录。这样，我们就可以"强迫"银行来帮助我们记录和监控包括消费数额、消费用处、消费地址、消费时间在内的每一笔开销的所有信息，而我们只要在每个月底等待或者索要信用卡消费的对账单，就能轻轻松松地清楚地了解账户资金流动明细情况。通过核实月底账单，我们可以确保没有一笔遗漏的账户，一旦有所模糊，还可以电话质询相关银行的服务台获取详细的信息，同时月底将这些信息录入到电脑软件当中。

这样的"消费对账单"服务是任何一家商业银行的贷记卡的基础服务，根据消费者使用情况来看，招商银行、工商银行和中国银行的信用卡都是家庭理财的不错选择。

其次，尽量减少现金的使用量和使用场合。

由于信用卡的方便快捷、免记录的优点，在生活中能用信用卡就尽量用。当然，生活中还是有很多的地方难免使用现金的，比如集贸市场、小型商店、早餐店、日常用品店以及停车费等。这里的解决之道有两个：一是可以在每次现金消费时，尽量索要记录消费内容和时间的凭证，方便日后登记用。二是定期清点皮夹中的现金量，一旦发现少了200块左右，就需要及时整理登记该阶段的所有消费凭证，将其录入到电脑软件当中。

发黄的老账本已经是很久远很久远的记忆了，现在的年轻人花钱大多很随性，很少有人会记得记账本。网上账本作为一个新生事物出现，给这些不愿意一笔一笔记账却又十分需要理财的年轻人提供了一个理财的好方法。在我们身边这样的网上账客已经越来越多，而且这些账客大多也凭借网上账本很好地梳理了自己的收支情况，你不妨也尝试一下。

【理财圣经】

找一个适合自己的家庭理财软件，从明天起也学做一名账客。看别人花钱，帮自己理财！

小账理大钱，记账对家庭金钱更负责

一对夫妻在每天上班之前总会去买一杯拿铁咖啡喝。有一天，一位理财顾问告诉他们：每天少两杯拿铁，三十年省七十万元！他们惊呆了。

这就是所谓的"拿铁因子"！这个说法来源于对大多数美国人"月光"状况的认识，他们丧失了让自己成为百万富翁的好机会。这里花去一美元，那里用掉一美元，这些钱攒下来的话到年底就是一大笔。每天一份报纸，上班路上买杯咖啡，哪天嘴馋了再买块蛋糕……看似每一项都用不了多少钱，可是你想过吗，这些钱如果累积起来可不是一笔小数目呢。

通常，钱的问题通常不在于收入太少，而在于开销太多。正如上面说的那对夫妻每天早上的拿铁，多数人都浪费很多钱在"小地方"上，而这些小地方累积起来就是让人吃惊的大数目。

"拿铁因子"是否就出现在你身上呢？例如，每天早晨上班前的一杯拿铁咖啡、看到商场促销就买的衬衣、跨行提款的几元手续费、熬夜网游的电费和流量、四元的饮料、加钱送到家的外卖、十一元的打车费、付了钱却未真正使用的健身卡……这些非必要的开销的东西加起来，就是可怕的"拿铁因子"，足以掏空你的腰包。你是这样，你的妻子/老公也是这样，慢慢地钱越来越少，家底越来越薄。

曾经有人以"人有两只脚，钱有四条腿"来形容花钱的速度。欲望是无限的，要想节制自己的消费冲动，客观上创造一些阻挠消费的条件，有时候也能够起到一些积极的作用。于是，戴维·巴哈提出"聪明夫妻七天财务挑战"，即随身带一本小本子，将七天里不论金额大小消费全记录下来，不能刻意改变花钱习惯。最后再摊开本子，检讨哪些开销是不必要的。他认为，只要连续记七天的账，把记账形成习惯就能改变一生的财务生活。善用记账这个"老掉牙"的方法不仅可以帮你把"拿铁因子"找出来，甚至还能进一步找出"双倍拿铁因子"，提前实现自己的家庭财富梦想。

通过这个小小的举动节省家庭开支，何乐而不为呢？重要的是，无论是每日记账或是做年度预算表，主要的目的都在于了解自己的现金流状况。我们可以从记账记录中得知道个人日常生活资金运作的状况，当发现现金流动有异常状况时，可以随时知道并及时作出应变，找出消费中的漏洞，把家庭的财务状况调整到健康有序的轨道上来。

当然，尽管很多人都清楚地知道记账的重要性，但在普通人的家庭生活中，记账的比例却远不如想象中的高，就算一时真的有"雄心壮志"，通常也是"三天捕鱼，两天晒网"，没几天就放弃了。记账贵在坚持，仅记两三个月的账是远远不够的。只有在持续的记账中，你会慢慢发现，当记账已经成为一种习惯时，原来一直困扰你的那种"麻烦"感，已经被一种称为"理所当然"的惯性所代替。进而你又会发现，记账其实只是个模式，改变的却是自己对金钱负责的态度。

需要着重指出的是，光有坚持的记账只能说成功了一半，而另外一半则在于监视和执行。很多记账人虽然每天在账本上留下"印记"，但这些"印记"依然停留在符号阶段，并没有对此进行监视，在日常消费中照旧我行我素，更不用说将发现问题并解决问题这一执行落实的过程。以严格的纪律约束自己，定期检查，并确实

家庭记账的好处

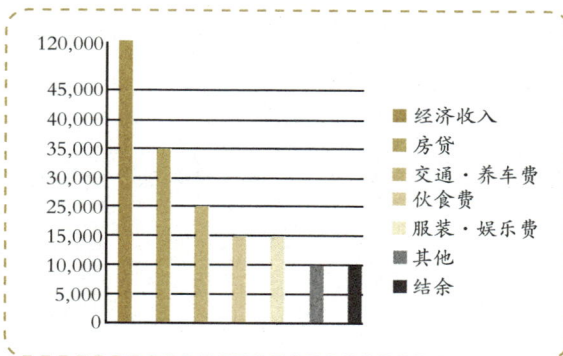

经济收入
房贷
交通·养车费
伙食费
服装·娱乐费
其他
结余

通过记账能全面反映家庭在一定时期内的经济收入，支出以及结余情况，能使家庭人员对自家的经济收支及其结余情况心中有数，因此，能起到鼓励人们积极组织家庭收入的作用。

能使家庭人员本着先收后支、量入为出的原则，有计划地、合理地安排开支，节省费用。

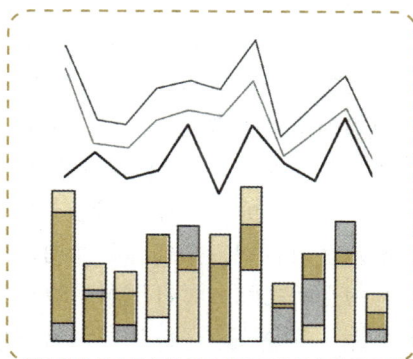

通过记账还能为制订下年度家庭经济收支计划提供参考资料，有利于家庭理财。

执行，才能避免功亏一篑。

不过，有部分人在记账过程中走进了一个误区，认为记账的唯一目的就是省钱。因此，在每每要消费时，想到在账本上即将记上这一笔，就尽量节省甚至该买的也不买，这样在心理上就有了负担。最后可能造成消费欲望积聚到一定程度而形成大规模的爆发，就像减肥失败之后的大肆反弹，不仅使得之前的节约努力付诸流水，甚至花费更多；抑或，消费欲望虽然成功压抑，但是对生活质量造成负面的影响。

其实，无论是"拿铁因子"还是记账都只是一种提醒，但不是使我们一毛不拔的理由。真正的财富自由的定义是在有计划的"每月盈余"之下，仍有自由消费，不会因为追求财富自由，而失去生活的自由。因此，在记账过程中，抓大放小，是为正道。在记账中既要能省也要会花，当然这也是一个坚持不懈的过程。记小账理大钱，通过每次花费的合理控制，是自己对挣的每一分钱负责，也是对自己家庭的负责。

【理财圣经】

钱的问题通常不在于收入太少，而在于开销太多。通过记账这个小小的举动节省家庭开支，何乐而不为呢？

记录理财日记，掌握变局赢得先机

随着理财观念越来越多地深入人们的生活中，记账成为了理财中最基本的也是最重要的一个环节。理财是一门学问，投资的过程有所得也会有所失，只有善于总结经验和教训，才能在投资理财的路上越走越宽，实现期望的目标。而家庭理财计划也应每年随着经济形势的变化不断修正，不断完善，这些都需要在总结以往经验教训的基础上才能实现，其实不妨记一记理财日记，在对日常投资理财的分析中，了解理财最新情况，分析利弊以赢得先机。

第一步，分析家庭财务状况。

记录理财日记，做好理财计划，首先就是要了解自己有多少"家底"可用做投资，利用空闲之际，对自己家庭的资产进行一下盘点并进行分类划分，具体可分为以下几类：现金资产，包括现金及各类存款；消费性资产，包括汽车、家用电器、自住房等；保值性资产，包括黄金、珠宝收藏品等；投资性资产，包括股票、基金、投资房产、期货等。

除了资产以外，家庭负债也是要作分析的，家庭负债一般来说有房贷、车贷、信用卡账单、水电费账单等。通过记录数据，分析家庭负债情况，可以帮助大家在

如何设置家庭理财目标?

第一步

列举所有愿望与目标

把你能想到的所有愿望和目标全部写出来,包括短期目标和长期目标。该过程需包括家庭所有成员,这也是一个非常好的家庭交流的机会。

第二步

筛选并确立基本理财目标

在家庭愿望中有些是不太可能实现的,就需筛选排除,把筛选下来的理财目标转化为一定时间实现的、具体数量的资金量。

第三步

目标分解和细化,使其具有实现的方向性

制订理财行动计划,有些目标不可能一步实现,需要分解成若干个次级目标。设定次级目标后,你就可知道每天努力的方向了。

投资和还贷之间作出合理选择。

第二步，设定理财目标。

在进行每月的理财投资常规记录前，要根据自己的情况设定理财目标，需要从具体的时间、金额和对目标的描述等来定性、定量地理清。知道目标行动就成功一半。所以家庭理财成功的关键之一就是建立一个周密细致的目标。

第三步，制定年度收支预算。

根据投资日记的记录，在年底总结一年的花销，同时把明年的各项计划所需的花费估算出来，预先安排资金来源。要预留弹性空间，根据固定收入和固定支出与下年度要达成的理财目标，以及特定收入（年终奖金）与特定支出（年缴保费、学费）来定每月的收入与支出预算。按照理财目标发生的时间来安排资金，如果有资金缺口的话，就要考虑动用以前的存款或将投资性资产变现来解决。如果日常收支有节余，则要作好日常投资的打算，以免形成浪费。

第四步，分析环境，配置大类资产。

在年度计划中，对外在经济环境的检视非常重要。对于明年的经济状况，如果没有自己的看法，可多找一些财经类的杂志和报刊，年底各大机构都会有相应的投资报告推出，或是多关注财经频道，有助于及时了解国家经济政策、世界局势，从而做到"顺势而为"。根据上一年所作的总结，从中归纳分析出理财失误的原因，是开始新年度理财计划的必要条件。

自我检讨和外部环境分析，决定家庭大类资产的配置。广义上讲，资产主要分为三大类：权益类资产，以股票为典型代表的、投资收益主要由价格波动带来的资产；固定收益类资产；其他个人资产。资产配置就是根据投资者本身对收益的要求、自身的风险承受能力以及市场形势的分析判断进行有效的大类资产比例划分。确定了自己的风险属性，然后就可以进行投资品种、投资时机的选择了。

坚持记录理财日记对于提高家庭投资技巧很重要也很有效，一方面清楚地知道理财过程中的一切，另一方面也可以保证理财思路的连贯性，加强对理财市场的认识，你不妨也记一记。

【理财圣经】

家庭理财计划也应每年随着经济形势的变化不断修正，不断完善。

第三章
家庭理财要从娃娃抓起

理财教育的意义远在钱外

在每个成长阶段中，每个人会学习到不同程度的理财知识及方法，投资理财工具也会不断推陈出新，近几年尽管经济不景气，民众仍有不少理财工具可选择，但若从小时候就培养出正确的理财观念，将来无论经济环境如何变迁，理财商品如何翻新，都会因为有最正确充足的理财基础，能适时调整理财目标与策略，不被市场牵着鼻子走，永远都能轻松累积资产，而这是父母给孩子最大的财富，所以教孩子理财是年轻父母的当务之急。

谢颖是成都市武侯区某中学学生，家境优裕，父母对她甚是疼爱，除隔三岔五为她买名牌衣服外，每月至少还要给她五六百元零花钱。她的零花钱是这样开销的：打电话或发短信跟朋友聊天，参加电台短信互动节目，月支出近200元话费；买书籍、CD等，月支出200多元；周末和同学打打网球什么的，至少花费100元；偶尔宴请同学一顿，百八十元……如此下来，不时还得到爷爷、外公、叔叔、舅舅那儿"透支"点。

教育孩子不只是给孩子钱就够了。时下，像谢颖这样高消费的孩子不在少数。各大中小学周边，商家们都目不转睛地瞄上学生，各类促销活动、诱人的折扣，让众多孩子心慌手痒。商场里，一身名牌、胸前挂手机的学生们，往往不是选购实用的文具而是选购新款MP4。校园内，孩子们拿着名牌手机发短信、煲电话粥，或者是纷纷邀约同学小聚，一个月的话费至少也得五六十。现在的大学生都是"月头的财主，月底的花子"，用完了就各显神通谁有钱蹭谁去。种种现象，反映出部分青少年个人理财意识、技能的缺失和低下。这些状况，不仅对青少年自身发展不利，给家庭和社会也带来严重的负面影响。

在孩子的成长道路上，父母的精心栽培和关爱是必不可少的，相信所有父母对孩子的将来都抱有美好的憧憬。而与此同时，接踵而来的各项支出，特别是孩子的教育费用支出令大多数父母感到了压力。单纯依靠储蓄存款解决不了问题，因为教育费用每年都不少，而通货膨胀又使购买力萎缩。因此，如何为孩子未来成长做好合理规划

理财教育的五个技巧

一、父母自己要有理财意识和科学理财方法，要有良好的节俭习惯，为孩子做出榜样。一个花钱大手大脚、不会节俭的父母亲很难教会孩子如何科学地理财。

今天让儿子做一个购物清单吧！

二、家长可以让孩子一起参与制定家庭财务计划。让孩子参与其中，帮助他们体会知道生活要有计划，需要节制，不能无度挥霍。

三、让孩子学会记账。学费要多少钱？收入多少，支出是多少，有多少剩余？让孩子了解家庭的日常开销和收入以及挣钱的方法。

从今天起你要把自己花的每一分钱都记录下来！

四、家长也可以与孩子签订一份"零用钱合同"，签订"零用钱合同"是西方很流行的让孩子学会自我管理、自我约束的方法。

五、和孩子一起学习掌握基本的金融知识与工具，使孩子懂得既要合理、合法地赚钱，又要有良好的消费习惯。

成为父母非常关心的问题。很多家长省吃俭用，给孩子提供了极为优越的条件，以为只要给孩子钱就可以，却忽略了教孩子如何花钱，如何形成良好的理财习惯。

理财教育是家庭理财中的重要一部分，父母为孩子精心设计的理财方案只能为孩子提供有限的金钱，最重要的还是让孩子自己懂得理财，那就可以使有限的资产不断得到累积。对于孩子来说，这才是给他们最有价值的财产。西方教育专家认为，儿童应从3岁开始接受经济意识教育，从认识钱币、独立购物到懂得节约、自己制订用钱计划，最终能够参与成年人的理财活动，每个年龄段的孩子都有相应的教育计划。

在孩子成长的过程中，最重要的是从小培养孩子的金融意识，养成孩子良好的理财习惯，树立他们正确、朴素的金钱观，这将使孩子在今后的人生道路上获益匪浅，也是父母为孩子所做的最重要的人生规划。这就是父母在把对孩子的教育投入作为潜力股时应当注意到的，只有这样，才能更好地让"潜力股"快速升值，实现父母的投资心愿。

其实，授之以鱼不如授之以渔，给孩子再多鱼吃也不如给孩子一支钓竿教会孩子如何捕鱼，理财教育的关键在于帮助孩子形成良好的理财意识和习惯。毕竟再多的钱都有被花光的一天，可是懂得理财，就可以使有限的资产不断累积，而正确的理财观念必须从小养成，对于孩子来说，这才是给他们的最有价值的财产。同时也表明了理财教育的重要性。

现在，部分银行开办了儿童账户业务，帮助父母一起培养孩子的理财意识。通过精心设计的一系列储蓄、个人保障、亲子活动，既增进了父母和孩子之间的亲子关系，也全面照顾了孩子的成长需要。当孩子开始有零用钱的时候，就可以教他们具体设定理财目标，审视自己存了多少钱。父母可以陪着孩子一起计算，并记录下来，而当孩子会写数字，并且具有基本的加减概念后，可以给孩子一本账簿，让他们学习如何记账。

【理财圣经】

授之以鱼，不如授之以渔，理财教育的关键在于帮助孩子形成良好的理财意识和习惯。

培养理财能力要从小抓起

靠白手打拼起家的李嘉诚很早就开始关注对孩子的培养，据说，当李泽钜和李泽楷还只有八九岁时，他就专设了小椅子，让两个儿子列席公司董事会。次子李泽楷的零用钱，都是自己在课余兼职，通过当杂工、当侍应生挣来的。每逢星期日，他都到高尔夫球场去做球童打工，背着大皮袋跑来跑去，通过自己的劳动，领取一份收入。李泽楷将打工所得，除了用作自己日常的零花钱之外，有时还资助生活困难的同学。李嘉诚知道后十分高兴，他对妻子说："孩子这样发展下去，将来准有出息。"

培养理财能力要从小抓起。孩子如同早晨七八点钟的太阳，是一个家庭未来的希望。一个孩子的理财能力直接关系到他成人以后在社会上的生存状况，是个很重要的问题。从小抓起，从娃娃抓起，令孩子形成良好的理财习惯，足以使孩子受益一生。家庭、学校和社会都要对此引起足够的重视，多方携手共同努力，让孩子从小形成正确地对待财富的态度，掌握一定的理财技巧和能力。

一是培养孩子良好的品质。

理财教育就是教育孩子掌握正确的理财方法和形成良好的理财习惯，这当中自始至终包含着品德教育的内容。比如通过了解金钱与工作的关系，让孩子懂得父母挣钱的艰辛，进而珍惜别人的劳动，产生孝敬父母、回报父母、回报社会的情感和行为动力；懂得金钱不是从天上掉下来的，要取得成功需要付出、需要奋斗的道理；诚实、守信是经济生活中取得成功不可或缺的品格，等等。

在生活当中，不管是买东西给孩子或是给孩子零用钱，都要教育他们好好爱惜物品或保管金钱的习惯。若物品是因为孩子的疏失而损坏，不小心弄丢了钱或是恣意浪费时，要让他们对这些失去或损坏的金钱物品负责。例如弄丢或浪费掉的钱，在下次发零用钱之前都不会再给，物品损坏也不会帮他再买一次，在提供这些金钱或物品之前，要很明确地告诉他们好好爱惜，并强调在任何情况下都不会再供应，这样才会让孩子更珍惜他所拥有的金钱或物品。

二是锻炼独立做事能力。

现代心理学的研究表明，儿童在幼儿阶段就有了独立意识的萌芽，并逐渐产生自我意识与自我表现欲望。让孩子理财，无疑为孩子提供了自我实现的极好实践机会，使他们从支配自己的零花钱开始锻炼独立做事——既能独立赚钱，也能独立花钱。

既然要教孩子理财，就要相信他们可以自己处理金钱，父母只是在一旁提供必要的协助及咨询，给他一定的可支配金额，让他们用自己的方式去管理，重点是要让他们学习如何让每一分钱可以发挥效用，例如：孩子可以用自己拥有的钱去买想要的东西，而不需向父母伸手要；一旦金额不足又非买不可时，可鼓励他们想出取得差额的方法，但重点是这个方法必须要是正当的，例如：以做家事换取奖励等。这是在教他们如何正确赚钱，有钱才能够消费。

三是提高辨别和分析事务的能力。

当孩子面对铺天盖地的广告宣传和名目繁多的促销活动的时候，需要做出符合自身情况的判断和选择；当孩子打算用自己手中的钱购物的时候，需要再三考虑购买的必要性，对商品的价格、质量等进行考察。成功的理财教育，可以帮助孩子在

✋ 父母培养孩子理财能力的误区

> 妈妈买的这款包好看吗？两千多，女人就得对自己好一点。

> 妈妈说得对，就得要好的。

> 你为什么不愿意把花的每一分钱都记账？别的小朋友都能很好的完成啊。

> 只有把这个做好了，你将来才能赚大钱，过上好生活。

父母不节俭的消费行为无形中影响孩子。有些父母生活中没有养成理财的好习惯，长此以往，孩子就会在消费中滋生虚荣心，缺乏理财能力。

有些父母错误地把"理财"和"赚钱"混淆在一起，因此怀着"造就富翁"的心态来培养孩子。如此错误的金钱观，很难培养出孩子真正的理财能力。

> 我让你乱花钱！

> 给我买架飞机我就吃饭。

> 好，你只要把饭吃了，爸爸这就去给你买。

有些父母对孩子的花销管得太细，处处不让孩子接触钱，这容易让孩子缺乏对钱的正确认识，更谈不上对理财能力的培养了。

有些父母对孩子太"宠"，长大后，孩子由于父母的宠爱，养成了大手大脚花钱的坏习惯，根本学不会理财。

得到物有所值的商品的同时，所获得的还有分析和辨别能力的提高。

四是学习管理经济事务。

在现代社会，无论个人怎样生活，无论从事什么职业，每个人都会不同程度地与钱发生联系，当家理财是家庭生活的组成部分，有助于生活得更加幸福美满。让孩子从小接触钱、了解钱并学会如何合理使用钱、管理钱，有利于培养孩子的经济意识和理财能力，以适应未来经济生活的需要。

理财教育要从小抓起，多方面提高孩子的理财技巧和能力。因为年龄小，可能小孩儿缺乏理财的意识，孩子的外在行为往往有很大的部分是受父母的影响，所以当要求孩子应该怎么做或不能做什么时，要先想想自己的行为是不是影响到孩子的价值判断，要孩子做到的事情，自己得先做到才有说服力，现在的孩子自主性都比从前强得多，在孩子面前得以身作则，自己先做好榜样，才可能导正孩子的价值观。

【理财圣经】

培养孩子的理财能力，会让孩子受益一生。

不要羞于和孩子谈钱

在今天的市场经济社会里，虽然人们的思想观念已经发生了巨大变化，"钱"在人们生活中还是一个令人尴尬的话题。我们重视钱，却又忌讳谈钱，认为谈钱太过俗气。"羞于谈钱"仍然是人们的普遍心理，针对少年儿童的金钱和理财知识的教育，更是一片空白。很多家长在孩子面前闭口不谈钱，担心跟孩子谈钱或者让孩子过早地接触钱，会使孩子"钻进钱眼里"，或者给孩子造成阴暗、负面的心理影响。这使得很多孩子从小不能对金钱形成正确的认识，"不会花钱"，更谈不上规划钱，规划自己的事业和人生。

其实，父母跟孩子谈钱不应是一件尴尬的事。理财的观念在现今的时代是很普遍的，几乎每个人都在做理财规划，并且已经成为一种习惯。习惯若是能够从小就开始培养，将来长大后，在成人的社会里碰到任何与金钱有关的事物，都可以从容以对，因此时下的理财教育，已开始向下扎根，不少书籍也教导父母如何和子女谈钱。

刘阿姨刚上小学的儿子很想参加一个小记者班，她就为儿子交了学费。某天，小记者班要到户外举行采访拍摄活动，儿子兴致勃勃向妈妈要活动费，可这位妈妈很郑重地告诉她的儿子："要去参加活动，费用自理！"

小朋友傻眼了："我的压岁钱早就用光了呀！"于是妈妈就开始诱导他："你

已经长大了，可以帮妈妈干家务活了，要不这样，从今天起，你负责饭后的洗碗。每次的报酬为1元钱，怎么样？"儿子很爽快地答应了，因为他太想去采访拍摄了。

接下来他就上岗了。考核制度挺严厉，打碎了碗也要罚款的。开始这种机械而繁重的活让他感到很不适应，可是他为了攒钱，还是坚持了下来。尽管期间他曾抱怨过工资太低，妈妈就向他分析说："这是一件很简单的事情，不需要什么技能就可以做的，所以报酬低。如果你做的事需要动一些脑筋，不是所有人都能随便做到的话，那么报酬就会高起来的，这就需要你不断学习才能做到呢。"小朋友似懂非懂地点点头，终于攒够了钱参加活动去了。

这位妈妈教育孩子的方式是不是能给你一点启发呢？看来，可以利用孩子的兴趣，好好培养一下孩子的"赚钱"意识。只有学会了自己赚钱，才能真正做到"会花钱"。一个人如果不善于预算消费，就会入不敷出，就无法自立，也就根本谈不上成功。

事实上，孩子一般在三四岁时，已萌发了花钱的意识。此时，父母就要开始教育孩子理财方面的知识。教育孩子学会存钱，钱只有在存到一定数目时才可以花，以使孩子形成良好的处理钱财的观念。同时，还要培养孩子从小就形成靠自己的劳动来赚钱的意识。随着孩子一点点长大，他就会自然养成珍惜金钱的习惯。如果你还没教孩子如何理财，那么现在就赶快行动吧。

第一，学会让孩子掌控钱。在日常生活中，很多家长担心孩子乱花钱，所以剥夺了他们掌控钱财的机会，这样一来孩子反而容易养成要花钱就伸手、有钱就花光的习惯。其实在平日里，父母不妨多给子女一些接触钱的机会，如以月为单位，给孩子一定额度的零花钱，让他们自己来掌控这笔钱的花销，家长可以为他们出谋划策；对岁数稍大一点的孩子，可以给他们设计一个账本，由他们自己来登记支出和结余。让孩子掌控属于自己的钱，使他们从小培养量入为出的理财意识。好习惯一旦养成，则会终身受益。

第二，鼓励孩子通过家务来获得报酬。

虽然孩子做家务是对家庭的责任和义务，但也不妨尝试一下通过"按劳付费"做家务的方式鼓励他们凭自己的劳动赚钱。通过做家务来获得零用钱的方式，让孩子在从劳动获取收入的过程中，亲身体验到工作的艰辛和财富的来之不易，珍惜手里的每一分钱。

第三，示范明智消费。家长带着孩子购物，要货比三家。在寻找物美价廉商品的过程中，同种商品的差价可以使孩子更直接地感触到消费过程中的浪费与节俭，引导孩子形成良好的消费意识，从而使他们自己支配零花钱时会更加理智。

第四，带着孩子理财投资。除了教会孩子合理地花钱、有效地挣钱，家长们也可以试着告诉孩子一些基础的金融知识，带着他们做一些简单的投资。现在有许多家长为孩子开立银行账户、投资基金，甚至是购买股票，但却忽略了让孩子参与。

金钱教育不可少

金钱是一把双刃剑，如果缺乏完善、正确的价值观指导，就有可能对孩子产生负面的影响。为了避免金钱给孩子带来伤害，也许家长应当尽早培养孩子健康完善的价值观和理财观。

美国：每年 300 万孩子打工

在美国，鼓励孩子打工是教会孩子处理财务的重要手段之一，美国每年大约有300万中小学生在外以各种方式打工挣钱。

以色列：挣钱和节俭一起教

犹太人的理财教育最为重要的还是教给孩子们关于钱的最核心的理念，那就是责任。孩子知道钱怎么来的，也就更进一步地知道了节俭。

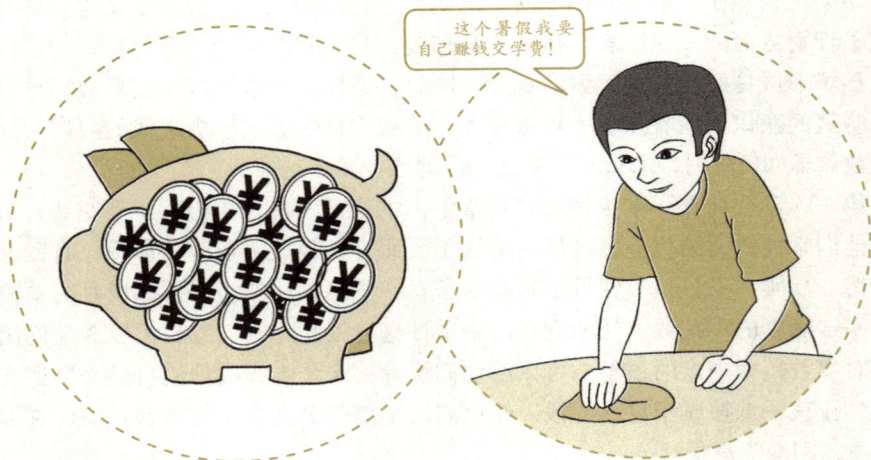

> 这个暑假我要自己赚钱交学费！

英国：1/3 儿童钱存银行

在英国，儿童储蓄账户越来越流行，大多数银行都为16岁以下的孩子开设了特别账户，有1/3的英国儿童将他们的零用钱和打工收入存入银行和储蓄借贷的金融机构。

瑞士：小学生挣钱体验生活

瑞士的小学里虽没有理财课程，但是却有一些实习内容，比如一个学期里专门有那么一天让小学生到任意一家公司或店铺里打工，体验工作挣钱的艰辛。

家长们不妨带上自己的孩子亲自办理一些基础的银行业务，还可以给孩子介绍一些简单的投资知识。譬如带着他们在电脑前查看基金的净值，告诉他们净值涨跌对自己的财富会有什么影响。还可以引导他们关心财经新闻和产业及上市公司信息，在潜移默化中培养孩子对财经和投资的兴趣。

如果父母经常和孩子讨论有关金钱的话题，孩子在长大后便能够更加有效地管理金钱。越是事业有成的人，越会和孩子谈论有关金钱的话题。身为父母，你对孩子进行的理财教育必定会对他们今后的生活产生极大的帮助。不要因为有关金钱的话题比较敏感便索性不提，或许你认为孩子还小，不懂金钱的意义，但那只是父母单方面的错觉。不管父母有没有对孩子进行有关金钱的教育，孩子都会以他们自己的方式学会"金钱"的知识。父母每天花一点点时间，和孩子坦然聊聊有关金钱的话题，这些点点滴滴的累积，都将在日后成为孩子获得美好生活和稳健财务的基础。

【理财圣经】

大方地和孩子谈钱，让孩子明白如何科学地管理金钱，是父母的智慧之举。

小小零用钱中的理财大学问

在西方，针对儿童的理财教育从小就在家庭开始，这让孩子从小就适应了现代经济生活。中国的一些家庭，可以适当借鉴西方的这种理财教育，培养孩子的理财观念和能力。理财教育的主阵地在家庭。家庭对孩子进行理财教育应该从小开始，从培养孩子正确的理财观念和习惯开始，要从孩子的零花钱开始，从培养孩子的理财品质开始，同时还应该对孩子进行必要的理财训练。

摩根财团的创始人约翰·皮尔庞特·摩根当年靠卖鸡蛋和开杂货店起家，发家后对子女要求严格，规定孩子每月的零花钱都必须通过干家务活来获得，几个孩子于是都抢着干。最小的孩子托马斯因年龄小抢不到活干，于是每天买零食的钱都没有，非常节省，老摩根知道后对托马斯说："你用不着在用钱方面节省，而应该想着怎么才能多干活多挣些钱。"这句话提醒了托马斯，于是，他想了很多干活的点子，广开财源，零花钱渐渐多了起来，最后他明白了，理财中开源比节约更重要。

教孩子理财的另一个关键点在于，要培养孩子驾驭钱的能力，使他们会花钱也会赚钱。给孩子零花钱是必要的，父母可以通过零花钱教给孩子很多东西。第一，通过零花钱，孩子可以形成对交易的初步认识；第二，孩子可以学会自己拿主意。因为零花钱是有限的，而想要的东西又很多，孩子能够从取舍中学会思考，变得有主见；第三，通过零花钱孩子能学会赚钱，从父母那里获得的零花钱毕竟有限，更重要的是学会自己赚钱，通过赚钱获得更多零用钱。

就像一个人只懂得汽车的用途和它的原理，并不意味着他就会开车一样，孩子的理财能力需要在生活实践中培养和训练。在这方面，父母的作用最重要。

首先，让孩子真正拥有钱，这是培养孩子理财能力的第一步。如果孩子本身手里没钱，还教他理财，无异于纸上谈兵。父母应该相信孩子，给予孩子处理零花钱的自由。对于压岁钱等大额数目父母可以暂时保管，或是指导孩子合理处置，不能因为不放心就加以"没收"。在许多人的成长记忆中，父母都会给些零用钱，逢年过节孩子也会从长辈手中拿到不少的红包，可是父母通常都会将孩子好不容易存下的零用钱或是长辈送的红包，用"爸妈替你存下来"的借口，全数收回去，这反而会造成孩子一拿到钱就赶快花掉的坏习惯，因为他们会认为存下来只会被大人"没

零花钱培养孩子的理财能力

零花钱，正是培养孩子理财的第一课，它能引导孩子正确地学会管钱、花钱和挣钱。那么，通过零花钱，能培养孩子哪些理财能力呢？

预算

记账

储蓄

家长可以适度引导、帮助孩子建立零花钱理财目标，并告诉他们要存多少钱，久而久之，就会培养出他们的预算意识。

当孩子有了基本的预算观念之后，可以引导他们养成记账的习惯，帮助孩子建立储蓄目标，树立正确消费意识。

不妨帮助孩子开设一个单独的账户，让孩子主动对自己的账户负责，这种责任感会让孩子理财更有成就感，增加他们的主观能动性。

收"，这样只会适得其反。

其次，要训练孩子有计划地使用钱。孩子开始有零用钱之后，就要让他学习如何花自己的钱，这样他们才会懂得珍惜金钱。只要父母帮孩子建立正确的理财观，引导他们采用合理的理财方式，加上秉持上述这些原则，不要以自己的立场去干涉孩子的理财细节，那么，孩子便可以从中学习一辈子受用的金钱价值观。

现在的不少孩子缺乏理财意识和理财能力，在理财教育欠缺的家庭，大多是父母给多少孩子花多少，花完了再找大人要，结果是孩子花钱越多越觉得不够花，花起钱来越没有节制。所以，零花钱使用的计划性很重要。这个计划最好是在给钱的时候制订，家长只提出原则，具体内容则由孩子全权负责，家长不直接干预，但要监督、检查。父母可以和孩子协商，如果是学费、教材费用或是全家一起的花费，就由父母出钱，但如果是自己想买的玩具、出游时的纪念品、朋友的生日礼物等，则要让他们自己付钱，因为若是别人付账，就容易出现浪费的情况。

教孩子使用零花钱是让孩子学会如何预算、节约和自己作出消费决定的重要手段。父母对孩子的监督检查起到了"安全阀"的作用，可以防止孩子乱花钱，还可以培养孩子把钱用在刀刃上的良好习惯。

再次，给孩子钱的数额应当把握在孩子有能力支配的范围之内。无论孩子的年龄多大，家庭经济条件如何，为孩子花钱都不要没有节制，给孩子多少零用钱一定要心中有数。零花钱的多少并没有一个定值，主要依据孩子的年龄及其一周的消费预算来确定。对于过年的压岁钱、过生日、过节时长辈给的钱等，太多地超出了孩子平时零用的数额，父母应建议孩子把钱存入银行，或者购买一件孩子需要的大件物品，千万不能任其无节制地使用。

【理财圣经】

教孩子理财的另一个关键点在于培养孩子驾驭钱财的能力，使他懂花钱和会花钱。理财能力可以通过生活实践中零花钱的花法来培养。

爱孩子，让他去储蓄吧

德国的青少年研究中心曾就儿童零用钱的花费问题进行过一次调查，结果发现，有79%的德国儿童并不是把零用钱都一次性花光，而是每次都略有结余。他们将自己花不完的零用钱存起来，平均每人的储蓄额为750欧元。有71%的德国儿童有固定的零用钱，但孩子们大多都有自己具体的储蓄计划和目标：40%的孩子准备省钱买电脑和软件游戏；17%的孩子称省钱是为了买玩具；15%的孩子勒紧裤腰带准备买手机。德国的孩子能够有这样的储蓄好习惯主要归功于父母的理财教育。

鼓励孩子养成储蓄的习惯。父母可以借鉴外国退休金的发放制度：每当孩子储

如何培养孩子的储蓄习惯

储蓄优先

孩子不会把储蓄放在第一位，所以，父母一定要让孩子把存钱放在做事的第一位，等孩子逐渐长大，自然就会明白储蓄的意义，而好习惯也养成了。

好的，正好妈妈也累了。你拖地一次能获得3元的报酬。

妈妈我来拖地吧，要不然在六一前攒不够买飞机模型的钱了。

让孩子明白钱来之不易

父母可以给孩子零用钱，但是要告诉他那些钱是辛辛苦苦挣出来的，需要珍惜，不要浪费，让孩子明白钱的来之不易。

女儿真棒！

妈妈，我今天又存了3块钱！

让孩子养成消费作预算的习惯

平时孩子要买东西，每一笔开支都要让他做预算，做到合理消费，养成节约储蓄的好习惯。

蓄一块钱，家长也同时存入一块，使他得到双倍的金钱；同时，给孩子设定一个年终储蓄的指定金额，达到的话便可以获得一定的奖金，储蓄金额越高，奖金的金额也越高。有时候奖励也许会比惩罚来得有效。

家长还可以在其中设定一些约束性的条款。比如说，如果孩子在某个时间内取回储蓄的话，父母也会把自己的部分取回。当孩子有了某种消费目标，如想学钢琴、买某款名牌鞋时，父母可以出一部分，另外一部分则由孩子从储蓄中支出。

家长切忌凡事立即满足孩子的要求，要有意识地进行"延迟满足"的训练，比如吃蛋糕、买玩具、买手袋，在这样一点一滴的生活小事中，可以通过分析、转移注意力、加大延迟满足的威力等各种方式，延迟满足孩子的需求。理财高手一般都拥有抑制冲动的心理功能，能够利用自己的理智，牺牲暂时的快乐，来换取更大的成功。父母引导孩子的储蓄，一方面有助于孩子形成良好的管理能力，以便他们将来分配好自己的财富；另一方面，可以使孩子在潜移默化中，拥有控制自己欲望的能力。

为孩子开立银行账户。教孩子储蓄，一般先从存钱罐开始，但当存钱罐已经有不少的存款时，不妨带孩子一起到银行去开设一个属于他的存款账户，而且最好让孩子保管自己的存款簿，如果他不放心，那就让孩子知道你将簿子放在哪里。有了这个账户后，不管存钱或是领钱，最好都让孩子全程参与，借此使其明白银行的功能，并教孩子看懂存款账簿。

家长可以为孩子提建议，但最好让孩子自己掌握支配权。大卫·欧文在其《我家老爸是银行》一书中指出，多数父母即使让孩子拥有存款，却完全不给他们支配权，往往孩子要买什么，父母认为不必要，便极力阻止，徒然留下不好的沟通经验，倒不如给意见，由孩子自行评估。他以儿子想换新脚踏车为例，他不赞同但也不阻止，只是分析原本的脚踏车仍新且可以使用，而想购买的新脚踏车除外形炫目之外，并没有特别好用的功能，但价格高出很多，可能花掉他所有的存款，分析后决定权还是在孩子，终于让儿子不再坚持。

借钱给孩子，培养孩子贷款观念。可以借适度"借钱"给孩子，让他有借钱、还钱、支付利息的观念。这时最好请第三者当仲裁人，让其约定如何还款、何时还清等，最好可以借据形式记录下来，使孩子了解到借、还钱的重要性，培养其责任感。

但需要强调的是：我们在做这项工作的时候要根据家庭条件而论。不要为了储蓄而储蓄，更不要为了攀比储蓄额的大小反而增重父母的生活负担。我们鼓励的是让孩子把自己的零花钱、压岁钱进行合理的分配支出，在保证日常生活顺利进行的前提下，进行小额储蓄。

孩子拥有自己的存款是一种快乐，当零存整取，用自己节省下来的钱买一些正用的"大件"时，也是一种骄傲和幸福。为了让孩子能拥有良好的消费意识，请给孩子一个自由存款的舞台吧！心有多大，舞台就有多大，只要孩子们乐在其中，思在其中，长在其中，孩子良好的行为习惯的养成就会水到渠成！

【理财圣经】

让孩子养成储蓄的习惯，比给孩子更多的钱更有益。

带着孩子去购物

在当今社会，商品极大丰富，如何才能让孩子抵制诱惑？怎样让孩子避免形成大手大脚、毫无节制的消费观念？

家长除了要给予孩子部分零用钱，鼓励孩子储蓄，也要帮助孩子养成合理消费的好习惯。只会攒钱不会花钱并不见得就是一件好事，毕竟钱是为我们服务的。钱只有花出去了，才能实现它真正的价值。

美国大富翁洛克菲勒可谓家资千万，他是世界有名的"石油大王"，给自己的孩子每月拿一两万美金也没问题，就连联合国那座有名的玻璃大厦，也是他捐资870万美金买来的地皮。如此巨富，他对子孙却一点宽裕也没有。说起来你也许不相信，他给孩子们的零花钱每月仅5美元，而且还要求孩子记账，写清这5美元是怎么花的：因为我是投资人，5美元是我给你的，我当然有充分理由要求你周末向我报账，说清楚钱是怎么花的，你花得合理，我可能再奖励你1美元，花得不合理，我就要给你减少1美元。

作为世界顶级的大富翁，给孩子们零花钱竟如此"抠门"，这说明了什么？是不是洛克菲勒对子女没有爱心，是个"冷面人"？当然不是，恰恰相反，洛克菲勒是个很聪明的人，他对孩子的爱绝对不会逊于天下任何一个父母，他是在用自己的一片苦心，教给孩子们如何消费。对比之下，能有几个人能像他这么目光长远呢？

如今，有相当一部分的家长很怕带自己的孩子逛商场，因为在商品经济飞速发达的今天，一旦走入商场的大门，那满目五彩缤纷的商品着实让人眼花缭乱。孩子会说，这个我喜欢，我要。那个我也喜欢，我还要；他也不管大人有钱没钱，价格合适不合适，反正我就是想要，你若不给买，我就跟你来个软磨硬泡，甚至躺地打滚，哭闹嚷嚷。所有他需要的东西，只要撒泼打滚就能得到，久而久之，便形成挥霍浪费的恶习。其实，孩子之所以会这样，主要是不了解自己家庭的困难，更不懂得挣钱的艰难、肩负的责任。对于此类的孩子，我们不妨学一学洛克菲勒的做法：教给他们怎样合理花钱，在实际生活中学会消费。

教会孩子花钱不要大手大脚。两次诺贝尔奖获得者居里夫人对女儿说："我只给你们精神，而绝不给你们金法郎。"孩子是花朵，是希望，是未来。按理说，现在的家长们对孩子多一点照顾是可以理解的，消费水平提高一点，家庭经济也是可以承受的。但是，我们的家长却应谨防溺爱。有些家长过分溺爱孩子，有意无意地误导了孩子的高消费意识，在和孩子一起去购物时，一味地满足孩子的物欲，容易

如何培养孩子良好的消费习惯

老公，你看这个裙子好看吗，打完折才900多。

你花这么多钱买条裙子，净给孩子灌输这种不好的消费观。

让孩子拥有正确的消费观念

在教孩子正确消费观念前，家长应有正确的消费观念，这样才有益于潜移默化地影响孩子。

从今天开始，我们每个人都建立一个账本，记录自己每日的花销。

教给孩子管理钱财

家长应清楚孩子一天中应有哪些消费，然后合理的给孩子钱。家长还应让孩子建立自己的消费账本，让孩子清楚自己花了多少钱，做到心中有数。

你已经有一个类似的模型了，不能再买了。

你给我买个模型，要不我就不走了！

耐心培养孩子形成良好消费习惯

良好的习惯养成要有个较长的过程，家长应付出耐心，坚持全程，在孩子思想动摇时应晓之以理、动之以情，使孩子有正确的消费习惯。

使孩子从小养成攀比自私、花钱大手大脚的不良习惯。

有的父母对孩子是"爱你没商量"，孩子伸手要钱，没有一次遭到过拒绝，但却换不来孩子的"感激"。还有一些孩子物欲膨胀，一旦父母有朝一日不能满足他们的消费需求时，他们的目光便转向了外面的世界，长期以来不劳而获的生活使他们去偷、去骗，甚至去抢。有位教育家说过，当父母不断地满足孩子过分的物质欲求时，那是对孩子的犯罪行为。在购物中要注意控制孩子的消费欲求，在苗头上就扼杀孩子花钱大手大脚的毛病。

教会孩子花钱要量入为出。家长在购物时要使孩子懂得"货比三家，多用批发。讨价还价，攒够再花"的原则，不要教孩子在还未挣到钱的时候，早早学会超前消费，要使孩子懂得量入为出。

所谓货比三家，就是告诉孩子不要见到就买。节假日带孩子上街，孩子想要买什么，我们从来都不见了就买，而是多走几家。同一品种，不同厂家质量不同；同一品牌，不同商店价格不同，有的价格相差悬殊，比一比、走一走就清楚了。

所谓多用批发，就是告诉孩子某种东西用得多要用批发价格买。铅笔、纸本和笔芯之类的学习用品，零买比批发价格高，不妨一次用批发价多买一些。而墨水、小刀、格尺之类的东西，很长时间用一个，再便宜也没有必要多买；有些食品存放时间过长要变质，也不能一次性用批发价购买很多。

所谓讨价还价，就是告诉孩子现在有些商家喜欢谎报价格。服装、玩具等大件，商家要谎报，笔墨纸张等小商品，商家也要谎报，既然商家并不是童叟无欺，那么你也就不能他要多少给多少，也要和店主讲一讲价，即使讲不下来价钱，也让店主不敢小瞧你，下次不至于明目张胆地骗你。

所谓攒够再花，是说孩子想买某种东西，可是他手中的钱不够，而这种东西又并非急需，就暂时不给他买，让他自己攒够了钱再买。这样一是让孩子少一些随心所欲，二是让孩子学会攒钱，学会积累。

让孩子陪你去购物，在采购中，教孩子看价钱，并且让他们知道，这个东西的价钱过于昂贵所以你不买，怎样买比较划算。告诉孩子，货比三家不吃亏，以及要有购物预算等概念。

另外，在付款的时候，可以把钱交给孩子请他支付，甚至对于较大的孩子，不妨在需要到便利商店买酱油、盐的时候，请孩子帮忙跑腿，偶尔把找回来的零钱给孩子作为奖励，并教孩子将钱存起来，帮其树立储蓄的观念。

【理财圣经】

引导孩子树立勤俭节约的意识，使孩子培养合理消费、科学消费的习惯，从而在购物中帮助孩子形成良好的消费习惯。

第四章

夫妻努力，共奔"钱"程

告别"小资"，"整妆"待嫁

把婚姻比作一生当中最重要的一项投资一点都不为过，因为一旦婚姻失败，它所带来的损失一点也不亚于投资股票或者投资房产的损失，用经济学的眼光来看婚姻或者说发掘婚姻关系中的经济学会很伤一些人的情感，但当人们越来越感到经济原来像情感一样是维系家庭的重要支柱的时候，婚姻过程是一个公司经营过程这一本质也就不言自明了。

于是，金钱、时间、精力、自由都是投资，机会成本无限增长，而家庭纠纷就变成了无穷债务。在每一对两情相悦的爱人背后，都有看不见的市场竞争与优势互补；每一份稳定的婚姻背后，都涉及双方资本的产权重组和兼并收购。有朝一日，作为爱情的利润呈现负值，资不抵债，家庭就离破产不远了——离婚。

要做好自己一生的理财规划的话，就应该经营好自己的婚姻。股市有云，选股票如同选妻子。事实上，挑选好另一半的重要性远远大于选一只股票。选不好股票顶多是套牢一阵子；而选不好另一半，则有可能要套牢一辈子，一旦匆忙割肉的话，很有可能斩手断臂，元气大伤。因此，做好婚姻这项"投资"不仅需要眼光，也需要一些技巧。

为了使婚姻生活有一个好的开始，我们在单身时就应该有些积蓄。单身时间一般是1～5年，时间段一般是指毕业后工作的1～5年。这段时间一般收入相对较低，而且朋友、同学多，经常聚会，还有谈恋爱的情况，花销较大。所以，这段时期的理财不以投资获利为重点，而以积累（资金或经验）为主。每月要先存款，再消费，千万不要等到消费完之后再存款。只有这样才能保证你的存款计划如期进行。

这段时期的理财步骤为：节财计划、资产增值计划（这里是广义的资产增值，有多种投资方式，视你的个人情况而定）、应急基金、购置住房。战略方针是"积累为主，获利为辅"。根据这个方针我们具体的建议是分三步：存、省、投。

（1）存。即要求你从每个月的收入中提取一部分存入银行账户，这是你"聚沙成塔，集腋成裘"的第一步，一般建议提取10%～20%的收入。当然这个比例也不是完全固定不变的，这要视实际收入和生活消费成本而定。

但是存款要注意顺序，一定是先存再消费，千万不要在每个月底等消费完了以后剩余的钱再拿来存，这样很容易让你的存款大计泡汤，因为如果每月先存了钱，之后的钱用于消费，你就会自觉地节省不必要的开销，而且并不会因为这部分存款而感觉到手头拮据，而如果先消费再存款，则很容易就把原本计划存的钱也消费掉了。所以，建议大家一定要养成先存款后消费的好习惯。

（2）省。顾名思义就是要节省、节约，在每月固定存款和基本生活消费之外尽量减少不必要的开销，把节余下来的钱用于存款或者用于投资（或保险）。看到这里，很多七八十年代出生的朋友可能会觉得这一条难以执行，并把"省"跟"抠"、"小气"等贬义行为画等号，实际上这种认识也是有偏差的。

（3）投。在除去每月固定存款和固定消费之后的那部分资金可以用于投资，如再存款、买保险、买股票（或其他金融产品）、教育进修等。所以，这里我们说的投资不仅仅是普通的资金投入，而是三种投入方式的总称：一般性投资、教育投入、保险投入。

因为短期内不存在结婚或者其他大的资金花费，所以可以多提高投资理财的能力，积累这方面的经验。可将每月可用资本（除去固定存款和基本生活消费）的60%投资于风险大、长期报酬较高的股票、股票型基金或外汇、期货等金融品种；30%选择定期储蓄、债券或债券型基金等较安全的投资工具；10%以活期储蓄的形式保证其流动性，以备不时之需。

上面是一般情况下我们对你提出的建议，当然你也可以根据个人实际经济状况以及个人性格等方面的因素，把这部分资金用于教育投入和保险投入，或者进行相应的组合。通过自己的努力使自己成为一名"钻石王老五"或是"单身贵族"，为自己积攒结婚的资本，给自己即将到来的婚姻打下良好的基础。

【理财圣经】

为了使婚姻生活有一个好的开始，我们在单身时就应该有些积蓄，为自己积攒结婚的资本。

分工合作，唯"财"是举

在一个家庭之中，大大小小的事情常常搅得你头痛脑晕，感觉不知从何处着手，然后不由得感叹："真是事儿太多了！"这时不妨思考一下，你们是不是在家庭任务规划上出了问题，你的那个他/她是否可以帮你一下呢？

王余的家庭组建已整整10个年头了。10年来，他和妻子在当家理财上实行的是既有分工又有合作的理财方式，没想到这小日子还过得美满幸福，家庭经济积累也逐年增加。

他俩属于工薪族家庭，王余在县城国家机关工作，妻子在一家企业单位上班。初结婚那阵，他们就订了"君子协定"：王余领的工资由他存着，只在购买大件、买房子及孩子读书时使用；而妻子由于企业效益不大好，工资较低，所以她挣的工资作为家里的零用钱，由妻子掌握日常开销。例如，柴米油盐酱醋茶等。当然小宗开支可由妻子一人说了算，而大宗花销则由"家务会"来集体讨论决定。

10年来的实践证明，女人在花钱上比男人更细心，会计划，一般买东西总要货比三家，反复砍价，最后才掏钱购买。而每当妻子在主动购买东西时也会征求王余的意见。10年来，王余家用"分工合作"这个特殊的理财方式操持家业，效果十分不错，家庭事务安排得井井有条。

由于男女所擅长的重点不同，中国的很多家庭仍然像王余家这样实行"男主外，女主内"的分工合作的理财方式。夫妻分工合作理财存在不少好处：

一是打破了传统的"男人是挠钱耙耙，女人是攒钱匣匣"的陈旧理财观念，由夫妻双方共同挣钱，共同理财，使夫妻双方都有了经营家庭经济的责任心。

二是增加了夫妻双方的经济压力。分工理财是两本账，谁也不想让自己的账面出现亏损，平时该节俭的就节俭。

三是夫妻双方都有经济主动权，体现了家庭成员之间的男女平等。用不着相互瞒着对方攒什么"私房钱"或设立什么"小金库"，在一定程度上又促进了夫妻间的相互理解和信任。

在部分家庭中，一些女主人为了控制家庭的财权，会要求丈夫把所有的钱都交给自己来管。这样做表面看起来可能没什么问题，但其实存在着一些家庭矛盾的潜在风险。聪明的女主人不妨交出部分投资权给丈夫，比如女主人在规划好家庭资产的配置比例后，可以将一部分有承受一定投资风险的品种选择权交给丈夫。一来男性天生喜爱冒险和刺激，这种"投资权"可以一定程度满足丈夫的天性偏好；另一方面，丈夫也会感觉到自己对家庭资产有一定掌控，不会在心理层面产生逆反和潜在矛盾。通过夫妻分工协作，把家里的财管好，处理好。

【理财圣经】

夫妻同心，齐力断金。在家庭中，夫妻可以根据各自在理财管理所擅长之处进行分工协作。

家庭理财模式——不是每个家庭都适合AA制

李先生和许女士结婚一年多，两人都是白领阶层，收入不菲，观念超前，婚前两人进行了财产公证，婚后又迫不及待地实行了AA制。两人各理各的积蓄和收入，并且有各自的责任分工：李先生负责供楼，每月偿还按揭本息；许女士负责供车，每月偿还汽车贷款。在日常生活中，双方每月各自拿出300元作为家庭开销，无论攒钱还是花钱两人均称得上是地地道道的AA制。前段时间，李先生出差时遭遇车祸，右腿小腿骨折，需要动手术，而他自己的积蓄被股市套牢，收入又支付了住房贷款，所以，一时没有太多的钱。这时，许女士拿出自己婚前积攒的3万多元"合法私房钱"支付了手术费。但随后两人达成口头协议，这3万多元算是借款，日后由李先生分期偿还给许女士。

在家庭生活中，金钱毕竟不是最重要的东西，丈夫出了车祸，这时再分你的钱、我的钱，并且还要许诺日后偿还，这样会影响夫妻感情。不是每个家庭都适合AA制。

一、AA制适合观念超前的家庭

实行AA制的先决条件是夫妻双方对这种新的理财方式都认可，如果有一方不同意，则不能盲目实行AA制。俗话说"强扭的瓜不甜"，如果一方强行实行AA制，最终会因物极必反而影响家庭整体的理财效果。

二、AA制适合高收入家庭

实行AA制的主要目的不单单是为了各花各的钱，还是为了各攒各的钱。对于一些收入较低的家庭来说，两人的工资仅能应付日常生活开支，这时则没有必要实行AA制，采用传统的集中消费和集中理财会更有助于节省开支。

AA制适合夫妻收入相当的家庭。夫妻双方的收入往往有差异，如果丈夫月薪10 000元，而太太仅收入1 000元，这时实行AA制，难免有歧视排挤低收入者之嫌。从传统伦理上讲，夫妻收入差距较大的家庭不宜实行AA制。

三、AA制并不局限于各理各的财

对于那些不愿集中理财，也不便实行AA制的家庭，可以采用创新思路，实行曲线AA制。

首先，可以实行一人管"钱"一人管"账"的会计出纳制。这种理财方式由善于精打细算的一方管理现金，而思路灵活、接受新鲜事物快的一方则负责制订家庭的理财方案。这就和单位的会计、出纳一样，不是个人管个人的钱，而是以各自的分工来管小家庭的钱。

其次，可以实行"竞聘上岗"制。夫妻双方由于理财观念和掌握的理财知识不同，实际的理财水平也会有所差异，因此，擅长理财的一方应作为家庭的"内当家"。和竞争上岗一样，谁理财理得好，谁的收益高，就让谁管钱。如果"上岗者"在理财中出现了重大失误，这时也可以随时让另一方上岗，这种"轮流坐庄、优胜劣汰"的理财方式实际也是一种AA制，相对普通AA制来说，这种方式比较公平，避免了夫妻之间的矛盾，还能确保家庭财产的保值、增值。

如果AA制并不适合你，或许你也可以考虑选择其他模式。

✋ AA 制家庭需要注意的四项问题

应坚持公开透明的原则

　　虽然是AA制，但夫妻双方都要有财务知情权。如果夫妻之间多了戒备和猜疑，那就违背了通过AA制减少摩擦、提高生活质量的初衷。

建立必要的家庭共同基金

　　无论怎样实行AA制，一个小家庭也应当有自己的"生活基金"、"子女教育基金"等。这样更利于家庭理财的长远规划。

AA制不是斤斤计较

　　实行AA制不能为了些小事而计较，不能成为100%的绝对AA制，"一家人不能说两家话"，千万不能因AA制而疏远了夫妻之间的感情。

双方都有义务维护家庭利益

　　无论理财和消费分得多么清楚，在对家庭的贡献上都要尽力，不能因为AA制而忽视了对整个家庭的维护。

模式一：一人独揽大权制。

如果夫妻间的信任度非常高，而且其中一方对理财投资有比较独到的见解，另一方并不熟悉理财，那么也可以采取"一人独揽大权"的理财方式，将薪水全部交由一个人全权支配，比如许多家庭由妻子管理家庭账户。但是，这种方法需要夫妻间有足够的信任，独揽财政大权的一方确实要非常善于理财，有独立的理财投资的能力，否则一旦出现决策错误，很可能遭受对方的责怪，从而产生家庭矛盾。

模式二：分配任务，各自负责制。

如果对家庭财政状况进行一番梳理，就会发现可以进行分类管理，包括日常生活开销、退休养老金、投资基金等，可以根据夫妻双方的收入状况，各自"认领"一部分理财任务。比如说，丈夫负责家里日常开销，妻子的工资则全部存入养老金账户。两人将各自的理财任务合理分配后，夫妻协力，专款专用，可以将矛盾降到最低。

【理财圣经】

适合的就是最好的，夫妻之间要选择适合自己家庭的理财模式。

一颗红心为财富，育儿理财两不误

舒慧大学学的是英语专业，原本有一份不错的工作，孩子出生后，因为老人无法带，请保姆又不放心，听说全托又会让孩子孤立无助很可怜，于是她决定辞职。偶然间听说哪家孩子得了自闭症，更是令她坚定了当全职妈妈的决心。

比起在公司上班，带孩子要更加辛苦，可是看见自己的孩子一天天长大，舒慧却是很欣慰。现在照顾女儿两年了，小家伙按时吃饭，丈夫一回家就有温馨的环境，一家子其乐融融。

当然，这种选择也有一定风险。为了跟上时代的脚步，舒慧一边在家带孩子，一边也不忘充电、学习。舒慧的英语说得依然很流利。邻居听说后，也把小孩儿送到她家让她教一会儿英语，当然，邻居也会付她部分学费。

这样，舒慧既照顾了自己的孩子也没忘巩固英语，而且还为家庭增加了收入，这是一举三得。

可能并不是每一位妈妈都像舒慧这般幸运，但是只要你合理安排，理财、育儿是可以做到两不误的。随着爱情结晶的呱呱坠地，你的生活又进入了一个崭新的阶段。养儿育女是人生的一个重要任务，当今社会，把一个小孩抚养成人，可真是一件不容易的事情。除了费心费力外，各种开支，比如参加补习班、兴趣班等各种教育经费高得惊人。子女教育支出大约占人一生总得的20%以上，但究竟花多少钱，很难预料。准备子女教育金要尽早预算、从宽规划。由于通货膨胀和费用增加，孩子年龄较小的时候费用较低，随着他/她年龄的增长，所需要的费用会越来越多。因此，要想使孩子受到良好的教育，必须从孩子出生前就做好规划。

在考虑到儿女的教育投资后，父母可以合理安排资金，进行其他方面的理财安排。在这一阶段里，家庭成员不再增加，家庭成员的年龄都在增长，家庭的最大开支是保健医疗费、学前教育费、智力开发费。同时，随着子女的自理能力增强，父母精力充沛，又积累了一定的工作经验和投资经验，投资能力大大增强。

这一阶段，你应进行积极的投资，将资金合理分配于基金、保险和国债等各个投资渠道。保险应考虑定期寿险、重大疾病险及终身寿险。随着收入的增加，每年应保持将年收入以10%的比例投入保险才算合适。

在投资方面可考虑进行风险投资等。购买保险应偏重于教育基金、父母自身保障等。这一阶段里子女的教育费用和生活费用猛增，财务上的负担通常比较重，那些理财已取得一定成功、积累了一定财富的家庭，完全有能力应付，故可继续发展投资事业，创造更多财富。而那些投资不顺利、仍未富裕起来的家庭，则应把子女教育费用和生活费用作为投资的重点。在保险需求上，人到中年，身体的机能明显下降，对养老、健康、重大疾病的要求较大。

不少父母有了孩子后会考虑买车。购车要根据经济承受能力，不可冲动，应估算自己每月结余多少钱，是否有能力养车。车子并非越贵越好。购新车困难时，可考虑二手车。一般情况下，只要新车一"落地"，价值上就会打七折。成长期的家庭每月可能还要还房贷。如今宏观经济正处于高增长的年代，有钱并不一定要急着还贷，完全可以利用房屋的杠杆效应，获得比房贷利率更高的回报。

如果你不想整日拼命工作仅仅是为了生活需要进行储蓄，那么你应该先用你的收入去投资，再以投资的收入去改善生活，收获幸福人生。

【理财圣经】

在现代社会，理财育儿两不误，未来生活才会更幸福。

离婚是最大的破财——金钱和离婚

最和谐的夫妻是在爱情里生出了亲人般的依恋，亲情里缠绵着爱情最初的誓言。而家庭是夫妻的一项共同"产业"，有人经营得有模有样，"产业"发展进入了良性循环，蒸蒸日上；有人管理不善，"产业"发展进入了"冰河世纪"，濒临"解体"；而有人放弃了努力，"产业"已经"资不抵债"，只能宣告"破产"。离婚是人生最大的破产，破产不仅意味着双方爱情生活的终结，同时也可能带来财产和金钱的流失。

所以，为了不因离婚而人财两失，我们要好好地算一算离婚这笔经济账。

一、最省成本的方式——协议离婚

按照国家《婚姻登记条例》关于"当事人办理婚姻登记或者补领结婚证、离婚证应当交纳工本费"的规定，在协议离婚时，需要交纳一些工本费和登记费。工本费的收费标准由国务院价格主管部门会同国务院财政部门规定并公布。

就目前来说，各地规定的离婚证工本费差别不大，大约10元。当然，有些地区登记部门还会收取一些服务性费用，比如照相费等，这些费用并不是必须交纳的，有权拒绝。

二、多种成本累加——诉讼离婚

诉讼费用。一旦离婚案件进入了法院诉讼程序，当事人就需要支付相应的案件诉讼费用，这也是一笔不小的支出。

律师费用。律师代理费现在大多实行的是协商收费，虽各省都有律师收费标准，但是在实际执行中还是以协商为主。这是因为，无论哪个标准对不同的律师都会存在过高或过低的情况。律师收费不仅和案件的财产数额有关系，更和案件的难易程度有关系。

财产评估费。双方需要分割的财产究竟价值几何，这也是离婚双方有最多争议的一个问题。对于需要分割共同财产的无法达成一致的夫妻，并且双方又无法通过竞价来对财产进行评估的，法院会要求原告申请评估。评估机构需要在法院给定的机构中进行选择。

财产保全费。在离婚案中，为防止一方转移财产，导致判决生效后不便执行，律师一般会建议当事人向法院申请财产保全。向法院申请财产保全也需要交纳相应的费用。

法院执行申请费。在人民法院作出的离婚判决或调解书生效后，并不代表你的离婚花费支出已经到了头。如果一方当事人对法院的判决或调解结果故意不予执行，这时就需要申请法院强制执行。法院就要收取执行申请费。

三、无形财产流失——离婚析产

曾经的天长地久、海誓山盟在现实面前却往往经不起考验。梁峥嵘和徐凝在经历了七年之痒后，从恩爱夫妻走上了离婚之路。值得庆幸的是，双方都还比较理性。2009年，在平和的气氛中，这对夫妻达成了离婚协议，离婚协议中对女儿的抚养进行了约定，也对双方的共同财产进行了分割。然后，夫妻二人和平分手，各奔东西。

令梁峥嵘做梦也没有想到的是，就在这场失败的婚姻结束半年之后，他却收到了一张来自法院的传票。原来他的前妻徐凝一纸诉状，将他告上了法庭，要求分割其在某建筑公司享有的25%的股份。经过长时间的复核再诉讼，法院依法判决原来由被告梁峥嵘享有25%的股权中，由原告徐凝和被告梁峥嵘各半分割。

近年来离婚率呈现上升趋势，离婚时双方签署离婚协议的情况也非常普遍，这种做法本身值得提倡，因为它避免了分手时的吵吵闹闹甚至就此反目成仇，本是一件好事。但大家在好离好散的同时，也应当谨慎，注意理清两人的财产关系。在根据双方实际情况共同协商时要尽量考虑全面，避免出现遗缺，尽可能避免在完成财产分割后再要追加分割财产的情况，从而耗费更多的时间、精力和财力。

为了避免这样的情况发生，在离婚协议书中，应当内容全面、用词精确、表述得当，尽量把该考虑的情形都考虑进去，该明确的关系都加以明确，尤其避免出现容易引起歧义的字句，以免日后引起不必要的纠纷。如果双方都不具备相关法律知识或完整的表述能力，最好请专业律师来帮助拟订离婚协议书。

此外，离婚所造成的时间成本、精神压力成本、情感成本等都是无法估量的。所以有人说，离婚是最大的破财，可见用心经营好婚姻或许是最"省钱"的方式。

【理财圣经】

在不得已需要离婚时，夫妻双方需要核实好各自的财产，以免出现不必要的财产纠纷，尽量通过协议离婚的方式将离婚成本最大程度地降低。

复杂的财物问题——再婚家庭理财

离婚不再是一件"不能说的秘密"了，根据民政部近10年发布的民政事业发展统计报告，我国离婚人数已经连续7年递增。近年来，中国的离婚率呈现日益上升之势，同时也有不少的离婚人士在经过心理调整之后又陆续组建了新的家庭。

龙女士和张先生是再婚家庭，并且都负责自己子女的抚养。龙女士是银行职员，有一个5岁的儿子；张先生是外企部门主管，月薪约8000元左右，并有一个6岁女儿。龙女士儿子的生活开销由她与前夫各负担一半，扣除前夫负担的部分，母子两人每月大概有3000元的开销；而张先生女儿的生活开销全部由他负责，两人每月消费在4000元左右。现在一大家子人都住在张先生的按揭住房里，房子市值85万元左右，还有30万元贷款未还清，他们双方约定共同来还贷，但不打算一次性付清，还是通过月供方式偿还，而生活及子女教育各自管理。

有关专家分析，再婚和第一次婚姻有很大不同，再婚者面临着心理、人际关系、家庭经济等方面的问题和压力。许多再婚者有婚姻失败的阴影，战战兢兢踏入新家庭，对另一方存有戒心，自然不自然地会在感情和经济上有所保留，唯恐全部投入后，换来的是又一次伤害。同时，由于涉及第一次婚姻所生的子女，如果再加上新婚后生育的子女，会使再婚者的家庭关系更为复杂，各种消费和理财也比普通家庭多，所以再婚家庭理财应注意以下基本原则。

（1）加强沟通交流。两个经历失败婚姻的人重新结合在一起，一定要加倍珍惜，特别是在个人财务上，双方要以诚相待，不要相互保留和隐瞒，并注重加强家庭理财的交流和沟通。一般来说，夫妻双方在家庭理财上可能会有一方注重稳健，一方注重收益，两人存在很好的互补性，可以相互学习和交流。单从理财技能上说，再婚生活也是一个再学习的过程。

（2）婚前可做财产公证。多数再婚者再婚前会有个人的积蓄，有的还会有工厂、店铺等固定资产，为了保持经济上的合理平等以及防止婚姻破裂而引发经济纠纷，双方或一方婚前财产较多的再婚家庭，宜进行婚前财产公证，从而避免纠纷，更好地维护家庭和睦。

（3）AA制为不错选择。在加强交流沟通的基础上，以及相对透明的状态下，夫妻两人可以实行AA制理财，因为再婚夫妇的双方不但要负担各自父母的养老等正常开支，还要对不跟随自己的子女尽到责任和义务，如果"财务集中"的话，容易因"此多彼少"等问题引发矛盾，所以，各自财务独立的AA制对他们来说最合适不过。

（4）共同分担经济压力。许多再婚的女性，往往因为找了一个经济条件好的丈夫，便认为找到了靠山，从而放弃了个人的工作和事业。俗话说"手心向上，矮人三分"，即使丈夫再有钱，家庭条件再好，再婚女性也要自立，一是能保持自己的家庭地位，再者也能分担丈夫的经济压力，从而共同创造小家庭的美好生活。

（5）增强家庭抵御风险的能力。大多数再婚家庭，夫妻双方年龄相对较大，而且孩子还处于学习阶段，家庭风险性相对较大。再婚家庭可以通过购买商业保险的方式增强自己的抗风险能力。例如可以买养老性质的商业保险，同时还可购买重大疾病险、住院医疗附加险以及适量的寿险，以防止因自己出现意外而影响家庭的生活质量。另外，为保证孩子有充足的教育基金，再婚夫妻双方可以为孩子购买教育型保险，但一定要注意一碗水端平，无论是否跟随自己，双方的孩子都要考虑。

【理财圣经】

离婚后经过心理调整之后又陆续组建了新家庭的夫妻双方要注重在财产上的沟通，婚前采取财产公证，可以采取AA制的方式，加强抵御风险的能力，共同承担经济压力。

再婚家庭的三种理财模式

家庭经济完全统一模式

即不论双方经济收入多与少，统一合并在一起，用于家庭日常生活和双方家庭成员社会交往等方面的支出。存款部分由双方共同享有。

家庭经济统一和个人经济独立相结合的模式

各自从其经济收入中拿出一定数额，用于家庭日常生活支出；各自余下部分归各自自由支配。

联合账户

独立账户

家庭经济AA制模式

即各自收入归各自所有和自由支配，家庭日常生活支出各自承担50％，其他方面的支出各自承担。

第五章

工薪家庭的理财策略

工薪家庭投资理财8种方式

世界上什么类型的家庭最多？答案当然就是工薪家庭。虽然在今天个人创业甚为流行，但是那还是少数，大多数家庭成员还是在过着"早出晚归"、"朝九晚五"的上班族的日子。富豪家庭屈指可数，饭不饱食的家庭也寥寥可数，大部分家庭都被归为工薪家庭。

如今，家庭投资理财越来越受到人们的重视，但从现实讲，工薪家庭内部资源有限，家中并没有太多的资产拿来投资，因此并不是所有的投资方式都适合于工薪家庭。

一、储蓄——基础

储蓄是银行通过信用形式，动员和吸收居民的节余货币资金的一种业务。银行吸收储蓄存款以后，再把这些钱以各种方式投入到社会生产过程中去，并取得利润。作为使用储蓄资金的代价，银行必须付给储户利息。因而，对储户来说，参与储蓄不仅支援了国家建设，也使自己节余的货币资金得以增值或保值，成为一种家庭投资行为。银行储蓄被认为是最保险、最稳健的投资工具。这是深受普通居民家庭欢迎的投资行为，也是人们最常使用的一种投资方式。储蓄与其他投资方式比较，具有安全可靠、手续方便、形式灵活，还具有继承性的特点。储蓄投资的最大弱点是，收益较之其他投资偏低，但对于侧重于安稳的工薪家庭来说，保值目的可以基本实现。

二、股票——谨慎

将活期存款存入个人股票账户，你可利用这笔钱申购新股。若运气好，中了签，待股票上市后抛出，就可稳赚一笔。即使没有中签，仍有活期利息。如果你的经济状况较好，能承受一定的风险，也可以在股票二级市场上买进股票。但股市风险的不可预测性毕竟存在，高收益对应着高风险，投资股票对心理素质和逻辑思维判断能力的要求较高，工薪家庭要谨慎。

三、债券——重点

债券投资，其风险比股票小、信誉高、利息较高、收益稳定。尤其是国债，有国家信用做担保，市场风险较小，但数量少。国债的流动性亦很强，同样可以提前支取和质押贷款。但企业债券和可转换债券的安全性值得认真推敲，同时，投资债券需要的资金较多，由于投资期限较长，因而抗通货膨胀的能力差，因此，国债对于那些收入不是太高，随时有可能动用存款以应付不时之需的谨慎工薪家庭来说，算是最理想的投资渠道。如果家里有一笔长期不需动用的闲钱，希望能获得更多一点的利润，但又不敢冒太大风险，可以大胆买进一些企业债券。

四、外汇——辅助

外汇投资可以作为一种储蓄的辅助投资，选择国际上较为坚挺的币种兑换后存入银行，也许可以获得较多的机会。外汇投资对硬件的要求很高，且要求投资者能够洞悉国际金融形势，其所耗的时间和精力都超过了工薪阶层可以承受的范围，因而这种投资活动对于大多数工薪阶层来说有点不太现实。

五、字画古董——爱好

名人真迹字画是家庭财富中最具潜力的增值品。但将字画作为投资，对于工薪阶层来说较难。目前字画市场赝品越来越多，甚至是像佳士得这样的国外知名拍卖行都不敢保证有些字画的真实性，这给字画投资者带来了一个不可确定因素。古代陶瓷、器皿、青铜铸具以及家具、精致摆设乃至钱币、皇室用品、衣物等均可称为古董，因其年代久远、罕见，具有较高的观赏和收藏价值，增值潜力极大。但是在各地古董市场上，古董赝品的比例高达70％以上，要求投资者具有较高的专业鉴赏水平，不适合一般的工薪家庭投资，因此在选择时要慎重。

六、邮票——轻松

在收藏品种中，集邮普及率最高。从邮票交易发展看，每个市县都很可能成立了至少一个交换、买卖场所。邮票的变现性好，使其比古董字画更易于兑现获利，因此，更具有保值增值的特点，一般具有较高的投资回报率。邮票年册的推出给工薪家庭节省了很多理财时间。但近年来邮票发行量过大，降低了邮票的升值潜力。

七、钱币——细心

钱币，包括纸币、金银币。投资钱币，需要鉴定它们的真伪、年代、铸造区域和珍稀程度，很大程度上有价值的钱币可遇不可求。因此，工薪家庭没有必要花费大量的精力进行此类投资。

八、彩票——有度

购买彩票，严格上说不能算是致富的途径，但参与者众多，加上有人因此暴富，也渐渐被工薪族认同为投资。从回报社会的角度看值得提倡，但彩票无规律可循，成功的概率极低，作为项目来投资应有度。

【理财圣经】

面对诸多的家庭理财投资方式，工薪阶层的家庭要看准、选好，尽量预防可能产生的风险。

工薪家庭如何规避理财风险

作为工薪阶层，本来收入不高，存款有限，每个月有限的工资，除去一些开销，剩余的怎样才能收益最大化，工薪阶层应该如何规避理财产品风险呢？

应急备用金不可低于可投资
资产的 10%

要进行多渠道的组合投资，不能孤注一掷

我买，我买。

不能盲目投资理财

要了解产品

双薪家庭如何理财

"两个人挣的总比一个人的多"，随着社会的进步，家庭中女性在外求职已不足为奇。两个人一起为家庭奋斗原本是一件好事，但是多数双薪家庭中很多人却忽略了夫妻二人的收入有高有低，收入的不同有引起家庭内部权力重心转移的可能。

在结婚之后，家庭内部将有两份收入，你必须决定如何处理这两份收入。你可能会说"那还不容易，补贴家用"或是"收入越多，生活就越舒服了"之类的话，但实际在生活中并非如此简单。双重收入代表了夫妻双方都有根据自己的想法对家庭经济发表意见的自由，通常自由越多，问题也越多——要融合两种理财的价值观绝非易事。

刘女士和丈夫结婚快十年了，他们的家庭理财方式一直为邻里津津乐道。作为双薪家庭成员，夫妻两人都有各自的工作和工资账户。像大多数家庭一样，她和丈夫的工资也是有高有低，一开始他们常常为了家里的钱吵架。经过几年的摸索，刘女士总结出了一套有用的双薪家庭理财之道。现在一般都是她负责家里的日常开支，像家里装修、购买大件家具时就是由丈夫负责，而孩子上学的费用则是由两个人共同负责。

最让他们骄傲的是，经过一段时间的研究，他们专门到银行开了一个联合账户，在里面存了一些两个人都可以使用的钱款，在使用中还增加了两人的家庭责任感。另外他们还各有一个自己的独立账户，如果各自有财务负担，如给各自父母赡养费等，就从自己的独立账户中支出。

多数专家建议夫妻最好保有自己的零用钱，因为这么做，夫妻双方既可拥有家庭共同基金，也有自己的支配空间，像刘女士和丈夫在互相知晓、信任的基础上建立的独立账户就是一种不错的选择。

在双薪家庭中，因为夫妻两人都有各自的工作，大部分的时间都不在家里，首先要决定家庭中费用的支付方式。在做出决定前，夫妻双方需要思考以下问题：

（1）谁在家中享有经济决定权，是不是赚较多钱的一方？

（2）夫妻双方是否有可供个人支配的金钱，这部分的金钱应完全属于他或者她？

（3）家中开销如何支付，平均分摊或分项负担，或者丈夫负担经常性支出而妻子负责偶发性支出？

其次，要决定银行账户的处理方式。

这有两个选择，即联合账户或独立账户。联合账户夫妻双方均可使用，独立账户则仅有开户者可以使用。

还有，要决定如何分配收入以及如何随时调整理财策略的问题。主要有两种方法可供参考：

（1）平均分担型。夫妻双方从自己收入中提出等额的钱存入联合账户，以支付日常的生活支出及各项费用。剩下的收入则自行决定如何使用，这种方式的优点在于夫妻共同为家庭生活支出后，还有完全供个人支配的部分；缺点是当其中一方收入高于另一方时，可能会出现问题，收入较少的一方会为较少的可支配收入而感到

联合账户和独立账户的优缺点

联合账户

以后生活费都从这里面取。

优点 夫妻会因它是共同账户而有较高的认同感。

缺点 这种账户会使夫妻双方产生问题，比如离婚或分居时，先抵达银行的一方可能将夫妻共有的钱领走，从而影响另一方的利益。

独立账户

独立账户建立自己的银行往来信用，在申请贷款时可作为参考项；账务清楚，可以避免夫妻双方婚姻出现问题时产生的财产纠纷；使用方便，夫妻有特殊的财务负担，如赡养费或父母生活费等，可以独立地使用钱款。

优点

存折

非公开建立的独立账户可能造成夫妻的信任危机，影响双方感情。

缺点

不满。

（2）全部汇集型。夫妻将双方收入汇集，用以支付家庭及个人支出。这个方式的好处在于不论收入高低，两人一律平等，收入较低的一方不会因此而减低了他或她的可支配收入；缺点是从另一方面来讲，这种方法容易使夫妻因支出的意见不一造成分歧或争论。

在很多双薪家庭看来，两份收入会造成一些假象，即总觉得自己的薪水花完后还有别人的，所以可以支付一些额外的花费，结果多一份薪水不仅没有增加收入，反而多了一份负担。遇到这种情况，配偶双方应该彼此控制不良的消费习惯，比如双方定个协议，一定金额以上的支出必须经夫妻双方讨论后再决定。通常的情况是两人在讨论后，发现购买某一物品的急迫性已不复存在，这种讨论还有助于了解彼此对金钱价值的看法。

【理财圣经】

双薪夫妻最好保有自己的零用钱。通过建立联合账户和独立账户的形式，夫妻双方既可拥有家庭共同基金，也有自己的支配空间。

中低收入工薪家庭如何投资理财

王女士每月工资1000多元，扣除养老、医疗保险和公积金要交的费用以后每月实发工资900元左右，王女士的先生每月工资900元左右，没有什么保险。家中有存款1万元。有一个女儿，2岁，打算明年上幼儿园。王女士的公公婆婆跟他们一起住，家里的开销都由王女士负责。他们现在租房居住，每月房租250元。他们所在的城市消费不是很高，现在房价在1500元/平方米以上。王女士一家该如何投资理财？

顾名思义，工薪阶层就是主要依靠工资和奖金收入维持生活的阶层。一般而言，工薪阶层每月收入扣除必要的生活开支后的结余不是很多。这类人群要想加速家庭财富的积累，实现人生各个阶段的购房、育儿、养老等理财目标，在安排好家庭的各项开支，进行必要的"节流"的同时，通过合理的投资理财"开源"也尤为重要。

对工薪阶层来说，他们虽然收入来源稳定，但由于总额不高，因此避免因出现意外开支而影响到正常生活的风险是必须考虑的。做一个稳健的投资者，是工薪阶层的最好选择。

首先，工薪阶层需要加强风险防范能力，提高家庭财务安全系数。留足应付日常开支或意外事件的应急资金。一般而言，这笔资金应足够应付三到六个月的家庭开支，形式可以是以银行活期存款或者货币基金、短债基金等流动性极强的金融资产形式存放。

其次，应通过购买相应的人身及财产保险，来避免意外事故对家庭经济产生灾难性后果。

再次，在对每月结余的资金进行投资时，应以稳健为基本原则，不要盲目追求高收益、高回报，因为高收益的背后往往蕴藏着高风险。

（1）对于工薪阶层来说，工作的收入是最主要的收入来源，因此，在投资之前，工薪阶层必须先要做到认真积极地工作，不断学习各项技能，保证工作稳定，收入稳步增长。在这之后才能考虑投资的问题。

（2）由于时间、精力、相关知识掌握及资金等方面的限制，工薪阶层一般不宜直接进行实业投资，可以通过购买相关金融产品进行间接投资。在金融投资品种上，最好不要涉及高风险的期货、股票等投资，可以在相对稳健型投资产品里作选择，如基金、国债或一些银行推出的理财产品。

（3）定期定额购买基金，应该是工薪阶层的一个很好的办法。基金定投是类似于银行零存整取的一种基金理财业务，可以到银行办理。开通基金定投后，银行系统会根据客户指定的基金及申请的扣款金额和投资年限，每月自动扣款购买基金。定期定额进行投资较单笔投资能更有效地降低投资风险。一次性买进，收益固然可能很高，但风险也很大；而定投方式由于规避了投资者对进场时机主观判断的影响，与单笔投资追高杀跌相比，风险明显降低，更适合财富处于积累阶段的普通工薪阶层。而且，定期定额进行投资，可以有助于强制储蓄，培养良好的投资习惯。

【理财圣经】

对中低收入家庭来说，"开源"和"节流"都同样重要。

理财从教育储蓄开始

在当前投资高风险时代，对于收入低、子女教育花费压力大的城乡中低收入家庭来说，理财方式可以考虑风险小、收益稳定的教育储蓄。

教育储蓄之所以备受人们青睐，原因主要有三个方面：

一是政策影响。有统计资料显示，我国潜在的教育需求很大，受普通高等教育的人数仅占同龄人的9%。因此，作为硕果仅存的几个卖方市场之一的教育消费市场，其所蕴含着的巨大潜力也让银行刮目相看。

二是消费需求。当前，教育消费渐成亮点，教育消费已成为人们仅次于基本生活消费的第二大开支项目。中国经济景气监测中心曾对北京、上海、广州、成都、

教育储蓄的注意事项

我想存成定期六年的。

银行

选准存款期限

教育储蓄期存款期限尽量选择三年期、六年期，这两档次的利率比较高。

选好开户时间

1. 1年期教育储蓄最佳开户时间为子女升高二那年9月。

2. 3年期教育储蓄的最佳开户时间为孩子小学升初中那一年9月或孩子初中升高中那一年7至9月或孩子初中升高中那一年7至9月。

3. 6年期教育储蓄的最佳开户时间为孩子小学3年级下学期暑假至4年级上学期初。

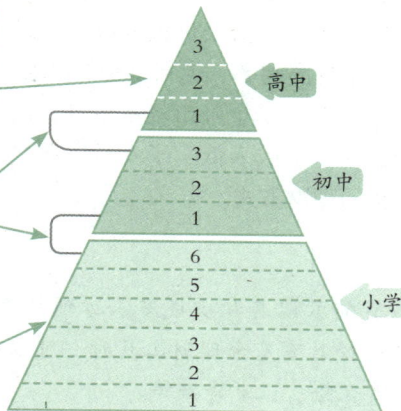

高中

初中

小学

我每次定额900元。

银行

定准存款金额

定准存款额的多少，决定储户利息与享受免税额。

武汉、西安六个城市1 230名成人居民进行调查的结果表明：城市居民教育支出增势强劲，七成居民同意在孩子出生之前就准备教育资金。

三是市场环境。教育储蓄因免征利息税，所以它比其他储蓄品种对人们更具吸引力，加之其固有的利率优惠政策，使得教育储蓄更加受欢迎。

教育储蓄开户免费，开户时确定的每月最低起存额为50元，并按50元的整数倍递增，但最高金额不得超过2万元。因而，比较适合收入不高但又有理财愿望的中低收入家庭。如果家长感觉存款期限长，也可以量力而行办理定期存款约定转存业务，也是一种积累财富的方式。

教育储蓄是一种特殊的零存整取定期存款，是居民为子女接受非义务阶段教育每月按固定金额存款，到期后支取本息的储蓄方式。小学四年级以上学生的家长均可办理。与其他储蓄方式相比，教育储蓄存期一般分为1年、3年和6年，存期较为灵活，同时利息还享受免税政策。

教育储蓄有积少成多、引导积蓄的特点，同时根据国家规定，教育储蓄虽然是零存整取的储蓄方式，却享受整存整取的利率水平，相比之下的利率优惠幅度在25％以上。为此，家长可根据孩子的教育进程进行规划，确定教育储蓄存款期限、金额，并享受高利率、免利息税的待遇。

眼下股票、基金等市场不景气，活期储蓄利率较低，适合中低收入家庭的理财渠道很匮乏。对收入低、子女教育花费压力大的城乡中低收入家庭来说，教育储蓄是个不错的理财方式。

【理财圣经】

教育储蓄以其积少成多、方便易存的特点受到广大中低收入家庭的青睐。同时，在选择教育基金理财工具时，可以采取"人尽其才，物尽其用"的方式，选择一些教育保险、证券资产等。

教育投资分阶段，步步为营

调查显示，有超过九成的家长希望子女从小接受良好教育，并表示会竭尽全力为孩子的成才进行投入；同时，有半数以上的被调查家庭平均每年的教育消费占全家总收入的30％；有关统计表明，城市家长把孩子从幼儿园培养到大学毕业的累计教育费用是15万元。家庭教育投入的加大，反映了人们教育和消费观念的转变，同时也反映了如今教育费用上涨，家长不得不把子女教育当成了家庭的主要开支。

这样，城市中就出现了一道特殊的风景：经济条件稍差些的家长，节衣缩食、精打细算地为孩子积攒教育费用；条件好点的家长，则拼命地赚更多的钱，让孩子上全市、全省一流的学校甚至出国深造。为了孩子，大家都在积极赚钱和攒钱，那么在小孩儿的不同阶段需要怎样选择投资方式呢？一般来说，在我国孩子从上学到大学毕业，具体投资规划为：

第一阶段：幼儿阶段（出生～6岁）。

从孩子出生到上小学是家庭教育理财的起步阶段，该阶段主要以追求较高的投资收益来作为孩子教育金的储备。父母受到年龄、收入和支出等因素的影响，风险承受能力比较低，可以充分利用时间的优势，以长期投资为主，中短期投资为辅，较高的收益积极类投资产品可以占较高比例，保守型的投资比重比较低。当然风险与收益同在，但要想积累更多的教育基金，承受适度风险必不可少。

这时候基金就是不错的选择，通过挑选合适的产品，借专家之手分享市场经济成果。

第二阶段：小学阶段（6～12岁）。

薛先生和妻子是青岛某公司的普通职员，两人月收入加在一起大概6 000元左右。他们的孩子如今正在上小学五年级。薛先生希望给孩子制订一份教育理财规划，以应付孩子以后可能碰到高学费的教育问题。他们的理财目标是为孩子预备从初中、高中到大学阶段的学费，同时家里的经济状况又不会太窘迫，稍微还能有结余。

该阶段主要以平衡风险、获得稳定收入为主。作为理财阶段的中期，该阶段的投资仍是以增长为主要目标。但可以调整积极型投资产品与保守类投资产品的比重，使其与这一阶段相适应，比如说开始进行定额的教育储蓄，给孩子购买一份教育保险等。像薛先生那样的情况，就可以办理基金定投的业务，同时购买一份商业保险，以应对不可承受的风险。

第三阶段：中学阶段（12～18岁）。

赵女士和先生共同经营一家服装店，先生负责帮忙，赵女士当"掌柜"。由于两人的经营思路比较灵活，店铺的效益不错，每月纯利润在1.5万元左右。赵女士的女儿今年上高中二年级，可能受父母的影响，女儿虽然学习成绩一般，但特别具有生意脑瓜，但赵女士还是希望女儿好好学习，考上大学，因为将来无论是找工作还是做生意，没有文化就没有竞争力。因此，赵女士女儿两年后上大学的各种开支也提上了家庭的议事日程，同时还要考虑女儿大学毕业后的就业或创业基金。赵女士负担加重，所以她把希望全部寄托在自己的生意上，除了起早贪黑、苦心经营以外，她还把每月的赢利不断投入到生意中，希望自己的赢利和滚雪球一样，越滚越大。除了生意的投资以外，赵女士没有其他的投资和理财项目。

当孩子进入初中和高中时，家长就需要为孩子上大学做准备了。在前面教育储蓄的基础上，逐渐选择一些相对保守的投资方式，在确保教育投资收益逐年累加的同时，尽量把风险降到最低。像赵女士家庭的这种情况，可以选择包括政府债券、货币基金或存款等，父母要能准确计算每年可以动用的教育基金，作为孩子目前上学费用，同时为孩子大学积攒的教育投资也在稳步获益。

为了降低风险，控制金额以调整理财产品组合。一般来说，积极型投资组合侧重于股票型基金和混合型基金，每月定期投资，并分一部分投资债券型基金。到了教育投资后期，在投资方向上应逐渐将投资组合转为稳健型。可转为银行型保本理财产品，降低损失风险。

第四阶段：大学阶段（18～22岁）。

在中国家庭的角度来看，孩子只有毕业找到工作才算是真正独立，孩子在上大学时期的费用还是家里出。家庭在前面三个阶段的教育投资都在取得收益状态，足以支付孩子的大学花销。在社会竞争如此激烈的今天，家长可以考虑提前为孩子准备一份创业基金。赵女士的女儿具有经商天赋，可以和积攒教育基金一样，每年拿出一定的经营利润，设立创业基金。如果将来女儿毕业后需要自己开店创业，这笔资金会派上大的用场。

无论家庭处于教育投资的哪种阶段，教育理财，愈早愈好。

【理财圣经】

理财是一本书，没有实践过的人只是看过一页。有能力的时候，就应该未雨绸缪，早做打算。

教育投资，莫要临时抱佛脚

帕特里克·朗的大儿子瑞安要求在他12岁生日时得到一台割草机作为生日礼物，他妻子明智地给他买了一台。到那年夏末，他已靠替人割草赚了400美元。帕特里克·朗建议他用这些钱做点投资，于是他决定购买耐克公司的股票，并因此对股市产生了兴趣，开始阅读报纸的财经版内容。很幸运，购买耐克股票的时机把握得不错，赚了些钱。当瑞安9岁的弟弟看见哥哥在10天内赚了80美元后，也做起了股票买卖。现在，他俩的投资都已升值到1800美元。

帕特里克的妻子通过一台割草机的投资，使孩子从很小起就开始了投资经营的道路。张爱玲曾说，"出名要趁早"，现在这句话同样适用于家庭教育投资。

如今，孩子的教育费用是越来越高，家长积攒子女教育经费的压力陡增。根据有关数字显示，我国城市消费中增长最快的是教育支出。

目前学龄前教育和小学教育花费相对较大，甚至高过大学教育费用，对于年轻的父母来说，负担相对较重。

教育理财具有时间长、费用大、弹性小的特点，因而年轻的父母们需要及早动手。如果在孩子一出生，每月平均投入742元，所投资的金融产品或投资组合能实现8%的年收益率的话，到孩子上小学的时候，就可以为其积累10万元的教育资金。如果从孩子一出生，每月平均投入933元，所投资的金融产品或投资组合能实现8%的年收益率的话，持续投资到孩子18岁时，就可以为其积累50万元的教育资金。

所以，教育投资也要趁早，莫要临时抱佛脚。

黄先生夫妇皆为公务员，儿子虽然刚满两岁，但他们夫妇就已经开始操心孩子未来的教育计划了。

他们发现，孩子的教育开支是在十多年后的大学阶段才进入高峰期，以他们现在的收入来看，很难负担得起儿子将来到海外读大学的费用。因此，他们正考虑如何为子女储备足够的教育经费。

👆 长线投资储蓄教育经费带来的好处

理财专家指出，为子女安排教育经费计划应越早越好，而储蓄教育经费的关键在长线定时投资，它可以带来以下好处：

> 要从小给孩子存教育经费。

有足够时间让投资增长，财富增长可随时间复式膨胀。

计划所需金额只占家庭收入的小部分，易于应付。

子女教育计划妥善安排好，部署其他计划（如退休计划）所需资金可更准确、周详。

子女能在没有欠债（低息教育贷款）的情况下完成学业。

教育经费充足，子女可选择的余地更大。

在中国，子女教育经费计划是整个家庭财务计划中的重要一环。为了确保子女得到最好的教育，像黄先生夫妇那样，提早做好安排无疑是比较明智的选择。这样不但能减轻将来负担，确保子女到时候专心学业，父母的其他个人计划（例如退休）也不会因为要应付教育费用而受影响。

对家长而言，除了希望孩子身体健健康康外，最希望的就是尽可能让孩子受到最好的教育，给孩子以后长大成人、参与社会的激烈竞争时增添有利的砝码。教育投资是孩子成长费用中的重头戏，父母要及早做好教育投资计划，使孩子在成长的每个关键阶段都有足够的经济支撑，有备无患。

【理财圣经】

出名要趁早，教育投资也是如此。

理财不是"奢侈品"——低收入家庭理财

吴先生一家三口，吴先生每月有1000元收入，妻子每月收入500元，儿子在读小学。全家1500元的月收入维持日常开支后，每月能结余两三百元，但相当吃力。目前，家庭存款1万多元，除此之外没有其他理财产品。吴先生想知道，像他这样的低收入家庭，怎么进行家庭理财才能结余出更多的"粮食"。

低收入家庭不能只是一味叹息钱少，不够花，而应该巧动心思，学会理财技巧。长期坚持，一样能够攒下数目不小的一笔钱。

一、开源节流，积极攒钱

"巧妇难为无米之炊"，要获取家庭投资的"第一桶金"，首先有投资的本钱。这主要靠在家庭里减少固定开支获得，即在不影响生活的前提下减少浪费，尽量压缩购物、娱乐消费等项目的支出，压缩人情消费开支，延缓损耗性开支，实施计划采购等保证每月能结余一部分钱。

二、定时定额或按收入比例将剩余部分存入银行

每月领到工资后第一件要做的事就是去银行存款，即存一个定额（大概在5%~10%左右）进去，或者根据这个月的开支做一个大概的预算；然后将本月该开支的数目从工资中扣去，剩余的部分存入银行，并养成长期储存习惯。

三、善买保险，提高保障

案例中的这个家庭有项亟待解决的问题，就是没有任何保障，风险防范能力低。家庭收入不高，积蓄有限，若遭遇些许不幸，经济上可能面临重大的考验。相对于高收入家庭，低收入的家庭尤其经不起风险，也最需要保险保障。因此，低收入家庭在理财时更需要考虑是否以购买保险来提高家庭风险防范能力，转移风险，从而达到摆脱困境的目的。在金额上保险支出最好不超过家庭总收入10%，建议低收入家庭选择纯保障或偏保障型产品，以"健康医疗类"保险为主，以意外险为辅助。

对于吴先生一家，比较理想的保险计划是购买重大疾病健康险、意外伤害医疗险和住院费用医疗险套餐。

四、慎重投资，保本为主

对于低收入家庭来说，薪水往往较低，经不住亏损，因此，在投资之前要有心理准备，首先要了解投资与回报的评估，也就是投资回报率。要基本了解不同投资方式的运作，所有的投资方式都会有风险，只不过是大小不同而已，但对于低收入家庭来说，安全性应该是最重要的。喜欢投资什么，或者认为投资什么好，除了看投资对象有无投资价值外，还要看自己的知识和专长。只有结合自己的知识、专长投资，风险才能得到有效控制。低收入家庭可将剩余部分资金分成若干份，进行必要的投资理财。

【理财圣经】

只要掌握科学的理财方式，低收入家庭也能"聚沙成塔"。